21 世纪高等院校创新课程规划教材

项目管理

刘 珂 主 编
徐明霞 李卓杰 副主编

中国财经出版传媒集团
经济科学出版社
Economic Science Press

图书在版编目（CIP）数据

项目管理/刘珂主编. —北京：经济科学出版社，
2020.2（2023.8 重印）
21 世纪高等院校创新课程规划教材
ISBN 978-7-5218-1255-8

Ⅰ.①项… Ⅱ.①刘… Ⅲ.①项目管理-高等学校-教材 Ⅳ.①F224.5

中国版本图书馆 CIP 数据核字（2020）第 021643 号

责任编辑：周胜婷
责任校对：靳玉环
责任印制：张佳裕

项目管理

刘 珂 主 编
徐明霞 李卓杰 副主编
经济科学出版社出版、发行 新华书店经销
社址：北京市海淀区阜成路甲 28 号 邮编：100142
总编部电话：010-88191217 发行部电话：010-88191522
网址：www.esp.com.cn
电子邮箱：esp@esp.com.cn
天猫网店：经济科学出版社旗舰店
网址：http://jjkxcbs.tmall.com
固安华明印业有限公司印装
787×1092 16 开 23 印张 500000 字
2020 年 3 月第 1 版 2023 年 8 月第 3 次印刷
ISBN 978-7-5218-1255-8 定价：49.80 元
（图书出现印装问题，本社负责调换。电话：010-88191545）
（版权所有 侵权必究 打击盗版 举报热线：010-88191661
QQ：2242791300 营销中心电话：010-88191537
电子邮箱：dbts@esp.com.cn）

前言

在知识经济时代，信息技术和大数据的发展对企业的运营效率提出了更高的新要求，企业的管理模式越来越多地呈现出以项目管理为中心的特征。在企业的经营中项目管理能够有效地降低成本、提高效率，越来越受到企业重视。正如美国项目管理专业资质认证委员会主席保罗·格雷斯（Paul Grace）所说，在当今社会中，一切都是项目，一切也将成为项目，这是一个项目化的社会。项目管理已经常态化，它普遍应用于各行业各领域内的工作中，从最初的国防领域、航天领域扩展到制造业、建筑工程、软件开发、电子信息、通信技术、计算机、金融等领域，甚至是政府机关等行政管理领域。作为管理理论的一个新的研究方向，项目管理是一门实践性较强的交叉学科领域。项目管理为项目的实践提供了一种有效的组织管理模式，改善了人们对项目资源的计划、组织、执行和控制方法。

为了更好地培养适应国家需要、地方需要、行业需要的工程类人才，全国高等院校的工科类专业在教育部成果导向教育（OBE）理念的引领下，普遍进行了工程质量认证。工程质量认证专业对本科毕业生提出的要求中，"项目管理"是重要的一条，要求毕业生能够理解并掌握工程管理原理与经济决策方法，并能在多学科环境中应用。正是在工程质量认证的背景下，为了更好地培养工科类专业的本科生，我们编写了这本教材。

本书的编写充分体现服务于工科类专业工程质量认证的需要，全面系统地介绍管理和项目管理的理论方法。在内容设置上，在项目管理知识体系指南（PMBOK）界定的十大知识体系，即项目人力资源管理、项目范围管理、项目时间管理、项目成本管理、项目质量管理、项目采购管理、项目沟通管理、项目风险管理、项目干系人管理、项目整合管理的基础上，加入了项目管理概述、项目组织与项目团队管理、项目投资决策与可行性分析、项目计划管理四部分内容，使得工科类专业的学生能够较好地掌握管理的基本原理和项目管理知识体系。在编写特色上，本书的每一章内容在课后都设置了相关的复习思考题，给学生参加PMP认证考试提供参考。郑州轻工业大学经济与管理学院的相关教师参与了本书的撰写工作，具体分工如下：第一章由刘珂编写，第二～四章由谢芳编写，第五～七章由李卓杰编写，第八～十章由王丽杰编写，第十一～十四章由徐明霞编写。全书的统稿由徐明霞老师完成。

本书的编写得到了郑州轻工业大学教材建设立项资助，也得到了郑州轻工业大学经济与管理学院领导的大力支持,同时也参考了大量的相关书籍和文献资料,其中东北大学孙新波老师编写的项目管理教材对本书的框架确定有较大的启发和帮助,特别感谢经济科学出版社的编辑对本书的帮助,在此一并表示感谢。

  限于时间和水平,本书难免存在疏漏或错误,我们真诚地希望各种读者及使用者能够提出反馈意见,也希望同行专家能够批评指正。

编者
2019 年 9 月于郑州

目录

第一章　项目管理概述 ⋯⋯⋯⋯⋯⋯⋯⋯⋯⋯⋯⋯⋯⋯⋯⋯⋯⋯⋯⋯⋯⋯⋯⋯ 1
　　第一节　项目 ⋯⋯⋯⋯⋯⋯⋯⋯⋯⋯⋯⋯⋯⋯⋯⋯⋯⋯⋯⋯⋯⋯⋯⋯⋯ 2
　　第二节　项目管理 ⋯⋯⋯⋯⋯⋯⋯⋯⋯⋯⋯⋯⋯⋯⋯⋯⋯⋯⋯⋯⋯⋯⋯ 5
　　第三节　我国项目管理的发展历程 ⋯⋯⋯⋯⋯⋯⋯⋯⋯⋯⋯⋯⋯⋯⋯⋯ 10
　　第四节　现代项目管理的主流趋势 ⋯⋯⋯⋯⋯⋯⋯⋯⋯⋯⋯⋯⋯⋯⋯⋯ 12
　　本章小结 ⋯⋯⋯⋯⋯⋯⋯⋯⋯⋯⋯⋯⋯⋯⋯⋯⋯⋯⋯⋯⋯⋯⋯⋯⋯⋯ 16
　　复习思考题 ⋯⋯⋯⋯⋯⋯⋯⋯⋯⋯⋯⋯⋯⋯⋯⋯⋯⋯⋯⋯⋯⋯⋯⋯⋯ 16

第二章　项目组织与项目团队管理 ⋯⋯⋯⋯⋯⋯⋯⋯⋯⋯⋯⋯⋯⋯⋯⋯⋯⋯ 17
　　第一节　项目组织概述 ⋯⋯⋯⋯⋯⋯⋯⋯⋯⋯⋯⋯⋯⋯⋯⋯⋯⋯⋯⋯ 18
　　第二节　项目组织设计 ⋯⋯⋯⋯⋯⋯⋯⋯⋯⋯⋯⋯⋯⋯⋯⋯⋯⋯⋯⋯ 21
　　第三节　项目组织结构 ⋯⋯⋯⋯⋯⋯⋯⋯⋯⋯⋯⋯⋯⋯⋯⋯⋯⋯⋯⋯ 27
　　第四节　项目团队 ⋯⋯⋯⋯⋯⋯⋯⋯⋯⋯⋯⋯⋯⋯⋯⋯⋯⋯⋯⋯⋯⋯ 36
　　第五节　项目管理办公室 ⋯⋯⋯⋯⋯⋯⋯⋯⋯⋯⋯⋯⋯⋯⋯⋯⋯⋯⋯ 42
　　本章小结 ⋯⋯⋯⋯⋯⋯⋯⋯⋯⋯⋯⋯⋯⋯⋯⋯⋯⋯⋯⋯⋯⋯⋯⋯⋯⋯ 48
　　复习思考题 ⋯⋯⋯⋯⋯⋯⋯⋯⋯⋯⋯⋯⋯⋯⋯⋯⋯⋯⋯⋯⋯⋯⋯⋯⋯ 48

第三章　项目投资决策与可行性分析 ⋯⋯⋯⋯⋯⋯⋯⋯⋯⋯⋯⋯⋯⋯⋯⋯⋯ 50
　　第一节　项目决策概述 ⋯⋯⋯⋯⋯⋯⋯⋯⋯⋯⋯⋯⋯⋯⋯⋯⋯⋯⋯⋯ 51
　　第二节　项目投资决策理论 ⋯⋯⋯⋯⋯⋯⋯⋯⋯⋯⋯⋯⋯⋯⋯⋯⋯⋯ 54
　　第三节　项目投资决策过程 ⋯⋯⋯⋯⋯⋯⋯⋯⋯⋯⋯⋯⋯⋯⋯⋯⋯⋯ 56
　　第四节　项目投资决策方法 ⋯⋯⋯⋯⋯⋯⋯⋯⋯⋯⋯⋯⋯⋯⋯⋯⋯⋯ 59
　　第五节　投资机会研究与项目建议书 ⋯⋯⋯⋯⋯⋯⋯⋯⋯⋯⋯⋯⋯⋯ 69
　　第六节　项目投资的可行性研究 ⋯⋯⋯⋯⋯⋯⋯⋯⋯⋯⋯⋯⋯⋯⋯⋯ 71
　　本章小结 ⋯⋯⋯⋯⋯⋯⋯⋯⋯⋯⋯⋯⋯⋯⋯⋯⋯⋯⋯⋯⋯⋯⋯⋯⋯⋯ 79
　　复习思考题 ⋯⋯⋯⋯⋯⋯⋯⋯⋯⋯⋯⋯⋯⋯⋯⋯⋯⋯⋯⋯⋯⋯⋯⋯⋯ 79

第四章　项目计划管理 …… 81
第一节　项目计划管理概述 …… 82
第二节　项目计划类型 …… 85
第三节　项目战略计划 …… 90
第四节　项目计划编制过程 …… 93
第五节　项目计划的实施 …… 96
本章小结 …… 100
复习思考题 …… 100

第五章　项目范围管理 …… 102
第一节　项目范围管理概述 …… 103
第二节　项目范围管理过程 …… 104
第三节　项目范围管理技术方法 …… 116
本章小结 …… 126
复习思考题 …… 127

第六章　项目人力资源管理 …… 128
第一节　项目人力资源管理的概念和特征 …… 129
第二节　项目人力资源规划 …… 132
第三节　项目团队建设 …… 134
第四节　项目团队文化 …… 139
第五节　项目团队激励管理 …… 143
第六节　项目团队绩效管理 …… 147
本章小结 …… 156
复习思考题 …… 156

第七章　项目时间管理 …… 158
第一节　项目时间管理概述 …… 159
第二节　项目进度管理过程 …… 160
第三节　项目活动的分解、定义及排序 …… 162
第四节　项目活动资源需求及工期估算 …… 169
第五节　项目进度计划编制及控制 …… 177
本章小结 …… 186
复习思考题 …… 186

第八章　项目成本管理 … 188

- 第一节　项目成本管理概述 … 189
- 第二节　项目资源计划 … 191
- 第三节　项目成本估算 … 195
- 第四节　项目成本预算 … 199
- 第五节　项目成本控制 … 204
- 本章小结 … 212
- 复习思考题 … 212

第九章　项目质量管理 … 214

- 第一节　项目质量管理概述 … 215
- 第二节　项目质量规划 … 218
- 第三节　项目质量保证 … 221
- 第四节　项目质量控制 … 225
- 第五节　质量经济性与质量成本 … 233
- 本章小结 … 238
- 复习思考题 … 239

第十章　项目采购管理 … 240

- 第一节　项目采购管理概述 … 241
- 第二节　采购计划编制 … 242
- 第三节　项目采购计划的实施 … 247
- 第四节　项目合同管理 … 254
- 本章小结 … 261
- 复习思考题 … 261

第十一章　项目沟通与冲突管理 … 263

- 第一节　项目沟通管理概述 … 264
- 第二节　项目沟通的有效方式 … 270
- 第三节　项目沟通管理的过程 … 277
- 第四节　项目冲突管理 … 283
- 本章小结 … 291
- 复习思考题 … 291

第十二章 项目风险管理 ·· 293

  第一节 项目风险管理概述 ·· 294
  第二节 项目风险识别 ·· 298
  第三节 项目风险分析 ·· 300
  第四节 项目风险应对 ·· 306
  第五节 项目风险监控 ·· 310
  本章小结 ·· 314
  复习思考题 ·· 314

第十三章 项目干系人管理 ·· 316

  第一节 项目干系人管理概述 ·· 317
  第二节 识别项目干系人 ·· 319
  第三节 规划项目干系人管理 ·· 324
  第四节 管理项目干系人参与 ·· 327
  第五节 控制项目干系人参与 ·· 330
  本章小结 ·· 333
  复习思考题 ·· 333

第十四章 项目整合管理 ·· 335

  第一节 项目整合管理的概论 ·· 336
  第二节 项目整合管理的应用与方法 ······································ 340
  第三节 项目起始阶段的整合管理 ·· 345
  第四节 项目整合计划的实施 ·· 347
  第五节 项目结束的整合管理 ·· 352
  本章小结 ·· 354
  复习思考题 ·· 354

参考文献 ·· 356

复习思考题选择题答案 ·· 358

第一章　项目管理概述

随着新一轮科技革命与产业变革不断深入，新技术、新产业、新业态、新模式的不断涌现正深刻改变着人类的生产方式和生活方式。在带来社会巨大进步的同时，也使得我们所从事的各种项目变得日趋复杂，项目成本不断攀升。项目管理有别于企业日常运营管理，它是基于市场及企业内外部的特殊需求，在现有的资源约束下，为达到特定目的而在特定时间段内开展的。项目管理具有"流程驱动性"，其标准化运作参考了当今世界上成熟的标准、方法及过程，为现代企业追求卓越，提供了有力的技术保障。项目管理同时具有"目标导向性"，以客户满意为终极目标，处处瞄准项目需交付的成果，在项目运行过程中实时监控项目的运作状态及各条件变化的情况，在项目结束阶段总结经验教训，这也正是学习型组织的制度保障。新时代背景下企业战略目标的实现归根结底取决于各类项目是否成功实施，而项目的成功实施则需要卓越的项目管理，本章内容主要介绍项目及项目管理的相关内容。

[学习目标]

- 理解项目的定义、特征和项目生命周期
- 理解项目管理的定义、特征和基本要素
- 理解项目管理知识体系
- 了解我国项目管理发展历程
- 了解现代项目管理的主流趋势

[案例导入]

何清华演讲节选：2010 年世博会的总体项目管理咨询[①]

2010 年 6 月 23 日消息，由中国国际软件和信息服务交易会主办，由大连市项目管理协会承办的"2010 年中国 IT 项目管理高峰论坛"在大连世界博览广场胜利召开。论坛邀请了国际国内顶尖项目管理专家、企业领袖、政府官员、教育家等 500 余人，共同分享项目管理实践，交流项目管理前沿新知。

---

① 图文：上海世博总体项目管理咨询何清华讲演．http：//www．techweb．cn/column/2010 - 06 - 23/626867．shtml．

何清华在演讲中提到，他从 2006 年 12 月开始参与上海世博会园区建设的若干个项目，其中包括承担建设指挥部总体项目管理的咨询，以及承担了上海世博园区浦东 AB 片区的实物管理以及上海世博园区最大配套的世博酒店的项目。在从事咨询服务的 4 年中，他与工程建设指挥部在组织和管理模式的创新方面、结构目标规划控制方面，以及对于上海世博会大型全体工程多项管理的制度化、流程化和标准化等诸多方面都做了非常多的探索。

何清华提到，上海世博会项目的最大特点是项目构成的复杂性。项目构成的复杂性表现为以下几点：第一，投资机构特别复杂。既有上海市政府指挥部主管的项目，也有其他项目，投资主体非常复杂。第二，项目类别非常复杂，有基础设施建设的项目，有兴建场馆的项目，有改建的项目，有永久的项目，有临时的项目。所以上海世博会项目构成的复杂性使得团队在总体项目管理过程中首先做的事情就是对项目进行分解。项目组采用了多维的项目结构分解和编码体系，这种项目的分解结构体系，对于大型的群体复杂工程项目是非常重要的。

何清华在演讲中提到了世博会项目管理的两个层级，以及世博会项目管理的制度化、流程化和标准化经验。在世博园区的建设里面，总共架构了三个层级的多项管理的制度化、流程化、标准化。第一个是最高层级的，称之为整个世博园区建设的大纲；第二个层级是部门或者专项的管理手册；第三个层级是众多的项目组的实施规划。

整个世博会项目的建设大纲总体上分成 14 个部分。第一部分是愿景和目标；第二部分是项目的范围和范围管理；第三部分是组织策划和调整管理原则；第四部分是规划和设计管理；第五部分是安全和环境管理；第六部分是进度控制和计划管理；第七部分是投资控制和合同管理；第八部分是质量保证和质量管理；第九部分是采购、策划和管理；第十部分是风险和实践管理；第十一部分是信息和沟通管理；第十二部分是国家自建馆协调管理；第十三部分是项目管理、信息系统的开发与应用；第十四部分是世博文化。

在园区建设方面，在世博协调局的基础上又成立了上海世博会工程建设指挥部。到 2007 年 9 月，又成立了工程项目指挥部，基本运用了矩阵组织结构形式，并且根据实际情况做了微小的调整。

上海世博会在促进区域经济发展、促进产业结构的调整以及中国的宏观经济发展方面都起到了重大作用，并且最大限度地争取了世界各国政府和各国人民的参与、理解和支持，从而真正成为"世界人民的大团结"。

第一节 项 目

一、项目

项目源于人类有组织的活动。随着人类社会的发展，人类有组织的活动逐步分化为两大类型。一类是连续不断、周而复始的活动,人们称之为"作业或运作",如企业流水线生产大批产品的活动。另一类是临时性、一次性的活动,人们称之为"项目",中国的万里长城、埃及的金字塔都是建造于古代的著名宏伟项目,中国的三峡工程、神舟飞船工程、2008年奥运会、美国的阿波罗登月计划等都是现代比较经典的项目。

虽然业内人士对于项目和项目管理的概念有基本一致的认识,但不同组织和专家对其描述各有不同。

按照美国项目管理协会(Project Management Institute,PMI)的《项目管理知识体系指南》(Project Management Body of Knowledge,又称PMBOK®指南)(第6版)的定义:项目是为创造独特的产品、服务或成功而进行的临时性工作[1]。

按照中国(双法)项目管理研究委员会(PMRC)的《中国项目管理知识体系(C-PMBOK 2006)》的定义:项目是一个特殊的将被完成的有限任务,它是在一定时间内,满足一系列特定目标的多项相关工作的总称[2]。

总之,项目是创造独特产品、服务或者其他成果的一次性工作任务。项目定义包含三层含义:第一层,项目是一项有待完成的任务,有着特定的环境和要求,即项目是指一个过程,而不是过程终结后所形成的结果;第二层,项目是在一定组织机构内,利用有限资源在规定时间内完成任务;第三层,任务要满足一定性能、质量、数量、技术指标等要求。

二、项目的特征

无论项目的规模大小、复杂程度、性质差异如何不同,都会存在一些相似之处,即项目本身有着共同的特征。其特征有以下几点。

(1)一次性。项目与其他运作活动最大的区别就是一次性。这也就意味着,项目不是一直持续的,它有明确的开始时间和结束时间,一旦项目结束(不论目标是否完成),项目就不复存在。

(2)目标性。每个项目都有要实现的目标,项目的目标就是项目要创造的产品、服务或成果,这些目标是具体的、可检查的,实现目标的措施也是明确的、可操作的。

(3)整体性。项目是为实现目标而开展的任务的集合,它不是一项项孤立的活动,而是一系列活动的有机组合,从而构成一个特定的、完整的过程。

(4)临时性。由于项目只在一定时间内存在,因此项目一般是由临时组建起来的团队来负责实施和管理,项目进展过程中,项目团队的人数、成员、职责都不断变化,项目终

---

[1] 美国项目管理协会. 项目管理知识体系指南(PMBOK® guide)[M]. 6版. 北京:电子工业出版社,2018.
[2] 中国(双法)项目管理研究委员会. 中国项目管理知识体系(C-PMBOK 2006)[M]. 修订版. 北京:电子工业出版社,2008.

结时,团队要解散。项目的临时性对项目的科学管理提出了更高的要求。

(5) 开放性。绝大多数项目都是一个开放的系统,项目的实施可能需要多个,甚至几十个或更多组织的参与,他们在项目的不同时段以不同的形式介入项目活动,这就要求项目经理能够协调好项目组内外的各种关系,确保项目组内、外人员齐心协力实现项目目标。

三、项目生命周期

每个项目都有生命周期,从开始启动到收尾结束。虽然项目千差万别,但是不同项目的生命周期都有基本的共性。项目生命周期是指项目从启动到完成所经历的一系列阶段,通常分为四个阶段:启动阶段、规划(开发)阶段、执行阶段和收尾阶段。如图1-1所示,横轴代表时间,纵轴代表费用、人力资源的投入水平。项目的不同阶段各有特点,在项目启动阶段,项目的费用和人力资源投入比较低;在项目执行阶段,项目的费用和人力资源投入达到最高;在项目收尾阶段,项目的费用和人力资源投入迅速回落。

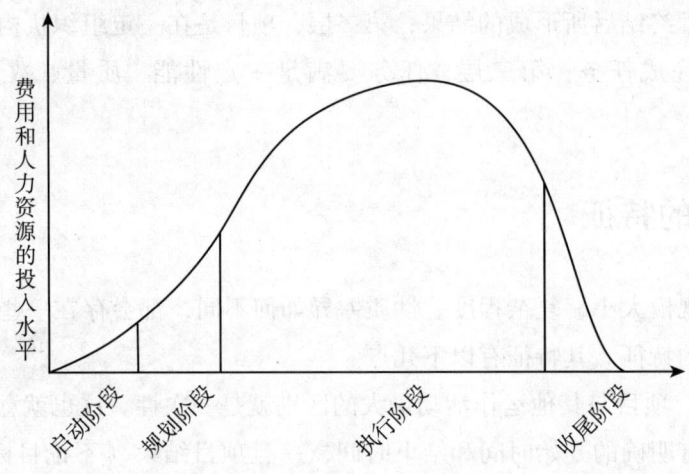

图1-1 项目生命周期

项目启动阶段的主要任务是提出并确定项目是否可行,推动项目的立项。在这个阶段,当组织看到了一次机遇,它通常会做可行性研究,以决定是否应该设立一个项目。由于项目没有正式立项,因此进入项目中的人不多,投入的资源也比较少。这个阶段的结束意味着项目正式立项,而项目章程是项目正式立项的书面文件,是这个阶段工作的输出成果。

当项目正式立项后,就开始组织项目团队,并着手编制项目的计划,即规划阶段,在这一阶段中,可行项目做好开工前的人、财、物及一切软硬件准备,规划阶段的结束,意味着已经组建了团队和编制了项目计划,项目计划是这一阶段的输出成果。

执行阶段是按计划启动实施项目。在执行阶段,项目中的大量工作如火如荼地开展起来,需要消耗更多的人、财、物等资源,因此费用和人力资源的投入水平大大提高,直至达到顶峰状态。之后，由于有一些项目活动结束，部分的人力资源得到释放，人力资源的投入水平开始下降。另外，费用的消耗情况也有所下降，因此整个曲线开始呈下降趋势，当执行阶段结束时，项目中的工作基本都已经完成，因此费用和人力资源的投入下降到了一个比较低的水平。这一阶段的输出成果就是向客户移交项目的工作成果。

收尾阶段主要是处理项目收尾的工作，需要的人、才、物等资源比较少。因此，曲线保持下降，直到项目最终结束。项目文件的存档是项目收尾阶段的一个重要输出成果。

有些项目可能不符合这种特征，比如拍一部电影、聘请大牌明星加入，可能对影片成功意义重大，而开拍之前花费巨资去请这些人就会占用投入的相当大部分。所以，具体项目需具体对待，各阶段投入的比重也不尽相同，有些项目甚至需要划分为更多、更细的阶段。

第二节　项目管理

一、项目管理的概念

尽管人类的项目管理实践可以追溯到几千年前，但是将项目管理作为一门科学进行分析和研究的历史并不长。项目管理于20世纪20年代起源于美国。1917年亨利·甘特（Henry Gantt）发明了著名的甘特图，使项目经理按日历制作任务图表，用于日常工作安排。甘特图直观而有效，便于监督和控制项目的进展状况，时至今日仍是管理项目尤其是建筑项目的常用方法。20世纪50年代，美国出现了网络计划技术，该技术包括关键路径法（CPM）和计划评审技术（PERT），这是现代项目管理出现的象征。正如项目管理知识体系指南（PMBOK®指南）（第四版）中所表述的案例：1957年美国杜邦公司把关键路径法应用于设备维修，使维修停工时间从125小时锐减为7小时；1958年美国人在北极星导弹设计中，应用计划评审技术，把设计完成时间缩短了两年；20世纪60年代美国"阿波罗登月计划"使用网络计划技术，该项目耗资300亿美元，参加企业2万多家，参与人员40多万人，动用零部件700万个，由于使用了网络计划技术，各项工作进行得有条不紊，取得了巨大的成功。但直到80年代，项目管理主要还局限于建筑、国防、航天等少数行业。

20世纪60年代英国和美国分别成立了项目管理学会，经过长期对项目管理的系统研究，二者都提出了各自的知识体系。英国项目管理学会在20世纪80年代提出的知识体系，构成了英国和欧洲的项目管理标准，并直接参与了1996年英国标准BS6079和1997年欧洲国际标准ISO10006的制定；而美国项目管理学会在20世纪80年代提出的《项目管理知识体系》（PMBOK®指南）目前已经成为全球很多国家所公认的标准，并直接参与了国际标准 ISO10006 标准的制定。因此，20 世纪 80 年代是传统项目管理和现代项目管理阶段的分水岭，项目管理开始广泛应用于建筑、工程、电子、通信、计算机、金融、投资、制造、咨询、服务等诸多行业，项目管理发展成为具有自身特色的专业学科。

美国项目管理协会的《项目管理知识体系指南》（第 6 版）指出：项目管理就是把各种知识、技能、手段和技术引用于项目活动之中，以达到项目的要求，项目管理是通过应用和综合诸如启动、规划、实施、监控和收尾等项目管理过程来进行的，项目经理是负责实现项目目标的个人[①]。

《中国项目管理知识体系（C-PMBOK 2006）》指出，项目管理就是以项目为对象的系统管理方法，通过一个临时性的、专门的柔性组织，对项目进行高效率的计划、组织、指导和控制，以实现项目全过程的动态管理和项目目标的综合协调与优化。实现项目全过程的动态管理，是指在项目的生命周期内不断进行资源的配置和协调，不断作出科学决策，从而使项目执行的全过程处于最佳的运行状态，产生最佳的效果。项目目标的综合协调与优化，是指项目管理应综合协调好时间、费用及功能等约束性目标，在相对较短的时期内成功地达到一个特定的成果性目标。

总的来说，项目管理是指运用各种相关技能、方法与工具，为满足或超越项目有关各方对项目的要求与期望，所开展的各种计划、组织、领导、控制等方面的活动。

二、项目管理的特征

（一）普遍性

项目作为一种创新活动，普遍存在于人类的社会生产活动之中，现有的各种文化物质成果最初都是通过项目的方式实现的，现有的各种运营活动都是各种项目的延伸和延续，人们的各种创新想法、建议和提案，或迟或早都会转化成项目，并通过项目的方式得以验证或实现。由于项目的这种普遍性，使得项目管理也具有了普遍性的特征。

（二）目的性

项目管理的另一个重要特征是它的目的性，一切项目管理活动都是为实现"满足或超越项目有关各方对项目的要求与期望"这一目的服务的。其中"有关各方对于项目的要求"是一种已经明确的项目目标，"有关各方对于项目的期望"是一种有待识别、未明确的、潜在的项目追求。

（三）独特性

项目管理的独特性是指项目管理既不同于一般的生产服务运营管理，也不同于常规的

---

① 美国项目管理协会. 项目管理知识体系指南（PMBOK®guide）[M]. 6 版. 北京：电子工业出版社，2018.

行政管理，它有自己独特的管理活动、管理方法和工具。如项目计划管理中使用的关键路径法、项目范围管理中的工作分解结构法、项目成本控制管理中的 S 曲线法等。

（四）集成性

项目管理的集成性是相对一般运营管理的专门性而言的，在一般运营管理中，分别有生产管理、质量管理、财务管理、市场营销管理等各种各样的专业管理，它们是针对一个企业或组织的不同生产经营活动而开展的管理，而项目管理工作一般由多个部分组成，将来自不同组织的人员有机地组织在一个临时性的组织内，执行中还需要运用多种学科的知识来解决问题。这些因素决定了项目管理有一定的分工要求，同时又必须强调管理的集成，例如对项目各要素的集成管理和对项目各阶段的集成管理，还有对项目、子项目的集成管理等。

（五）创新性

项目在不同程度上包含着创新的成分，项目管理是对创新的管理。项目执行过程中有许多未知因素，每个因素又常常带有不确定性，因此，任何一个项目的管理都没有一成不变的模式、经验和方法可供参考，必须通过创新去实现对于具体项目的有效管理，必须通过创新去实现一个具体项目的管理目标，所以项目管理本身也需要创新。

三、项目管理的基本要素

要深刻理解项目管理的定义，就必须弄清楚项目管理的各个要素，项目管理的基本要素有：资源、目标和需求、项目环境、项目干系人（项目利害关系者）。

（一）资源

资源是指一切具有现实和潜在价值的东西，包括自然资源和人造资源、内部资源和外部资源、有形资源和无形资源。项目管理作为一种管理方法和手段，本身也是一种资源。但是，由于项目的一次性的特点，项目资源通常也是临时拥有和使用的，例如资金需要筹集，服务可以采购（如招标发包），有些资源还可以租赁。项目执行过程中资源需求变化很大，有些资源用完后要及时偿还或遣散，任何资源的积压、滞留或短缺，都会给项目带来损失。资源的合理、高效地使用对项目管理尤为重要。

（二）目标和需求

项目要求达到的目标可分为两类：必须满足的规定要求和附加获取的期望要求。规定要求包括项目实施范围、质量要求、利润或成本目标、时间目标，以及必须满足的法规要求等。在一定范围内，质量、成本、进度三者是相互制约的。当进度要求不变时，质量要求越高，则成本越高；成本不变时，质量要求越高，则进度越慢；当质量标准不变时，缩短时间则需要增加成本投入。期望要求是一种隐含的或潜在的要求，没有明文规定。

（三）项目环境

项目是在一定环境中实施的，环境要素在项目实施过程中发挥重要的作用。项目环境包括实施项目中的内在环境及外在环境。内在环境主要包括：项目在组织中的地位、组织结构、组织文化和风格等；外在环境主要包括：政治和经济、文化和意识、国际化标准和规章等。项目经理要积极利用项目环境资源，化解内外部矛盾，充分利用积极要素对项目服务。

（四）项目干系人

项目干系人是指项目的参与各方。项目干系人包括项目当事人和其利益受到该项目影响的组织和个人，通常也称为项目的利害关系者。大型复杂的项目往往有多方面的人参与，如业主、投资方、贷款方、承包人、供货商、建筑师、设计师、监理工程师、咨询顾问等。除此之外项目干系人还可能包括政府的有关部门、社区公众、项目用户、新闻媒体、市场中潜在的竞争对手和合作伙伴等。

四、项目管理知识体系

管理项目需要许多知识和方法，项目管理知识体系是这些知识和方法的总称。其中一部分知识和方法是项目管理学科所独有的，或以独特的方式表达并普遍被接受的，而其他的知识和方法则源于通用管理知识和方法、各种应用领域的专业知识和方法的支持。项目管理需要在项目活动中运用这些知识和方法，以满足项目的需要。

美国项目管理协会的《项目管理知识体系指南》（第6版）中把项目管理划分为10个知识领域。

（一）项目整合管理

项目整合管理，也叫项目集成管理、项目整体管理，是指为确保项目各项工作能够有机地协调和配合所展开的综合性和全局性的项目管理工作和过程。项目集成管理的功能是在多个相互冲突的目标和方案之间做出权衡，以便满足项目干系人的要求。这个知识领域的主要内容包括制定项目章程、制定项目初步范围说明书、制订项目管理计划、指导与管理项目执行、监控项目工作、整体变更控制和项目收尾工作。

（二）项目范围管理

项目范围管理是指为了实现项目目标，对项目的工作内容进行确定和控制的管理过程。项目范围管理由下列项目管理过程组成：范围规划、范围定义、绘制工作分解结构、范围核实和范围控制。

（三）项目时间管理

项目时间管理是指为了确保项目最终按时完成的一系列管理过程。涉及了确保项目按时完成所需的各项过程，包括活动定义、活动排序、活动资源估算、活动持续时间估算、制定进度表以及进度控制。

（四）项目成本管理

项目成本是指为实现项目目标所耗用资源的成本、费用的总和。项目成本是一个项目关注的重点，承接项目的最终目的是取得利润，因此成本控制是项目成败的关键。项目成本管理是在项目管理过程中，为确保项目在不超出预算的情况下完成全部项目工作所展开的项目管理工作，其根本目的是全面管理和控制项目的成本（造价），确保项目的成功。项目成本管理的主要内容包括项目资源的计划、项目成本的估算、项目成本的预算和项目成本的管理与控制等工作。

（五）项目质量管理

项目质量管理是在项目管理过程中，为确保项目的质量达到客户所规定的要求所开展的项目管理工作。项目质量管理的根本目的是对项目的工作和项目的产出物进行严格的控制和有效的管理，以确保项目的成功。项目质量管理的主要内容包括项目质量计划、项目质量保证、项目质量控制以及项目质量提高。

（六）项目人力资源管理

项目人力资源管理是指为了保证所有项目相关人员的能力和积极性都得到最有效的发挥和利用所采取的一系列管理措施和管理过程。项目人力资源管理的主要内容包括人力资源规划、项目团队组建、项目团队建设和项目团队管理。

（七）项目沟通管理

项目沟通管理也称项目信息管理，是在项目管理过程中为确保有效地、及时地生成、收集、储存、处理和使用项目信息，以及合理地进行项目信息沟通而开展的管理工作。开展项目信息管理的根本目的是对项目所需的项目信息和项目干系人之间的沟通进行有效的管理，以确保项目的成功。

项目沟通管理的主要内容包括项目沟通的规划、项目信息的传输、项目作业信息的报告和项目管理决策等方面的内容。

(八) 项目风险管理

项目风险管理是在项目管理过程中为确保成功地识别、分析和应对项目风险所开展的项目管理工作。开展项目风险管理的根本目的是对项目所面临的风险进行有效识别、控制和管理，是针对项目的不确定性而开展的降低项目损失的管理，旨在把有利事件的积极结果最大化，而把不利事件的负面影响最小化。

项目风险管理涉及项目可能遇到的各种不确定因素，其功用在于运用恰当的风险识别方法与评估工具，分析项目风险可能对项目实施产生的影响，进而为采取适当的应对措施提供指导。其主要内容包括项目风险的识别、项目风险的评估，以及如何应对项目风险（包括制定对策和风险控制等）。

(九) 项目采购管理

项目采购管理是在项目管理过程中为确保能够从项目组织外部获取和构建项目所需的各种商品与服务所开展的项目管理工作。开展项目采购管理的根本目的是对项目所需的物质、资源和服务的获得与使用进行有效的管理，以确保项目的成功。

项目采购管理的主要内容包括项目采购计划与询价计划编制的管理、招标投标的管理、资源供应商选择的管理、项目采购合同的管理。

(十) 项目干系人管理

项目干系人是能够影响项目决策、活动或结果的个人、群体或组织，以及会受到或自认为受到项目决策、活动或结果影响的个人、群体或组织。或者说，项目干系人即是与项目或者产品间存在关系的组织以及个人。项目干系人管理从项目启动阶段开始贯穿项目的全生命周期，是一个动态的管控过程。项目干系人管理不仅影响项目的推进，还影响项目结束后的满意度和结果，所以干系人管理至关重要。科学合理的项目干系人管理可以提高项目的成功率。

总之，项目管理是一种整体工作，某一领域管理工作的失败通常会影响到其他领域。这种相互影响可能是清晰明了的，也可能是微妙和不易察觉的。成功的项目管理需要积极地管理这些相互作用，在项目目标之间做一些平衡。

第三节 我国项目管理的发展历程[①]

虽然举世闻名的万里长城是世界公认的最复杂的巨型的项目管理个案，但是中国现代

---

① 赖一飞.项目管理概论[M].北京：清华大学出版社，2011.

项目管理的发展却只有短短几十年。

20世纪50年代，受投资体制和产品经济发展模式的影响，处于经济建设恢复期的中国项目管理呈现出高度统筹、垂直管理、计划调拨、统一分配的特征。依靠这样的管理方式，我国不仅保证了当时苏联援助的156个项目的有效实施，也为新中国工业化的快速发展打下了坚实基础。

20世纪60年代初期，当项目管理原理和方法在世界各国相关行业和领域应用时，著名数学家华罗庚将关键路径法引入中国，并结合我国所倡导的"统筹兼顾，全面安排"的指导思想，将这一技术取名为统筹法。1964年，华罗庚教授完成了《统筹方法平话》一文，此文后被《人民日报》整版发表。1965年，华罗庚教授又出版了自己的专著《统筹方法平话及其补充》，书中涵盖了项目管理的方法论思想，如调查研究、箭头图、主要矛盾线以及设定目标条件下的资源优化配置等。这些卓越成果受到党和国家领导人的勉励和支持。在华罗庚教授的大力推动下，统筹法的推广运用取得了良好的经济收益。1981年，中国科学院管理科学与科技政策研究所牵头成立了"中国优选法统筹法与经济数学研究会"，广泛开展项目管理原理、方法等领域的研究工作。

20世纪80年代，现代化的管理方法在我国推广应用，进一步促进了项目管理的实践应用。1982年，国家利用世界银行贷款实施云南鲁布革水电站的引水倒流工程。当时日本大成公司以低于标底价43%的价格中标，他们运用先进的项目管理方法对这一工程的施工工作进行了有效的管理，优质高效地完成了项目，取得了巨大成功[①]。这个项目给当时的中国工程建设领域带来了巨大冲击，使人们真实地感受到项目管理的重要作用。随后国家又利用项目管理原理、方法进行了二滩水电站、三峡水利枢纽建设等大型工程建设。

随着中国在世界银行合法席位的恢复，国外现代项目管理理论和实践也在我国得到了广泛使用和迅速推广。当时，项目管理已经具备了较为系统、科学的技术方法，但其应用尚停留在国防和建筑等行业，其主要任务也局限于强调项目进度、费用、质量三个目标的实现。1987年，国家计委、建设部等五部委联合发出通知，确定在一批试点企业和建设单位应用项目管理施工法，并开始建立中国的项目管理专业资质认证制度。1991年，建设部进一步提出了将试点工作转变为全行业普遍推广应用的要求。

1991年6月，在西北工业大学等单位的倡导下，我国成立了第一个跨地区、跨行业的项目管理专业学术组织——中国优选法统筹法与经济数学研究会项目管理研究委员会（Project Management Research Committee，PMRC），PMRC的成立是中国项目管理学科体系开始走向成熟的标志。随后，许多行业也纷纷成立了相应的项目管理组织。如中国建筑业协会工程项目管理委员会、中国国际工程咨询协会项目管理工作委员会、中国工程咨询协会项目管理指导工作委员会等的建立，都是中国项目管理日益发展与广泛应用的具体体现。

---

① 赖一飞. 项目管理概论 [M]. 北京：清华大学出版社，2011.

1992年，国家技术监督局正式颁布了网络计划技术标准GB13400，该标准成为我国关于项目管理的第一个国家标准。

1993年，建设部实行了全国施工企业项目经理培训上岗制度。

20世纪90年代后期，项目管理的职业资格认证热潮开始在国内兴起。1996年，PMRC作为中国项目管理专业组织的代表加入了国际项目管理协会（International Project Management Association，IPMA），成为IPMA的成员组织之一。PMRC的宗旨是致力于推进我国项目管理学科建设和项目管理专业化发展，推进我国项目管理与国际项目管理专业领域的交流与合作，使我国项目管理水平尽早与国际接轨。

2001年5月，我国正式推出了《中国项目管理知识体系》（C-PMBOK），使我国项目管理学科有了更新的发展。

在我国，项目管理成为真正热门的学科还是从项目管理师资格认证（PMP）开始的。项目管理师资格认证是由全球性专业组织——美国项目管理学会（PMI）设立的，被全球项目管理界人士所认可。2002年11月，在多方考察论证各国项目管理资格认证经验之后，国家劳动合同社会保障部推出了适合我国实际情况的"中国版的PMP资格认证"，项目管理师资格认证向本土化发展迈出了重要的一步。2002年12月，我国项目管理师认证考试在北京举行了全国首次试点考试。

从项目管理发展历程中不难看出，项目管理是人类社会发展的必然产物。虽然项目管理理论引入中国的时间并不长，然而项目管理的理论和方法在我国社会生活中已经产生了相当大的影响，它丰富了我们的管理理论和管理技术，给我们的管理实践带来了新的实用方法，产生了一定的经济效益和社会效益。但是，由于种种原因，在我国的管理理论研究中还未对项目管理理论研究给予足够的重视，项目管理的引用也还只限于某些行业和领域。这一方面说明我国的项目管理的发展水平与当今世界水平尚有差距，另一方面也说明我国的项目管理仍有很大的发展空间。

第四节 现代项目管理的主流趋势

项目管理的发展具体来讲有两个方面：一是项目管理活动本身的发展；二是项目管理作为一个学科的发展。现代项目管理的发展趋势主要包括以下两个方面。

一、项目管理活动的发展趋势

尽管人类的项目实践可以追溯到几千年前，但是将项目管理作为一门科学来进行分析研究，其历史并不长，从1965年世界第一个专业性国际组织IPMA成立至今不过30多年的时间。经过这30多年的努力，目前国际专业人士对项目管理的重要性和基本概念已经有了初步共识。分析当前国际项目管理的发展，有三个趋势，即全球化发展、多元化发展和专业化发展。

（一）项目管理的全球化发展

知识经济时代的一个重要特点是知识与经济发展的全球化，因为竞争的需要和信息技术的支撑促使了项目管理的全球化发展。主要表现在国际上的项目合作日益增多，国际化的专业活动日益频繁，项目管理专业信息的国际共享，项目管理学者的国际交流日益深化，项目管理知识体系国际趋同，等等。项目管理的全球化发展既为我们创造了学习的机遇，也给我们提出了高水平国际化发展的要求。

（二）项目管理应用领域的多元化发展

当代的项目管理已深入各行各业，以不同的类型、不同的规模出现，项目无处不在，项目管理处处使用。项目应用的行业领域及项目类型的多样性，导致了各种各样的项目管理理论和方法的出现，从而促进了项目管理的多元化发展。

（三）项目管理的专业化发展

项目管理的广泛应用促进了项目管理向专业化方向的发展，突出表现在项目管理知识体系的不断发展和完善、学历教育和非学历教育竞相发展、各种项目管理软件开发及研究咨询机构的出现等。项目经理职业化脚步不断加快，各种项目经理资质考试成为社会年轻人追捧的热点。应该说项目执业资质认证为项目管理的职业化、专业化推波助澜，这也是项目管理学科逐渐走向成熟的标志。

二、项目管理学科的发展趋势

自 20 世纪 50 年代末 60 年代初以来，学术界对项目管理的研究基本上是处在探索现有成熟理论在项目管理中的应用，以及如何将本学科领域的专业理论、方法应用于项目管理的阶段，如计算机、控制论、模糊数学、优化理论等。同时，各行各业的专家们正在探讨如何把项目管理理论、方法应用到本行业中去，如建筑业、农业、军事、工业、IT业等。

这种双向探索尽管均出自外界的需求，但却极大地促进了项目管理自身的发展，使得项目管理也在朝两个方向发展：一是朝学科化方向发展。项目管理吸收各学科的有用部分，逐渐形成了一些自己独立的内容体系。例如，美国 PMI 于 1986 年提出的项目管理知识体系，国内外大学所建立的学士、硕士、博士学历教育体系以及成人教育的课程体系等。二是为了适应各行业发展的需要，项目管理学科也正在朝实用化方向发展，包括各种方法、工具、标准、法规等。如 1992 年我国的 GB/T 13400.1～13400.3－92，"网络计划技术",国际标准化组织于 1997 年推出的 ISO10006"质量管理——项目管理质量指导"以及各种计算机应用软件系统等。这种跨行业、跨专业、有理论、有实践的学科发展,进一步促进了项目管理专业学科——"项目学"的建立和发展[①]。

总之,随着社会的进步、市场经济的进一步完善、生产社会化程度的提高,人们对项目的需求也越来越多,而项目的目标、计划、协调和控制也更加复杂,这将促进项目管理理论和方法的进一步发展。

[章后案例]

柯妮科公司的项目管理[②]

一、背景

柯妮科公司(Honicker Corporation)是一家公认的优质汽车和卡车仪表盘制造商。该公司的业务主要在美国国内,不过它现在有了向世界上其他供应商提供服务的机会。尽管柯妮科公司享誉世界,但该公司极端保守的高级管理层多年来一直阻止公司进军国际市场。

2009 年,随着公司新管理层的进驻,这种保守主义也逐步消失了。柯妮科公司的现金充裕,有较大的借款能力,在金融机构信用额度也很高。由于公司的债务相对较少,柯妮科公司获得了 AA 级的评价。柯妮科公司没有选择在不同的国家修建厂房,而是决定采用快速路线——在全球范围内收购 4 家公司进行扩张。4 家公司分别是 Alpha 公司、Beta 公司、Gamma 公司和 Delta 公司。

4 家公司都在各自的区域内提供服务,每家公司的高级管理层对当地的文化都非常了解,在客户和当地也享有声望。在假设柯妮科公司所做出的必要的变化能够被执行的前提下,柯妮科公司决定维持 4 家公司的高层管理团队不变。

柯妮科公司希望 4 家公司有能力向世界范围内任何一个柯妮科公司的客户提供零件,但这说起来容易做起来难。柯妮科公司有一套运行良好的 EPM。柯妮科公司和它在美国的绝大部分客户及其他相关方都了解项目管理。柯妮科公司意识到最大的挑战是将所有的子公司置于同一项目管理成熟度水平上,并对其使用相同的公司范围内的 EPM 或是调整后的版本。柯妮科公司期望 4 家被收购的公司能够做出一些改变。

4 家被收购的公司处于不同的项目管理成熟度水平。Alpha 公司已经有一套 EPM,并且它认为自己的项目管理方法比柯妮科公司现在使用的更先进。Beta 公司刚刚开始学习项目管理。尽管它已经拥有几个向客户报告项目状况的项目管理模板,但是它没有任何正式的 EPM。Gamma 公司和 Delta 公司还未涉及项目管理。

---

① 陈池波,崔元峰.项目管理[M].武汉:武汉大学出版社,2006.
② 哈罗德·科兹纳.项目管理案例集[M].5 版.陈丽兰,刘淑敏,王丽珍,译.北京:电子工业出版社,2018.

更为糟糕的是,每个被收购公司所在地的法律又界定了其他需要服务的相关方,所有这些相关方都处于不同的项目管理成熟度水平。在一些国家,政府因为就业和采购法律等,会主动参与进来;在其他国家,政府仅在企业违反有关健康、安全或环境法律时才被动地参与进来。开发一套让所有新收购的公司及它们的客户和其他相关方都满意的EPM确实是一项艰难的任务。

二、组建团队

柯妮科公司知道在短时间内达成项目管理协议是一项巨大的挑战。柯妮科公司也知道不会有平等的收购,收购中总是有"房东"和"房客"之分的,而柯妮科公司就是"房东"。但是如果"房东"在其中施加影响,则可能疏远一些被收购的公司,这是弊大于利的。柯妮科公司的方法是将这件事作为一个项目来对待,把被收购的公司及其客户与当地的相关方都作为项目的相关方。使用项目干系人管理对在项目管理方法方面达成一致非常重要。

柯妮科公司要求每个被收购的公司派出3名人员进入由柯妮科公司人员领导的项目管理执行团队。柯妮科公司认为,理想的团队成员应当具备一些项目管理方面的知识或者从事项目管理的经验,还应当获得各自公司高层领导的授权,可以替各自公司做出决策。派出的人员还应当清楚来自其客户和当地相关方的需求。柯妮科公司希望各公司尽快达成一致的意见:每家公司都要同意使用团队确认的项目管理方法体系。

4个公司的高层管理者都向柯妮科公司发送了一份理解信,承诺会派遣合适的人员,并且同意使用该团队通过的方法。每个公司都表明它们明白这个项目的重要性。

这个项目的第一步是就项目管理方法体系达成一致。第二步则是邀请客户和其他相关方审查该方法并提出反馈意见。这是非常重要的,因为客户和其他相关方最终都会接触该方法体系。

三、启动会议

柯妮科公司希望团队能在6个月内就公司范围的EPM达成一致。但是启动会议结束后,柯妮科公司意识到就EPM达成一致可能需要2年的时间。第一次会议中出现了以下几个问题:

- 每个公司对于项目都有不同的时间要求。
- 每个公司对于项目的重要性看法都不同。
- 每个公司都有自己的文化,它们都希望最终设计与其文化相匹配。
- 每个公司对项目经理的职位和权力的看法都不同。
- 尽管发送了理解信,但是Gamma和Delta两家公司并不理解它们在该项目中担任的角色以及与柯妮科公司的关系。
- Alpha公司想对该项目进行微型管理,认为其他公司也应当使用这种方法。

柯妮科公司的高层管理者要求参与启动会议的柯妮科公司代表准备一份记录所有与会人观点的机密备忘录。这份备忘录中包含了以下评论:

- 不是所有参会代表都公开表达了它们对于该项目的真实感受。
- 有的公司希望该项目失败的意图很明显。
- 有的公司担心新 EPM 的运行会引起权利和职权的变化。
- 一些人担心新 EPM 的运行会使职能组织资源减少，从而缩减职能部门的人员规模以及降低职能部门的奖金。
- 一些人担心新系统的运行会引起公司文化以及与客户工作关系的变化。
- 一些人害怕学习和使用新系统。

问题：

1. 柯妮科公司现在的方法是什么？
2. 你建议柯妮科公司首先做什么？
3. 如果经过各种尝试，Gamma 公司和 Delta 公司还是拒绝加入，柯妮科公司应该怎么办？
4. 如果 Alpha 公司固执地坚持它的方法是好的，并且拒绝让步，柯妮科公司应该怎么办？
5. 让地理上分散的几家公司就文化和方法达成一致，这是简单的还是困难的？
6. 如果 4 家公司同意使用该项目管理方法，但是随后一些客户反对使用该方法，柯妮科公司应该怎么办？

本章小结

本章的主要内容是从项目、项目管理、我国项目管理的发展历程和现代项目管理的主流趋势四个部分展开的，首先介绍了项目的定义、项目的特征和项目生命周期，然后介绍了项目管理的定义、项目管理的特征、项目管理的基本要素和项目管理知识体系，接着介绍了我国项目管理的发展历程，最后对项目管理的发展趋势作了简单综述。

复习思考题

1. 简述项目的定义和特征。
2. 简述项目生命周期的主要内容。
3. 简述项目管理的定义和特征。
4. 简述项目管理的基本要素。
5. 简述项目管理的知识体系。
6. 简述项目管理发展的趋势。

第二章　项目组织与项目团队管理

组织是一切管理活动取得成功的基础，包括与组织相关的人、财、物等各种资源及其相互关系。"组织"既是一个名词又是一个动词，静态的实体组织指组织体系或组织结构；动态的组织指组织活动和组织工作。项目组织是大多数项目工作人员向项目经理汇报的一种组织形式，是为了完成某个特定的项目任务而由不同部门、不同专业的人员所组成的一个特别的工作组织。项目组织与社会经济发展过程中的其他实体组织一样，要有好的决策、计划、领导、沟通、人员配备、激励机制以及组织章程与组织文化等。在一个既定的项目中，项目组织是所有活动的焦点，它从总体上表明一个项目，并成为所有影响项目的内部与外部的活动中心。根据项目活动的集中程度，它的机构可以是由少量的人组成，也可以是一个很庞大的系统。项目组织不受现存的职能组织构造的束缚，但也不能替代各种职能组织的职能活动。项目组织与传统的其他实体经济组织相比最大的特点是其有机动灵活的组织形式和用人机制，更强调项目负责人也就是项目经理的作用，强调团队的协作精神，组织形式具有更大的灵活性和柔性。本章内容重点介绍项目组织与项目团队管理相关内容。

[学习目标]

- 掌握项目组织的概念和类型
- 掌握各种项目类型的特点及其运营环境
- 掌握项目经理的主要管理职能
- 掌握项目经理的权责关系
- 了解项目经理及所应具有的资质
- 了解项目经理在组织中的角色
- 了解项目团队的发展
- 知道项目管理办公室的主要职责

[案例导入]

××公司的组织结构[①]

××公司主要投资和运营天然气管道管网建设，为周边城市提供天然气。创建初始，

---

① 王建国. GDPL公司项目组合管理体系建设与应用［D］. 成都：电子科技大学，2011.

该公司主要采用职能型组织结构,如图 2-1 所示。

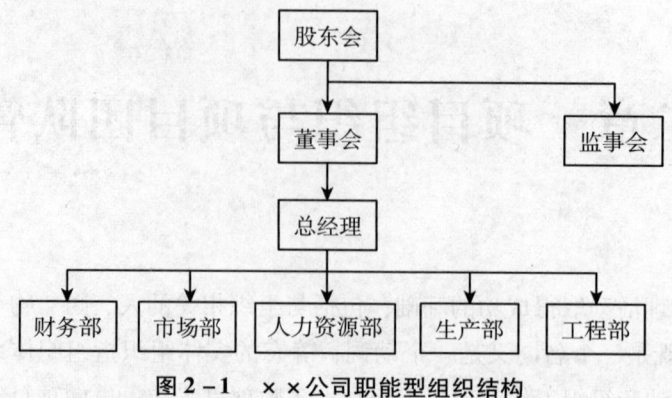

图 2-1 ××公司职能型组织结构

2009 年 6 月至今,公司实施了矩阵型组织结构,其项目化管理组织结构,如图 2-2 所示。

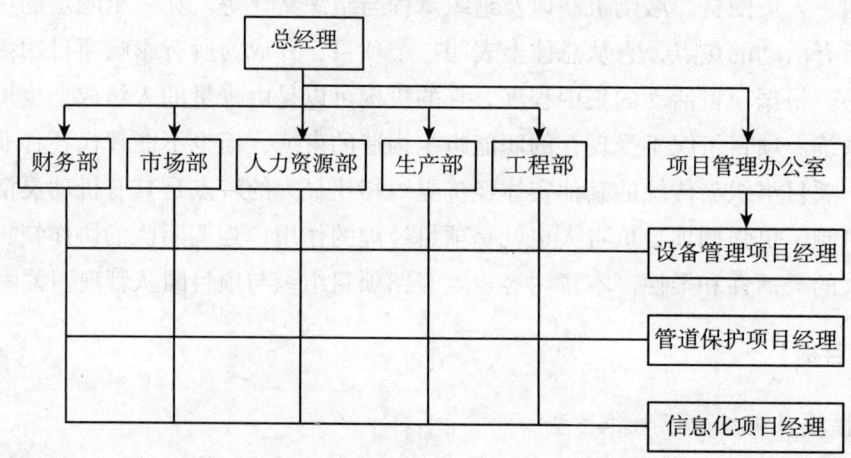

图 2-2 ××公司矩阵型组织结构

那么,矩阵型组织结构有哪些优点呢?它可以较好地平衡该公司的内部资源吗?这种组织结构是否在职能和项目之间进行有效的资源分配,又可以保证各项目在时间、投资成本和绩效上达到最佳吗?

第一节 项目组织概述

一、组织的内涵

(一)组织的定义

对于组织的概念,国外有关学者众说纷纭。其中,最早是由切斯特·巴纳德(Chester

I. Barnard）提出的观点，他认为"组织就是两个或两个以上的人有意识协调活动的系统"。亨利·法约尔（Henri Fayol）最早指出的管理五大职能之一就是组织，并认为企业的组织职能主要包括设计组织结构，确定相互关系，制定规章制度，以及招收、训练、评价职工等。伊兹尼（Etzni）把组织描述为"一个有计划的单位，是为完成特定的目标而设计起来的"。韦伯（Weber）提出理性的行政组织体系理论，把理性合法权力看作组织的基础和支柱。哈罗德·孔茨（Harold Koontz）把组织定义为"正式的、有意形成的职务结构或职位结构"。波特、劳拉和哈克曼指出组织应包括5个基本要素：社会结构、目标方向、差别化的功能、合理协调和时间上的延续性。穆尼则强调组织是一种在一个协调的整体里，把具体的任务或职能联系起来的技术等。

在现实社会生活中，人们总是在一定的组织中生活和从事各种活动。管理者也总是在一定的组织中，根据组织的特定任务目标、工作环境，把组织的组成要素有机地组织起来，以便有效地执行计划和实现目标。可见，组织是实施目标管理活动、实现目标的载体。要完成一定的目标，必须有一个相应完整的组织系统。换句话说，组织是人们进行合作活动的必要条件。

综上所述，组织是指两个以上的人在一起为实现某个共同目标而协调行动的集合体。具体来讲，组织包括三个要素：一是组织必须有明确的目标，这是组织存在的基础和条件；二是组织必须具有分工与协作，这是由组织目标所决定的；三是组织要有不同的权力与责任制度，这是组织分工之后的后续结果。

组织工作，是指在特定的环境中为了有效地实现共同目标和任务，确定组织成员、任务及各项活动之间关系，对资源进行合理配置的过程。通过组织工作的工作内容可以看出：组织工作是一个动态的过程。设计、建立并维持一种科学的、合理的组织结构，并不是一蹴而就的，它是通过对组织目标分析之后而进行的一系列活动过程。组织工作过程的结束，表现为组织框架的建立及相应职责的明确。同时，建立起的组织结构也并不是一成不变的，它需要随着组织内外因素的变化进行适当的调整与变革。

（二）组织的功能

组织作为一项管理职能，是根据计划任务要求和按照权力与责任对等的原则，将所必需的活动进行分解与合成，并把工作人员编排和组合成一个分工协作的管理工作系统或管理机构体系，以便实现人员、工作、物资条件和外部环境的优化组合，圆满达成预定的共同目标。

1. 整合功能

整合是指调整管理对象中不同构成要素之间的关系，使之达到有序化、统一化、整体化的过程。具体表现在组织的各种规章制度（包括有形的、无形的）对组织成员的约束，从而使组织成员的活动互相配合、步调一致。通过组织整合，一方面可以使组织成员的活动由无序状态变为有序状态，另一方面又可以把分散的个体黏合为一个新的强大的集体，把有限的个体力量变为强大的集体合力。这种合力不是"1+1=2",而是"1+1>2"。显然,组织整合功能的有效发挥有利于组织目标的实现。

2. 协调功能

组织内部各职能部门、各组织成员尽管都要服从组织的统一要求,但是,由于其各自的目标、需要、利益等方面得以实现或满足的程度和方式存在着事实上的差异性,由此,组织成员之间或组织的各职能部门之间必然存在一些矛盾和冲突。这就需要组织充分发挥协调功能,调节和化解各种冲突和矛盾以保持组织成员的密切合作,这是组织目标得以实现的必要条件。

3. 维护利益的功能

社会组织是基于一定的利益需要而产生的,不同的组织是人们利益分化的结果。组织利益与个人利益息息相关,正所谓"一荣俱荣,一损俱损"。维护利益功能的有效发挥能充分调动组织成员的积极性、主动性和创造性,提高组织的凝聚力,增强组织成员的向心力,从而顺利高效地实现组织目标。

4. 实现目标的功能

组织目标的实现要依靠组织成员的集体力量,而这种集体力量的形成,需要组织整合和协调功能的有效发挥作为基础,以利益功能为动力,从而使组织达标功能得以充分发挥。各种社会组织都是社会大系统的一个分子。因此,达标功能既包括实现组织自身目标,同时也包括实现社会大目标这两个任务。当然,以上述及的4种功能并不是相互割裂的,而是作为一个系统发挥其作用。

二、项目组织内涵

项目要有人来执行,需要建立项目班子,大型复杂项目的组织班子往往可组成独立的机构,如我国长江三峡工程总公司、欧洲隧道公司等。不过多数项目班子存在于一个较大的组织机构中,是其中的一部分。有的机构往往同时执行多个项目,建立多个项目班子,我们把执行项目的组织叫作项目组织。

项目组织是项目管理的基本职能之一。项目组织的主要目的是充分发挥项目管理功能,提高项目管理的效率,达到项目管理的目标。项目组织与其他组织一样,要有好的领导章程、沟通机制、人员配备、激励机制,以及有好的组织文化等。同时,项目组织也有其与其他组织不同的特点,项目组织有其生命周期,经历建立发展和解散的过程,项目组织在不断的更替和变化。组织的一个基本原则是因事设人,根据项目的任务设置机构,设岗用人,发挥人的主观能动性,并及时根据任务进行调整。项目要有机动灵活的组织形式和用人机制,并且各个项目干系人之间的联系都是有条件的、松散的。因为项目干系人是通过合同、协议法规以及其他各种社会关系结合起来的,项目组织没有明确的组织边界,项目干系人及其个别成员在某些事物中属于某项目组织,在另外的事物中可能又属于其他组织。此外，项目中各干系人的组织形式也是多种多样的。

第二节 项目组织设计

一、组织设计的内涵

（一）组织设计的定义

组织设计是对组织的结构和活动进行创构、变革和再设计，是企业总体设计的重要组成部分，是有效实施管理职能的前提条件。组织设计应以完成组织任务为前提，应遵循一定的程序与原则。组织设计的简单模式如表2-1所示。

表2-1　　　　　　　　　　组织设计由下而上的模式

关键步骤	相关的组织要素	要求
判定需完成的必要工作	劳动分工	把组织的任务分解为可由个人完成的工作任务
把个人工作合为一体	部门化	以有效的方式把工作组织起来，以便各项工作可以相互补充，有序地进行
分配权力	层次等级	分派完成工作的责任并授予相应权力
整合人员与工作，保证组织目标的实现	协调	以有利于组织目标达成的方式整合协调所有人员和工作

资料来源：刘珂，韩庆林. 管理学[M]. 上海：上海交通大学出版社，2018.

（二）组织设计的目的和任务

组织设计的目的是通过创构柔性灵活的组织，动态地反映外在环境变化的要求。在组织演化成长的过程中，有效集聚新的组织资源。同时协调好组织中部门与部门之间、人员与任务之间的关系，使员工明确自己在组织中应有的权力和应负担的责任。有效地保证组织活动的开展，最终保证组织目标的实现。

组织设计的任务是设计清晰的组织结构，规划和设计组织中各部门的职能和职权，确定组织中职能职权、参谋职权、直线职权的活动范围并编制职务说明书。

所谓组织结构是指组织的框架体系，是对完成组织目标的人员、工作、技术和信息所作的制度性安排。图2-3表示组织的整体结构、职权关系及主要职能。

为了能更好地完成设计任务，设计者需要做好职务的分析与设计、部门。职务说明书是说明组织内部的某一特定职务的责任、义务、权力及其工作关系的书面文件，如表2-2所示。

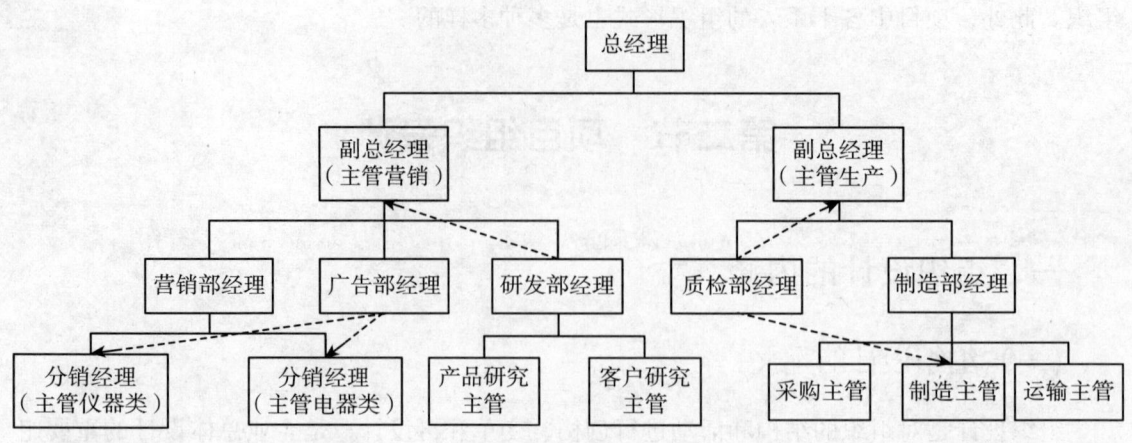

图 2-3 组织系统示意

表 2-2　　　　　　　　　　　　　　职务说明书

职业名称：	工作地点：
所属大部门：	所属最小部门：
直接汇报上级职位：	更上级职位：
拟订人签字：	职位等级：
上级部门主管审批：	审　　核：
	生效日期：

职位目的：
（简要地介绍该职位的主要目的）

职位的角色：
（描绘该职位所属小部门在更大部门所扮演的角色或做出的贡献，及该职位在所属小部门里所扮演的角色或做出的贡献）

二、组织设计的原则与影响因素

（一）组织设计的原则

1. 任务与目标原则

企业组织设计的根本目的是为实现企业的战略任务和经营目标服务的，这是一条最基本的原则。组织结构的全部设计工作必须以此作为出发点和归宿点，即企业任务、目标同组织结构之间是目的同手段的关系。衡量组织结构设计的优劣，要以是否有利于实现企业任务、目标作为最终的标准。

2. 分工协作原则

现代企业的管理，工作量大、专业性强，分别设置不同的专业部门，有利于提高管理工作的质量与效率。分工协作原则是指组织结构越能反映为实现组织目标所必要的各项任务和工作分工及相互间的协调，组织结构就越精干、高效。分工协作一致原则规定了组织结构中管理层次的分工（即分级管理）、部门的分工（即部门划分）和职权的分工。在合理分工的基础上，各专业部门只有加强协作与配合，才能保证各项专业管理的顺利开展，达到组织的整体目标。要贯彻这一原则，在组织设计中就要十分重视横向协调问题。

3. 管理幅度原则

管理幅度原则是指组织中主管人员监督管辖其直接下属的人数越适当，就越能够保证组织的有效运行。关于管理幅度的内容将在下文进行阐述，这里不再赘述。

4. 责权一致原则

责权一致原则是指在组织结构设计中，职位的职权和职责越是对等一致，组织结构就越是有效。作为主管人员，在组织中占据一定的职位，从而拥有一定职务、一定职权，比如要负一定责任，即职务、职责和职权三者是相等的。随着组织层次的增高，若要增加职位，职务、职权和职责的关系和责任范围便更加复杂。由于活动日趋广泛和复杂，事情因果距离就越远，权与责更难明确。为坚持权责对等，法约尔认为避免滥用职权和克服领导人弱点的最佳方法在于提高个人素质，尤其是具备高度的道德素质。

5. 集权与分权相结合的原则

集权与分权相结合是指组织结构中职权的集权与分权的关系。两者的关系处理得越是恰当，就越有利于组织的有效运行。集权管理是社会化大生产保持统一性与协调性的内在需要。但集权又有其致命的弱点——弹性差、适应性弱，特别是在社会化大生产的复杂性和多样性面前，无弹性的集权甚至可以造成组织的窒息。因此，必须实行局部管理权力的分散。

6. 稳定性与适应性相结合的原则

稳定性和适应性相结合原则要求组织设计时，既要保证组织在外部环境和企业任务发生变化时能够继续有序地正常运转，同时又要保证组织在运转过程中能够根据变化了的情况作出相应的变更，组织应具有一定的弹性和适应性。为此，需要在组织中建立明确的指挥系统、责权关系及规章制度。同时又要求选用一些具有较好适应性的组织形式和措施，使组织在变更的环境中，具有一种内在的自动调节机制。

（二）组织设计的影响因素

由于市场竞争的日益激烈和外部环境的不断变化，权变组织设计思想逐渐地被广泛地应用。权变思想就是以系统、动态的观点来思考和设计组织，它要求把组织看成一个与外部环境有着普遍直接联系的开放式系统。影响组织设计的因素有很多,一般认为有以下几个方面。

1. 组织环境

组织环境是指所有影响组织运行和组织绩效的潜在因素或力量,这里的环境指外部环境和特定环境。外部环境即对组织管理目标有间接影响的因素,如政治、经济、文化因素。特定环境即对管理有直接影响的因素,如政府、顾客竞争对手、外部环境和特定环境会相互影响。组织环境对组织的生存和发展起着决定性的作用,是组织管理活动的内在与外在的客观条件。

2. 组织经营战略

组织结构必须服从组织所选择的战略的要求。适应战略要求的组织结构为战略的实施、组织目标的实现提供了必要的前提。R. E. 梅尔斯(R. E. Meyers)和 C. C. 斯诺(C. C. Snow)根据外部环境对企业的影响总结了三种战略类型和相应的组织结构特征,如表 2-3 所示。

表 2-3　　　　　　　　三种战略类型和相应的组织结构特征

战略类型	组织结构特征
保守型战略	集权为主,严格工程师、成本专家纵向分布
风险性战略	分权为主,粗泛营销,研究开发专家横向为主
分析性战略	适当适合,有严格也有粗泛,联合组成,有纵向也有横向

3. 技术

技术是指把原材料等资源转化为最终产品或服务的机械力和智力。研究表明,不同的技术类型和公司结构之间存在着明显的相关性,而且组织的绩效与技术和结构之间的"适应度"密切相关。按生产规模和生产技术可以划分为单件小批量生产技术、大批量生产技术、流程生产技术(又称连续流水线式作业生产)。从传统角度来说,从小批量生产到流程生产,复杂程度越来越高,所需的组织结构也越发复杂,但使用先进信息技术的企业可以在精简的组织结构下实现复杂的生产。组织越是常规化越适合集权规范管理,越是非常规化越适合灵活柔性管理。

4. 组织规模

彼得·布劳(Peter Blau)对组织结构和组织规模之间的关系进行了研究,认为组织的结构设置应该根据组织规模而变化,以确保管理层能准确做出决策。大型组织和小型组织的差别主要体现在表 2-4 所示的几个方面。

表 2-4　　　　　　　　　　　组织规模对组织结构的影响

项　　目	大型组织	小型组织
规范化程度	严格	松散
集权化程度	高	低
复杂化程度	高	低
人员结构比率	管理人员快速增长	管理人员减少

5. 组织生命周期的影响

组织的演化呈现明显的生命周期特征。组织发展五阶段理论由美国学者托马斯·坎农（J. Thomas Cannon）提出，该理论认为组织的发展过程中要经历"创业""职能发展""分权""参谋激增""再集权"阶段，指出发展的阶段不同要求有与之适应的组织结构形态。

（1）创业阶段。在这个阶段，决策主要由高层管理者个人做出，组织结构相当不正规，对协调只有最低限度的要求，组织内部的信息沟通主要建立在非正式的基础上。

（2）职能发展阶段。这时决策越来越多地由其他管理者做出，而最高管理者亲自决策的数量越来越少，组织结构建立在职能专业化的基础上，各职能间的协调需要增加，信息沟通变得更重要也更困难。

（3）分权阶段。组织采用分权的方法来对付职能结构引起的种种问题，组织结构以产品或地区事业部为基础来建立。但随之而来出现了新的问题，各事业部成了内部的不同利益集团，组织资源转移用于开发新产品的活性减少，总公司与各事业部的许多重复性劳动使费用增加，高层管理者感到对各事业部失去控制。

（4）参谋激增阶段。为了加强对各事业部的控制，公司一级的行政主管增加了许多参谋助手。而参谋的增加又会加剧他们之前的矛盾，影响组织中的命令统一。

（5）再集权阶段。分权与参谋激增阶段所产生的问题可能又使公司高层主管再度高度集中决策权力。同时，信息处理的计算机化也使再集权成为可能。

三、项目组织设计

（一）项目组织设计是什么

管理学家巴纳德认为，人类由于受生理的、生物的、心理的和社会的限制，为了达到个人的目的不得不进行合作。而要使这样的合作以较高的效率实现预定的目的，就必须形成某种组织结构，因此现代社会存在着难以计数的组织。尽管这些组织形态各异，但它们均有目的性、专业化分工、依赖性、等级制度、开放性等共同特征。任何组织都是为了实现某个目的而产生，在分工的基础上形成，组织中的不同职务和部门相互联系，具有一定的上、下级关系紧密地相互依赖性。所有组织都与外界环境存在着资源和信息的交流，因而使其具有开放性的显著特征。一般组织的特征及设计原则同样适用于项目组织,只是必须同时反映项目工作的特征。不同的项目组织形式对项目实施的影响各不相同,表2-5列出了主要的组织结构形式及其对项目实施的影响。

表2-5　　　　　　　　　　项目组织结构形式及其对项目的影响

项目	组织结构形式				
	职能式	矩阵式			项目式
		弱矩阵	平衡矩阵	强矩阵	
项目经理的权限	很少或没有	有限	小到中等	中等到大	很高,甚至全权
全职工作人员的比例	几乎没有	0~25%	15%~60%	50%~95%	85%~100%
项目经理投入时间	半职	半职	全职	全职	全职
项目经理的常用头衔	项目协调员	项目协调员	项目经理	项目经理	项目经理
项目管理行政人员	兼职	兼职	半职	全职	全职

在具体的项目实践中,究竟设计何种项目的组织形式没有一个可循的公式,一般在充分考虑各种组织结构的特点、企业的特点、项目的特点和项目所处的环境等因素的条件下,才能作出较为适当的选择。因此,在选择项目组织形式时,需要了解哪些因素制约着项目组织的实际选择,表2-6列出了一些可能的因素与组织形式之间的关系。

表2-6　　　　　　　　　　影响组织选择的关键因素

影响因素	组织结构		
	职能型	矩阵型	项目型
不确定	低	高	高
所用技术	标准	复杂	新
复杂程度	低	中等	高
持续时间	短	中等	长
规模	小	中等	大
重要性	低	中等	高
客户类型	各种各样	中等	单一
对内部依赖性	弱	中等	强
对外部依赖性	强	中等	弱
时间限制性	弱	中等	强

实际中存在多种项目组织形式,并没有证据证明有一个最佳的组织形式,每一种组织形式有各自的优点与缺点,有其适用的场合。因此人们在进行项目组织设计时,要采取具体问题具体分析的方法,选择合适的、满意的组织形式。

组织论在项目管理中占有相当重要的地位,有很多专家学者认为项目管理的某学科是组织论。项目组织是项目管理的主要目标,组织问题经常是项目管理中最让人头疼的问题,项目管理的系统方法要求项目经理总是以更大的组织环境背景看待他们的项目。在项目管理理论中,项目被视为一个系统,项目的目标也是一个系统,如工程项目的成本、进度和质量,这三大目标是相对对立统一的,构成不可分割的系统。项目组织是项目目标能否实现的关键因素,项目组织同样也是一个系统,因此项目组织的设计是一个系统设计工作。这个系统存在着由人组成的组织结构和由工作形成的结构,以及这些结构间的联系。

(二)项目组织设计的主要内容

项目组织的策划和设计涉及两个内容:一是要建立一个项目系统的组织结构;二是需在组织结构的基础上确定一个系统内部的工作流程的组织。组织结构是相对静态的,工作流程的组织是相对动态的。项目组织的设计主要包含以下几个方面:

(1)项目系统的结构设计。项目系统结构主要是指项目是如何组成的,项目各组成部分之间由于其内在的技术联系或组织联系而构成一个项目系统。项目的各组成部分实际上是一个个小项目,项目的分解过程也是项目目标和资源的分解过程。通过项目结构的分解,可清楚获得对项目范围的定义,项目各组成部分之间的组织和技术的联系。

(2)项目组织规划。设计组织规划是指根据项目的目标和任务确定相应的组织结构以及如何划分和确定这些部门,这些部门又如何有机地相互联系和相互协调,共同为实现项目目标而各司其职、相互协作。

(3)系统流程设计。系统的结构会对系统的功能产生重要影响,但一个项目系统能否实现其目标,实质上取决于其各构成要素之间的关系网络和这种相互关系的继承,通过项目结构分解得到各有关工作单元。

第三节 项目组织结构

一、组织部门设计的原则

部门设计就是按照职能相似性、任务活动相似性或关系紧密性的原则把组织中的专业技能人员分类集合在一个部门内,然后配以专职的管理人员来协调领导、统一指挥。部门划分的实质,是对管理劳动的分工即将不同的管理人员安排在不同的管理岗位和部门,通过管理人员在特定环境和互相关系的管理工作,使整个管理系统有机协调地运转起来。部门划分的过程也是组织机构建立的过程,在这个过程中应该遵循如下原则:

(1)因事设职和因人设职相结合的原则。为了保证组织目标的实现,必须将组织活动落实到每一个具体的部门和岗位上去,确保"事事有人做"。

(2) 分工与协作相结合的原则。部门设计者可以依据技能相似性的归类方法来集合相关的业务活动,以期提高专业分工的细化水平。

(3) 精简高效的部门设计原则。部门精简高效是每一个部门设计者所追求的理性效果,作为一项基本的原则应当贯彻在部门设计的每一个阶段和每一项活动过程中。

二、组织部门化和管理的层级化

(一) 组织部门化

(1) 人数部门化。按人数划分部门是最古老也是最简便的一种部门划分方法。在一个组织中,因人数较多,为了便于管理而进行部门划分,各部门的大小均以人数的多少为标志。这种部门划分的前提是各部门的工作内容完全相同或大致相同。最典型的是军队中传统的班、排、连、营的划分和学校中某一年级的不同班级的划分。

(2) 职能部门化。职能部门化是一种传统而基本的组织形式。职能部门化就是按组织的职能为基础进行部门划分,即把具有相同职能的工作岗位放在同一个部门。

按职能划分部门的组织框架结构如图 2-4 所示。

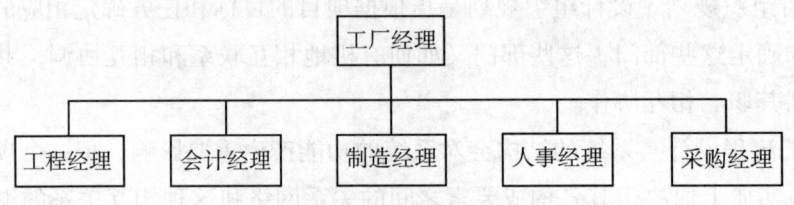

图 2-4 职能部门化示意

(3) 产品或服务部门化。随着组织规模的扩大和组织业务的多元化,有必要按业务分工对组织进行改组,形成按产品或服务来划分部门。这种部门划分方法适用于业务有差别的组织,能使组织多元化经营和专业化经营结合起来。按产品或服务划分部门的组织框架结构如图 2-5 所示。

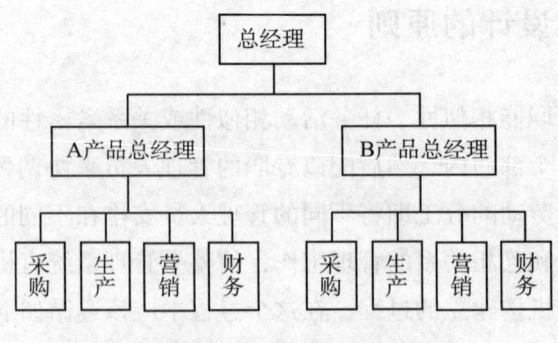

图 2-5 产品部门化示意

(4) 地域部门化。地域部门化就是按工作所在的区域范围来划分部门，这种方法较多用于一些地理位置比较分散的组织。其特点是把同一地区或区域内发生的各种业务活动划归同一部门，然后再按这一部门所管辖的范围进一步建立有关的职能部门。这样，一个地区或区域的业务活动便被集中起来，交给一个管理者负责。其目的是充分利用本地的人力、物力和财力，以便获取区域经营的效益。按地域划分部门的组织框架结构如图 2-6 所示。

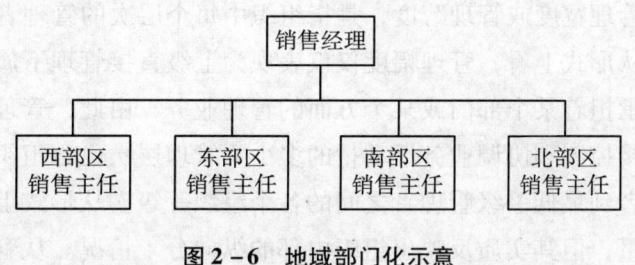

图 2-6　地域部门化示意

(5) 顾客部门化。在社会生活中，许多组织为了满足不同顾客的需要而提供不同的服务，因为不同的服务对象对服务的内容、质量与价格有不同的要求，为了提高工作效率，可以按服务对象的不同来划分部门，这有利于更好地满足不同服务对象的各种特殊要求，有利于工作效率的提高，还有利于培训费用的减少。顾客部门化就是根据目标顾客的不同利益需求来划分组织的业务活动。按顾客划分部门的组织框架结构如图 2-7 所示。

图 2-7　顾客部门化示意

(6) 流程部门化。流程部门化是许多生产型企业组织科学管理的一个重要措施，它是按照生产技术工艺特点把完成任务的过程分解成若干阶段，按各阶段来划分部门。按流程划分部门的组织框架结构如图 2-8 所示。

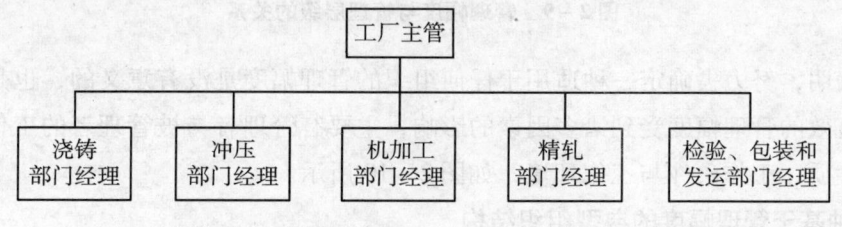

图 2-8　流程部门化示意

在更多的情况下，常常采用混合的方法来划分部门，即在一个组织中或在同一组织层次上同时采用不同的部门划分方法。

（二）管理的层级化

组织纵向设计，主要解决管理层次的划分与职权分配问题，反映了组织中的领导隶属关系。组织的纵向设计主要指组织的层级化。

1. 管理幅度与管理层次

管理幅度又称管理宽度或管理跨度，是指组织中每个层次的管理者能有效地直接管理下属员工的数量。从形式上看，管理幅度仅仅表现为上级直接管理下属人员的多少，但由于这些下属人员都承担着某个部门或某个方面的管理业务，由此，管理幅度的大小，实质上反映着管理者直接控制和协调业务活动量的多少。管理层次也称组织层次，是指组织内部从最高一级管理者到最低一级管理者之间的各个组织等级。从形式上看，管理层次只是组织结构的层次数量，但其实质反映出组织内部的纵向分工情况。从管理幅度与管理层次的含义可知，两者之间相互制约，并且存在着反比例的数量关系，其中起主导作用的是管理幅度，即管理幅度决定管理层次，或者说管理层次决定于管理幅度。管理幅度与管理层级的关系如图2-9所示。

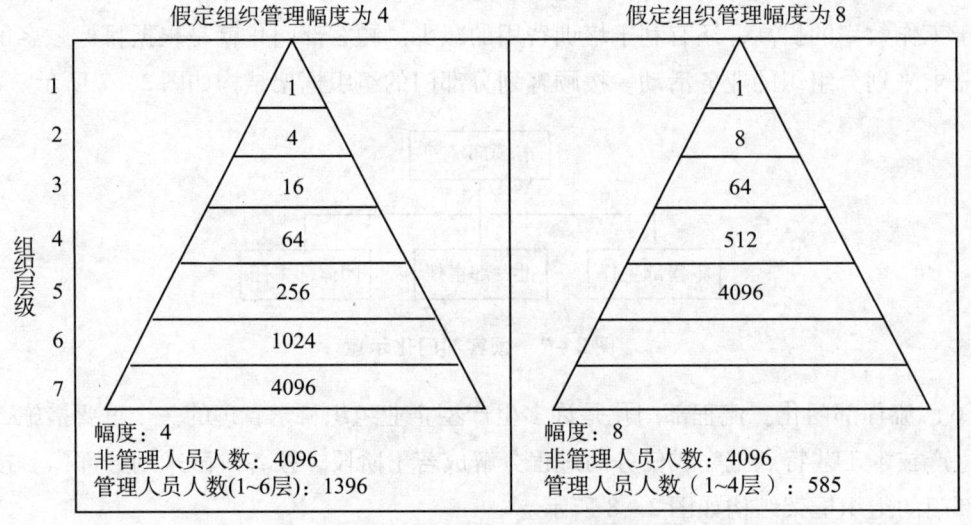

图2-9 管理幅度与管理层级的关系

事实表明，努力去确定一种适用于任何组织的管理幅度是没有意义的，也是不可能有结果的。有效的管理幅度受到诸多因素的影响，主要有管理者与被管理者的工作能力、工作内容和性质、工作条件与工作环境，如图2-10所示。

2. 两种基于管理幅度的典型组织结构

（1）锥式组织结构。相对来说，锥式组织结构属于集权型组织。它具有高度的权威性和统一性，决策和行动都比较迅速。

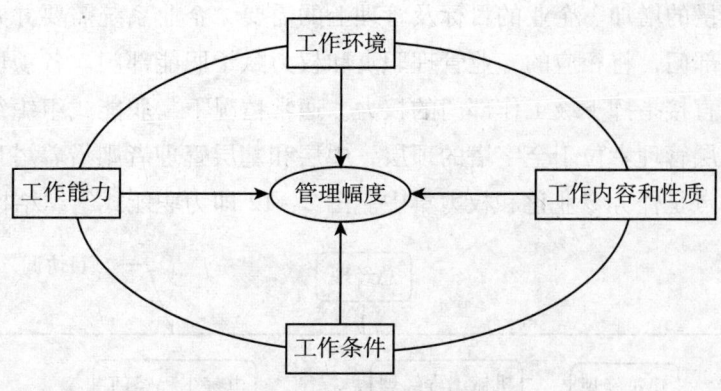

图 2-10　影响管理幅度的因素

（2）扁平式组织结构。扁平式组织结构属于分权型组织。它层次少，便于上下信息交流，有利于发挥下级人员的才干，灵活而有弹性，所需管理人员少，管理费用开支低。最佳管理幅度如图 2-11 所示。

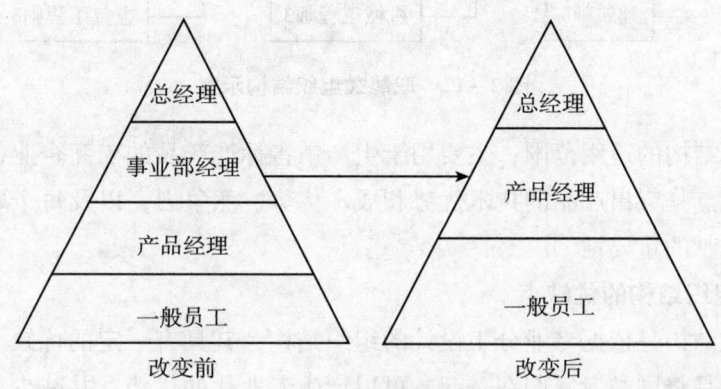

图 2-11　最佳管理幅度

对于锥式组织结构和扁平结构，关键是要根据企业的具体条件加以选用，扬长避短，以取得最佳效果。在现代企业管理中，注重采用扁平结构，这是一种趋势。

三、项目组织的类型

组织结构是组织内部结构要素相互作用的联系方式或形式，是组织内的构成部分所规定的关系的形式。一般来说，项目组织所存在的企业组织结构有三种类型：职能式组织结构、项目式组织结构、矩阵式组织结构。

（一）职能式组织结构

1. 职能式组织结构的内涵

职能式组织结构是社会生产力的发展、技术进步和专业化分工的结果，随着企业规模的不断扩大业务量的增加、企业的目标及管理上的需要，企业系统需要并开始设立专业职能人员和相应的部门，将相应的专业管理职责和权力赋予职能部门。各项职能部门在专业职能范围内拥有直接指挥下级工作部门的权力。通常情况下，职能式组织结构是一个金字塔形的结构，高层管理者位于金字塔的顶层，中层和基层管理者则沿着塔顶向下分布，这种组织结构的特点是任务专业化和权力集中。图2-12即为职能式组织结构。

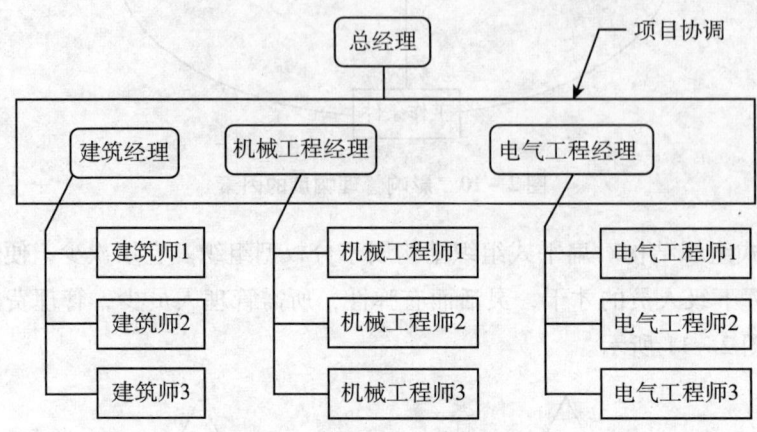

图2-12 职能式组织结构示意

职能式组织结构的适用范围：主要用于生产销售标准产品的工商企业，这类企业很少有延伸产品，重点是突出产品的技术优势和成本优势、竞争力，以及每个职能部门在专业技术上对产品贡献的重要性。

2. 职能式组织结构的优缺点

职能式组织结构是依据专业分工设计的组织结构，其具有一定的优缺点。职能型项目组织结构的优点是将同类专家归在一起，可以产生专业化的优势，并减少人员和设备的重复配置。成员有一个在他们具体专业知识和技能上交流进步的工作环境，技术专家可以同时为不同的项目效力，部门内比较容易沟通、工作效率高、重复工作少。这种组织结构的缺点是部门间沟通不畅，各部门往往为追求职能部门的目标而看不到全局目标，不以项目或客户为主，不注重与其他职能部门的团队协作，使整个组织具有一种狭隘性，致使责任不明确、部门间协作成本增大。当项目任务出现问题时，互相推诿与指责，解决问题速度缓慢。

（二）项目式组织结构

1. 项目式组织结构的内涵

项目的各个任务分配给相应的职能部门，项目成员按专业划分形成部门，每个成员都有一个明确的直接上司。职能部门经理对分配到本部门的项目任务负责，职能部门在自己职能范围内独立于其他职能部门进行工作。而涉及职能部门之间的项目事务和问题由各个部门负责人处理和解决，在职能部门经理层进行协调。图2-13是项目式组织结构示意。

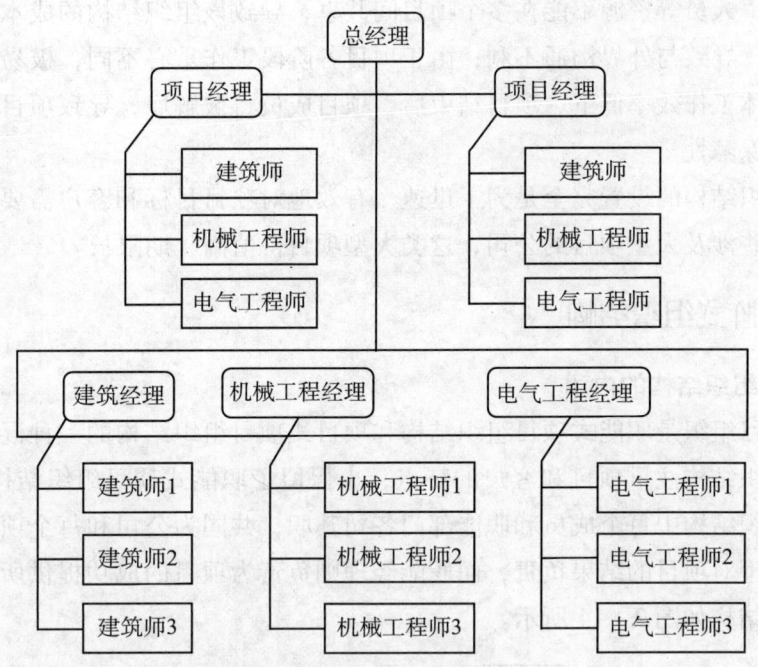

图 2-13 项目式组织结构示意

项目是组织，无论从单个项目还是整个公司讲，都是成本低效的，每个项目必须为专门工作的团队成员付薪，即使是在项目某些阶段他们工作很轻松，也得如此。在项目式组织中，完成每个项目目标所需的资源完全分配给这个项目，专门为这个项目服务。专职的项目经理对项目团队拥有完全的项目权力和行政权力，在职能型组织中经理可以有项目权利，但职能经理仍保留对分配到项目中的他手下人员的行政和技术权力。对整个公司来讲，项目式组织由于在多个同时进行的项目上存在资源任务的重复，从而造成成本低效。因为资源不能共享，某个项目专用的资源即使闲置不用，也无法应用于另一同时进行的类似项目。同样，不同项目团队的成员也不可能共享知识或专业技术技能，因为每个项目团队都是独立的，团队成员完全效力于自己的团队。当然，也可能有一些公司内部的辅助职能，为所有的项目服务。

项目式组织结构系统中的部门全部是按项目进行设置的，每一项目部门均有项目经理负责整个项目的实施。系统中的成员或调用或招聘，以项目进行分配和组合，接受项目经理的领导。项目可直接获得系统中大部分的组织资源，项目经理具有较大的独立性和对项目的绝对权力，对项目的总体负全责。在项目型项目组织结构中，也常设置有若干部门，但是这些部门一般直接向项目经理报告工作，或为不同的项目提供支持服务。

2. 项目式组织结构的优缺点

项目式组织结构的优点是项目团队成员被选拔而来，每一项目均拥有具备不同技能的独立人员为之全职工作。项目经理可以完全控制所有资源，上下沟通便捷、协调一致、能快速决策及响应，对客户高度负责、注重用户需求、有利项目的顺利实施。这种组织结构的缺点是设备、人员等资源不能在多个项目间共享,导致该组织结构的成本低效;由于内部依赖关系强,导致与外界沟通不利;由于项目各阶段工作重心不同,极易出现专职人员忙闲不均,总体工作效率低下。项目结束后,项目成员将被解雇,导致项目成员缺乏事业上的连续性和保障性。

项目式组织结构的设置完全是为了迅速、有效地对项目目标和客户需要作出反应,此结构常见于一些涉及大型项目的公司,这类大型项目价值高、期限长。

(三) 矩阵式组织结构

1. 矩阵式组织结构的内涵

矩阵式项目组织是职能式项目组织结构和项目式项目组织结构的一种混合体。它既有项目式项目组织结构注重项目和客户的特点,也保留了职能式项目组织结构的职能特点。矩阵式项目组织结构中每个成员和职能部门各司其职,共同为公司和每个项目的成功贡献力量。项目经理对项目的结果负责,而职能经理则负责为项目的成功提供所需资源项。矩阵式项目组织结构如图 2-14 所示。

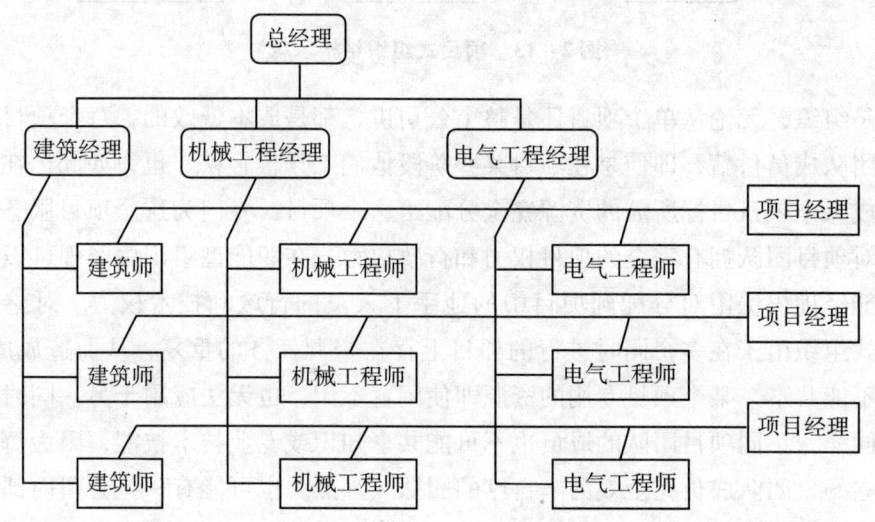

图 2-14 矩阵式组织结构示意

根据项目组织中项目经理和职能经理责、权、利的大小,又可以分为弱矩阵式、平衡矩阵式和强矩阵式三种形式。

(1) 弱矩阵式组织。由一个项目经理来负责协调各项项目工作,项目成员在各职能部门为项目服务。但是项目经理没有多大权力来确定资源在各个职能部门分配的优先程度,项目经理有职无权。

(2) 强矩阵式组织。项目经理主要负责项目,职能部门经理辅助项目经理分配人员。项目经理对项目可以实施更有效的控制,但职能部门对项目的影响却在减小。强矩阵式组织类似于项目式组织,项目经理决定什么时候做什么。职能部门经理决定派哪些人,使用哪些技术。

（3）平衡矩阵式组织。项目经理负责监督项目的执行，各职能部门经理对本部门的工作负责。项目经理负责项目的时间和成本，职能部门经理负责项目的界定和质量。一般来说平衡矩阵很难维持，因为它主要取决于项目经理和职能经理的相对力度。平衡不好，要么变成弱矩阵，要么变成强矩阵。

以上述三种基本的项目组织结构模式为基础，可以推演派生出其他形式的项目组织结构。项目组织应结合项目的内外环境和实际情况，综合地构建能最好地实现项目目标的合适的组织结构形式。

2. 矩阵式组织结构的优缺点

矩阵式项目组织在组织内既按履行职能的不同设立职能部门，又按项目任务的不同设立项目部门（项目负责人），项目负责人对项目结果负责，职能部门提供完成项目所需资源，二者共同发挥作用完成项目任务，该结构力求发扬职能式结构和项目式结构的优点，克服二者的不足之处。

矩阵式项目组织结构的优点是组织成员及相应设备属于职能部门，他们能够为适应项目的变化需要而在各项目之间流动，成员的基础核心职业技能及设备可供所有项目应用，从而能有效利用资源，减少重复和冗余。不同部门的专家可通过项目实施过程进行交流和合作，信息传递迅速，发现问题及时，反应迅速。

这种组织结构的缺点是项目团队成员有两个汇报关系，若分配某个成员同时在数个项目中工作，这个成员就会有好几个经理，这会由于工作优先次序而产生不安和冲突。项目经理和职能经理在涉及工作优先次序、项目中具体人员的分配、工作中的技术方案以及项目变化等方面时，有可能产生矛盾冲突，如果二者之间权力分配模糊不清，会因权力斗争而导致项目运行困难。

没有一种项目组织结构是十全十美的，关键在于针对不同的项目采用不同的管理方法，应用不同的组织结构，才能收到良好的效果。表2-7列出了三种组织结构形式的比较。

表2-7　　　　　　　　　　三种组织结构形式的比较

组织结构	优　点	缺　点
职能式	没有重复活动；职能优势	狭隘，不全面；反应缓慢；不注重客户
项目式	能控制资源；向客户负责；成本较低	项目间缺乏知识信息交流
矩阵式	有效利用资源；所有专业知识可供所有项目使用；促进学习、交流知识；沟通良好；注重客户	双层汇报关系；需要平衡权力

上述三种项目组织结构其实有着内在的联系，它们可表示为一个系列的变化，职能式组织结构在一端，项目式组织结构在另一端，而矩阵式组织结构介于二者之间的一种结构。同前两种项目组织结构相比，矩阵式项目组织形式无疑在充分利用企业资源上显示出了巨大的优越性，由于其融合了两种结构的优点，这种组织形式在进行技术复杂、规模巨大的项目管理时呈现出了明显的优势。

第四节 项目团队

项目的成功完成除了优良的设备、先进的技术之外，更重要的是人的因素。项目经理作为项目管理的基石，他的管理、组织、协调能力，他的知识素质、经验水平和领导艺术，甚至是个人性情都对项目管理的成败有着决定性的影响。

为了完成某个项目，需要把各种技能的人组织起来，并要求大家关注同样的目标，密切配合、协同工作，这便形成了项目团队。项目团队的优劣很大程度决定着项目的成败。因此，为项目组建一个优秀的团队，并在项目实施中不断建设、发展之，是项目成功的有力保障。

一、项目经理角色定位

项目组织结构模型表明在整个项目组织中，项目经理就是项目的负责人，有时人们也称为项目管理者或项目领导者，他们领导着项目组织的运转，其最主要的职能是保证组织的成功，在项目及项目管理过程中起着关键的作用，是决定项目成败的关键角色。而部门经理只能对项目涉及本部门的部分工作施加影响，如技术部门经理对项目技术方案的选择，设备部门经理对设备选择的影响等，公司的总经理通过项目经理的选拔、使用、考核等来间接管理一个项目。因此项目经理对项目的管理比部门经理和公司总经理更加系统全面，要求具有系统思维的观点。

（一）项目经理的职责

如果没有一位合适的项目经理，项目管理就不会成功，项目经理在整个项目实施中需要履行以下职责：

（1）计划。项目经理要高度明确项目目标，并就该目标与客户取得一致意见。其次，在与项目团队成员的充分沟通基础上共同制订实现项目目标的计划，并建立项目管理信息系统，以便将项目的实际进程与计划进行比较。

（2）组织。组织职能的履行主要是为项目获取适合的资源，将项目任务分解授权子项目内部成员或项目团队外部承包商，在给定预算和时间进度计划下完成项目任务。组织职能还有一个更重要的内容是营造一种高绩效的工作环境。

（3）控制。对项目实施过程进行控制，是项目成功的有力保障。因此，项目经理应设计一套项目管理信息系统跟踪实际工作进程并将其与计划安排进程进行比较，不断纠正项目偏差，完善项目计划。

（二）项目经理的能力要求

由于项目的复杂性和多样性，要求项目经理具备各方面的能力，包括：

（1）领导能力。项目经理的领导能力是项目成功的重要前提之一，它要求项目经理能对项目有明确的领导和指导，能解决和处理各种问题，善于起用新人，并使之与团队融洽相处；能迅速作出集体决策与个人决策，能准确无误地沟通信息，能代表项目团队与外界交流，能平衡经济与人力间的矛盾。

（2）冲突处理能力。各种纠纷、冲突和矛盾在项目管理中难以避免。当纠纷与冲突对项目管理功能产生危害时，会导致项目决策失误、进度延缓、项目搁浅，甚至彻底失败。所以，项目经理应保持对冲突的敏锐观察，识别冲突可能产生的不同后果，尽量利用对项目管理有利的冲突，同时降低和消除对项目产生的严重危害。

（3）建设项目团队的能力。建设项目团队的能力是项目经理的主要责任之一，为保证项目有一个高效运作的团队，项目经理应利用项目对团队成员进行训练和培养，创造一种学习的环境。鼓励成员在项目活动中自我发展、勇敢创新，并努力减少他们对失败的恐惧，造就项目团队良好的协作氛围、相互信任的人际关系，从而建设一支有着不竭动力的高绩效的项目团队。

（4）解决问题的能力。项目经理应该有一个及时准确的信息传送系统，要在项目团队、承包商及客户之间进行开放而及时的信息沟通，以便提前发现项目存在的问题；设计成熟而成本低廉的解决方案解决问题，把问题可能对项目造成的影响或危害降到最低。

（三）项目经理的工作技巧

在具备以上能力的同时，项目经理还应该具备以下一些与人相处的重要技巧——影响、授权、谈判和沟通。

（1）影响。项目经理的正式权力通常是由项目组织中的高层领导授予的，我们称之为"合法权力"。但项目经理的正式权力往往不大，他们的权力通常来自大家对他们的经验、过去的优秀成绩、说服力和彻底而果断的决策能力的尊重，即影响力。有的时候，项目经理的影响力甚至比正式权力更能在项目组织的领导中发挥作用。因此，项目经理应注意培养自己的其他权力形式，不断提升因其具有的专长而形成的"专长权力"，或与组织中更有权力的人在一起而获得的"联合权力"，或通过获取同事与上司的支持而形成的"政治权力"。增强对项目团队的影响力，获得所有项目组织成员的支持。

（2）授权。和影响力一样，授权也是项目经理的重要能力。授权明确组织成员在目标实现过程中的地位与角色，授权是一个过程，这一过程挑选出合适的人选，在合适的范围内给予其做出决策和采取行动的合适权力。

授权可以使项目经理从日常琐事中脱身，全力处理全局性、战略性问题；同时也是充分利用项目成员人才资源，提高决策速度及科学性的有效措施。成功授权应在充分了解项目成员的基础上选择适当的人选，阐明所授权力的内容、时间、成本及成果要求，并建立适当的控制机制确保授权在正确的范围内运行。但授权不等于下放责任，项目经理仍必须对整个项目负责。

（3）谈判。谈判是在满足项目要求的前提下，与他人达成协议或妥协的过程。项目经理需要就项目的各个方面进行谈判，如资源、时间、质量、程序、成本及人员。在谈判中，结果总是对一方比对另一方更有利或不利。一个优秀的项目经理必须是一个优秀的谈判者，尽量使谈判双方的受益差距最小，以避免矛盾。

（4）沟通。经常而有效的沟通能使项目顺利进行，获取改进项目工作的建议，提高客户满意度。项目经理应具备良好的沟通能力，通过多渠道进行及时、真实和明确的沟通，以获得客户对项目预期目标的清晰理解，获得项目团队内部相互信任，协同工作。

二、项目团队的建立

（一）项目团队的定义

团队就是指为了达到某一确定目标，由分工与合作及不同层次的权力和责任构成的人群。团队是相对部门或小组而言的。部门和小组的一个共同特点是：存在明确内部分工的同时，缺乏成员之间的紧密协作。团队则不同，队员之间没有明确的分工，彼此之间的工作内容交叉程度高，相互间的协作性强。团队在组织中的出现，根本上是组织适应快速变化环境要求的结果，团队是高效组织应付环境变化的最好方法之一。

项目团队，就是为适应项目的实施及有效协作而建立的团队。项目团队的具体职责、组织结构、人员构成和人数配备等方面因项目性质、复杂程度、规模大小和持续时间长短而异。简单地把一组人员调集在一个项目中一起工作，并不一定能形成团队，就像公共汽车上的一群人不能称为团队一样。项目团队不仅仅是指被分配到某个项目中工作的一组人员，它更是指一组互相联系的人员同心协力地进行工作，以实现项目目标，满足客户需求。

（二）项目团队的组建

要成功组建项目团队，项目经理首先必须拥有一定的人事管理权，能直接参与项目成员的选择，决定其去留，决定其在项目中的角色，所有项目成员的工作必须直接向其汇报等。项目经理拥有人事管理权，便可为项目选择最胜任的成员，并为这些成员分配适宜的角色,使他们各得其所,发挥出较高工作水平。

项目团队的建设要以形成以下五种特点为目标:

(1) 共同的目标。每个组织都有自己的目标,项目团队更不能例外。共同的目标是项目团队存在的基石,正是在这一目标的感召下,项目队员凝集在一起,并为之共同奋斗。

(2) 合理分工与协作。项目团队中每个人的行动都会影响到其他人的工作,因此团队成员都需要了解为实现项目目标而必须做的工作及其相互间的关系。

(3) 高度的凝聚力。凝聚力指成员在项目内的团结与吸引力、向心力,它能使团队成员积极热情地为项目成功付出必要的时间和努力。

(4) 团队成员相互信任。项目团队成员相互关心,承认彼此存在的差异,信任其他人所做和所要做的事情,能自由地表达不同意见,不怕打击报复地大胆提出一些可能产生争议或冲突的问题。这样的团队必将是一个有效的团队。

(5) 有效的沟通。高效的项目团队还需具有高效沟通的能力,拥有全方位的、各种各样的、正式的和非正式的信息沟通渠道,能保证沟通直接、高效、层次少,实现信息和情感上的沟通,形成开放、坦诚的沟通气氛。

三、项目团队的发展

一个项目团队从开始到终止,是一个不断成长和变化的过程。项目管理近20年来的研究表明,项目团队的发展没有任何标准的模式,项目团队不是静止不变的,在小组成员的态度和行为不断的调整过程中,项目经理必须敏锐地辨识各种冲突的性质,制定并实施切实可行的团队建设措施,建立健全科学的授权与控制机制,使项目团队能长久保持高绩效的运作状态,确保项目任务能顺利完成。项目团队的生命历程,一般要经历形成、磨合、规范、执行和解散五个阶段。

各阶段的描述如表2-8所示。图2-15则展示了项目团队的组建过程。

表2-8　　　　　　　　　　　项目团队的发展阶段

阶段	描述
形成	成员开始相互熟悉,为项目和团队制定基本规则
冲突	随着成员开始反抗权威,并透露幕后的动机和偏见,冲突出现
规范	成员在操作程序上达成一致,共同工作,建立起密切的关系,致力于项目的进展
执行	团队成员一起工作,完成他们的任务
解散	团队随着项目的完成或团队成员的重新分配而解散

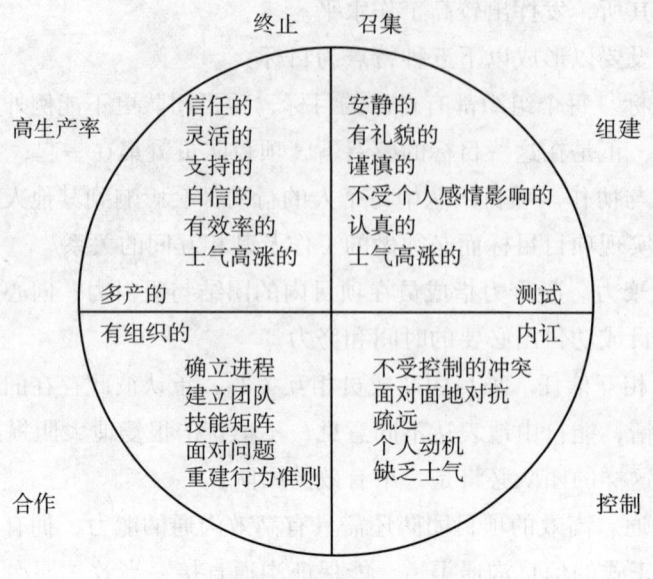

图 2-15 项目团队组建过程

（一）形成阶段

在形成阶段，团队成员因项目而走到一起，大家互不相识，不太清楚项目是干什么的和自己应该做些什么。这一时期的特征是队员们既兴奋又焦虑，而且还有一种主人翁感，他们从项目经理处寻找或相互了解，谨慎地研究和学习适宜的举止行为，以期找到属于自己的角色。

在这一阶段，每个成员都试图了解项目目标和他们在团队中的合适角色，项目经理在这个阶段的领导任务是要让成员了解并认识团队有关的基本情况，明确每个人的任务，为自己找到一个有用的角色，培养成员对项目团队的归属感，激发其责任感，努力建立项目团队与项目组织外部的联系与协调关系。

（二）磨合阶段

这一阶段队员们开始执行分配到的任务。但由于现实可能与当初的期望发生较大的偏离，于是，团队的冲突和不和谐便成为这阶段的一个显著特点。成员之间由于立场、观念、方法、行为等方面的差异而产生各种冲突，人际关系陷入紧张局面，队员们可能会消极地对待项目工作和项目经理，甚至出现敌视、强烈情绪以及向领导者挑战的情形。冲突可能发生在领导与个别团队成员之间、领导与整个团队之间以及团队成员相互之间、团队成员与周围环境之间、团队成员与项目外其他部门之间。这些冲突或是情感上的，或是与事实有关的，或是建设性的，或是破坏性的，或是公开性的，或是隐瞒性的，整个项目团队工作气氛趋于紧张，问题逐渐暴露，团队士气较形成阶段明显下沉。

不管怎样，在这一阶段，团队成员逐步在明确自己所扮演的角色及其功能、权限和责任感,项目经理的领导任务是建立切实可行的行为和工作标准,在团队中树立威信、排除冲突,以理性的、无偏见的态度来解决团队成员之间的争端。

(三)规范阶段

经历了磨合阶段的考验,项目团队确立了成员之间、成员与项目经理之间、团队与外部环境之间的良好关系。在这一阶段随着个人期望与现实情形——即要做的工作、可用的资源、限制条件、其他参与人员的逐步统一,队员的不满情绪不断减少,项目团队逐步适应了工作环境,项目规程得以改进和规范化,控制及决策权从项目经理移交给了项目团队,团队凝聚力开始形成,每个成员为取得项目目标所做的贡献都能得到认同和赞赏。团队成员开始自由地、建设性地表达他们的情绪及评论意见,成员之间开始相互信任,合作意识增强,团队的信任得以发展。

团队经过这个社会化的过程后,建立了友谊、忠诚和信任,团队成员大量地交流信息、观点和感情,团队成员有了明确的工作方法、规范的行为模式。这一阶段的矛盾程度明显低于磨合时期,项目经理的领导任务主要是在项目成员及任务间进行适当的资源配置。

(四)执行阶段

经过前一阶段,团队确立了行为规范和工作方式,能开放、坦诚、及时地进行沟通,有集体感和荣誉感、信心十足、工作积极,急于实现项目目标。在这一阶段团队能感觉到高度授权,会根据实际需要,以团队、个人或临时小组的方式进行工作,团队相互依赖度高,他们经常合作,并在自己的工作任务外尽力相互帮助。随着工作的进展并得到表扬,团队获得满足感,个体成员会意识到为项目工作的结果是他们正获得职业上的发展。

相互的理解、高效的沟通、密切的配合、充分的授权,这些宽松的环境加上队员们的工作激情使得这一阶段容易取得较大成绩,实现项目的创新。团队精神和集体的合力在这一阶段得到了充分的体现,每位队员在这一阶段的工作和学习中都取得了长足的进步和巨大的发展,这是一个"1+1>2"的阶段。

在这一阶段,项目成员相互配合,充分发挥着团队集体的主动性、积极性和创造性。项目经理的领导任务主要是适当授权和分派工作,放手让成员自主完成项目任务,通过有效的控制、尊重和信任来激发成员。

(五)解散阶段

对于完成了某项任务并实现了项目目标的团队而言,随着项目的竣工,团队准备解散,团队成员开始骚动不安,考虑自身今后的发展,并开始做离开的准备,团队开始涣散。有时,团队仿佛回到了组建阶段,必须改变工作方式才能完成最后各种具体任务,但同时由于项目团队成员之间已经培养出感情,所以彼此依依不舍,惜别之情难以抑制,团队成员们领悟到了凝聚力的存在。

在这一阶段项目经理的主要任务是收拢人心、稳住队伍、适度调整工作方式,向团队成员明确还有哪些工作需要做完,否则项目就不能圆满完成,目标就不能成功实现。只有根据项目团队成员在这一阶段的具体情况不断调整领导艺术、工作方式,充分利用项目团队凝聚力和团队成员的集体感和荣誉感,才能完成最后的各项具体项目任务。

第五节　项目管理办公室

项目管理办公室是项目团队管理的载体,项目团队是由项目办公室和职能人员组成的。虽然项目办公室人员都被标以项目副经理的职务,但实际上可能有些职员没有任何头衔,具有此头衔的好处是职员可以直接和客户对话。例如项目工程师同样也可以称为项目经理工程助理,这样的称呼非常重要,因为当项目副经理和客户交谈时,他代表的是公司。项目办公室是用来帮助项目经理履行职责的,组织项目办公室的人员必须与项目经理一样对项目尽职尽责,并且要与项目经理和职能经理保持良好的工作关系,项目管理办公室组织结构如图2-16所示。

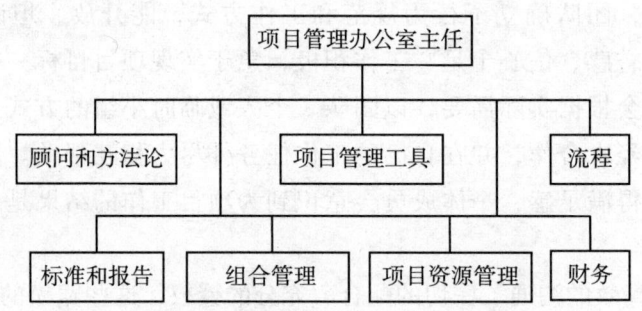

图2-16　项目管理办公室组织结构示意

一、项目管理办公室的内涵

项目管理办公室是对项目相关的治理过程进行标准化,并促进资源、方法论、工具和技术共享的一个部门。在实际应用中,对这一组织形式存在着不同的称谓,常见的有:项目支持办公室、计划支持办公室、项目办公室、项目管理支持办公室、计划办公室等。

项目管理办公室可设置在企业级别,为整个企业提供支持;或设置在部门级别,满足特定部门的需求;或设置在实际的项目级别,为每个项目提供直接支持(宾图,2007)。

建立项目管理办公室，就是为了项目管理培养出最好的项目组，以确保项目管理的质量。项目管理办公室曾经被认为是项目管理信息的静态智囊团，主要承担着培训项目团队的职能，现在这一概念由于实际需要而有所改变，确定了其对项目经理的指导、支持和管理职能。实际上，项目管理办公室是一个长期性组织，它的作用是指导和支持项目经理的工作，为各个项目或者大型项目制定标准、指导方针，收集与项目管理相关的数据，进行整理，并向公司高层汇报。

二、项目管理办公室的类型

项目管理办公室一般分为三种类型：保证型、控制型和战略型，每种类型的项目组织对项目的控制和影响程度各不相同。

（一）保证型项目管理办公室

保证型是项目管理办公室建立的初始阶段，主要为项目经理提供管理支持、行政支持、人员培训、咨询顾问、技术服务、知识管理等支持服务，管理办公室此时扮演的角色以低调的辅助者身份出现，容易得到项目经理的认可，不容易引起太多的反对和权力之争。在起步阶段，这种方式容易得以实施和执行，主要向主管副总和项目经理汇报。

（二）控制型项目管理办公室

控制型项目管理办公室在强矩阵组织结构中容易实现。这种情况下，项目管理办公室拥有很大的权力，相当于代表公司的管理层，对项目进行整体的管理和控制，保证项目的顺利执行，实施项目目标和组织目标。此时，项目管理办公室的工作可以包括项目经理任命、资源的协调、立项结项的审批、项目的检查和数据分析、项目经理培训等，可以独立向总经理汇报。

（三）战略型项目管理办公室

战略型是项目管理办公室发展的高级阶段。在这种情形下，项目管理办公室承担企业项目筛选、战略目标确定与分解等任务，具有承上（战略理解）和启下（启动项目）的双重任务，确保所有项目能够围绕着组织的目标，并为公司带来相应利益，可直接向最高管理者汇报。

三、项目管理办公室的职责

项目管理办公室的作用是支持项目经理和员工的工作，承担部分管理职责，减轻项目经理的压力。项目管理办公室的主要职责包括：开发和维护项目管理规范、方法和程序；

为企业提供项目管理的咨询和指导；为企业提供合格的项目经理，配置项目资源和工作；为企业提供项目管理培训；为企业提供有关项目管理的其他支持。

（一）开发项目管理的工具

项目管理办公室负责组织或企业使用的项目管理工具的开发工作，这主要包括制订项目立项和项目计划、终结报告的方法和工具等。具体项目的管理工具开发任务是由项目经理和项目团队在开展项目时完成的，但是企业或组织通用的管理工具是由项目管理办公室提出并开发的。当然，项目管理办公室要依靠、组织项目经理和项目管理者们去开发这些项目管理工具，并依靠项目团队去推广使用这些项目管理工具。

（二）提供项目管理的咨询与指导

项目管理办公室最为重要的职责之一是对组织或企业中各个项目的管理人员提供各种各样的指导、帮助和支持。这种帮助和支持既有资源方面的支持（如项目管理办公室为各个项目积极提供资源），也有方法和技术方面的指导（如项目管理办公室为具体项目管理者提供项目管理的帮助和支持）。项目管理办公室还可以组织企业或组织中各项目的项目经理或项目团队开展有关项目和项目管理的协作，并召开各种形式的信息交流和经验讨论会，从而分享不同项目经理各自的成功经验等。

（三）项目资源的合理配置

项目管理办公室的重要功能之一是协调好组织或企业各个项目对公用资源的争夺和有效利用，同时要为项目的开展提供合格的项目经理。同时，项目管理办公室还需要从整个组织或企业的角度去确定在既定资源情况下究竟何时开始上马哪些项目，从而实现整个组织或企业的资源的最佳配置和工作的集成计划与管理。项目管理办公室与项目经理、项目管理团队的管理职责不同，它是从整个组织或企业的角度对各个项目开展管理与协调工作，而项目经理和项目管理团队则针对一个具体项目开展管理和协调工作。

（四）提供项目管理培训

组织项目管理方面的培训。项目管理办公室的另一项核心任务是组织项目管理人员的培训，以便使一个组织或企业中各项目的管理水平不断提高。项目管理办公室并不负责每个具体项目的直接管理工作，但是项目管理办公室通过组织管理培训可以提升整个组织或企业的项目管理能力，所以组织项目管理方面的培训就是项目管理办公室的主要职责之一。

（五）项目管理办公室的其他功能

除了上述功能外，项目管理办公室还具有很多其他方面的功能，例如，企业或组织各种项目信息的集成管理功能、企业或组织的全部项目的合同管理功能、企业或组织的全部项目的文档和资料管理功能、企业或组织的项目与日常运营之间的协调功能、企业或组织开展项目而与外部组织发生的各种关系的统一管理功能（即统一对外的功能）等。

项目管理办公室与项目经理对项目的管理工作的区别如表 2-9 所示。

表 2-9　　　　　　项目管理办公室与项目经理对项目的管理工作的区别

项目	项目管理办公室	项目经理
目标	企业整体	项目本身
范围	整个组织	特定项目
重点	重要的计划范围变更	特定项目的目标
控制资源	共享的组织资源	分配到项目的资源
工作内容	整体风险、机会、项目之间关系	特定项目的具体工作
汇报内容	从整体角度考虑对项目的看法	具体项目的信息

[章后案例]

Jones & Shephard 会计师事务所[①]

Jones & Shephard 会计师事务所（J&S）在 1990 年被美国会计协会评定为全美第 38 大会计事务所。为了和更大的事务所竞争，J&S 组建了一个信息服务事业部（Information Services Division，ISD），专门进行分析和研究。到 1995 年，信息服务事业部已经有了 15 名员工。

ISD 在 1997 年购买了 3 台大型计算机。随着该部门实力的不断增强，J&S 开始扩大自己的业务，用以满足外部客户的需求。到 1998 年 9 月为止，公司内外的业务量使得 ISD 的员工数超过了 50 名。

事业部总监对业务处理活动的方式很是不满。因为这里从来没有一个项目是由同一人负责到底的，因而，外部客户不知道处理他们业务的人究竟是谁。总监还发现他每天工作的大部分时间不是花在战略计划编制和政策规划上，而是浪费在日复一日的矛盾冲突的解决上。

该总监面临的最大问题是两个内部项目（简称为项目 X 和项目 Y），它们需要月底的数据整理和报告。他意识到这两个项目的重要性，认为起用一个全日制的项目经理尽心尽

[①] 哈罗德·科兹纳. 项目管理——计划、进度和控制的系统方法 [M]. 10 版. 杨爱华等译. 北京：电子工业出版社，2012.

力才能够得以解决。

1998年10月，事务所管理阶层宣布ISD的总监将在1999年2月1日重新任命，但是工作交接时间是该年的1月中旬。在这一决定宣布的同一星期里，部门聘请了两位新人来接管项目X和项目Y。图2-17显示了该公司的组织结构。

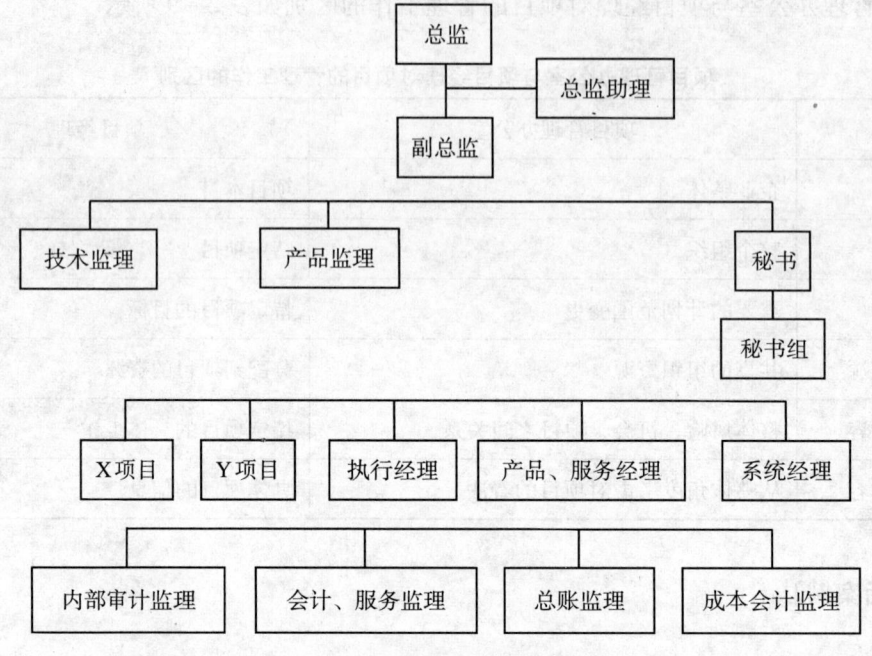

图2-17 ISD的组织结构

在随后的30天内，谁将成为未来总监的谣言散布到了部门的各个角落。大部分人认为新总监一定会从本部门选出，而最有可能的候选者便是刚进入该部门的两个项目经理。而且，因为副总监将会在12月退休，从而会有两个空缺出现。

1999年1月3日，ISD总监和系统经理之间举行了一次秘密会谈。ISD总监说："公司已经批准了我对你提升为事业部总监的推荐。遗憾的是，你的工作并不那么轻松。你必须以某种方式对组织进行重新设计，以使我们的员工不必要去面对那么多的矛盾和冲突。我的秘书正在给你打一封机密信，上面有我对事业部可能存在问题的一些看法。

"记住，你的晋升必须严格保密，直到这个月底的最后决定出来为止，我之所以现在告诉你是为了你能够开始计划组织的重新设计，我的备忘录（见图2-18）将会对你有帮助。"

系统经理读过备忘录后，对采用哪种矩阵形式最好进行了充分考虑。为了帮助他进行正确的重组，公司特意从外面聘请了一位顾问来对如果不改变矩阵将会带来哪些潜在问题进行分析。下面的问题是该顾问所得的结果。

> 发信人：ISD 总监
>
> 收信人：系统经理
>
> 日期：1999 年 1 月 3 日
>
>   恭喜你提升为事业部总监，我真诚地希望你的任命不管对你个人还是对整个公司都大有帮助。我列出的下面这些主要障碍将是你在接管该部门后不得不认真考虑的。
>
>   1. 主管项目 X 和项目 Y 的两位经理之间存在着激烈的竞争，而且在最近的四五天里，他们给我们带来的矛盾冲突更是有过之而无不及。这可能是我没有赋予他们足够的权力而造成的，同时也可能是由于大多数人认为他们将是我位置的候选人而引起的。还有，运作经理不愿意其他经理介入他的"领地"，也不愿接受任何指令。
>
>   2. 我觉得我们的部门并不一定需要一个副总监，当然这是否妥当完全由你决定。
>
>   3. 公司对我们接洽外部客户的无力表现已经表示了不满，因此，你必须认真考虑自己选择的组织结构是否合理。
>
>   4. 公司对我们部门的战略计划的重点是我们内部的特殊项目——MIS 项目。公司将暂停我们的外部业务，直到我们内部秩序恢复正常为止。
>
>   5. 我以前经常根据每天工作的不同来不断改变我们部门的组织结构，现在看来，这是我的失误。也许，我们应该选择一个能够满足更高需求的，特别是有利于我们部门规模扩大的结构形式。

图 2-18 机密备忘录

  1. 运作经理控制了超过 50% 的人力资源，你可能想打破他的控制局面，但是这一过程必须小心。

  2. 秘书班子在组织中的位置太高。

  3. 如果副总监的位置被取消，那么现在向副总监汇报的基层监理将不得不被重新任命于组织中更低的位置。

  4. 最主要的问题之一是必须让公司管理阶层认为这些改变是非常有效的，并且，它能够在不增加部门人手的基础上顺利完成。

  5. 你应该建立一个单独的部门或项目机构来处理客户之间的关系。

  6. 让你的下属接受这个矩阵可能有一定难度。每个职员对这种改变一定会有不同的看法，但是，大多数人将会把重点放在转变后权力的均衡上——"我的权力是增还是减？我的位置是升还是降？"

  系统经理评估了顾问的结论后，提出了一些问题，准备在下次会谈中向其请教。

  1. 新的组织结构应该是一种怎样的形式？我应该如何安置每个人，特别是那些经理？

  2. 我应该在什么时候宣布这些改变？是在我上任时还是在上任一段时期后？

3. 我能否让我的下属进入这一新的组织重组中？这能否作为改善权力之争的一种方法？

4. 在我的下属进入新的组织结构前，我是否要让他们在内部或外面的培训班中进行培训？培训应在多久以后进行？

本章小结

本章首先介绍了组织的内涵，通过对普通组织内涵的介绍对项目组织的概念和类型进行说明。然后对各种类型的特点及其运营环境进行阐述，并对项目经理的主要管理职能、项目经理的权责关系、项目经理及所应具有的资质、项目经理在组织中的角色进行分析。最后在项目团队的介绍中，阐述了项目团队的发展历程，并对项目团队管理的重要组织——项目管理办公室，进行了内涵、类型和职责的说明，并对项目经理和项目管理办公室进行了比较。

复习思考题

一、单项选择题

1. 在以下组织中，最机动灵活的组织形式是（   ）。
   A. 项目式   B. 职能式
   C. 矩阵式   D. 复合式

2. 对于风险较大、技术较为复杂的大型项目，应采用（   ）。
   A. 矩阵式组织结构   B. 职能式组织结构
   C. 项目式组织结构   D. 复合式组织结构

3. 当一个项目开始进入收尾阶段的时候，项目经理应该（   ）。
   A. 放开所有不重要的人员使他们被分配到其他的项目中去
   B. 等待直到项目正式结束时再解散项目团队
   C. 等到直线经理正式提出解散团队的请求
   D. 与其他的项目经理交谈，看他们是否能接收自己的团队成员

4. 以下（   ）不是项目管理办公室的职能。
   A. 配置项目资源   B. 选择建立项目团队
   C. 制定项目管理规范   D. 组织开展多项目管理

二、多项选择题

1. 项目组织的特点有（   ）。
   A. 生命周期性   B. 临时性
   C. 专业化   D. 重复性

2. 职能式组织的优点有（   ）。
   A. 技术专家可以同时被不同的项目使用   B. 有利于提高部门的专业化水平
   C. 有效利用资源   D. 每个项目成员都有明确的责任

3. 项目经理的权力有（　　）。

A. 挑选项目团队成员　　　　　　　　B. 制定项目有关的决策

C. 对项目团队的资源进行分配　　　　D. 决定项目的预算

4. 采用职能式组织结构，可能会出现的情形有（　　）。

A. 任何一个成员都对每个项目直接负责

B. 项目团队成员更关注所属部门的工作，而不是项目的目的

C. 对客户需求的反应迟缓

D. 项目团队成员在项目结束后回到所属的部门

三、简答题

1. 什么是项目组织？项目组织对于普通组织有什么缺点？
2. 项目组织主要有哪些类型？其主要的优缺点是什么？
3. 职能式、项目式以及矩阵式三种组织结构分别适用于哪些情况？
4. 你认为项目经理应该具备哪些素质？
5. 项目团队有哪些特征？
6. 简单叙述项目管理办公室的职责。

第三章 项目投资决策与可行性分析

决策在当今社会发展特别是在现代管理中的地位和作用愈来愈重要。诺贝尔经济学奖得主、美国著名的经济学家赫伯特·西蒙（Herbert A. Simon）有一句名言："管理就是决策"。现代管理之父彼得·德鲁克（Peter F. Drucker）也曾说："管理始终是一个决策的过程"。组织所面临的内外部环境变化很快，组织的兴衰成败往往取决于领导者能否迅速地、准确地做出决策并具体实施决策。项目投资活动是一项极其复杂的系统工程，为了科学地选择投资项目，实现投资活动的预期效益目标，认真进行项目前期决策尤为重要。本章主要讨论项目投资决策和可行性分析的相关内容。

[学习目标]

- 了解项目决策的概念、类型、原则
- 理解项目投资决策理论
- 理解项目投资决策过程
- 掌握项目投资决策方法
- 掌握项目投资的可行性分析

[案例导入]

决策的重要性——"沙格型"汽车的失败与"野马"汽车的成功决策[①]

1985年，由马来西亚国营重工业公司和日本"三菱"汽车公司合资2.8亿美元生产的新款汽车"沙格型"隆重推出市场。马来西亚政府视之为马来西亚工业的"光荣产品"，产品在推出后，销售量很快跌至低潮。经济学家们经过研究，认为"沙格型"汽车的一切配件都从日本运来，由于日元升值，使它的生产成本急涨，再加上马来西亚本身的经济不景气，所以汽车的销售量很少。此外，最重要的因素是政府在决定引进这种车型时，主要考虑到满足国内的需要。因此，技术上未达到先进国家的标准，无法出口。由于在目标市场决策中出现失误，"沙格型"汽车为马来西亚工业带来的好梦，只是昙花一现而已。

---

① 刘珂，韩庆林. 管理学[M]. 上海：上海交通大学出版社，2018.

"沙格型"汽车案例说明，科学经营决策的前提是确定决策目标。它作为评价和监测整个决策行动的准则，不断地影响、调整和控制着决策活动的过程，一旦目标错了，就会导致决策失败。然而，与"沙格型"汽车失败案例不同的是，在汽车从研发到市场推广过程中，美国福特公司的"野马"汽车案例的成功也让我们感受到决策的重要。

1960年，爱奥库卡升为美国福特公司副总裁兼总经理，他观察到20世纪60年代以来一股以青年人为代表的社会革新力量正式形成，它将对美国社会、经济产生难以估量的影响。爱奥库卡认为，设计新车型时，应该把青年人的需求放在第一位。在他精心的组织下，经过多次改进，1962年底这种新车最后定型。它看起来更像是一部运动车，鼻子长、尾部短，满足了青年人喜欢运动和刺激的心理。更重要的是，这种车的售价相当便宜，只有2500美元左右，一般青年人都能买得起。最后这种车还被取了一个令青年人遐想的名字——"野马"。

1964年4月纽约世界博览会期间，"野马"正式在市场上露面，在此之前，福特公司为此大造了一番舆论，掀起了一股"野马"热。在头一年的销售活动中，顾客买走了41.9万辆"野马"，创下全美汽车制造业的最高纪录。"野马"的问世和巨大成功显示了爱奥库卡杰出的经营决策才能。从此，他便扬名美国企业界，并荣任福特汽车公司总裁。

"野马"汽车的案例说明，决策的成功不仅可以扩大销售额，也可以降低成本、提高利润，进而占领市场。可以想象，当时爱奥库卡在决策时也是受到一些非议的，但是一个企业领导者所具有的敏锐的观察力和果断的决断力，使他能够力排众议、果断决策并一举成功。

第一节 项目决策概述

一、项目投资决策的概念

决策，是指组织或个人为了实现某种目标，在可行性分析的基础上，通过正确的分析、计算及决策者的综合判断，对行动方案的选择做出决定的过程。决策是项目管理者的中心任务，是整个项目管理过程中的关键组成部分，决策的正确与否直接关系到项目的成败。

项目投资决策是指投资决策中的微观决策，它是指投资主体（国家、地方政府、企业或个人）对拟建项目必要性和可行性进行技术经济评价，对不同建设方案进行比较选择，以及对拟建项目的技术经济指标作出判断和决定的过程。

二、项目投资决策的类型

决策所要解决的问题千变万化，对应的决策类型也是多种多样的。按照不同的标准对决策进行分类。

1. 从决策影响的时间看，决策可分为长期决策与短期决策

长期决策是指有关组织今后发展方向的长远性、全局性的重大决策，又称长期战略决策，如投资方向的选择、人力资源的开发和组织规模的确定等。

短期决策是为实现长期战略目标而采取的短期策略手段，又称短期战术决策，如企业日常营销、物资储备以及生产中资源配置等问题的决策都属于短期决策。

2. 从决策的重要性看，可把决策分为战略决策、战术决策与业务决策

战略决策对组织最重要，通常包括组织目标、方针的确定，组织机构的调整，企业产品的更新换代、技术改造等，这些决策牵涉组织的方方面面，具有长期性和方向性。

战术决策又称管理决策，是在组织内贯彻的决策，属于战略决策执行过程中的具体决策。战术决策旨在实现组织中各环节的高度协调和资源的合理使用，如企业生产计划和销售计划的制订、设备的更新、新产品的定价以及资金的筹措等都属于战术决策的范畴。

业务决策又称执行性决策，是日常工作中为提高生产效率、工作效率而做出的决策，牵涉范围较窄，只对组织产生局部影响。属于业务决策范畴的主要有：工作任务的日常分配和检查、工作日程（生产进度）的安排和监督、岗位责任制的制定和执行、库存的控制以及材料的采购等。

3. 从决策的主体看，可把决策分为集体决策与个人决策

集体决策是指多个人一起做出的决策，个人决策则是指单个人做出的决策。

与个人决策相比较而言，集体决策有以下优点：一是能较大范围地汇总信息；二是能拟订更多的备选方案；三是能得到更多的认同；四是能更好地进行沟通；五是能作出更好的决策等。但集体决策也存在着一定的缺点，比如：花费时间更长；容易产生"群体思维"；责任划分不明确。

4. 从决策的起点看，可把决策分为初始决策与追踪决策

初始决策是零起点决策，它是在有关活动尚未进行，而环境未受到影响的情况下进行的。

随着初始决策的实施，组织环境发生变化，这种情况下所进行的决策就是追踪决策。因此，追踪决策是非零起点决策。

5. 从决策所涉及的问题看，可把决策分为程序化决策与非程序化决策

组织中的问题可被分为两类：一类是例行问题；另一类是例外问题。赫伯特·西蒙（Herbert A. Simon）根据问题的性质把决策分为程序化决策与非程序化决策。程序化决策涉及的是例行问题，而非程序化决策涉及的是例外问题。

决策可以程序化到呈现出重复和例行的状态，一些特定问题反复出现多次，人们就会制定出一套例行程序来解决它，这类决策就是程序化决策。组织中会遇到大量的程序化决策的问题，例如普通客户的订货单标价、带薪休假员工的工资核定、办公用品的供应情况记录等。对于过去尚未发生过的、新颖的、性质和结构尚不明确且无先例的问题进行决策，这类决策就是非程序化决策。例如新产品的研发、企业的多元化经营等。

6. 从环境因素的可控程度看，可把决策分为确定型决策、风险型决策与不确定型决策

确定型决策是指在稳定（可控）条件下进行的决策。在确定型决策中，决策者确切知道自然状态的发生，每个方案只有一个确定的结果，最终选择哪个方案取决于对各个方案结果的直接比较。

风险型决策也称随机决策，在这类决策中，自然状态不止一种，决策者不能知道哪种自然状态会发生，但能够知道有多少种自然状态以及每种自然状态发生的概率。

不确定型决策是指在不稳定条件下进行的决策。在不确定型决策中，决策者可能不知道有多少种自然状态。即使是知道有多少种自然状态，也不能知道每种自然状态发生的概率。

7. 根据决策目标数量的多少，可将其划分为单目标决策和多目标决策

单目标决策就是指决策的目标只有一个的决策。单目标决策是我们研究决策问题的基础，处理决策问题的大多数方法，都是从研究单目标决策开始的。

多目标决策就是指决策的目标有两个或两个以上的决策，例如工资与利润目标是矛盾的，因此决策者在决策的过程中必须对两个相互矛盾的目标进行协调。

三、项目投资决策的原则

古人云："天下之事，虑之贵详，行之贵力，谋在于众，断在于独。"这是对决策原则的精辟阐述。为保证投资决策成功，避免失误，在决策过程中必须遵循以下原则。

（一）满意化原则

决策的准则并不是绝对的理性即"最优化准则"，而是要遵循"满意化原则"。对决策者来说，要想使决策达到最优，必须有三个前提：

（1）获得与决策有关的全部信息，就是决策者对可以供选择的方案及其未来的后果要做到"无所不知"。

（2）了解全部信息的价值所在，并据此制订所有可能的方案。

（3）准确预期到每个方案在未来的执行结果。

现实中，上述这些条件往往得不到满足，只能做出相对满意的决策。这一准则对决策的现实意义是，作决策的时候不能考虑一切可能的复杂情况，而只考虑与问题有关的特定情况。对工商企业而言，这一"满意化"准则就是追求"适当的市场份额""适度的利润""公平的价格"等。而一个组织存在的意义和目的也就在这里。

（二）个人决策和群体决策相结合原则

这是民主集中制原则在决策中的具体体现，尤其在政府、企业重大决策问题上，必须广泛征求群众意见和建议，集思广益，保证决策的科学性。国外一些企业提出的"群体决策""求异决策"均体现了这一原则。

（三）系统论原则，也叫整体协同原则

管理系统本质上是一个开放的系统，它的各个要素是相互联系、相互作用的。它处在环境中，被外部环境所包围。它总是自身相互作用，系统本身会产生协同。就企业决策而言，要充分考虑到"经济效益和社会效益相结合""眼前利益和长远利益相结合""局部利益和整体利益相结合"。

（四）科学性原则

科学决策必须进行必要的科学性研究，必须使用科学的决策方法，必须注重定性分析和定量分析的结合。

（五）权变原则

决策是动态的，客观环境如果发生了变化，决策也要随时做出调整。

第二节 项目投资决策理论

一、古典决策理论

古典决策理论又称规范决策理论，是基于"经济人"假设提出来的，主要盛行于20世纪50年代以前。古典决策理论认为，应该从经济的角度来看待决策问题，即决策的目的在于为组织获取最大的经济利益。

古典决策理论的主要内容是：

（1）决策者必须全面掌握有关决策环境的信息情报。

（2）决策者要充分了解有关备选方案的情况。

（3）决策者应建立一个合理的自上而下的执行命令的组织体系。

（4）决策者进行决策的目的始终都是在于使本组织获取最大的经济利益。

古典决策理论假设，作为决策者的管理者是完全理性的，决策环境条件的稳定与否是可以被改变的，在决策者充分了解有关信息情报的情况下，是完全可以做出完成组织目标

的最佳决策的。古典决策理论忽视了非经济因素在决策中的作用，这种理论不一定能指导实际的决策活动，从而逐渐被更为全面的行为决策理论替代。

二、行为决策理论

20世纪50年代，赫伯特·西蒙在他的《管理行为》一书中指出，"理性的"和"经济的"标准都无法确切说明管理的决策过程，进而提出"有限理性"标准和"满意度"原则。影响决策者进行决策的不仅有经济因素，还有其个人的行为表现，如态度、情感、经验和动机等。

行为决策理论的主要内容是：

（1）人的理性介于完全理性和非理性之间，即人是有限理性的。这是因为人的知识、想象力和计算力等都是有限的。

（2）决策者在识别和发现问题中容易受知觉上的偏差的影响。所谓知觉上的偏差，是指由于认知能力有限，决策者仅仅把问题的部分信息当作认知的对象。

（3）由于受决策时间和可利用资源的限制，决策者选择的理性是相对的。

（4）在风险型决策中决策者往往厌恶风险，倾向于接受风险较小的方案。

（5）决策者在决策中往往只求满意的结果，而不愿费力寻求最佳方案。

行为决策理论抨击了把决策视为定量方法和固定步骤的片面性，主张把决策视为一种文化现象。

三、当代决策理论

当代决策理论的核心内容是：决策贯穿于整个管理过程，决策程序就是整个管理过程。它认为组织是由作为决策者的个人及其下属、同事组成的系统。整个决策过程从研究组织的内外环境开始，继而确定组织目标、设计可达到该目标的各种可行方案、比较和评价这些方案，进而进行方案选择，最后实施决策方案，并进行追踪检查和控制，以确保预定目标的实现。该理论对决策的过程、决策的原则、程序化决策和非程序化决策、组织机构的建立同决策过程的联系等作了精辟的论述。

对现代决策者而言，在决策过程中应该广泛采用现代化的手段和规范化的程序，应该以系统论、信息论、控制论为方法，以电子计算机为手段，并辅以行为科学的有关理论。也就是说，现代决策理论应该把古典决策理论和行为决策理论有机结合起来，它所概括的一套科学行为准则和工作程序，既重视科学的理论、方法和手段的应用，又重视人的积极作用。

第三节　项目投资决策过程

一、决策的基本程序

（一）现代决策理论的决策步骤

传统的管理理论认为决策仅仅是为了寻找一个最佳方案，现代决策理论则认为决策不仅包括选定最优方案，还包括一些其他相关的步骤。因此，项目投资决策是一个动态的过程，包含七个重要的步骤，如图 3-1 所示。

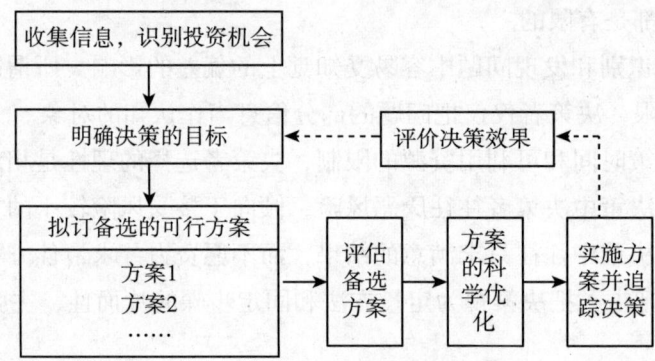

图 3-1　决策程序示意

1. 收集信息，识别投资机会

项目投资决策过程的第一步就是收集必要的信息、识别投资机会。决策者通常密切关注与其有关的信息，并从中寻找机会或者诊断问题、规避风险。要搜集组织所处环境中有关经济、技术、社会等方法的信息，并加以分析、处理，同时对组织内部信息也要搜集并加以分析，以便为拟订和选择计划提供依据。

2. 明确决策的目标

决策必须有明确的目标，所以明确决策目标是非常重要的一个过程。目标体现的是组织想要获得的结果，所要结果的数量、质量等都应该明确下来，因为目标指导决策者选择合适的实现途径。

3. 拟订备选的可行方案

一旦目标确定，决策者就要提出可能实现目标的各种方案。这一步骤需要创造力和想象力，在提出备选方案时，决策者必须提出尽可能多的方案，并从中初步筛选出备选方案。

4. 评估备选方案

确定所拟订的各种方案的价值或恰当性，确定最优的方案，要求决策者必须具备评价每种方案的价值或相对优劣势的能力。在评估方案的过程中，决策者要使用预先设定的决策标准以及每种方案花费的成本、实现的收益、不确定因素和可能存在的风险。通过评估方案，对各种方案进行排序打分。

5. 方案的科学优化

在决策过程中，决策者通常要做出最后的选择。虽然做出抉择仅仅是整个决策过程中的一个步骤，但这个步骤也是整个决策过程中最困难、最重要的。决策者要想做出一个好的决定，必须仔细考察全部事实，确定是否可以获取足够的信息，并最终选择相对最满意的方案。

6. 实施方案并追踪决策

方案的实施也是决策过程中至关重要的一步。在方案选定以后，决策者就要制定实施方案的具体措施和步骤，通常应该做好以下工作：一是制定相应的具体措施，保证方案的正确实施；二是确保与方案有关的各种指令能被所有有关人员充分接受和了解；三是应用目标管理的方法把决策目标层次分解，具体落实；四是建立重要的工作报告和信息反馈制度，以便及时了解方案的紧张情况，及时进行调整和纠正。

7. 评价决策效果

方案的实施可能会花费很长的时间才能完成。在方案的实施过程中，组织面临的内、外部环境都可能发生变化，这需要决策者必须追踪决策实施过程，对决策的实施效果进行评价和反馈。按照决策的方案步骤一一进行比对，如果发现决策实施过程中出现没有能实现预期效果的项目要及时找出原因，并按系统组织逐级反馈传输偏离目标的信息，从而能够迅速监控、纠正偏差，或采取调整措施，从而保证目标的实现。

（二）我国建设项目决策程序

改革开放以来，我国借鉴世界银行和西方国家项目投资决策的成功经验，结合我国的实际情况，相关部门制定了一套适合我国国情的投资决策程序和审批制度，目的是减少和避免投资决策的失误，提高投资效果。按照国家的有关规定，大、中型基本建设项目投资前期的研究决策程序如下：

（1）投资计划研究与项目初选。
（2）编制并上报项目建议书及经批准立项。
（3）进行可行性研究及提交可行性研究报告。
（4）编制并上报设计任务书。
（5）项目评估和决策。

二、决策的影响因素

任何决策都是在一定的条件下进行的,都要受到一些因素的影响和制约。组织在进行项目投资决策时,都要分析组织所处的环境,把握影响决策因素的现状和将来的变化趋势,利用有利于组织发展的机会,回避不利于组织发展的威胁。

一般来说,影响投资决策的因素主要有环境因素、组织文化、决策者的个人因素以及时间因素。

(一)环境因素

组织的环境一般包括以下几个方面。
(1)政治环境。包括社会的一般政治气氛、政权集中的程度等。
(2)经济环境。包括社会的经济发展状况、财政政策、银行体制、投资水平、消费特征等。
(3)法律环境。包括法律的性质、关于组织的组成及控制方面的特殊法律。
(4)科技环境。包括与组织生产相关的技术、工艺等科技技术力量。
(5)社会文化环境。包括人力资源的数量和性质、教育科学文化水平、民族文化传统、社会的伦理道德、风俗习惯、价值取向等。
(6)自然环境。包括自然资源的性质、数量和可利用性。
(7)市场环境。包括市场的需求状况、发展变化的趋势等。

(二)组织条件

进行科学决策还需要认真考虑组织的内部条件,影响决策的组织内部条件主要包括如下内容。

1. 组织文化

组织文化影响着组织及其成员的行为和行为方式,它对决策的影响也是通过影响人们对组织、对改革的态度而发挥作用。涣散、压抑、等级森严的组织文化容易使人们对组织的事情漠不关心,不利于调动组织成员的参与热情;团结、和谐、平等的组织文化则会激励人们积极参与组织的决策。因此,任何一个决策都会受到组织文化的影响。

2. 过去的决策

在实际管理工作中,决策问题大多都是建立在过去决策的基础上的,属于一种非零点决策,决策者必须考虑过去决策对现在的延续影响。即使对于非程序化决策,决策者由于心理因素和经验惯性的影响,决策时也经常考虑过去的决策,问一问以前是怎么做的。所以,过去的决策总是有形无形地影响现在的决策。这种影响有利有弊,利是有助于实现决策的连贯性和维持组织的相对稳定,并使现在的决策建立在较高的起点上;弊是不利于创新,不适应巨变环境的需要,不利于实现组织的跨越式发展。过去的决策对现在的决策的影响程度,取决于它们与决策者的关系,这种关系越紧密,现在的决策受到的影响就越大。

3. 决策者的个人因素

在决策活动中起决定作用的是决策者,决策者个人的能力是决策成败的关键。决策者的知识与经验、战略眼光、民主作风、偏好与价值观、对风险的态度、个人能力、价值观、责任和权力等都会直接影响决策的过程和结果,尤其是决策能力以及对待风险的态度至关重要。

第四节 项目投资决策方法

一、定性决策方法

定性决策是指决策目标与决策变量等不能用数量来表示的决策。这类决策一般难以用数学方法来解决,而主要依靠决策者的经验和分析判断能力。

(一)头脑风暴法

在群体决策中,由于群体成员心理相互作用影响,易屈于权威或大多数人意见,形成所谓的"群体思维"。群体思维削弱了群体的批判精神和创造力,损害了决策的质量。为了保证群体决策的创造性,提高决策质量,管理上发展了一系列改善群体决策的方法,头脑风暴法是较为典型的一个。

采用头脑风暴法组织群体决策时,要集中有关专家召开专题会议,主持者以明确的方式向所有参与者阐明问题,说明会议的规则,尽力创造融洽轻松的会议气氛。主持人一般不发表意见,以免影响会议的自由气氛。由专家们"自由"提出尽可能多的方案。

头脑风暴法应遵守如下原则:

(1)庭外判决原则。对各种意见、方案的评判必须放到最后阶段,此前不能对别人的意见提出批评和评价。认真对待任何一种设想,而不管其是否适当和可行。

(2)欢迎各抒己见,自由鸣放。创造一种自由的气氛,激发参加者提出各种荒诞的想法。

(3)追求数量。意见越多,产生好意见的可能性越大。

(4)探索取长补短的改进办法。除提出自己的意见外,鼓励参加者对他人已经提出的设想进行补充、改进和综合。

为了提供一个良好的创造性思维环境,应该确定专家会议的最佳人数和会议进行的时间。经验证明,专家小组规模以 10~15 人为宜,会议时间一般以 20~60 分钟效果最佳。头脑风暴法的主持工作,最好由对决策问题的背景比较了解并熟悉头脑风暴法的处理程序和处理方法的人担任。

(二)德尔菲法

德尔菲法是在 20 世纪 40 年代由 O. 赫尔姆和 N. 达尔克首创。1946 年,兰德公司首次用这种方法来进行预测,后来该方法被迅速广泛采用。德尔菲法依据系统的程序,采用匿名发表意见的方式,即专家之间不得互相讨论、不发生横向联系,只能与调查人员直接联系,通过多轮次调查专家对问卷所提问题的看法,经过反复征询、归纳、修改,最后汇总成专家基本一致的看法,作为预测的结果。德尔菲法作为一种主观、定性的方法,不仅可以用于预测领域,而且还可以广泛应用于各种评价指标体系的建立和具体指标的确定过程。这种方法具有广泛的代表性,较为可靠。

德尔菲法的具体实施步骤如下:

(1) 组成专家小组。按照课题所需要的知识范围确定专家。专家人数的多少,可根据预测课题的大小和涉及面的宽窄而定,一般不超过 20 人。

(2) 向所有专家提出所要预测的问题及有关要求,并附上有关这个问题的所有背景材料,同时请专家提出还需要什么材料。然后,由专家做书面答复。

(3) 各个专家根据他们所收到的材料,提出自己的预测意见,并说明自己是怎样利用这些材料并提出预测值的。

(4) 将各位专家第一次判断意见汇总、列成图表,进行对比,再分发给各位专家,让专家比较自己同他人的不同意见,修改自己的意见和判断。也可以把各位专家的意见加以整理,或请身份更高的其他专家加以评论,然后把这些意见再分送给各位专家,以便他们参考后修改自己的意见。

(5) 将所有专家的修改意见收集起来、汇总,再次分发给各位专家,以便做第二次修改。逐轮收集意见并为专家反馈信息是德尔菲法的主要环节。收集意见和信息反馈一般要经过三四轮。在向专家进行反馈的时候,只给出各种意见,但并不说明发表各种意见的专家的具体姓名。这一过程重复进行,直到每一个专家不再改变自己的意见为止。

(6) 对专家的意见进行综合处理。将专家们的意见收集起来,归纳整理后反馈给各位专家,然后需要专家们参考他人的意见对自己的预测重新考虑。按照这样的程序不断重复,专家们不断修正完善自己的预测,直至专家们不再修改自己的意见,专家意见收集过程停止。

(三)名义小组技术

在集体决策中,如对问题的性质不完全了解并且意见分歧严重,可采用名义小组技术。在决策小组中,小组的成员互不通气,也不在一起讨论、协商,从而小组只是名义上的。名义小组可以有效地激发个人的创造力和想象力。由小组成员对提出的全部备选方案进行投票，根据投票结果，赞成人数最多的备选方案即为所要的方案。但决策者最后仍有权决定是接受还是拒绝这一方案。

二、定量决策方法

定量决策方法是建立在数学公式（模型）基础上的决策方法，是运用统计学、运筹学、电子计算机等科学技术和手段，把决策的变量（影响因素）与目标用数学关系表示出来，求出方案的损益值，然后选择出满意方案。

由于方案是在未来实施的，所以管理者在计算方案的经济效果时，要考虑到未来的情况。根据未来情况的可控程度，可把有关活动方案的决策方法分为三大类：确定型决策方法、风险型决策方法和不确定型决策方法。

（一）确定型决策方法

在比较和选择活动方案时，如果未来情况只有一种并为管理者所知，则可以采用确定型决策方法。对未来的各种影响因素可以比较肯定地知道，能够比较清楚地了解各种方案的结果。这种决策是建立在肯定基础上的，所以称为确定型决策。确定型决策是可靠性很大的决策，一般有把握实现。当面临的决策问题具备下述条件时，可作为确定型决策问题来处理：第一，存在一个明确的决策目标；第二，只存在一个确定的自然状态，或存在多个可能的自然状态，但通过调查研究分析最后可确定一个状态会发生；第三，存在两个或两个以上的行动方案；第四，每个行动方案在确定的自然状态下的损益值为已知（或可求出）。

常用的确定型决策方法有线性规划、盈亏平衡分析法等。

1. 线性规划

线性规划是最基本的也是最常用的一种数学规划。在决策中常遇到如何将有限的人、财、务等资源合理投入和运用才能使经济效益最大化的问题。

[例 3-1] 某企业可以生产 A、B 两种产品。生产产品 A 和 B 所需要的机器、人工、原材料的数量，每天可用的资源总量和各种资源的价格如表 3-1 所示。已知产品 A 的售价为 600 元，产品 B 的售价为 400 元，市场需求旺盛。如何安排生产能使企业的利润最大？

表 3-1　　　　　　　　　　　某企业销售概况

项　目	产品 A	产品 B	资源总量	资源单价（元）
机器（时）	6	8	1200	5
人工（时）	10	5	1000	20
原材料（千克）	11	8	1300	1

解：设利润为 R，A 产品的产量为 X_1，B 产品产量为 X_2，C_1 为每天使用机器的数量，C_2 为每天使用人工的数量，C_3 为每天使用原材料的数量。建立线性规划模型：

目标函数：$\max R = 600X_1 + 400X_2 - 5C_1 - 20C_2 - 1C_3$

约束条件：$6X_1 + 8X_2 = C_1$

$10X_1 + 5X_2 = C_2$

$11X_1 + 8X_2 = C_3$

$C_1 \leqslant 1200$，$C_2 \leqslant 1000$，$C_3 \leqslant 1300$

$X_1 \geqslant 0$，$X_2 \geqslant 0$

解得 $X_1 = 60$，$X_2 = 80$，即安排生产 60 单位 A 产品，生产 80 单位 B 产品可使利润达到最大，此时可获得利润 41700 元。

2. 盈亏平衡分析法

盈亏平衡分析法，又称保本点分析或量本利分析法，是根据产品的业务量（产量或销量）、成本、利润之间的相互制约关系的综合分析，用来预测利润、控制成本、判断经营状况的一种数学分析方法。图 3-2 为盈亏平衡分析法示意。

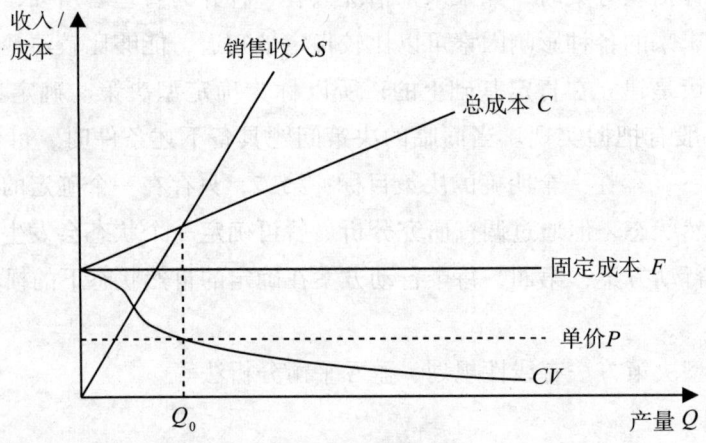

图 3-2 盈亏平衡分析法示意

企业利润是销售收入扣除成本后的余额；销售收入是产品销售量与销售单价的乘积；产品成本包括工厂成本和销售费用在内的总成本，分为固定成本和变动成本。一般来说，企业收入（S）= 成本（C）+ 利润（E），如果利润（E）为零，则有收入（S）= 成本（C）= 固定成本（F）+ 变动成本（V），而收入（S）= 销售量（Q）× 价格（P），变动成本（V）= 单位变动成本（CV）× 销售量（Q），这样就有销售量（Q）× 价格（P）= 固定成本（F）+ 单位变动成本（CV）× 销售量（Q），即：

$$E = S - C$$
$$= S - (F + V)$$
$$= P \cdot Q - (F + CV \cdot Q)$$

$$= P \cdot Q - CV \cdot Q - F$$
$$= (P - CV) \cdot Q - F \qquad (3-1)$$

当盈亏相等，可以推导出盈亏平衡点的计算公式为：盈亏平衡点（销售量）(Q_0) = 固定成本(F)/每计量单位的贡献差数（$P - CV$），即：

$$Q_0 = F/(P - CV) \qquad (3-2)$$

此时的 Q_0 即为盈亏临界点的产量。

[例 3-2] 华生公司生产某产品的固定成本为 100 万元，单位产品可变成本为 700 元/件，单位产品售价为 900 元/件。试用盈亏平衡点法确定其产量。

解：$Q_0 = F/(P - CV) = 1000000/(900 - 700) = 5000$（件）

（二）风险型决策方法

任何项目投资都应有一定的预期收益或称期望收益，即没有意外事件发生时根据已知信息所能预测到的收益。项目的投资收益是不确定的，不确定的收益可以用多种可能的取值及其对应的概率来表示，这两者的加权平均，得出来的就是预期收益。风险型决策是依照预期收益的基本原理进行的。

风险型决策有明确的目标，即：有可以选择的两个以上方案，有两种以上的自然状况，不同方案在不同自然状况下的损益值可以计算出来，决策者能够计算出不同自然状况发生的概率。因此，决策者在决策时，无论采用哪种方案，都要承担一定的风险。所以，这种决策叫风险型决策。

1. 风险型决策的表解法

表解法是用列表计算各备选方案的期望收益值，比较后选择期望收益值最大方案的决策方法。

[例 3-3] 某食品加工厂 20××年 6~8 月熟食日销量统计资料如表 3-2 所示。每箱成本 35 元，销售价格为 85 元，如果当天销售不出去，每剩一箱熟食就要支付 25 元冷藏保管费和 10 元的搬运费，预计下一年 6~8 月需求量同期相比无变化。决策问题是下一年日产计划定为多少，能使工厂获利最大？请使用收益矩阵法计算。

表 3-2　　　　　　　　　　某食品加工厂销售状态及概率

日销量（箱）	完成该销量日数	概率
100	18	0.2
110	36	0.4
120	27	0.3
130	9	0.1
合计	90	1.0

解：编制各备选方案在不同自然状态下的损益表（见表3-3）。

表3-3　　　　　某食品加工厂各备选方案在不同的自然状态下的期望收益

日产箱数（箱）	日销量（箱）				期望利润（元）
	100	110	120	130	
	0.2	0.4	0.3	0.1	
100	5000	5000	5000	5000	5000
110	4650	5500	5500	5500	5330
120	4300	5150	6000	6000	5320
130	3950	4800	5650	6500	5055

以日产130箱为例，其计算为：

日销100箱时：收益值 = $100 \times 50 - 30 \times 35 = 3950$（元）

日销110箱时：收益值 = $110 \times 50 - 20 \times 35 = 4800$（元）

日销120箱时：收益值 = $120 \times 50 - 10 \times 35 = 5650$（元）

日销130箱时：收益值 = $130 \times 50 = 6500$（元）

期望利润 = $3950 \times 0.2 + 4800 \times 0.4 + 5650 \times 0.3 + 6500 \times 0.1 = 5055$（元）

因此由表3-3可知，应安排每天出产110箱为最优。

2. 决策树法

决策树是一种按逻辑关系画出来的树状图。它是决策分析常用的方法之一。

（1）决策树的构成。决策树一般由三种元素组成，如图3-3所示。

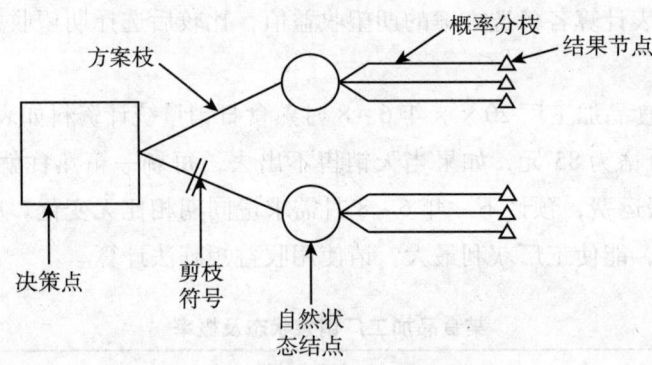

图3-3　决策树构成要素

①决策点□：需要决策者在该点处进行策略的决策。从它引出的每一条分枝都是方案分枝。

②状态点○：位于策略分枝的末端，其上的数字为该策略的期望损益值。从○引出的分枝叫概率分枝。

③结果节点△:位于概率分枝的末端,它旁边的数字是相应策略在该状态下的损益值。

④剪枝符号‖:剪枝是方案的优化过程,根据决策标准,参照不同方案的期望值的大小,从右向左逐一比较,期望值最大的方案为最优方案,期望值最小的方案需要舍去,此时在图上用剪枝符号‖表示。

(2) 决策树方法的应用。

[例3-4] 某企业拟生产一种新产品,设计了甲、乙、丙三种生产方案。根据市场调查和预测,未来市场状况有三种,概率分别为:销路好0.3;销路一般0.5;销路差0.2。各生产方案在不同自然状况下的年收益情况如表3-4所示(单位:万元)。

表3-4　　　　　　　　　某企业新产品的销售概况　　　　　　　　　单位:万元

项　　目	产品销路好 $P(S_1)=0.3$	产品销路一般 $P(S_2)=0.5$	产品销路差 $P(S_3)=0.2$
按甲方案生产	40	26	15
按乙方案生产	35	30	20
按丙方案生产	30	24	20

试用决策树方法进行决策。

解:第一步:根据题意,画出树型图3-4。

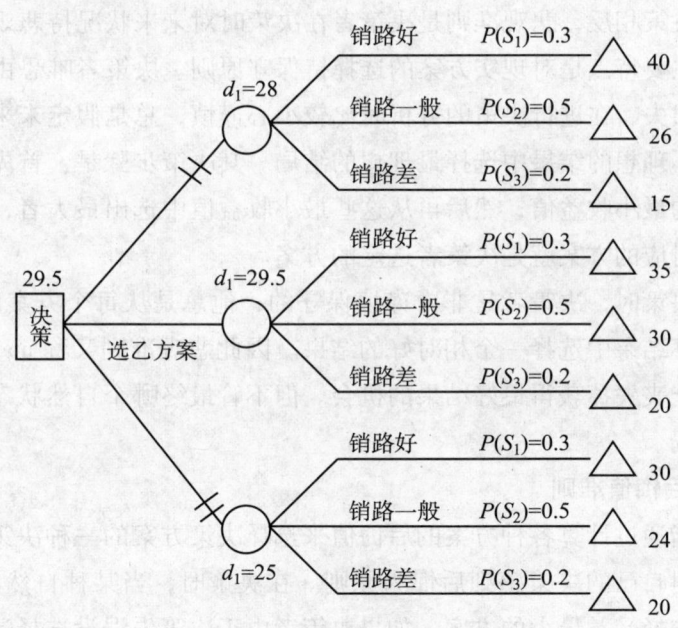

图3-4　决策树法示意

第二步:计算各方案的期望值。

甲方案的期望值 $= 0.3 \times 40 + 0.5 \times 26 + 0.2 \times 15 = 28$(万元)

乙方案的期望值 $= 0.3 \times 35 + 0.5 \times 30 + 0.2 \times 20 = 29.5$（万元）

丙方案的期望值 $= 0.3 \times 30 + 0.5 \times 24 + 0.2 \times 20 = 25$（万元）

第三步：根据最大期望效益值准则，对决策节点上的各个方案进行比较、选择，并把决策结果标在图上（见图3-4）。

（三）不确定型决策方法

我们对需要决策的问题，通常只知道有几种自然状态可能发生，但这些状态发生的概率并不知道。因此，决策时只能根据决策人对事件的态度进行分析和选择，则须采用不确定型决策方法。

常见的不确定型决策方法主要有乐观准则、悲观准则、最大最小后悔值准则、等概率准则和折中准则。

1. 乐观准则

在决策时，决策者对客观情况持有一种乐观态度的准则，也称之为最大收益准则。它假定决策对象未来的情形是理想的状态占优势，因此先选出在未来各种自然状态下每种方案的最大收益，再从这些最大收益值中选出最大者，与这个选中的最大值相对应的方案就是决策者选定的方案。按乐观准则决策时，对客观状态的估计总是乐观的，决策者决不放弃任何一个可能获得最好结果的机会。

2. 悲观准则

与乐观准则决策相反，悲观准则是决策者在决策时对未来状况持悲观态度时的决策准则，这种决策的主要特点是对现实方案的选择持保守原则。决策者唯恐由于决策失误可能造成较大的经济损失，在进行决策的分析时比较小心谨慎，总是假定未来是最不理想的状态占优势，从最不理想的结果中选择最理想的结局。其决策步骤是：首先在各种自然状态下选出每种方案的最小收益值，然后再从这些最小收益值中选出最大者，与这个最后选中的最大收益值相对应的方案就是决策者选定的方案。

按悲观准则决策时，决策者是非常谨慎保守的，他总是从每个方案的最坏情况出发，从各种可能的最坏结果中选择一个相对好的结果。因此悲观准则又称 max min 准则。按悲观准则决策，可能丧失掉获得最好结果的机会。但不管最终哪个自然状态发生，决策者能够避免最坏的结局。

3. 最大最小后悔值准则

后悔准则是指通过计算各种方案的后悔值来选择决策方案的一种决策准则，该方法以避免决策者将来对自己的决策感到后悔为原则。在决策时，当某种自然状态可能出现时，决策者必然首先选择收益最大的方案，如果决策者由于决策失误没选择这一方案，而是选择了其他方案，就会感到后悔，两个方案的收益值之差叫作后悔值。

后悔准则的决策步骤为：决策者首先将每种自然状态下最高收益值定为该状态的理想目标值；再将该状态下的其他收益值与之比较；最后，决策者需要计算其差值作为达到理想目标的后悔值。从各种自然状态下的各种方案的后悔值中找出最大后悔值，再从中选出最小值，与这个最小值相对应的方案就是所选择的决策方案。

决策者做出决定之后，若不够理想，必有后悔之感。后悔值准则就是把每一自然状态对应的最大效益值视为理想目标，把它与该状态下的其他效益值之差作为未达到理想目标的后悔值。这样可得到一个后悔矩阵。求出后悔矩阵中每方案的最大值，这些最大值中的最小者对应的方案，即为应选方案。

4. 等概率准则

对于不同的自然状态，如果没有确切理由说明每个自然状态的概率，那么有时候可以认为它们发生的机会是相等的。即每一种自然状态发生的概率都是 $1/n$。将每一个自然状态的概率定为 $1/n$ 后，就可以用前面介绍过的决策树方法了。

5. 折中准则

所谓折中，即在乐观与悲观之间折中。有时决策者在决策时对未来前景既不抱悲观保守的态度，也不冒风险持过于乐观的态度，应该根据决策者的经验和对未来的估计确定一个乐观系数 α 来表示乐观程度（$0 \leq \alpha \leq 1$），然后，对每一种行动方案的最大收益值和最小收益值进行加权平均。当乐观系数 α 取值不同时，选择的方案可能不同。当 $\alpha = 1$ 时，折中准则即成为乐观准则，而当 $\alpha = 0$ 时，折中准则成为悲观准则。折中收益值的计算公式为：

$$折中收益值 = \alpha \times 最大收益值 + (1 - \alpha) \times 最小收益值$$

折中决策法步骤为：首先确定乐观系数 α，接下来选出每一方案的最大收益值和最小收益值；然后按照公式，求出折中收益值；最后选出折中收益值中的最大值，这个最大收益值所对应的方案即为最优方案。

对于不确定型问题，采用不同的决策准则做出的决策往往是不同的。为了使决策更准确可靠，最好设法了解各自然状态发生的概率，以便将不确定型问题转化为风险型问题，提高决策的科学性。

下面我们通过例题来说明不确定型方法的应用。

[例 3-5] 某市是著名的冬季旅游滑雪胜地，冬胜集团为抓住这一得天独厚的商机，拟在某山上投资兴建一处滑雪场。滑雪场的规模取决于游客的数量，而游客的数量多少又取决于当年的降雪量。据此，冬胜集团开发了三个方案，每个方案不同状态下的损益值如表 3-5 所示。

表 3-5　　　　　　　　冬胜集团各方案在各状态下的损益指标　　　　　　　　单位：万元

状态	新建大场	新建小场	改建球场
下大雪	100	60	40
下中雪	40	25	10
下小雪	-50	-5	1

问：决策者应如何决策？要求分别用乐观准则、悲观准则、最大最小后悔值准则、等概率准则和折中准则五种方法选择各方法下最优的产品方案。

解：(1) 乐观准则。最理想的情况是下大雪，这样新建大场最大可获利润 100 万元、新建小场最大可获利润 60 万元、改建球场最大可获利润 40 万元。根据乐观准则，在这些最大利润值中选取一个最大值 100 万元，相对应的方案即新建大场是决策选择的方案。

(2) 悲观准则。最糟糕的情况是下小雪，这样新建大场最小利润 −50 万元、新建小场最小利润 −5 万元、改建球场最小利润 1 万元。根据悲观准则，在这些最小利润值中选取一个最大值 1 万元，相对应的方案即改建球场是决策选择的方案。

(3) 最大最小后悔值准则。首先计算后悔值。

①下大雪时各方案损益值的最大值是 100 万元，则在下大雪时各个方案的后悔值为：

新建大场在下大雪时的后悔值 = 100 − 100 = 0（万元）

新建小场在下大雪时的后悔值 = 100 − 60 = 40（万元）

改建球场在下大雪时的后悔值 = 100 − 40 = 60（万元）

②下中雪时各方案损益值的最大值是 40 万元，则在下中雪时各个方案的后悔值为：

新建大场在下中雪时的后悔值 = 40 − 40 = 0（万元）

新建小场在下中雪时的后悔值 = 40 − 25 = 15（万元）

改建球场在下中雪时的后悔值 = 40 − 10 = 30（万元）

③下小雪时各方案损益值的最大值是 1 万元，则在下小雪时各个方案的后悔值为：

新建大场在下小雪时的后悔值 = 1 − (−50) = 51（万元）

新建小场在下小雪时的后悔值 = 1 − (−5) = 6（万元）

改建球场在下小雪时的后悔值 = 1 − 1 = 0（万元）

然后由以上计算结果列出后悔值表（见表 3 − 6）。由表 3 − 6 知，新建大场最大后悔值 51 万元、新建小场最大后悔值 40 万元、改建球场最大后悔值 60 万元，然后在这些最大后悔值中选取一个最小值 40 万元相对应的方案，即新建小场是决策选择的方案。

表 3 − 6　　　　　　　　各方案在各自然状态下的后悔值　　　　　　　　单位：万元

状　态	新建大场	新建小场	改建球场
下大雪	0	40	60
下中雪	0	15	30
下小雪	51	6	0

(4) 等概率准则。虽然非确定型决策各自然状态出现的概率难以确定，这里假设它们出现的概率是相等的，这样就转换为风险型决策。此时，各方案的期望收益值为：

新建大场期望收益值 = 100 × 1/3 + 40 × 1/3 + (−50) × 1/3 = 90/3（万元）

新建小场期望收益值 = 60 × 1/3 + 25 × 1/3 + (−5) × 1/3 = 80/3（万元）

改建球场期望收益值 = 40 × 1/3 + 10 × 1/3 + 1 × 1/3 = 51/3（万元）

此时，显然新建大场方案较优。

（5）折中准则。假设乐观系数是 $\alpha = 0.7$，悲观系数 $1-\alpha = 0.3$，则三个备选方案的乐观期望损益值为：

新建大场：$100 \times 0.7 + (-50) \times (1-0.7) = 55$（万元）

新建小场：$60 \times 0.7 + (-5) \times (1-0.7) = 40.5$（万元）

改建球场：$40 \times 0.7 + 1 \times (1-0.7) = 28.3$（万元）

选取乐观期望损益值最大的 55 万元相对应的方案，即新建大场是决策选择的方案。

第五节 投资机会研究与项目建议书

一、投资机会研究

投资机会研究又称投资机会鉴别，其主要任务是提出项目投资去向的建议，即在一个确定的地区和部门内，根据自然资源、市场需求、国家产业政策及国际贸易情况，通过调查、预测和分析研究，选择项目，识别最有利的投资机会。

机会研究分为一般机会研究和具体项目机会研究两种。

一般机会研究通常由国家机关和公共机构进行，其目的是提供投资的方向性建议，包括地域性投资机会、部门性投资机会和资源利用性投资机会的方向性建议。具体项目机会研究一般是由企业针对特定的产品进行的。企业为了自身的生存和发展，制定发展规划，并在此基础上捕捉投资机会，提出具体的项目设想，对其进行概略的分析。对于有前途的项目，留作进一步研究。经机会研究认定没有前途的项目则终止研究。

机会研究的主要内容是：投资项目选择；投资机会的资金条件、自然资源条件和社会地理条件；项目在国民经济中的地位以及对产业结构、生产力布局的影响；拟建项目产品在国内外市场的需求量及替代进口的可能性；项目的财务收益和国民经济效益的大致预测等。

进行市场调查、发现新的需求、确定投资方向、构思投资项目、选择投资方式，拟订项目实施的初步方案，估算所需投资和预期可能达到的目标，是投资机会研究的主要工作。

二、项目初选

经机会研究认定有前途的项目，可进行项目初选。项目初选是介于计划研究和可行性研究之间的一个重要阶段，一般也称为初步可行性研究阶段或预可行性研究阶段。

在这个阶段,需要进一步判断项目是否有较高的经济效益,决定对项目中哪些关键性问题做进一步的辅助研究,如市场调查、实验室试验、工业试验等。研究的结果需明确两个方面的问题:一是项目的概貌,包括产品方案、生产规模、原材料可能的来源、可供选择的技术、比较满意的厂址、建设进度安排等;二是比较精确地估算出经济指标,从而做出经济效益评价。按照我国目前的项目管理程序,经项目初选后认为可行的项目,需编写项目建议书,送交主管部门审批。

三、项目建议书

(一)项目建议书的基本内容

项目建议书是拟建项目的承办单位(项目法人或代理人),根据国民经济和社会发展的长远目标、行业和地区的规划、国家的经济政策和技术政策以及企业的经营战略目标,结合本地区、本企业的资源状况和物质条件,经过市场调查,分析需求、供给、销售状况,寻找投资机会,构思投资项目概念。在此基础上,用文字形式,对投资项目的轮廓进行描述,从宏观上就项目建设的必要性和可行性提出预论证,进而向政府主管部门推荐项目,供主管部门选择项目的法定文件。

编制项目建议书的目的是提出拟建项目的轮廓设想,分析项目建设的必要性,说明项目中技术上、市场上、工程上和经济上的可能性,向政府推荐建设项目,供政府选择。

根据项目的不同情况,项目建议书一般包括以下几个方面的内容。

(1)项目的名称、承办单位、项目负责人。
(2)建设项目提出的依据和必要性。
(3)产品方案、市场前景、拟建规模和建设地点的初步设想。
(4)资源状况、建设条件、协作关系、引进国外技术的初步分析。
(5)投资估算和资金筹措的设想。
(6)项目建设进度的设想。
(7)项目经济效益和社会效益的初步测算。
(8)结论与建议。

综上所述,项目建议书描述了拟建项目的轮廓和设想,主要是从宏观上考察项目建设的必要性,论证其是否符合国家的长远规划,建设条件是否具备,是否值得投入人力和物力,项目前景如何。因此项目建议书的作用表现在,项目建议书是国家建设项目的依据,通过项目建议书,对拟建项目建设的必要性、条件的可行性和获利的可能性进行科学决策。经过国家有关部门批准项目建议书的项目,可以列入项目前期工作计划,进行可行性研究,涉及利用外资或引进技术设备的项目,经批准后方可对外开展工作。

（二）项目建议书的编制和审批

项目建议书的编制，按照建设项目的隶属关系，由有关部门、地区、企业或投资人，根据国民经济和社会发展的长远规划、行业规划、地区规划及经济建设的方针任务和技术经济政策的要求，结合资源情况、企业战略、建设条件等，在广泛调查研究、收集资料、初步分析投资效果的基础上，按前述项目建议书的内容格式编制。

项目建议书按要求编制完成后，根据有关规定，按照建设总规模和限额的审批权限进行报批。项目建议书获得批准，并不表明项目即将可以投资，项目建议书不是项目的最终决策，是选择建设项目和有根据地进行可行性研究的依据。

第六节 项目投资的可行性研究

一、可行性研究的含义

可行性研究是项目投资决策前，对拟建项目的所有方面（工程、技术、经济、财务、生产、销售、环境、法律等）进行全面的、综合的调查研究，对备选方案从技术的先进性、生产的可行性、建设的可能性、经济的合理性等进行比较评价，从中选出最佳方案的研究方法。可行性研究是项目决策的基础和依据，是科学地进行项目建设、提高经济效益的重要手段。

西方国家早在1962年就开始推行可行性研究，20世纪60年代后可行性研究发展成为投资决策前的一项必做的工作。可行性研究包括机会研究、初步可行性研究和可行性研究三个阶段。

1. 机会研究

机会研究是可行性研究的初始阶段，研究的主要目的是寻找投资机会。

2. 初步可行性研究

初步可行性研究的主要目的在于判断机会研究提出的投资方向是否正确，要解决的主要问题是机会研究是否有前景，是否需要进行详细的可行性研究，有哪些关键性问题需要作辅助研究。初步可行性研究虽然比机会研究在内容的深度和广度上进了一步，但仍不能满足项目决策的要求。另外，对决定项目取舍的关键问题可进行专题研究或辅助研究。

3. 可行性研究

可行性研究是项目投资决策的关键阶段，该阶段要对项目进行技术经济综合分析，并对多方案进行比较，为项目建设提供技术、生产、经济、商业等方面的依据。

二、可行性研究的工作程序

项目的可行性研究，涉及许多专业学科，往往要进行多学科的论证。所以，较大项目的可行性研究组需要有技术、经济、工艺、土建、财会、系统、工程以及程序设计等方面的专家。可行性研究的工作程序如下。

1. 项目的投资者提出项目建议书和初步可行性研究报告

项目投资者必须根据国家经济发展的长远规划、经济建设的方针和技术经济政策，结合资源情况、建设布局等条件，在项目调查研究、收集整理、勘察建设地点、初步分析投资效果的基础上，提出需要进行可行性研究的项目建议书和初步可行性研究报告。

2. 进行可行性研究工作或委托有关单位进行可行性研究工作

当项目建议书经审定批准后，项目的投资建设者即可自行进行或委托有关具有研究资格的设计、咨询单位进行可行性研究工作。

3. 承接单位进行可行性研究工作

承接单位在承接可行性研究工作任务后，应与项目投资者紧密合作，按一下步骤开展工作：

（1）组建研究小组，制订研究计划。
（2）进行调查研究，收集有关资料。
（3）取得可行性研究的研究依据。
（4）进行方案设计与优选。
（5）进行经济分析和评价。
（6）编制可行性研究报告。

4. 可行性研究报告和预审与复审

编制和上报的可行性研究报告，按项目大小应在预审前 1~3 个月交预审主持单位，由预审单位进行预审，并在一定时间间隔内进行复审。

5. 可行性研究报告的审批

根据《国务院关于投资体制改革的决定》，政府对于投资项目的管理分为审批、核准和备案三种方式。对于政府投资项目或使用政府性资金、国际金融组织和外国政府贷款投资建设的项目，继续实行审批制；对于<u>企业不使用政府性资金、国际金融组织和外国政府贷款投资建设的项目，一律不再实行审批制，区别不同情况实行核准制和备案制</u>。

三、可行性研究报告的内容

工程项目种类繁多，建设要求和建设条件也各不相同，因此项目可行性研究的内容也各有侧重。但是，根据可行性研究的实践，各类工程项目研究的基本内容还是相同的，主要包括以下几个方面。

（一）总论

总论分为四个部分。

1. 项目提出的背景和依据

项目提出的背景是指项目是在什么背景下提出的，包括宏观和微观两个方面，也就是说项目实施的目的。

项目提出的依据是指项目依据哪些文件而成立的，一般包括项目建议书的批复、选址意见书及其他有关各级政府、政府职能部门、主管部门、投资者的批复文件和协议（或意向）等，以考察该项目是否符合规定的投资决策程序。

2. 投资者概况

投资者概况包括投资者的名称、法定地址、法定代表人、注册资本、资产和负债情况、经营范围和经营概况（近几年的收入、成本、利税等）、建设和管理拟建项目的经验，以考察投资者是否具备实施拟建项目的经济技术实力。

3. 项目概况

项目概况包括项目的名称、性质、地址、法人代表、占地面积、建筑面积、覆盖率、容积率、建设内容、投资和收益情况等，以便有关部门和人员对拟建项目有一个充分的了解。

4. 可行性研究报告编制依据和研究内容

可行性研究报告的编制依据一般包括：相关部门颁布的有关可行性研究的内容和方法的规定、条理；关于技术标准和投资估算方法的规定；投资者已经进行的前期工作和办理的各种手续；市场调查研究资料；其他有关信息资料等。

可行性研究的内容一般包括市场、资源、技术、经济和社会五大方面。

（二）项目建设必要性分析

项目建设必要性分析从两方面进行，即宏观必要性分析和微观必要性分析。宏观必要性分析包括：项目建设是否符合国民经济平衡发展和结构调整的需要；项目建设是否符合国家的产业政策。微观必要性分析包括：项目产品是否符合市场的要求；项目建设是否符合地区或部门的发展规划；项目建设是否符合企业战略发展的要求，能否给企业带来效益。

（三）产品市场分析与结论

市场分析是指对项目产品供求关系的分析。通过科学的方法预测项目产品在一定时期的供给量和需求量，并对其关系进行定量分析和定性分析，最后得出结论，即项目产品是否有市场。

（四）生产规模的确定

首先分析决定拟建项目生产规模的因素，然后根据这些因素，用科学的方法确定项目的生产规模，并分析拟建项目的规模经济性。

（五）建设条件分析与结论

建设条件分析主要包括：资源条件的可靠性；原材料供应的稳定性；燃料、动力供应和交通运输条件的保证性；厂址选择的合理性和环境保护的可行性。

（六）技术条件分析与结论

技术条件包括拟建项目所使用的技术、工艺和设备条件。技术分析包括技术的来源、水平；工艺分析包括工艺过程、工艺的可行性和可靠性；设备分析包括设备的询价、先进程度和可靠性。

（七）财务数据估算

财务数据是财务效益分析和国民经济效益分析的原始数据，是指在现行财税制度下，用现行价格计算的投资成本、产品成本费用、销售收入、销售税金及附加、利润及利润分配等。

（八）财务效益分析

财务效益分析师根据财务数据估算的资料，计算一系列技术经济指标对拟建项目的财务效益进行分析和评价。评价指标主要有反映项目盈利能力和清偿能力的指标。在财务效益分析中，计算出的评价指标要与有关标准或规定，或历史数据、经验数据等进行比较，以判断项目的盈利能力和清偿能力，以确定项目财务上的可行性。

（九）不确定型分析

不确定型分析用来判断拟建项目风险的大小，或者用来考察拟建项目的抗风险能力。进行不确定型分析，一般可进行盈亏平衡分析和敏感性分析，有时根据实际情况也用概率进行分析。

（十）国民经济效益分析

国民经济效益分析是指站在国民经济整体角度来考察和分析拟建项目的可行性。国民经济效益分析的关键，一是对外部效果鉴别的度量，二是对不合理的产物和投入物的现行价格进行调整，调整成影子价格。

（十一）社会效益分析

社会效益分析是比国民经济效益分析更进一步的分析。它不但考虑经济增长因素，而且考虑收入公平分配因素。它是站在整个社会的角度分析、评价投资项目对实现社会目标的贡献。一般的拟建项目不要求进行社会效益分析，只有那些对社会公平分配影响很大的大型投资项目才要求进行社会效益分析。

（十二）结论与建议

结论与建议由两部分组成：一是拟建项目是否可行或选定投资方案的结论性意见；二是问题和建议。项目的问题和建议不仅包括政策和体制方面的问题和建议，如资源开发、投资、价格、税收等政策；还包括项目本身的问题和解决措施，如销售渠道的选择、资金筹措方案、出口比例的确定、贷款偿还方式等。拟建项目的问题可分为两大类：一类是在实施过程中无法解决的；另一类是在实施过程中通过努力可以解决的。如果这些问题不予解决，项目则是不可行的。这里的建议也是针对此类问题提出来的。

[章后案例]

锚链制造项目可行性研究[①]

一、项目背景

近年来，随着经济全球化步伐的加快和国际航运业的兴起，造船业和修船业呈现出重新崛起之势，而素有"船舶生命线"之称的锚链，其国际市场需求正逐步扩大。根据船舶市场的发展趋势和远洋船舶配套锚链2～3年更换的规律，国内锚链企业供应量存在较大的供应缺口。

近几年，D市加大了建设国际航运中心的力度，努力使港口设施和集疏运条件达到国际一流水平，在"振兴东北老工业基地"过程中发挥着龙头作用。为了扩大吸引外资力度，在财政部、国家税务总局对东北地区规定范围内的企业给定优惠政策的基础上，D市政府又出台了一系列针对开发区外资企业的规章制度和优惠政策，从项目立项、征地、征海等各项环节都给予大力支持。

2005年以来，国际造船业呈现明显的上涨趋势，应日本各大造船商的要求，H公司急需扩大锚链系列产品的供给量。为此，决定在D市开发区投资建设锚链产品生产项目，专门从事锚链等机械设备的制造业务。本项目依托H公司的技术优势、工艺方案和先进质量管理体系，在填补国际市场上高质量锚链产品的供应缺口的同时，还适应了"振兴东北老工业基地"的步伐，符合D市对于船舶配套装备制造业整体发展规划的要求，有利于推进

---

① 宋金波，朱方伟，戴大双. 项目管理案例[M]. 北京：清华大学出版社，2013.

临港工业和沿海经济发展。

二、承办单位状况

本项目投资方 H 公司是一家日本公司，成立于 20 世纪 50 年代，该公司在日本国内具有优势地位。90 年代，该公司和 D 市内的链条生产厂家开始合作，从事链条、铸钢产品和船用机械在中国的定点生产，产品销往日本。

H 公司在船舶用设备、机械零部件的制造、进口、销售，船舶舾装件的出口、销售，钢铁产品的进出口及销售等领域已经营多年，具有成熟的生产工艺和技术以及高水平的质量管理经验。H 公司拥有日本大型造船厂的锚链先行订单已经累计到未来五六年，市场对高质量锚链的需求量很大。

三、前期工作情况

本项目建设地点选择在 D 市开发区，紧邻高速公路，项目所在地的公路、铁路、海运、空运均极为便利。

依据本项目建设的总体目标以及项目的发展规划和功能要求，确定本项目的建设规模：总用地面积 15000 平方米，包括工厂和办公楼，总建筑面积约为 10000 平方米，建筑占地面积 9000 平方米，建筑容积率 0.67，建筑覆盖率 60%。

本项目的建设目标是通过对项目的策划、决策、勘察设计、招标和施工安装、竣工验收各建设环节的有效管理，采取组织措施、技术措施、经济措施和管理措施来控制项目的投资、质量、进度，把本项目建设成为投资节省、质量优良、工期合理的居住工程，提供优异的生产条件和办公环境。

项目总投资估算为 5324.23 万元，其中固定资产投资 4614.4 万元，流动资金 709.83 万元。项目拟申请银行长期贷款 2500 万元，其余部分为企业自有资金投入。项目运营期间，流动资金全部自筹解决。

D 市开发区已批复项目建议书，现需要进行项目详细可行性研究。

四、投资估算

1. 固定资产投资估算

项目的固定资产估算方法和估算结果如表 3-7 所示。固定资产包括建筑工程费、设备购置费、安装工程费、工程建设其他费、预备费和建设期利息等部分。固定资产投资合计为 4541.16 万元。

表 3-7　　　　　　　　　　　　项目固定资产估算　　　　　　　　　　　　单位：万元

项　目	金　额	备　注
1. 建筑工程费		
1.1 土建工程费	1100	对厂房按照 1100 元/平方米估算
1.2 装修工程费	400	对厂房按照 400 元/平方米估算

续表

项　　　目	金　　额	备　　注
1.3 公用工程设施及安装费	150	对电气、给排水、消防、通风、弱电、监控系统等工程按照主体工程费的10%估算
1.4 厂区室外环境改造费	20	
2. 设备购置费		
2.1 生产设备购置费	1700	
2.2 其他辅助生产设备	85	按照生产设备购置费的5%估算
2.3 办公设备	50	
3. 安装工程费	91.75	按照设备购置费的5%估算
4. 工程建设其他费		
4.1 土地使用费	330	按照28美元/平方米的价格租用50年和当时外汇牌价估算
4.2 城市基础设施配套费	200	按照总建筑面积×200元/平方米的标准估算
4.3 人防易地建设费	30	按照总建筑面积×30元/平方米的标准估算
4.4 办公及生活家具购置费	20	
4.5 前期工作费	40	
4.6 建设项目管理费	50	
4.7 生产准备费	20	
4.8 培训费	10	按照1000元×100人次的标准估算
5. 预备费		
5.1 基本预备费	85.94	按建筑工程费、设备购置费、安装工程费和工程建设其他费用之和的2%估算
5.2 涨价预备费	35.97	按建筑工程费、设备购置费、安装工程费之和的1%估算
6. 建设期利息	122.50	按照中国银行2015年10月24日公布的五年期以上贷款利率4.90%计算,拟申请银行贷款2500.00万元

2. 流动资金投资估算

采用分项估算法计算流动资金投资,通过对项目投产后应收账款、存货、现金等的预测,估算流动资金总额为709.83万元。

五、资金筹措与资金使用计划

项目总投资为5250.98万元。

其中,企业自有资金投入2628.48万元。项目运营期间,流动资金全部自筹解决。项目申请银行长期贷款 2500 万元，建设期利息为 122.50 万元。

1. 资金分年度使用计划

2019 年计划进行固定资产投资 35%。

2020 年计划进行固定资产投资 65%，流动资金投资 364.98 万元。

2021 年计划投资 142.40 万元，用于流动资金。全部为自有资金投入。

2022 年计划投资 202.44 万元，用于流动资金。全部为自有资金投入。

2. 银行贷款偿还计划

项目拟申请银行长期贷款 2500 万元，用企业净利润、固定资产折旧费、无形资产及递延资产摊销费偿还。通过计算可知，本项目贷款偿还期为 5.22 年。

六、财务评价基础数据的确定

1. 基础数据的确定

（1）计算期设定。项目计算期设定为 17 年，其中建设期两年。2019 年开工建设，2020 年 50% 达产，2021 年 70% 达产，2022 年完全达产。

（2）财务基准收益率设定。设定财务基准收益率为 12%。

（3）财务价格。在财务计算过程中，涉及的原材料购买价格和产品销售价格均采用近期市场价格（含税）。

（4）其他计算参数。行业平均投资利润率为 10%。

2. 销售收入估算

项目收入的主要来源是产品的销售收入。项目产品售价为 1.1 万元/吨，达产后年销售收入为 22000.00 万元。

3. 税金的估算

按照国家相关规定，该项目缴纳的各项税收及税率如表 3-8 所示。

表 3-8　　　　　　　　　　项目各项税收

税种	增值税	所得税	城市维护建设税	教育附加费
税率	13%	25%	7%	3%

注：投资该项目的 H 公司为制造业公司，根据 2019 年 4 月 1 日国家实施的新的税收政策和 H 公司投资项目所在地 D 城市税收政策的调整，外资企业享受企业所得税"免二减三"的优惠政策。

4. 成本费用估算

（1）材料费用。本项目原材料主要是锚链钢、重油和油漆，达产后每年共需投入 16000 万元。

（2）燃料动力费。包括水、电、采暖费等，经估算，本项目每年需支出燃料动力费 5.5 万元。

（3）工资与福利费。项目达产后，劳动定员数确定为 110 人。按照项目人员规划和目前企业的工资水平，并考虑一定的增长因素，估算年工资及福利费总额为 470 万元。

（4）折旧费。建筑物和机器设备折旧年限为15年，残值按照原值的10%计算。年折旧费采用直线折旧法进行估算。

（5）摊销费。本项目无形资产原值为330万元，摊销年限为5年，无残值。递延资产原值为370万元，摊销年限为5年，无残值。

（6）修理费。年修理费用按固定资产原值的3%估算。

（7）财务费用。本项目申请银行长期贷款2500万元，利率为4.9%，流动资金全部自筹解决。

（8）其他费用。其他费用包括销售费用（考虑到产品外销的运输费、贸易费用，按照销售收入的10%估算）、其他制造费用（按照固定资产年折旧费的80%计算）和管理费用（按照销售收入的1%技）。

通过计算得出，年均总成本费用为19290.46万元，年均经营成本为18755.50万元。

请思考：该项目的可行性研究的论证重点是什么？试分析该项目的赢利能力和偿债能力？试对该项目进行盈亏平衡分析，并进行财务评价。

本章小结

本章主要讨论了项目投资决策的相关内容。首先，阐述了项目决策的概念、类型、原则，介绍了项目投资决策理论和项目投资决策过程；然后重点讲解了项目投资决策的各种方法；最后阐述了项目投资的可行性分析的过程和可行性研究报告的内容。

复习思考题

一、选择题

1. 决策的核心是（　　）。
   A. 意识　　　　　　B. 目的　　　　　　C. 未来　　　　　　D. 选择
2. 决策方案的后果有多种，每种都有客观概率，这属于（　　）决策。
   A. 确定型　　　　　　　　　　　　　B. 非确定型
   C. 风险型　　　　　　　　　　　　　D. 程序性
3. 某产品的价格为15元，固定成本为11万元，生产该产品的单位变动成本为4元。这个产品的盈亏平衡点为（　　）件。
   A. 10000　　　　　　　　　　　　　B. 12100
   C. 5000　　　　　　　　　　　　　　D. 15400

二、简答题

1. 简述德尔菲法的概念和步骤。
2. 简述决策的制定过程。
3. 简述项目可行性研究的过程。

4. 简述项目可行性研究的内容。

三、案例分析题

1. 某企业为增加某产品的产量而设计了三个可行方案：一是投资 100 万元新建生产车间；二是投资 50 万元扩建老车间；三是转包给其他厂生产，假设使用期为 5 年，自然状态如表 3-9 所示。问，该企业决策者用决策树的方法应如何决策？

表 3-9　　　　　　　　　某企业增加某产品方案概况　　　　　　　　　单位：万元

方案	市场需求	
	好（概率为 0.6）	差（概率为 0.4）
新建	70	-20
扩建	50	20
转包	30	10

2. 某厂准备投产一种新产品，对来年销售情况的前景预测不准，可能出现高需求、中需求、低需求三种自然状况。企业有三种方案可供选择：新建一个车间；扩建原有车间；对原生产线进行局部改造。三个方案在五年内的预测经济效益如表 3-10 所示。

表 3-10　　　　　　　　某厂投产的新产品的经济效益概况　　　　　　　　单位：万元

方案	高需求	中需求	低需求
新建	600	200	-160
扩建	400	250	0
改造	300	150	80

问：决策者应如何决策？

第四章 项目计划管理

项目计划管理是组织为实现某一特定目标而进行的科学预测,并确定未来行动方案的过程。任何计划都是为了解决三个问题,即确定组织目标、确定为达到目标的行动时序、确定行动所需的资源。所以,制订计划就是根据既定目标确定行动方案并分配相关资源的综合管理过程。项目计划管理就是通过对过去、现在的内外部相关信息进行分析和评价,对未来可能的发展进行评估和预测,最终形成一个有关行动方案的建议说明。项目计划管理是项目管理的先行管理活动,本章内容重点介绍项目计划的内涵、类型、过程和实施等方面的内容。

[学习目标]

- 了解项目计划的内涵及概念
- 理解项目计划类型
- 掌握项目战略计划
- 掌握项目计划编制过程
- 理解项目计划的实施

[案例导入]

项目计划管理实施的具体标准[①]

某信息系统集成公司决定采用项目管理办公室这样的组织形式来管理公司的所有项目,并任命了公司办公室主任王某来兼任项目管理办公室主任这一职务。鉴于目前公司项目管理制度混乱,各项目经理都是依照自己的经验来制订项目管理计划,存在计划制订不科学、不统一等情况,王主任决定从培训入手来统一和改善公司项目管理计划的制订过程,并责成项目管理办公室的小张具体负责相关培训内容的组织。

小张接到任务后,仔细学习了项目管理的相关知识,并请教了专业人士。小张觉得项目管理体系结构中,主要由输入、工具和技术、输出组成。于是也按照项目管理编制计划的输入、项目管理编制计划的工具和技术、项目管理计划的输出内容三个方面来组织项目

---

① 笔者根据项目管理考试案例题整理。

管理计划培训的相关课程内容。

但是在准备进一步的内容时,小张觉得目前公司的项目五花八门,有研发项目、系统集成项目、运维项目和纯粹的软件开发项目,还有部分弱电工程项目,既有规模大的项目,也有一些小项目,是不是能够用统一的标准来要求所有的项目管理计划规范制定过程?小张觉得很怀疑。

其实,小张可以依据项目计划管理的内涵对自身产生的怀疑态度进行处理。项目计划管理是定义、准备、集成和协调所有的分计划,以形成项目计划管理的具体实施过程。项目计划管理的内容应依据应用领域和项目复杂性的程度来进行调整,因此项目管理计划可以大致定一个格式和框架,根据项目管理计划的具体内容对不同的项目进行合适的制定,对公司建立的项目计划管理进行适当的裁剪。

第一节 项目计划管理概述

项目计划是项目的主计划或称为总体计划,它确定了执行、监控、结束项目的方式和方法,包括项目需要执行的过程、项目生命周期、里程碑和阶段划分等全局性内容。在项目开始之前,如能制订清晰明确的计划,并让相关人员都了解项目的目标和自己的责任、风险和成本管控等,会对项目的顺利进展有很大的帮助。

一、计划的内涵

(一)计划的定义

计划是人们工作或行动之前预先拟订的具体目标、内容和步骤。如科研计划、营销计划、生产计划等。不管是何种计划,抛开其个性都应该是未来行动方案的一种说明,实际工作中,一个完整的计划还应该明确考核指标和控制标准,以使实施人员明确做成什么样,达到什么程度就是完成了计划。所以,可以这样给计划下一个简单的定义:所谓计划,就是人们根据对客观情况的了解,制定出未来的目标和行动方案。

(二)计划工作及其特点

计划工作的内涵有广义和狭义之分。从狭义的角度讲计划工作就是制订计划,是一种预测未来、设立目标、决定政策、选择方案的连续过程,以求能经济地使用资源,在动态的环境中,获得最大的组织成效。从广义的角度讲,计划工作除了制订计划以外,还包括了实施计划和检查计划实施情况这两个方面的工作内容。计划工作的特点如下:

1. 具有极强的目的性

计划是一个确定目标和评估实现目标最佳方式的过程。任何组织制订计划都是为了确定奋斗目标并力争有效地实现某种目标。

2. 着眼于有限资源的合理利用

相对于人类的欲望而言，人类所拥有的资源总是有限的。为了使有限的资源发挥最大的效益，就需要事先对各项活动进行分析研究、统筹安排。

3. 在管理工作中处于首要的地位

管理的其他职能只有在计划工作确定了目标之后才能进行，并且都随计划和目标的改变而改变。

4. 计划工作具有普遍性

计划工作的普遍性包含着两层意思：一是组织中的每一位管理者都或多或少地拥有制订计划的部分权力和责任，尽管不同层次的管理者所从事的计划工作的侧重点和内容有所不同；二是由于资源的有限性，使得人们在从事各种活动时，都需要事先进行计划，只有这样才能有效地利用资源。

二、项目计划的基本内涵

项目计划是项目组织根据项目目标的规定，对项目实施工作进行的各项活动作出周密安排。项目计划围绕项目目标完成系统确定项目的任务，安排任务，编制完成任务所需的资源预算，从而保证项目能够在合理的工期内，用尽可能低的成本、尽可能高的质量完成。

项目计划是项目实施的基础计划，如同航海图或行军图，必须保证有足够的信息，决定下步该做什么，并指导项目组成员朝目标努力，最终使项目由理想变为现实。在项目管理与实践中，制订项目计划是最先发生的且处于首要地位的职能。

三、项目计划的特征及原则

（一）项目计划的目的

制订项目计划旨在消除或减少不确定性、改善经营效率、对项目目标有更好的理解及为项目监控提供依据，项目计划既有系统性又有灵活性。在立项以后，项目成败关键在项目经理，因此，他必须参与从研究到实施全程的决策。项目计划主要有以下几个方面工作内容：项目目标的确立、实施方案的制订、预算的编制、预测的进行、人员的组织、政策的确立、执行程序的安排及标准的选用。

（二）项目计划的作用

项目计划的作用如何进行表现？一个项目都会有一个明确的工期、费用和质量目标，为完成这些目标，项目实施之前必须制订项目计划。具体而言，项目计划的作用表现为：

第一，可以确定完成项目目标所需的各项任务范围，落实责任，制定各项任务的时间表。明确各项任务所需的人力、物力、财力，并确定预算，保证项目顺利实施和目标实现。

第二，可以确定项目实施规范，成为项目实施的依据和指南。

第三，可以确立项目组各成员的工作责任范围和地位以及相应的职权，指导和控制项目的工作。项目计划还可以减少风险，促进项目组成员及项目委托人和管理部门之间的交流与沟通，增加顾客满意度，使项目工作协调一致。并在协调关系中了解哪些是关键因素，可以使项目组成员明确自己的奋斗目标以及实现目标的方法、途径及期限，并确保以时间、成本及其他资源需求的最小化实现项目目标。

第四，协商及记录项目范围变化的基础，也是约定时间、人员和经费的依据。项目的跟踪控制过程提供了一条基线，可用于衡量进度，计算各种偏差及决定预防或整改措施，便于对变化进行管理。

（三）项目计划的原则

制订项目计划作为项目管理的重要阶段，在实施项目中起承上启下的作用，因此在制定过程中，要按照项目总目标、总计划进行详细计划。计划文件在批准后，作为项目工作的指南。因此，在项目计划制订过程中，一般应遵循以下几点原则。

第一，目的性。任何项目都有一个或几个确定的目标，以实现特定的功能作用和任务。而任何项目计划的确定，正是围绕项目目标的实现展开的。在制订计划时，首先必须分析目标、弄清任务，因此项目计划具有目的性。

第二，系统性。项目计划本身是一个系统，由一系列子计划组成。各子计划不是孤立存在的，彼此之间相对独立又紧密相关，从而使制订出的项目计划也具有必要的目的性、相关性、层次性、适应性、整体性等基本特征。项目计划形成有机协调的整体动态性，项目计划的目标不仅要求项目实施有较高的效率，而且要有较高的效益，所以在计划中必须提出多种方案进行优化分析。

第三，动态性。这是由项目的寿命周期所决定的，一个项目的寿命周期短则数月，长则数年。在这期间，项目环境处在变化之中，会使计划的实施产生偏离。因此，项目计划要随着环境和条件的变化不断调整和修改，以保证完成项目目标。这就要求项目计划要有动态性，以适应不断变化的环境。

项目计划是一个有机的整体，构成项目计划的任何子计划的变化，都会影响到其他子计划的制订和执行，进而最终影响到项目计划的正常实施。制订项目计划时要充分考虑各子计划间的相关性。

第二节　项目计划类型

项目计划的制订和实施，不是以某个组织也不是以自身的利益及要求为出发点，而是以项目和项目管理的总体职能为出发点，涉及项目管理的各个部门和机构，表现为项目基准计划与项目基线。项目基准计划，是项目在最初启动时定出的计划，也即初始拟订的计划。在项目管理过程中，根据实际进展情况进行比较对照参考，便于对变化进行管理与控制，从而监督保证项目计划能得以顺利实施。项目基线是特指项目的范围、应用标准、进度指标、成本指标以及人员和其他资源使用指标等，而项目期限不可能是固定不变的，它将随着项目的进展而变化。

一、计划的类型

计划工作中出现的错误，在很大程度上是由于管理人员缺乏关于计划和计划制订的基本知识。作为一名管理者，要做好计划工作，就必须掌握有关计划和计划制订的基本知识。计划有多种类型，按照不同的划分标准大致可以分为以下几种：

（一）按照时间长短分类

一般地，人们习惯于把时间跨度在 5 年以上的计划称为长期计划，1 年以上 5 年之内的计划称为中期计划，1 年及 1 年以内的计划称为短期计划。

长期计划主要回答两方面的问题：一是组织的长远目标和发展方向是什么；二是怎样达到本组织的长远目标。例如，一个企业的长期计划要指出该企业的长远经营目标、经营方针和经营策略等，一般包括企业产品发展方向、企业的发展规模、科研方向和技术水平、主要的技术经济指标等内容。

中期计划来自长期计划，比长期计划具体和详细，它主要起协调长期计划和短期计划之间关系的作用。长期计划以问题、目标为中心，中期计划则以时间为中心，具体说明各年应达到的目标和应开展的工作。

短期计划比中期计划更为具体和详尽，它主要说明计划期内必须达到的目标，以及具体的工作要求，要求能够直接指导各项活动的开展。企业中的年度利润计划、销售计划、生产计划等都是短期计划。

在一个组织中，长期计划和短期计划之间的关系应是"长计划、短安排"，即为了实现长期计划中提出的各项目标，组织必须制订相应的一系列中、短期计划，而中、短期计划的制订则必须围绕着长期计划中所提出的各项目标。

（二）按照计划对象分类

按计划对象不同，计划可分为综合计划、部门计划和项目计划。顾名思义，综合计划涉及的内容是多方面的，部门计划只涉及某一特定的部门，项目计划则是为某项特定的活动而制订的计划。

综合计划一般是指具有多个目标和多方面内容的计划，就其所涉及的对象而言，它关联整个组织或组织中的许多方面。人们习惯上把预算年度的计划称为综合计划，在企业中它是指年度的生产经营计划。

部门计划是在综合计划的基础上制订的，它的内容比较专一，局限于某一特定的部门或职能，一般是综合计划的子计划，是为了达到组织的分目标而制订的。如企业销售部门的年度销售计划、生产部门的生产计划等，都是属于这一类型的计划。项目计划是针对组织的特定活动所作的计划。例如，某项产品的开发计划、职工俱乐部建设计划等都属于项目计划。

（三）按照命令的强制性程度分类

指令性计划是由上级下达的具有行政约束力的计划，它规定了计划执行单位必须执行的各项任务，其规定的各项指标没有讨价还价的余地。

指令性计划的特点有以下几点。

（1）强制性。凡是指令性计划，都是必须坚决执行的，具有行政和法律的强制性。

（2）权威性。只要以指令形式下达的计划，在执行中就不得擅自更改变换，必须保证完成。

（3）行政性。指令性计划主要是靠用行政办法下达指标实施的。

（4）间接市场性。指令性计划也要运用市场机制，但是，市场机制是间接发生作用的。

由此可见，指令性计划只能限于重要的领域和重要的任务，而不能范围过宽，否则，就不利于调动基层单位的积极性。指导性计划是由上级给出一般性的指导原则，具体如何执行具有较大灵活性的计划。指导性计划不具有强制性和约束力，由上级下达后，各部门可以参照执行，也可以根据市场情况和自身条件进行合理的调整和修改。市场经济条件下，指导性计划具有较为广泛的适用性，是国家宏观调控的一个重要内容。

（四）按照计划的制订层级分类

战略计划是由高层管理者负责制订的计划，它体现了组织在未来一段时间内总的战略构想和总的发展目标，以及实施的途径。战略计划具有长远性、全局性和指导性，它决定了在相当长的时间内组织资源的运作方向，涉及组织的方方面面，并将在较长时间内发挥其指导作用。

战术计划是在战略计划所规定的方向、方针、政策框架内,确保战略目标的落实和实现,确保资源的取得与有效运用的具体计划,它主要描述如何实现组织的整体目标,是战略计划的具体化或是战略实施计划。行动计划还可进一步细分为施政计划和作业计划,分别由中层管理者和基层管理者负责制订。施政计划按年度拟订,明确各年度的具体目标和达到各种目标的确切时间。作业计划则在施政计划下确定计划期内更为具体的目标、确定工作流程、确定人选、分派任务和资源、确定权力与责任。

二、项目计划的类型

(一)项目计划按制订过程划分

项目计划作为项目管理的职能工作,贯穿于项目生命周期的全过程,在项目实施过程中,计划会不断地得到细化、具体化,同时又不断地进行修改和调整,形成一个动态体系。项目计划按计划制订的过程,可分为概念性计划、详细计划和滚动计划三种。

1. 概念性计划

概念性计划,通常称为自上而下的计划。概念性计划的任务,是确定初步的工作分解结构,对任务进行估计,从而汇总出最高层的项目计划。在项目计划中,概念性计划的制订规定了项目的战略导向和战略重点。

2. 详细计划

详细计划,通常称为由下而上的计划。详细计划的任务是制定详细的工作结构分解图,详细地为实现项目目标制定每一项具体任务,然后,再由下而上汇总估计。在项目计划中,详细计划的制订主要提供了项目的详细范围。

3. 滚动计划

滚动计划意味着用滚动的方法对可预见的将来逐步制订详细计划,随着项目的推进,分阶段自下而上有计划地制定过程中所定的进度和预算。每次重新评估时,对最后限定日期和费用的预测会一次比一次更接近实际,最终会有足够的信息,范围和目标也就能很好地确定下来,能给项目的剩余部分准备自下而上的详细计划。滚动计划的制订是在已经编制出的项目计划基础上,对原项目计划进行主动调整,而每次调整时,保持原计划期限不变,而将计划期限顺序逐期向前推进一个滚动期,如图 4-1 所示。

	1月	2月	3月	4月
2018年12月编制	上旬 中旬 下旬	上旬 中旬 下旬	上旬 中旬 下旬	上旬 中旬 下旬
	实施计划	准备计划	预测计划	
2019年1月编制		实施计划	准备计划	预测计划

图 4-1 滚动计划示意

（二）项目计划按种类划分

按项目计划的种类，项目计划可分为工作计划、人员组织计划以及混合式计划。

1. 工作计划

工作计划也称实施计划，为保证项目顺利开展，围绕项目目标的最终实现而制订的实施方案。工作计划主要说明，采取什么方法组织实施项目，研究如何最佳地利用资源，用尽可能少的资源获得最佳效益。具体包括工作细则、工作检查及相应措施等，项目开展需要的时间、物资、技术资源应反映到项目总计划中去。

2. 人员组织计划

人员组织计划，要表明工作中的各项工作任务应该由谁来承担，以及各项工作间的关系如何，其表达形式主要有框图。使用框图及框图间的关系连线来表示人员组织结构，这种形式直观易懂，关系表达比较清楚。但并非所有的职责及相互关系，全部能用框图加线条表示清楚。

因此，这种表示形式主要适用于项目组成员做过许多类似项目，经验比较多且不必再详细说明就清楚自己的职责范围和相互之间的关系的情况。职责分工说明是规章制度，这是针对用框图加线条不能完整地表达清楚所有职责及关系而产生的一种表达方式。即通过公布项目组成员的职责，来说明各项工作之间的关系，并用文字说明。此种形式不如框图直观，但容易把项目组成员的职责及关系表达的清楚完整，所以它适用于过去很少做过的新项目。

3. 混合式计划

这种方式吸取了以上两种形式的优点，有的部分用框图形式表示，有的部分文字说明，既解决了框图不能表达完整清楚的问题，又解决了仅用文字说明不直观、规定条件太细琐的缺点。此种形式在实践中被用得较多，特别适合于没有先例的大型特殊项目。

（三）项目计划按内容划分

项目计划的内容十分广泛，按项目管理的知识领域划分，应包括以下几个方面：

1. 项目范围计划

项目范围计划，就是确定项目范围，并编写项目范围说明书的过程。项目范围说明书的作用有下列几点：一是说明为什么要进行这个项目；二是形成项目的基本框架；三是项目所有者或项目管理者能够系统逻辑分析项目关键问题及项目行程中的相互作用要素，使得项目的有关利益人员在项目实施前或项目有关文件书写以前，能对项目的基本内容和结构达成一致认识。项目有关文件格式的注释，用来指导项目有关文件的产生，形成项目结果核对清单。

作为项目评估的一个工具，范围计划是评价项目成败的依据，是有关项目计划的基础。

2. 项目进度计划

项目进度计划表达项目中各项工作的开展顺序，开始及完成时间以及相互衔接关系的计划。通过进度计划的编制，项目实施形成一个有机整体。进度计划是进度控制和管理的依据，按进度计划所包含的内容不同，可分为总体进度计划、年度进度计划等。

进度计划的实质是把各项活动的时间估计值反映在逻辑关系图上，通过调整，整个项目能在工期和预算允许的范围内最好地安排任务。进度计划也是物资、技术资源计划编制的依据，如果进度计划不合理，将导致人力使用的不均衡，影响经济效益。项目实施前所编制的进度计划，是期望完成各项活动的工作量和时间值。项目实施工作已开展，问题会逐渐暴露出来，实际进度与计划进度就会有出入。因此，要定期检查实际进度与计划进度的差距，并且预测有关活动的发展速度，为了完成所定工期、成本、质量目标需要修改原来的计划和调整有关活动的速度。在进度控制计划中，要确定应该监督哪些工作、何时监督、谁去监督，用什么样的方法收集和处理信息，怎样按时检查工作进展和采取何种调整措施，并把这些控制工作所需的时间和资源，列入项目总计划中去。

3. 状态报告计划

项目经理在项目实施过程中，需要随时了解项目的进展情况和存在的问题，以便预测今后发展的趋势，解决存在的问题。而且，项目委托人也要根据项目的进展情况，及时做好各种必需的准备。状态报告计划要求文字简要、表达清楚，必须明确谁负责编写报告、向谁报告报道的内容。委托人的报告应协调一致，避免互相矛盾，影响问题的解决。

状态报告计划也应反映到总计划中去，总计划中要为这项工作提供资源和安排必要的时间。状态报告计划，可起到提示通知、报告进展、督促落后者的作用。

4. 项目成本计划

项目成本计划包括资源计划、费用估算、费用预算、费用控制等。资源计划就是要决定在每一项工作中用什么样的资源，以及在各个阶段用多少资源。费用估算是依据资源计划进行的，费用估算必须以资源计划为基础，资源计划是费用估算的基础。费用预算是在费用估算的基础上进行的，是将项目估算在每一项项目活动上进行细化的过程。费用控制是将项目的实际成本投入情况与项目的费用预算进行对比，并进行纠正偏差的计划过程。

5. 项目质量计划

项目质量计划，包括与维护项目质量有关的所有活动。质量计划的目的主要是确保项目的质量标准，使得项目目标能够得以满意地实现。项目的产品质量由谁监控？应使用哪些程序和相关资源的文件？项目质量计划是针对具体项目的要求以及重点控制的环节所编制的设计、采购、项目实施、检验等质量环节的控制方案。质量计划的形式在很大程度上取决于承包方组织的质量环境。

6. 项目采购计划

项目采购计划，是在确定了买卖双方之间的关系后，从采购者的角度来设定的。项目采购计划过程就是识别项目的哪些产品和设备可通过外部采购来得到满足，采购计划应当考虑采购合同的制定情况，如设备采购供应计划。在项目管理过程中，多数的项目都会涉及仪器设备选货、订购、运货、验收等环节，设备采购问题会直接影响到项目的质量及成本，其他资源的采购和供应也需要供应计划。因此，预先安排一个切实可行的物资、技术资源供应计划，可以使项目的工期和成本更加科学合理。

7. 项目变更控制计划

由于项目的一次性特点，在项目实施过程中，计划与实际不符的情况是经常发生的。有效处理项目变更，可使项目获得成功，否则可能会导致项目失败。变更控制计划是规定变更行动的步骤、程序的准则。

第三节　项目战略计划

项目管理工作讲究工作要有规章制度，项目要制订计划，并把这个计划作为规范或程序。在制订项目计划之前，首先要有项目的战略计划。

一、项目战略计划内涵

项目战略计划是在组织和项目的目标、使命确定之后，为目标的达成而确定的总体路线和方法。也就是说，战略计划实际上是总体的路线。项目要实现的组织和项目目标由项目的干系人决定。项目的干系人包括项目的委托人、项目的客户、项目的团队、项目的成员，他们对项目的动机、对项目的看法都影响着项目目标的达成。因此，在发展一个项目之前，首先要对干系人的情况有一个基本的了解和分析，其中包括对历史信息的了解、对未来的一些预测、对组织和环境因素的分析。

二、项目战略计划过程

16步管理模型是美国一位著名项目管理专家刘易斯提出的，从16步管理模型中可以看到项目的战略计划所处的位置。

（1）概念确立。就是对所要做的事情有一个框架性的设计，有一种思想。

（2）问题的定义，即对长远目标进行说明。第二步骤是对第一步的进一步细化和具体化。

（3）生成项目的备选方案和战略计划。就是提供思路、备选方案和战略计划总体思路。

（4）战略计划评估和选择。就是在选择方案的同时，有一个从总体技术路线到总体项目管理策略的评价和选择。

（5）战略的确立。就是确定具体的战略、目标。

（6）制订项目的实施计划。这是一个更加具体的、第二个层次的项目计划，就是怎样实施。

（7）项目干系人批准计划。这里的计划包括战略计划、初步计划、详细计划，在这些项目实施之前，有一个批准过程。

（8）签署项目计划。项目的批准人、参与项目的有关干系人要签署项目计划，对计划做出承诺，同时建立项目的跟踪记录，做一个项目进展情况日志或者周志、月志、记录，根据这些记录信息进行知识管理。

（9）执行项目计划。执行项目计划就是正式开展这个项目。

（10）监控项目进展。计划开始实施之后，就要考虑计划执行得如何、有无问题，要对进展情况进行监控、监测和控制。

（11）审查项目定义。项目实施之后，需要做一些评审，评审包括对原来工作的评审，同时也包括对项目目标定义的评审，如有问题就返回到步骤（2），重新修正项目的定义。

（12）对项目的战略进行评审。首先是评价目标或项目的定义，然后评审战略计划的制订是不是有问题，如果有问题就返回步骤（4），重新修正你的项目战略。

（13）执行项目的实施计划。具体地计划工作流程，对一些细节进行评审，有问题就进行修改。

（14）循环。整个过程不断地从计划的执行到监测，再到评审。有问题就要修改计划，然后再执行，再评审，这个过程一直延续到全部工作结束。

（15）总结经验教训。项目全部完成以后，及时总结经验教训，对一些问题进行归档，作为今后项目的指导和借鉴。

（16）结束项目。

这是一个完整的项目管理流程，从这个流程可以看到整个项目战略计划实际上是在制订项目的详细计划和实施计划之前。在项目计划的时候，首先要有一个总体的战略计划，在总体的战略计划指导下再开展具体的项目计划。

三、项目战略计划内容

项目战略是整个企业的发展战略，在企业的组织整体管理思想指导下进行的，是为项目目标以及项目使命的达成而确定的总体目标，它实际上是基于项目管理思路制订的一个总体计划。

项目战略不是单一的项目管理，它包括如何进行风险管理、如何进行团队建设、如何进行项目实施当中的关键问题，这些都是在制定项目战略阶段要解决的问题。

（一）制定 SMART 目标

制定的目标应该能够满足企业、项目干系人，或者一些利害关系者、企业的股东的要求。通常在目标制定的时候，要制定一个 SMART 目标。

S（specific）指具体、明确。目标一定要具体、明确。

M（measurable）指能够衡量、能够测量。

A（attainable）指适当。目标要制定得比较适当、具有挑战性，目标太容易达到，没有任何激励作用，也不能够充分发挥人们的能力。太具有挑战性，目标太高，怎么也实现不了，目标就会失去作用。所以目标应该适当，既具有挑战性，也可以通过努力实现。

R（relevant）指相关性。这个目标不是孤立的目标，它应该是由一系列相关的目标构成。这个目标有使命、有远大目标和具体目标。

T（time-bound）指追溯性。因为项目管理要进行跟踪，要进行绩效评估，要进行考核，目标制定必须能够被跟踪、被追溯。

SMART 就是具体、挑战性、适当、相关性、可追溯性的统称。

（二）制定战略规划

有了目标之后，就要制定战略规划，通过战略规划来确保企业目标达成。这个规划要具备协同化、最优化和具体化的特点。项目的规划应该是有机的整体。一个企业组织的业务开发包括产品和服务两个部分，他们主要采取以下策略：

1. 改进产品的策略

（1）持续改进产品的开发流程。通过改进产品的开发流程来提高产品质量。

（2）通过收购、并购，或者联盟来补充企业现有产品组合。

（3）通过市场客户化来优化全球产品市场，以适应全球化战略。

2. 改进企业服务策略

（1）通过加强管理来完善、维护业务。

（2）通过收购、合作来开发新的服务业务。

（3）通过投资电子商务来增加产品销售。

（4）开发多种销售和知识渠道。

因此，要实现一个目标就要制定一个长期的规划，包括提升各个方面的能力和开展哪些项目（如产品开发项目、服务开发项目、内部组织的改革、内部业务流程整合、流程再造等）。在战略确定阶段，必须把各项目加以整合，加以设计，形成一个总体操作路线。

另外，为每个项目的管理提供一个总的指导方针。在项目管理中关注的焦点是什么，是需求还是工期，是成本还是质量，或者是风险，或者是所有的方面都要综合考虑，其中还有一个轻重缓急。对于所有的项目，无论是一个项目组织，或是单个项目，都要有总体的战略规划。

（三）SWOT 分析

制订战略计划时，有一种分析法叫 SWOT 分析。

S（strengths）优势，即我们有什么优势，如何组织优势。

W（weaknesses）劣势，即我们的劣势在什么地方，如何避免劣势的影响。

O（opportunities）机会，即我们有怎样的机会，该怎样利用。

T（threats）威胁，即有何种威胁会阻止我们实现目标，如何处理这些威胁。

在开展一项工作之前，首先要进行 SWOT 分析，等这些问题都弄清之后，才能开展工作。

（四）可选择的项目战略

面对实施工作有太多的不确定性，项目经理与其冥思苦想制订计划，不如把计划制订得稍微简单一些，在实施过程中边执行边修改，在实施中加强控制。当投资管理、政府关系、公共项目和政府关系比较密切时，项目管理要重视和政府之间的关系。项目计划还要注意设计和技术方面的影响，以及外包、客户、承包商的影响，加强对项目资源的管理和控制。此外，项目经理还要学会制订应急计划。项目有很多不确定性和风险，需要事先制订应急计划以避免一些可能出现的风险，走一步看一步，这也是一种策略。

第四节 项目计划编制过程

可行性研究结果表明项目可行或者项目已经具备了必要的条件时，项目经理和项目小组成员就可以着手开展项目计划了。"凡事预则立，不预则废"，古人的智慧已经向我们阐明了计划的重要性，项目管理想要获得成功就应当事先编制计划。

一、计划的编制过程

科学地编制计划是计划工作的核心。编制计划工作的过程必须严格遵循一定步骤来进行，如图 4-2 所示。

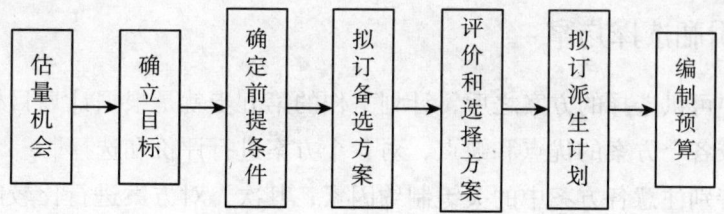

图 4-2 计划工作流程

(一) 估量机会

计划的编制者首先应对环境中存在的机会做出一个正确的判断,明确组织期望的结果、存在的问题、成功的机会,把握这些机会所需的资源和能力、自己的长处和短处。严格地讲,估量机会不是计划工作过程的一个组成部分,但却是计划工作的真正起点,在估量机会的基础上,确定可行性目标。

(二) 确立目标

确立目标是组织为了把机会变成现实所做的计划工作。首先,目标是计划工作极为关键的内容,也是计划的预期成果。其次,确立在一定时间和条件下,目标的优先顺序,即组织的目标内容和重要性的优先顺序不同,组织选择目标的顺序也不同。再其次,目标应有其明确的衡量指标,目标的内容和价值应当明确,应尽可能地量化,以便度量和控制。最后,目标体系应与组织层次一致。

(三) 确定前提条件

组织的目标是组织确定的预期成果,任何组织计划活动都是发生在未来一定的条件或环境之中。管理者对未来环境或条件的把握又成为影响组织计划工作是否有效的关键。因此,确定计划的前提条件实际上是对计划的贯彻实施影响较大的、关键性的、战略性的前提条件做出预计或"情景模拟",使"情景"在更大程度上贴近现实的环境和状态。

为此,组织的管理者应对环境进行预测,必须考虑以下几个方面的因素:①宏观的社会经济环境;②政府的有关政策;③市场环境;④组织的竞争者;⑤组织所需的资源及获取的难易程度。需要注意的是,对上述因素进行综合考虑时,应当考虑哪些环境因素是可控的,哪些是不可控的,哪些因素与计划工作的关联程度高,以便提高预测工作的准确性和效率。

(四) 拟订备选方案

在实施计划的行动过程中,有多个可行方案的存在。这时,计划工作的重要任务就是通过集思广益、拓展思路、大胆创新发掘出多个可行的方案,以便为下一步的选择方案提供有利条件和做好准备。

(五) 评价和选择方案

确定了各种可供选择的方案之后,计划工作的第五步就是根据计划目标和前提来权衡各种因素,比较各个方案的优点和缺点,对各个方案进行评价和选择。

首先,要特别注意各方案中的关键制约因素;其次,对方案进行比较时,既要考虑到有形的量化指标,同时也要考虑到如企业的声誉、人际关系等许多无形的因素;最后,要用总体的效益观点来衡量方案，以保证组织各部分在各时期的任务能相互衔接和协调，保证全局总体目标的顺利实现。

（六）拟订派生计划并编制预算

在综合平衡的基础上，组织就可以为各个部门编制各个时段的行动计划，并下达执行。计划的最终落实就是编制预算，预算是数字化了的计划，是企业各种计划的综合反映，它实质上是资源的分配计划。通过编制预算，对组织各类计划进行汇总和综合平衡，控制计划的完成进度，才能保证计划目标的实现。

二、人员组织计划的编制

人员组织计划的编制，通常是先自上而下地进行，然后再自下而上进行修改确定，这是项目经理与项目组成员共同商讨确定的结果。为此，项目经理在与项目组主要成员商讨前，要对项目组成员的能力有深入的了解。

三、应急计划的编制

应急计划是指处理意外事件准备好的全部过程，应急计划包括探测事件的发生、对事件做出响应以及从事件中恢复。应急计划的制订主要是为了在意外事件发生后，在普通业务活动遭受最小损失和破坏的条件下恢复到普通操作模式，理想的应急计划应该能够确保信息系统可以被机构持续使用。

项目经理在制订计划时，就要保持一定的弹性，在工期和预算方面留有余地，以备特殊的应急需要。这种需要并不包括那些预先能估计到的困难和问题而产生的需要，应急计划编制是使项目经理识别其控制范围之外的关键假设及其发生概率的计划编制。这种难以预料的需要被称作"意外需要"，"意外需要"是在开始制订项目计划时就已考虑了的，这是一种为应对项目实施时可能出现的估计误差、遗漏和不确定性而事先建立的应急储备。这种应急储备中不论是工期的宽限期或是资金的富余量，都是为了解决不可预料的事件发生而造成额外消耗用的，是属于管理上的储备量。

四、项目执行计划的编制

一个完整的项目计划，通常需要明确具体任务。因此，在项目执行计划编制过程中，必须清楚5个基本问题：做什么项目？如何做？谁去做？何时做？花费多少？其内容可用"5W2H"来表示。

做什么（What to do it）？要明确所要进行的项目内容及其要求，明确项目要实现什么样的目标,项目最终交付的成果是什么。这是项目经理和项目组成员在检查项目目标时必须清楚的。

为什么做(Why to do it)?即明确项目的宗旨、目标和战略意图,并论证可行性。大量的实践证明,计划工作人员对组织和企业的宗旨、目标和战略意图了解得越清楚,认识得越深刻,就越有助于他们在工作中发挥主动性和创造性。因为"要我做"和"我要做"是被动与主动的关系,所产生的结果是不一样的,后者能充分调动工作人员的主动性和创造性,更能有效地实现预期目标。

何时做(When to do it)?规定项目应该启动和结束的时间,以便各项工作有序进行。

何地做(Where to do it)?规定各项活动所实施的地点或场所,了解实施的环境条件和限制,以便合理安排活动实施的空间组织与布局。

谁去做(Who to do it)?规定各项活动实施的主体,明确由哪个部门、哪位主管负责,哪些部门或哪些人员协助,以协调部门之间、管理者之间的关系,减少活动中可能出现的摩擦和阻力。

怎么做(How to do it)?明确某些活动遵循的政策与规则,以及具体的方式、方法和措施,以求对资源进行合理分配和集中使用,对各项资源进行平衡,对各派生计划进行平衡。通过制定工作分解结构图,可以将项目目标分解为具体的可实现的任务,提供一份必须完成的各项任务的清单。

花费多少(How much to do it)?实施这一项目总目标需要多少经费?并将经费总额分配到每一个具体工作包上。

第五节　项目计划的实施

一、项目计划实施前的准备

项目计划制订完成后,在将项目正式付诸实施之前,需要做好一些准备工作。通常项目实施前的准备工作有以下几项:

1. 核实项目计划

项目计划的编制完成之后到正式实施之间存在一定的时间差,这段时期内项目计划制订过程中依赖的信息和假设条件可能会发生相应的变化,从而影响计划的准确度。因此,为了提高项目成功的概率,在实施之前,应对项目计划进行进一步的核实,如果发现现实与计划有一定的偏差或信息失真等情况,应及时纠正偏差和调整。

2. 最终确定项目的参与者

在项目团队建立之前,必须确定最终的项目参与者,要经历以下步骤:

（1）告知参与者，项目计划已被批准及项目开始的时间，以便他们能及早安排好各自的时间、有效地完成各自的任务。

（2）确认原计划的参与者是否能够继续参加项目。

（3）重申项目组成员需要完成的工作，以及时间安排。

（4）参与者在项目书上签字，表明其承担项目风险和责任的意愿。

（5）告知项目组成员，项目组的其他合作伙伴、项目业主和项目支持者的名单。

3. 组建项目团队

项目是一个复杂系统，组成项目的各项工作间有很强的关联性，要求项目组成员有很强的团队精神，这一点对大型项目尤为重要。因此作为项目经理，在确立项目团队的成员之后，就可以建立自己的项目团队，项目团队成员依托项目团队形成一个复杂的合作系统。项目经理为了建立高效有力的项目团队，应掌握一些原则，这些原则如表4-1所示。

表4-1　　　　　　　　　　　　组建项目团队的原则

项目经理应掌握的原则	要　求
建立一个多元化的项目团队	在选择人员时应考虑不同的教育背景、不同的工作经验、不同的个性特征的人，考虑年龄的组合、性别的搭配，这有利于取长补短，增强项目组的创造力和活力
争取职能部门的支持	处理好项目经理和职能经理之间的关系，调动这些人的积极性和发挥他们的聪明才智
及时通报项目信息，树立项目组的团队精神	在团队中建立有效的沟通渠道，及时、准确地与组员们交流项目信息，组员的成功应得到及时的承认和赏识，使他们有一种参与感和归属感，从而赢得他们的广泛合作
建立组织结构	组织结构应科学、合理，组织部门的构成、各部门的职责和权力的划分、组织的结构层次应合适，不同类型的项目应该有不同的组织结构形式

资料来源：钱省三. 项目管理［M］. 上海：上海交通大学出版社，2006.

4. 宣传项目的前景

项目发展前景的宣传是为了增强团队成员的信息和凝聚力，激发项目成员的工作热情，让项目团队成员明白只要能够努力完成项目，各成员都能够从中获利。

二、项目计划实施的规范性

计划实施必须从规范性控制管理出发，对规范性控制管理的模式进行有效的分析，为管理中计划模式的实施创造良好的条件。管理中计划控制实施必须从实施的每个环节入手，针对不同的项目采取不同的计划策略，为项目计划实施规范化创造良好的平台。项目计划规范化实施的过程要对各个组织部门进行有效的沟通，形成技术和规范，通过对各种技术指标的分析，可以提高项目计划实施水平，为项目质量体系建设创造良好的基础。项目计划实施的过程中要对成本模式进行分析，确保各种成本管理能够符合管理的具体要求，为项目的计划管理体系规范化建设创造机会。项目计划实施控制机制必须从不同的战略管理出发，积极稳妥地推进项目的计划实施，为计划完成创造良好的条件。

项目计划规范化实施的过程中要从决策、组织、领导、控制、创新等方面出发，对五大职能的管理模式进行全面的分析，提高项目管理的综合控制水平，为项目的综合优化营造良好的条件。项目计划管理是各项工作实施的首要职能，必须从项目管理的基础和依据出发，积极稳妥地推进各项计划工作规范化运行。项目计划控制管理规范化实施的过程中要对人力、物力、财力、时间等方面的情况进行周密安排，确保项目能够符合策划控制管理的要求，提高项目计划实施规范化水平。项目计划实施的过程中必须从职能规范化管理入手，对各种项目的计划实施条件进行系统性分析，为形成完善的项目系统实施方案创造条件。

项目计划实施管理的成败与规范化运行情况是紧密联系在一起的，项目计划实施质量体系建设必须从职能管理出发，提高项目计划控制管理水平。项目总体目标的完成与项目计划的质量是紧密联系在一起，必须从计划协调工作管理出发，积极稳妥地推进项目计划规范化运行。项目规范化管理的过程中必须从任务和目标出发，对各种任务和目标进行分析，确保任务目标能够在计划管理的过程中得到全面完成。计划管理规范化工作的实施必须从任务和目标出发，对各个计划阶段的任务和目标进行分析，最终形成完善的任务目标管理机制，确保计划能够在策略、目标、政策、程序、规范、方案等方面得到全面的落实。

三、项目计划实施的技术和方法

项目能否在预定的时间内完成并交付使用，是投资者最关心的问题之一。项目实施阶段的基本目标就是通过确定不同项目实施阶段的技术和财务影响，来保证投资者有充分的资金实施项目，直至投产经营。

1. 管理技能

对于项目管理人员来说，一般要具有多种技能，如管理人员的概念技能、人际技能和技术技能。管理人员在工作的过程中还要注重领导艺术，加强项目管理活动中的信息交流，注意协调各方面的利益，从而对项目计划的实施产生实质性的影响。

2. 生产技能

技能是指个体运用已有的知识经验，通过练习而形成的智力动作方式和肢体动作方式的复杂系统。生产技能是对岗位中生产活动从事者素质方面的要求，反映的是生产岗位对活动从事者智能要求的程度。项目团队在计划实施的过程中，必须适当地增加一系列有关项目生产的技能或知识的学习。这些必要的生产技能的获取被看作项目规划的一部分得以确认，并通过人员的组织过程来体现。

3. 任务分配

把工作任务分配给手下的员工，对于大多数人来说并不是一个本能的反应，但是能够有效开展工作的管理人员都一致认可这一点的重要性。项目经理进行任务分配是为确保批准的项目工作能按时、按序地完成。项目经理在任务分配的过程中，应该知道如何确定哪些工作任务通常是分配给自己的项目团队成员，他们也应该知道采取哪些行动来帮助项目团队成员成功地完成各自的工作任务。

4. 项目进展会议

项目在实施的过程中，经常需要召开会议来检查项目进展以及讨论各种方案。项目经理通过组织和召开好项目进展会议，可以让项目团队成员清楚自己工作的进展、问题等情况，它是项目进展信息交流的常规会议。在许多项目中，进展状况会议以各种不定期和不同级别的形式召开（比如，项目管理团队内部的讨论会、碰头会、协调会、动员会、总结会和表彰会等）。

5. 项目管理信息系统

项目管理信息系统（project management information system，PMIS）是计算机辅助项目管理的工具，能够帮助项目经理在项目实施的过程中进行费用估算。项目管理信息系统的基本结构包括系统的范围、外部基本结构与处理流程以及内部基本结构与处理流程三部分。项目管理信息系统的范围与外部处理流程实质上是项目生命周期在信息管理过程中的逻辑展开，为项目目标的实现提供了强有力的帮助。

6. 组织管理过程

在项目实施过程中，项目的所有相关组织均存在着正式的和非正式的过程，这些过程对于项目的执行有很大的影响。在项目的实施过程中，一定要注重发扬非正式组织的积极作用，摒除非正式组织的消极作用，使其成为项目实施过程中正式组织管理的有效补充。

四、项目计划实施的结果

项目是一个需要同部门同事或跨部门同事来一起协作完成的工作，项目经理可以通过项目指派每个人的具体工作安排。项目实施的结果是项目实施过程中产生的项目产出物，这些项目产出物包括项目实施工作和实施结果的各种文件资料，比如：哪些任务已经完成，哪些工作没有完成，满足的质量标准是什么，等等。

1. 工作成果

工作成果是指工作一段时间后最终的产出，是为完成项目工作而进行的具体活动结果，项目团队成员能力越高，工作成果越好。项目计划实施的工作成果资料，都被收集起来作为项目计划实施的一部分，例如，工作细目的划分、工作的完成程度、工作满足质量标准的程度、项目工作过程中发生的或将要发生的成本等。

2. 改变要求

改变项目要求（比如，项目合同范围的修改、成本或预算的调整等）通常是在项目工作实施时得到确认。项目计划的制订不是一个静止的过程，而是一个持续的、循环的、渐进的过程，它受到许多因素的干扰，因而要根据实施条件和项目实施环境的变化进行不断的修改和调整。

[章后案例]

目标的制定

某个打字员原来打字速度比较慢，一分钟只能打35个字。领导为了帮助他快速进步，就给他设定考核目标：第一个月要求他每分钟打到50个，第二个月65个，第三个月超过80个，如果达不到就扣资金。正是这样一个循序渐进的办法，让他如期达标了。

所以，给员工设目标时现状与理想目标中间要有台阶，不要一步达到。

比如，不良率要达到0.5%，但现在是2%，就不要将目标定为下个月就达到0.5%。最好的方法就是从2%降到1%，再降到0.5%。可以花一个季度或者半年，你要给他时间，分阶段地进步，这样每个员工都很开心，也能让员工有成就感。

本章小结

本章首先介绍了项目计划的基本内涵、特征及原则，然后介绍了项目计划的类型和项目战略计划，接着讲述了项目计划的编制过程，最后详细介绍了项目计划的实施。项目计划是项目组织根据项目目标的规定，对项目实施工作做出的周密安排。项目计划也包括编制完成任务所需的资源预算，从而保证项目在合理的工期内用尽可能低的成本、尽可能高的质量完成。项目计划是项目得以实施和完成的基础和依据，项目计划的质量是决定项目成败优劣的关键性因素之一。

复习思考题

一、单项选择题

1. 以下不属于项目计划的原则性的是（   ）。
   A. 目的性　　　　　　　B. 系统性　　　　　　　C. 适应性　　　　　　　D. 动态性
2. 以下说法错误的是（   ）。
   A. 人员组织计划的编制，通常是先自下而上地进行，然后再自上而下地进行修改确定
   B. 成本估计和进度在计划中反映出来，包括项目的主要技术特征，通常没参考要求
   C. 项目经理在制订计划时，就要保持一定的弹性，在工期和预算方面留有余地，以备应急需要
   D. 行政支持是给项目主管和项目组的职能经理们，配备合格的助手，目的是收集、处理及传达项目管理的有关信息

3. 以下不属于项目计划的种类的是（ ）。

A. 工作计划 B. 人员组织计划

C. 混合式 D. 项目进度计划

4. 项目经理在制订计划时，以备应急需要，就要保持一定的（ ）。

A. 软件计划 B. 弹性计划

C. 政策计划 D. 资金计划

二、多项选择题

1. 项目计划的作用表现为（ ）。

A. 可以确定完成项目目标所需的各项任务范围，落实责任，制定各项任务的时间表，明确各项任务所需的人力、物力、财力并确定预算，保证项目顺利实施和目标实现

B. 可以确定项目实施规范，成为项目实施的依据和指南

C. 可以确立项目组各成员及工作责任范围和地位以及相应的职权，指导和控制项目的工作，减少风险

D. 可以确立动态性，以适应不断变化的环境，不相关性项目计划是一个有机的整体，构成项目计划的任何子计划的变化

2. 项目计划的内容十分广泛，按项目管理的知识领域划分，包括（ ）。

A. 项目范围计划 B. 项目进度计划

C. 项目运作计划 D. 状态报告计划

3. 一个企业组织要进行业务开发，改进企业服务策略，可采取的方式有（ ）。

A. 通过加强管理来完善、维护业务

B. 通过收购、合作来开发新的服务业务

C. 通过投资电子商务来增加产品销售

D. 开发多种销售和知识渠道

4. 进度计划是根据实际条件和合同要求，包含（ ）。

A. 以拟建项目的交付使用时间为目标，按照合理的顺序所安排的实施日程

B. 进度计划也是物资、技术资源计划编制的依据，如果进度计划不合理，将导致人力使用的不均衡，影响经济效益

C. 项目实施前所编制的进度计划，是期望完成各项活动的工作量和时间值

D. 针对具体项目的要求以及重点控制的环节所编制的设计、采购、项目实施、检验等质量环节的控制方案

三、简答题

1. 项目计划按种类划分为几类？
2. 简述项目计划的编制过程。
3. 简述项目战略计划内涵。
4. 简述项目战略计划的内容。
5. 简述项目计划实施的管理模式。

第五章 项目范围管理

从理论上来讲，项目组做完项目计划之后，就可以在规定的时间和预算范围内完成这个计划，但实际情况并非如此。在具体项目的实施过程中，会有各种各样的因素影响项目计划的正常进行，甚至改变原来项目计划的内容，进而影响到原来项目的可交付成果和服务。因此，项目范围管理是项目管理中的重要关键环节，项目组能否按要求的范围完成涉及的所有过程关系着项目计划的成败。本章内容将重点介绍项目范围管理的内涵、作用、过程和技术方法。

[学习目标]

- 了解项目范围管理的含义和作用
- 理解项目范围管理的过程
- 掌握项目范围管理的技术和方法

[案例导入]

A 公司的项目范围管理[①]

2009 年 8 月 1 日，A 公司 IT 经理李××的心凉到了冰点：原计划 2008 年 7 月上线的综合调度平台系统，在经历了数次协调后，还是不能使用；追上门去向 B 公司讨要来的结果，只是收到了一个改掉了一些 Bug 点的更新包——标准版软件的升级版，大部分需求都没有改。

作为实施方，B 公司负责该项目的现任项目经理杨××说："合同框架内的系统功能，我们已经完成了 90%，现在就是与实际业务的贴合度的问题。"

听到这样的言论，李××气愤不已，他表示"非常不同意该说法"。李××说："我们的需求其实并不复杂，整个系统分为三个部分：一是运输管理，二是仓储管理，三是接口开发。目前，第一部分运输管理完成了大部分，但有些关键环节走不通，虽然模块摆在那里，但不能用，你说这叫完成了吗？第二部分仓储管理，只发来一个空的系统框架，没有实施，也只能成为摆设；第三部分接口开发，我记得是五个接口吧，目前只实现一个。

---

① 宋金波，朱方伟，戴大双. 项目管理案例 [M]. 北京：清华大学出版社，2013.

你说能叫完成90%吗?"

"不能用""成为摆设"显然不是任何人愿意看到的结果。那么我们不禁要问,这个2008年4月启动,B公司承诺2008年7月就上线的项目,怎么就给拖到现在还是千疮百孔呢?

B公司对此事是这样回应的:"开发的步伐慢了的原因是:第一,我们的系统是标准版的产品化软件,而A公司的一些需求都有偏离,所以要单独作一个版本来控制;第二,我们在标准版的功能内,尽量满足A公司提出的需求;第三,他们的需求不明确,改好了这个,又变了那个,牵一发而动全身。"

第一节 项目范围管理概述

一、项目范围的含义

项目范围是指为了满足客户的要求,成果达到项目的目标要做的所有工作。确定项目范围就是为项目设定一个界限,划定哪些方面是属于项目应该做的,而哪些是不应该包括在项目之内的,定义项目管理的工作边界,确定项目的目标和主要项目的可交付成果。

在项目环境中,范围可能指产品范围,也可能指工作范围,要注意区分产品范围和工作范围。产品范围是指一个产品或一项服务应该包含哪些特征和功能。工作范围是指为了交付具有所指特征和功能的产品所必需要做的工作。项目范围最终是以产品范围为基础而确定的,产品范围对产品要求的深度和广度决定了项目工作范围的深度和广度。产品范围和工作范围的完成情况都是参照客户的要求来衡量的。

二、项目范围管理的含义

项目范围管理是对项目所要完成的工作范围进行管理和控制的过程与活动,它包括确保项目能够按要求的范围完成所涉及的所有过程,简单地说,就是项目要做什么、怎么做、做到什么程度。"做什么"指明了产品的范围。"怎么做"是由项目组为实现项目目标而做出的,是项目的工作范围。"做到什么程度"是项目组或分包人为实现某一类工作或某个"工作包",根据项目范围给定的条件而做的具体工作。

范围管理实质上是一种功能管理。它的首要任务是界定项目包含且只包含的所有需要完成的工作。"包含且只包含"的意义至少有以下三个方面:一是有足够多的工作必须做;二是不必要的工作不做;三是所做的工作都是为了实现项目(或项目一部分)的目标。因此,在进行范围管理时,应当强调三点,即搞清楚需求、准确界定范围和严格控制范围变更。

（一）搞清需求

项目一般都是源于一个或多个需求而启动的。但是如果项目团队在某些情况下对项目了解不清晰、理解不深刻，会导致客户需求过度或项目变更过于频繁，也就是说，某些情况下，项目团队对项目的背景在广度和深度两方面的发掘不够。因此，在进行项目需求分析时，不但要考虑客户需求，也要考虑项目团队组织的利益。要通过与项目干系人广泛、深入的沟通，把握三个因素，即领会项目发起人的真正意图、明确项目团队的具体需求要求、找到客户需求的关键点，并将这三个因素有机地统一起来。

（二）准确界定范围

准确界定范围，就是要对项目的范围进行全面的描述，将项目做什么、怎么做、做到什么程度讲清楚。确定项目范围的方法主要有三种，即工作分解结构（WBS）、产品分解结构（PBS）和工作关系表。工作分解结构是最常用的方法和技术，也是最有价值的工具之一。

（三）严格控制范围变更

范围变更是对已批准的项目分解结构所规定的项目范围进行修正。范围变更控制的任务有三项：一是对造成范围变化的因素施加影响，以保证变化是有益的；二是判断范围变化是否发生；三是当实际变化发生时对变化进行管理。

通常来说，确定了项目范围的同时也就定义了项目的工作边界，明确了项目的目标和主要可交付成果。无论对于新技术还是新产品的研发项目，或者是服务性的项目，如果不能有效地定义并控制项目的范围，将会带来许多严重的问题。例如，项目实际要求的但没有明确定义的工作将不能得到有效执行，进而危害项目最终目标的实现。又如，如果工作内容不在项目工作范围之内而被执行，或者项目的范围盲目扩大，就会影响项目的预算。

第二节 项目范围管理过程

项目范围管理是确保项目成果完成所需的全部工作，但又包括必须完成的工作的各个过程。这个过程用于确保项目干系人对作为项目结果的项目产品以及生产这些产品所用到的过程有一个共同理解，其主要任务是确定与控制哪些工作应该或不应该包括在项目之内。

《中国项目管理知识体系（C-PMBOK®指南）》中指出有效的项目范围管理过程包括

以下过程[1]。

（1）项目范围管理启动。这是项目组在项目起始阶段的具体工作，包括新项目或项目新阶段的计划、实施和控制等活动。

（2）项目范围规划。工作描述明确了项目的工作范围。它介绍了完成工作的方法、工作目标，以及确认完成项目的方式和标准，也规定了项目的时间表和对应的工作。

（3）项目范围定义。将项目分为更小的、可管理的活动。

（4）项目范围核实。确定每个需要完成的工作细节及可接受的工作成果，项目范围的正式确定应以会议的形式来实现，产品范围的正式确认应以最终产品可接受的测试为准。

（5）项目范围变更控制。范围变更应以程序化的方式加以确认，项目的变更将影响项目的进度和项目预算。

总之，项目范围管理是在项目需求分析的基础上，对项目应该包括和不应该包括的工作进行相应的定义和管理。项目范围管理的框架结构如图5-1所示。

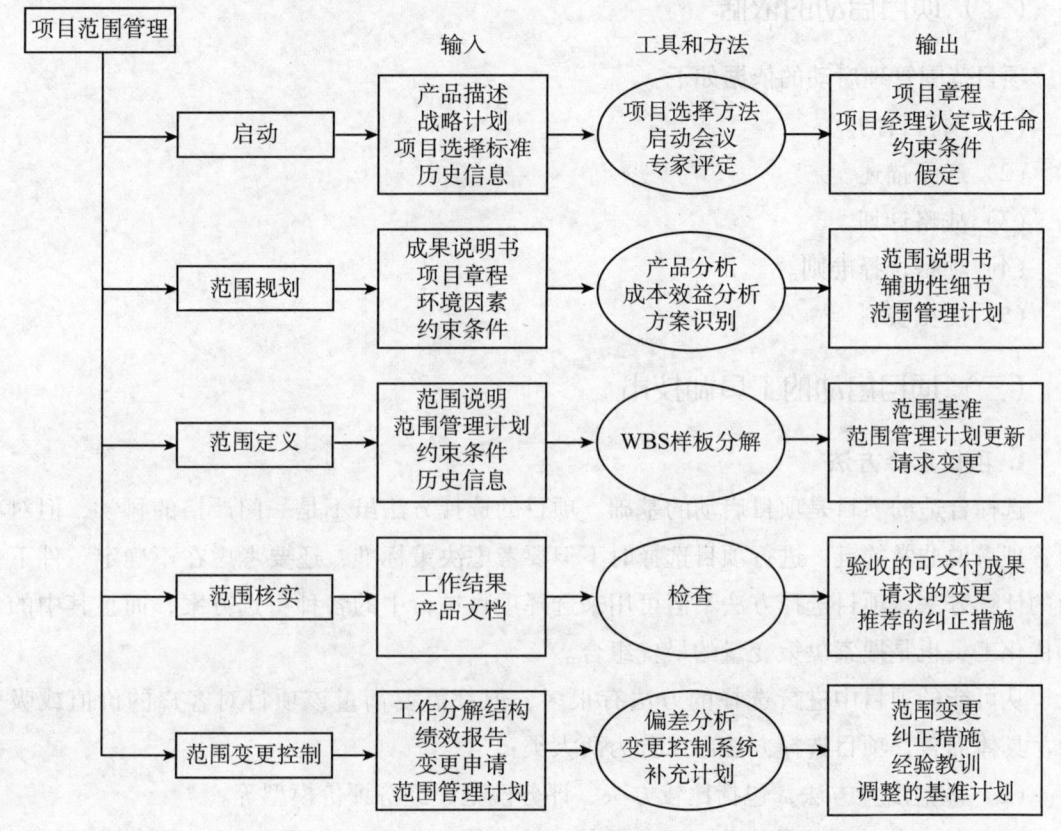

图5-1 项目范围管理框架结构

---

[1] 中国（双法）项目管理研究委员会. 中国项目管理知识体系（C-PMBOK®指南）[M]. 修订版. 北京：电子工业出版社，2008.

一、项目范围管理启动

(一) 项目启动的定义

这里的启动阶段与整个项目的正式启动阶段有所不同,这里指的是项目范围管理中的开始,是正式认可一个新项目的存在,或者是对一个已经存在的项目让其继续进行下一阶段工作的过程。项目的启动可以是正式的,也可以是非正式的。正式的项目启动要进行一系列正规的可行性研究;非正式的项目启动工作相对简单,在项目的构思初步形成之后,几乎不需要进行任何正式的可行性研究就可以直接进入项目的规划和设计阶段。非正式启动通常适合一些小项目和开发性、科研性的项目。

项目范围管理启动阶段的主要工作包括项目启动会议和项目描述。

(二) 项目启动的依据

项目范围管理启动的依据如下:
(1) 项目目的。
(2) 产品描述。
(3) 战略计划。
(4) 项目选择准则。
(5) 历史资料。

(三) 项目启动的工具和技术

1. 项目选择方法

选择合适的项目是项目启动的基础。项目的选择方法虽不是一门严格的科学,但对项目管理来说非常关键。进行项目选择时不但要考虑决策标准,还要考虑在不确定条件下价值的计算方法。项目选择方法不但可用来选择项目进行中的各种备选方案,而且其中的各种优化工具也是搜索决策变量的最优组合。

从可能的项目中进行选择的方法有很多,但都需要衡量该项目对客户的价值或吸引力。具体而言,项目选择方法可以分为两大类:
(1) 效益度量方法,包括比较方法、评分模型、经济评价模型等。
(2) 约束条件下的最优化方法,包括线性规划、非线性规划、动态规划、整数规划以及多目标规划等。

上述方法通常被称为决策模型。决策模型包含了一般技术(如决策树、强制选择法等)以及一些专门技术(如层次分析法、逻辑框图分析法等)。在有些情况下,需要把综合的项目选择准则运用到复杂的模型中,因此,项目选择也可作为一个单独的项目阶段来处理。

2. 项目启动会议

项目启动会议是启动项目的一种常用方式。项目一旦签订合同开始立项，就应当立即召开第一次项目启动会议。召开项目启动会议的主要目的在于使项目的主要利益相关者明确项目的目标、范围、需求、背景以及各自的职责与权限。

3. 专家评定

评估启动过程的依据，经常需要专家的评定。任何具有专门技能和知识的个人均可被视为领域专家。项目管理领域的专家可以来自组织的其他部门，如咨询部门、职业或技术协会、行业协会等。

（四）项目启动的结果

项目启动的结果包括项目章程、项目说明书、项目经理选派、项目制约因素的确定、项目假设条件的确定。

（五）项目描述

项目启动的结果产出之后的工作就是要把这些结果描述出来。项目描述就是对项目背景、项目目标、项目可交付成果、项目如何执行、项目完成计划等总体要求所做的一个概要性的说明。

1. 项目背景

项目背景即项目实施的内外部环境。项目背景直接或间接地对项目产生影响。

2. 项目目标

项目目标是指实施项目所期望达到的结果。项目目标包括成果性目标和约束性目标。成果性目标是由一系列技术指标定义的，约束性目标往往是多重的，通常包括成本、进度、质量要求等。达到项目目标和完成管理框架的条件也是项目成功的总体标准。

3. 项目可交付成果

可交付成果是项目中产出的产品、货物及服务，由图表、计划、文字和样本来描述。它不仅是指项目结束后最终的产品或服务，还包括使项目成功运作所要求的运作程序、组织变更、人力资源变更等。可交付成果的内涵和外延都应该同项目需求和目标保持一致。如果项目没有被准确地定义，并且系统范围的扩大和缩小都没有文件性的具体说明，项目就很可能失去控制。

4. 项目描述表

项目描述可以用表格的形式来表达，其主要内容包括项目名称、项目目标、可交付成果、可交付成果完成准则、工作描述、工作规范、项目的前提假设和基准原则、参考标准、项目约束、所需资源估计、重大里程碑等。

表 5-1 所示是一个简单的项目描述表。

表 5 – 1　　　　　　　　　　项目描述表

项目名称	具体内容
项目目标	
可交付成果	
可交付成果完成准则	
工作描述	
工作规范	
项目假设	
所需资源估计	
重大里程碑	
项目经济审核意见	

二、项目范围规划

在项目立项并得到正式承认以后，就要进行项目规划，其中非常关键的环节就是确定项目范围，即形成项目初步范围说明书。项目范围规划就是确定项目范围并编写项目初步范围说明书的过程。

（一）项目范围规划的依据

项目范围规划的依据主要是项目启动的结果，即项目章程、项目描述说明书、项目假设条件和制约因素等。此外，在进行项目范围规划工作时还要有成果说明书、事业环境因素、组织过程资产。

（二）项目范围规划的工具和方法

在进行范围规划时，可以使用多种不同的工具和技术，如产品分析、成本效益分析、项目方案识别技术、专家评定等。

1. 产品分析

产品分析的目的是加深对项目结果的理解。它从项目产品的功能和性质着手分析，反向推出项目的工作范围，目的是使项目组开发出一个让客户满意的、需求明确的项目产品。产品分析主要运用系统工程价值分析、功能分析等技术。

2. 成本效益分析

成本效益分析就是估算不同项目方案有形的和无形的费用和效益，并利用诸如投资收益率、投资回收期等财务计量手段估计各项目方案之间的相对优越性。

3. 项目方案识别技术

项目方案识别技术一般指实现项目目标方案的所有技术。管理学中许多现存的技术，如头脑风暴法和侧面思考法都可用于识别项目方案。头脑风暴法就是针对项目的每一个问题，提出尽可能多的备选方案，在此注重的是方案的数量而不是方案的质量。将所有备选方案记录下来以后，再运用各种经济评价方法找出最佳方案，从而根据该方案制订项目的范围计划。

4. 专家评定

可以利用各领域专家来提出或评价各种方案。各领域专家可以来自组织内部，也可以来自其他部门，如咨询部门、职业或技术协会、行业协会等。

（三）项目范围规划的结果

进行项目范围规划后的成果包括初步范围说明书、辅助性细节、范围管理计划。

（四）项目范围说明书

1. 项目范围说明书的含义

项目范围说明书说明了进行该项目的目的、项目的基本内容和结构，规定了项目文件的标准格式。项目范围说明书形成的项目结果核对清单既可作为评价项目各阶段成果的依据，也可作为项目计划的基础。项目范围说明书是项目团队和客户之间对项目的工作内容达成共识的结果。

一般来说，项目范围说明书应该由项目管理人员来编写。编写项目范围说明书时要注意以下几点：一要清晰、准确；二要内容全面；三要能够让项目干系人、关键管理人员和项目组成员达成共识。

2. 项目范围说明书的主要内容

在实际的项目中，不管是主项目还是子项目的实施中，项目管理人员都要编写各自的项目范围说明书。项目范围说明书主要包括项目的合理性说明、项目目标、项目可交付成果清单、项目产品介绍，具体如图5-2所示。

三、项目范围定义

项目范围定义就是把项目的初步范围说明书细化成详细的项目范围说明书，并以此为依据，把项目的主要可交付成果划分为更小的、更易管理的单元，形成工作分解结构的过程。项目范围定义不但要求准确、细致，而且要有利于项目资源的合理分配和成本的估算。

项目范围定义是通过任务分解实现的。任务分解就是把笼统的、不能具体操作的任务细分为较小的、易于执行和控制的、包括具体细节的可操作任务。任务分解有助于提高项

```
                    项目范围说明书

    A. 项目信息
    提供项目名称、客户名称、项目经理以及项目发起人姓名等与项目
    相关的一般信息
    项目名称：_____    起草人：_____
    项目经理：_____    日 期：_____
    项目发起人：_____    最新更新日期：_____

    B. 项目可交付成果
    ┌──────────────────────────────────────┐
    │                                      │
    └──────────────────────────────────────┘

    C. 实施项目的方法
    ┌──────────────────────────────────────┐
    │                                      │
    └──────────────────────────────────────┘

    D. 项目的工作范围
    ┌──────────────────────────────────────┐
    │                                      │
    └──────────────────────────────────────┘

    E. 例外工作
    ┌──────────────────────────────────────┐
    │                                      │
    └──────────────────────────────────────┘
```

图 5-2　项目范围说明书

目成本估算、项目进度和资源估算的准确性，有助于对项目的执行情况进行评价，有助于明确项目团队成员的职责和顺利地进行各项活动。

（一）项目范围定义的依据

项目范围定义要进一步以项目范围说明书和项目范围管理计划为依据，同时，还应依据项目的制约因素、批准的变更请求、其他规划结果、历史资料等。

（二）项目范围定义的工具和方法

1. 工作分解结构样板

工作分解结构样板是以前类似项目所使用的工作分解结构，它包含了项目组所要进行的全部典型工作。一个典型的工作分解结构样板反映出了从许多特定类型项目中所获取的经验。

虽然每个项目都具有一定的独特性，但大多数项目总是在某种程度上与另外一个项目类似，所以可以将以前类似项目的工作分解结构作为样板，来减少项目分解的工作量，提高项目工作分解的准确性。例如，在一个给定的组织中，多数项目会有相同或相似的项目生命周期，因而对每个项目阶段可能有同样或相似的可交付成果要求。一般来讲，在很多

专业应用领域，都有标准化或者半标准化的工作分解结构作为新项目的样板，可通过对工作分解结构样板进行增删，以制定新项目的工作分解结构。运用工作分解结构样板要有以下注意事项[①]：

首先，要根据以前做过的项目，而不是根据看起来很完善的计划来制定和修改工作过分解结构样板。通常来讲，项目组在项目刚刚开始时，就会制定一个初步的工作分解结构。在项目的具体实施过程中，会根据实际情况适当地增加一些在最初计划时所忽略的工作，或减少一些不必要的准备。如果在项目开始时就根据准备好的工作分解结构来更新工作分解结构样板，就不能反映出项目在实施过程中所遇到的新情况。

其次，在项目开始时而不是结束时使用样板。工作分解结构样板只是项目组所要实施项目的工作分解结构的雏形，而不是最终的版本。项目的一大特色是它的独特性，每个项目和以前类似的项目相比，都有某种程度的不同，样板如果没有经过严格的检验就草率使用，那么就很有可能遗漏一些之前项目没有做过但对于本项目却是非常必要的工作。

最后，为了反映从之前所完成的不同项目中获得的经验，要不断更新工作分解结构样板，使其日益完善。

2. 分解

分解就是把项目的主要可交付成果分成更小的、更易管理的组成部分，直到可交付成果定义得足够详细，足以支持项目将来的活动。例如，某一电子政务研发项目的主要可交付成果可以分解为可运行的电脑程序、用户手册等。在进行项目工作分解的时候，一般按以下几个步骤进行：

（1）明确并识别出项目的各主要组成部分。一般来讲，项目的主要组成部分包括项目的可交付成果和项目管理本身。在进行这一步时需要解答的问题是：要实现项目的目标需要完成哪些主要工作？

（2）确定每个可交付成果的详细程度是否已经达到了足以编制恰当的成本估算和历时估算的要求。若是，则进入第（4）步，否则接着进行第（3）步。

（3）确定可交付成果的组成元素。组成元素应当用切实的、可验证的结果来描述，以便于进行绩效测量。这一步要解决的问题是：要完成上述各组成部分，有哪些更具体的工作要做？

（4）核实分解的正确性。此即需要回答下列问题：最底层项对项目分解来说是否是必需而且充分的？如果不是，则必须修改（添加、删除或重新定义）组成元素。每项的定义是否清晰完整？如果不完整，则需要修改或扩展描述。每项是否都能够恰当地编制进度和预算？是否能够分配到接受职责并能够圆满完成这项工作的具体组织单元（例如部门、项目团队或个人）？如果不能，则需要做必要的修改，以便于提供合适的管理控制。

---

① 赵涛，潘欣鹏. 项目范围管理 [M]. 北京：中国纺织出版社，2004.

（三）项目范围定义的结果

范围定义主要形成的结果有范围基准、请求的变更、项目范围管理计划更新。

四、项目范围核实

项目范围核实是指项目干系人最终认可和接受项目范围的过程。在项目范围核实过程中，要对范围定义的工作结果进行审查，以确保项目范围包含了所有的工作任务。项目范围核实既可针对一个项目的整体范围进行核实，也可针对某个项目阶段范围进行核实。范围核实要求回顾生产工作和生产成果，以保证所有项目都能准确地、符合要求地完成。如果某个项目已提前终止，那么其范围核实过程应该证实并以书面文件的形式把它的完成情况记录下来。

范围核实一般在每个项目生命周期结尾阶段进行，是项目收尾过程的一部分。项目范围核实应当由关键的项目干系人来执行，其工作一般包括两个方面的内容。一是审核项目范围界定工作的结果，确保所有的、必需的项目工作和活动都包括在项目工作分解结构中，而一切与实现项目目标无关的工作和活动都排除在项目范围外，以保证项目范围的准确。它需要审核项目启动、项目范围规划和项目范围定义工作中生成的主要文件，包括产品说明书、成果说明书、项目范围说明书、项目工作分解结构、项目工作分解结构词汇表等。二是对项目或者项目各个阶段所完成的可交付成果进行检查，审核其是否按计划或者超越计划完成。项目范围审定既可以是对一个项目整体范围的审定，也可以是对一个项目阶段的任务范围的审定。如果项目提前结束，则应该查明有哪些工作已经完成，完成到了什么程度，将审定结果记录在案并形成文件。

需要说明的是，范围核实不同于质量控制，前者主要关心对工作结果的"接受性"，而后者主要关心工作结果的"正确性"。质量控制一般先于范围核实进行，两者也可平行进行，以确保可接受性和正确性。

（一）项目范围核实的依据

项目范围核实的依据是项目范围定义所生成的主要文件和结果，这既包括在项目启动和范围规划中给出的产品说明书与范围说明书，也包括在项目范围定义中给出的项目工作分解结构、项目分解结构词汇表和项目范围管理计划等。

（二）项目范围核实的工具与方法

项目范围核实的主要工具与方法就是检查。检查包括通过诸如测量、仔细检查与核实等过程判断工作和审定可交付成果是否符合要求与产品验收原则的各项活动。检查有审定、产品评审与演练等各种名称。当审定项目范围界定工作时，经常运用项目范围审核表和项目工作分解结构审核表。这两种表的主要内容如表5-2和表5-3所示。

表5-2 项目范围审核

项目范围审核	是	否
项目目标是否完整和准确		
项目目标的衡量标准是否科学、合理、有效		
项目的约束条件、限制条件是否真实并符合实际		
项目的重要假设前提是否合理,不确定性是否较小		
项目成果的把握是否很大		
项目的范围界定是否能保证项目目标的实现		
项目范围能够产生的收益是否大于成本		
项目范围界定是否需要进一步进行辅助型研究		

表5-3 项目工作分解结构审核

项目工作分解结构审核	是	否
项目目标的描述是否清晰明确		
项目产出物的各项成果描述是否清楚明确		
项目产出物的所有成果是否均为实现项目目标服务		
WBS中的工作包是否均为形成项目某项成果服务		
项目目标层次的描述是否清晰		
WBS的层次划分是否与项目目标层次的划分和描述统一		
项目工作、项目成果、项目目标和项目总目标之间的逻辑是否正确、合理		
项目目标的衡量标准是否可度量		
WBS中的工作是否有合理的度量指标		
项目目标的指标值与项目工作绩效的度量标准是否匹配		
WBS的层次分解结构是否合理		
WBS中各工作包的工作内容及相互关系是否合理		
WBS总体协调是否合理		

(三)项目范围核实的结果

项目范围核实形成的成果包括验收的可交付成果、请求的变更、推荐的纠正措施。

五、项目范围变更控制

在项目的生命周期中,存在着各种因素不断干扰项目进行的情况,项目总是处于一个变化的环境之中。一般来说,项目范围的变化会带来以下影响。首先,项目范围的变化可能会造成项目工期的延长或缩短、项目费用的增加或减少、项目质量的降低或提高。这类影响是项目管理者最为关心的问题,也是最重要的问题。其次,项目范围的变化可能会导致项目所需材料、设备或工具等生产要素的更新。最后,项目范围的变化还会影响到项目的其他方面,比如最终的绩效测量标准、进度计划以及预算成本等。

为了达到项目的目标,尽可能减少这种变化对项目的不利影响,项目经理和项目管理者需要对项目范围进行多次修改,这些变化和修改就是变更。变更发生在范围管理的全过程。项目所处的阶段越早,项目的不确定性就越大,项目调整或变更的可能性就越大,同时带来的代价比较低;但随着项目的进行,不确定性逐渐减小,而付出的人力、资源逐渐增多,变更的代价增大,这会增大决策的困难度。因此,项目经理和项目管理者必须采取措施对项目范围的变更进行有效的控制。

项目范围变更控制就是指为了使项目向着有利于项目目标实现的方向发展而变动和调整某些方面因素,从而引起项目范围发生变化的过程。简单地说,项目范围变更控制就是对造成项目范围变更的这些因素施加影响,并控制变更造成的后果。其主要内容包括:分析和确定影响项目范围变更的因素和环境条件,并管理和控制那些能够引起项目范围变更的因素和条件(事前的控制);分析和确认各方面提出的项目变更要求的合理性和可行性并开展管理(对主观变更的控制);分析和确认项目范围变更是否已实际发生并采取措施(对于客观变更的控制);当项目范围变更发生时努力使其朝有益的方向发展(事中控制),努力消除项目范围变更的不利影响(事后控制)。

(一)项目范围变更控制的依据

项目范围变更控制的依据包括工作任务分解结构、项目实施情况报告、变更申请、项目范围管理计划。

(二)项目范围变更控制的工具和方法

(1)范围变更控制系统。范围变更系统是开展项目范围变更控制的主要方法。该系统用于明确项目范围变更处理程序,包括计划范围文件、跟踪系统和偏差控制与决策机制。范围变更控制系统应与全方位变更控制系统相集成,特别是与输出产品密切相关的系统集成,这样才能使范围变更的控制与其他目标或目标变更控制的行为相兼顾。当要求项目完全按合同要求运行时,项目范围变更控制系统还必须与所有相关的合同要求相一致。

(2)偏差分析。项目实施结果测量数据用于评价偏差的大小。判断造成偏离范围基准的原因，以及决定是否应当采取纠正措施，都是范围变更控制的重要组成部分。

（3）补充规划。影响项目范围的变更请求得到批准后可能要求对工作分解结构、工作分解结构词汇表、项目范围说明书及项目范围管理计划进行修改。被批准的变更请求有可能成为更新项目管理计划组成部分的原因。

（4）配置管理系统。正式的配置管理系统是处于可交付成果状态的程序。配置管理系统要确保对项目范围与产品范围的变更请求是经过全面透彻的考虑并形成文件后，再交由整体变更控制过程处理的。

（三）项目范围变更控制的步骤

项目范围变更控制确保所有请求的变更与推荐的纠正，通过项目整体变更控制过程进行处理。项目范围变更控制的一般步骤为：

（1）在收集到已完成活动的实际范围和项目变更带来影响的有关数据，并据此更新项目范围后，对范围进行分析并与原范围计划进行比较，找出要纠正的地方。

（2）对需要采取措施的地方确定应采取的具体措施。

（3）估计所采取的纠正措施的效果，如果所采取的纠正措施仍无法获得满意的范围调整，则重复以上步骤。

项目范围变更控制流程如图5-3所示。

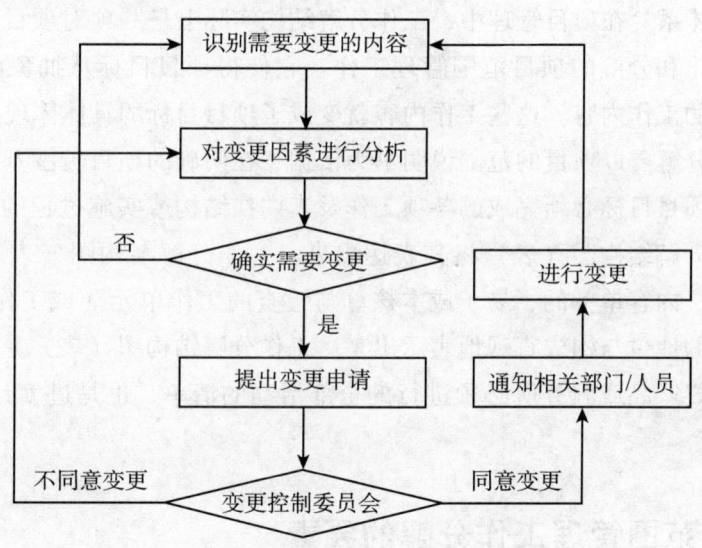

图5-3 项目范围变更控制流程

（四）项目范围变更控制的结果

项目范围变更控制的结果主要体现在以下几个方面：范围变更文件；纠正措施文件；经验教训文档；范围基准更新；组织过程资产更新；项目管理计划更新。

从项目范围变更控制的结果中可以看出，范围变更控制其实是一件"坏事变好事"的工作。虽然项目范围发生变更是不利的，但是通过范围变更控制能够使这种"坏事"（计划不周）形成的变更得出好的结果。项目范围变更控制的作用主要体现在三个方面。首先，合理调整项目范围。项目范围变更是对已经确定的、建立在已审核通过的 WBS 基础上的项目范围所进行的调整与变更。项目范围变更常常伴随着对成本、进度、质量或项目其他目标的调整和变更。其次，纠正行动。项目范围变化导致项目偏离计划轨迹，产生了偏差，为保证项目目标的顺利实现，就必须进行纠正。所以，从这个意义上讲，项目变更控制实际上就是一种纠偏行为。最后，总结经验教训。导致项目范围变更的原因、纠偏行为的依据及其他任何来自变更控制实践中的经验教训，都应该形成文字、数据和资料，作为项目组保存的历史资料。

第三节 项目范围管理技术方法

项目范围管理的技术方法主要有三种，即工作分解结构、产品分解结构和工作关系表。工作分解结构是归纳和定义项目范围最常用的一种方法。工作分解结构是指以可交付的产品和服务为导向，按照一定的逻辑关系对项目过程中的工作自上而下逐级分解所形成的一个层次结构体系。在项目管理中，工作分解结构实际上是一项对项目范围进行定义后给出的进一步细化和分解的项目范围管理工作。它使得项目目标从抽象的表述转化成详细、明确且实在的工作内容。这些工作内容就变成了项目目标的具体体现。

项目的工作分解要以项目的范围说明书为依据，在明确的项目范围基础上对项目进行分解，确定实现项目目标必须完成的各项工作及其内在结构或实施过程的顺序，并以一定的形式——工作分解结构图（表）将其表达出来。工作分解结构图（表）可以将项目分解到相对独立的、内容单一的、易于成本核算与检查的工作单元（或工作包），并能把各工作单元中项目的地位与构成直观地表示出来。工作分解结构图（表）是一张关于实施项目、创造项目最终产品或服务所必须进行的全部活动的清单，也是进度计划、人员分配、成本计划的基础。

一、项目范围管理工作分解的要素

项目范围管理工作分解的三大要素是层次结构、编码和报告。

（一）层次结构

项目工作分解结构的设计对于一个有效的工作系统来说十分关键。由于项目本身的复杂程度、规模大小各不相同，因此项目可分成很多级别，从而形成工作分解结构的不同层次。

（1）基于功能的工作分解层次结构。基于功能的工作分解层次结构由设计、制度、市场、财务四个部分组成，如图5-4所示。

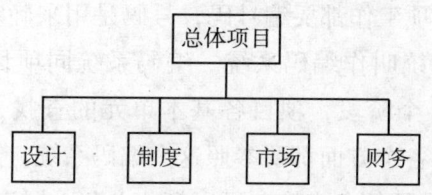

图5-4 基于功能的工作分解层次结构

（2）基于成果的工作分解层次结构。基于成果的工作分解层次结构由硬件包、软件包、文档包、维护包四个部分组成，如图5-5所示。

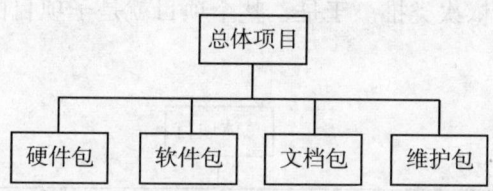

图5-5 基于成果的工作分解层次结构

（3）基于过程的工作分解层次结构。基于过程的工作分解层次结构的目的是要明确项目各个阶段的界限及主要内容，所以该工作分解层次结构应当包含项目过程中各个过程的特征信息，如图5-6所示。

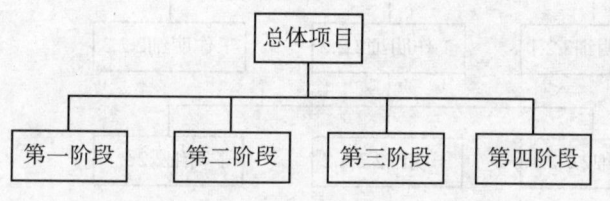

图5-6 基于过程的工作分解层次结构

在工作分解层次结构图中，最上面一层代表整个项目，通常被称为0层，向下逐级分解直到最底层。工作分解结构每细分一个层次就表示对项目元素的更细致的描述。WBS应以等级状或树状结构来表示：其底层范围应该很大，代表详细的信息，能够满足项目组管理项目时对信息的需要；分解结构的上一个层次应比下一层要窄，而且该层次的客户所需的信息由本层提供，以后以此类推，逐层向上。

在进行结构设计时必须遵循以下原则：一是必须有效地划分等级，不必在结构内构建太多的层次，层次太多反而不利于有效管理，一般情况下可以设计4~6个层次；二是必须保证信息中各层次之间能自然、有效地交流；三是必须使结构具有能够增加的灵活性，并从一开始就注意被译成代码的结构对于客户来说是易于理解的。

(二) 编码

工作分解结构中的每一项工作都要编号码，号码是用来确定其中项目工作分解中的唯一身份，全体号码组成的系统叫作编码系统。编码系统同项目工作分解结构本身一样重要，在项目计划和以后的各个阶段，项目各基本单元的查找、变更、费用计算、时间安排、资源安排、质量要求等各个方面都要参照这个编码系统。

利用编码技术对 WBS 进行信息交换，可以简化 WBS 的信息交流过程。编码设计与结构设计是相互对应的。结构的每一个层次代表编码的某一位数，有一个分配给它的特定代码数字；在最高层次，项目不需要代码，在第二层次，要管理的关键活动用代码的第一位数来编制；下一层次代表上一层次每一个关键活动所包含的主要任务，这个层次将是一个典型的两位数编码；以下依次类推。于是，整个项目就是子项目的总和。工作分解结构编码如图 5-7 所示。

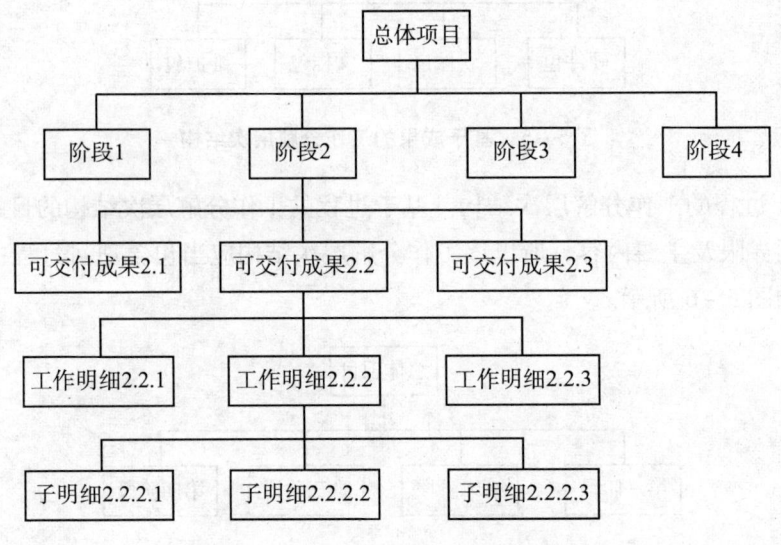

图 5-7　工作分解层次结构编码

(三) 报告

报告设计的基本要求是以项目活动为基础产生所需的实用管理信息，而不是为职能部门编写其所需的职能管理信息或组织的职能报告，即报告的目的是要反映项目到目前为止的进展情况。通过这个报告，管理部门能够判断和评价项目各个方面是否偏离目标、偏离多少。

二、项目范围管理工作分解过程

（一）工作分解方法

项目工作分解往往是对项目产品所处领域的活动进行分解，所以分解的方法与其具体的应用领域高度相关，不可能为所有项目制定一个统一的工作分解结构。但从理论上来说，项目管理者可以采用以下三种方法来创建工作分解结构。

（1）类比法。类比法就是利用一个类似项目的WBS作为构建本项目WBS的起点。很多专业领域的项目都有约定俗成的WBS样板。一个项目组可以从自己过去积累的项目中提炼和归纳出一个项目通用WBS以作为项目的标准。

（2）自上而下法。自上而下法被认为是创建WBS最常规的方法。它从项目最大的单位开始，逐步将它们分解成下一级的多个子项。这个过程就是不断增加级数、细化工作任务。对于经验丰富的项目经理和项目团队来说，由于他们具备广泛的技术知识和整体视角，这种方法往往是最有效的。

（3）自下而上法。这种方法要让项目团队人员一开始就尽可能地确定与项目有关的各项具体任务，然后再将各项具体任务进行整合，并归总到一个整体活动或WBS的上一级内容当中。

（二）工作分解步骤

工作分解的三种方法各有其特点和特定的适用性。一个高质量的工作分解结构对项目后续工作至关重要。下面以"自上而下法"为例来介绍一种分解步骤，并分析其创建的要点。

（1）建立0层，也就是以整个项目作为分解的基础，如图5-8的"项目"。对单个项目来说这并没有什么特别的意义；但是对于大型项目来说，这样做便于项目分解结构的合并操作。

（2）建立项目的可交付成果列表，如图5-8所示。

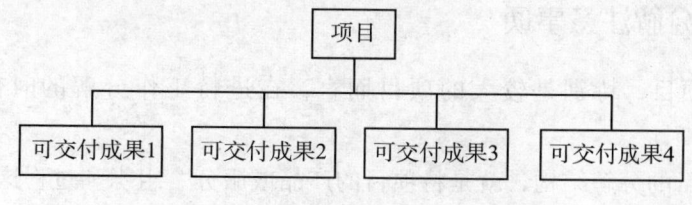

图5-8 工作分解结构的可交付成果

（3）对每个可交付成果进行分解，得到细分的子可交付成果，如图5-9所示。这一过程可以循环做下去，直到达到适当的颗粒度为止。这样就得出了一个全部由名词组成的工作分解结构。它代表了项目最后完成的所有产出物及其层次体系。

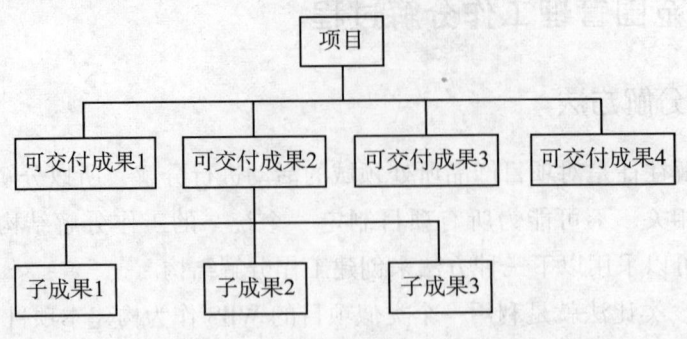

图 5-9　工作分解结构的子交付成果

（4）将每个子成果进一步分解出完成它的所需活动，如图 5-10 所示。也就是说经历了这些活动，就可以构造一个子成果。

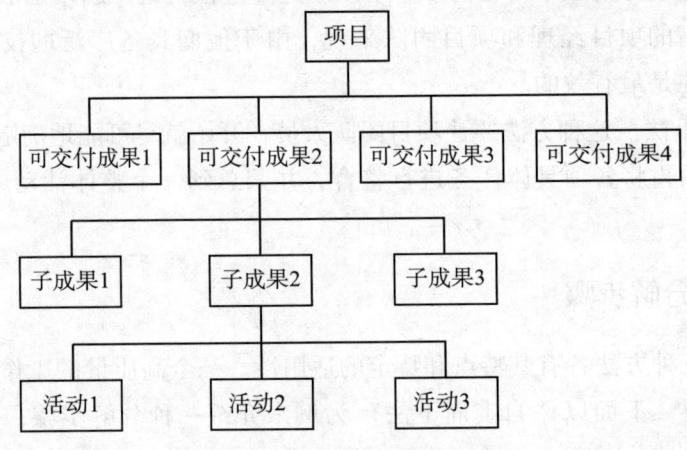

图 5-10　工作分解结构的活动

（5）某些子成果的简单相加就可以构成其上一级的父成果。但是某些父成果的完成不仅仅是需要这些子成果，还需要额外的活动，如子产品的集成活动、验收活动等来实施才能使那些子成果构成父成果。这些活动被称为横向关联活动，如图 5-11 所示。

（三）工作分解注意事项

对于实际的项目，特别是较大的项目而言，在进行工作分解的时候，要注意以下几点。

（1）明确项目的分解结构，就是将项目的产品或服务、组织和过程这三种不同的结构综合为项目分解结构的过程。项目经理和项目团队成员要善于将这三种不同的结构有机地结合起来。

（2）项目最底层的工作要做得非常具体，而且要完整无缺地分配给项目内外的不同个人或组织，以便于明确各项工作的具体任务、项目目标和所承担的责任，也便于项目的管

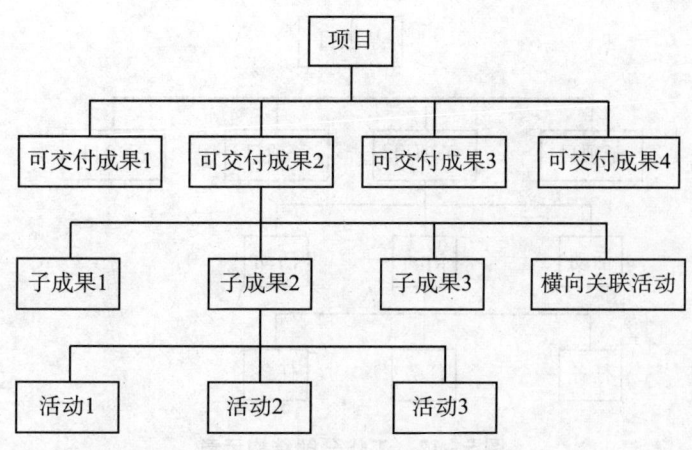

图 5–11　工作分解结构的横向关联活动

理人员对项目的执行情况进行监督和业绩考核。

（3）最底层的工作块，一般要有全面、详细和明确的文字说明，并汇集编制成项目工作分解结构词典，用以描述工作包、提供计划编制信息（如进度计划、成本预算和人员安排），以便于在需要时随时查阅。

（4）工作分解结构中各分支的组织原则存在差异性，没有必要分解到同一水平。同一项目并不是只有唯一的工作分解。决定项目工作分解程度和层次多少的主要因素有三个：一是为完成项目工作任务而分配给每个小组或个人的责任和这些责任者的能力。责任能力越强，层次可以越少；反之就需要分解和细化。二是在项目实施期间管理和控制项目预算、监控和收集成本数据的水平。三是控制能力水平。控制能力水平越高，层次可以减少；反之，就需要分解得更细些，层次多一些；因为项目分解结构越详细，项目就越容易管理，要求的项目管理能力就会相对低一些。

三、项目范围管理工作分解结果

通过实施以上步骤，可以得到项目工作分解的结果。项目工作分解的结果通常可以用以下方式表达。

（1）工作分解结构图。该表达方式直观、可视化强，但项目包含的工作如果数量多，往往就难以在一张图中表述。工作分解结构如图 5–12 所示。

（2）工作分解结构表。该方法可以表达出更多与该项目相关的信息。表 5–4 是某学术研讨会项目工作分解结构表。

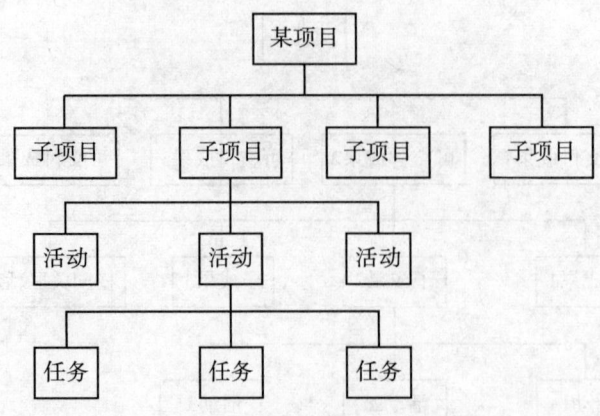

图 5-12 工作分解结构示意

表 5-4　　　　　　　　　　　某学术研讨会项目工作分解结构

项目工作分解结构表

项目名称：××学术研讨会		项目负责人：××教授	
单位名称：××大学××学院		制表日期：2019/9/24	
任务编码	任务名称	主要活动描述	负责人
10101	进度计划	设计会议内容、流程和具体时间	
10102	资源计划	筹划会议所需人力、物力和财力	
10103	质量计划	对所需具体资源提出具体要求	
10104	人员组织计划	筹划会议所需人力	
10105	应急计划	评估风险，并提前做出应急预案	
10106	反馈计划	在筹备过程中实时向负责人提出建议	
10201	场地选择与布置	根据日程安排进行地点选择和布置	
10202	设备安排	筹备照相机、摄像机和相关工具	
10203	接待安排	设计嘉宾的迎接流程和具体安排	
10204	易耗品准备	准备水、鲜花、笔和纸张	
10205	制作物准备	准备宣传海报、会议手册	
10206	嘉宾联系	与嘉宾沟通并保持联系	
10301	网站建立	设立会议官方网站	
10302	网站发布	将网站发布到服务器，并加以宣传	
20001	人员管理	将人员安排到位并进行任务分配	
20002	会场安排	安排到场嘉宾和组织其他工作人员	
20003	招待管理	迎接嘉宾和安排住宿	

续表

任务编码	任务名称	主要活动描述	负责人
20004	应急管理	对突发事件做好应对措施	
20005	安保管理	制订会议安保计划	
20006	会议宣传	对会议进行宣传,扩大影响力	
20007	场地维修管理	检查音响、投影仪等关键设备	
20008	监督反馈管理	及时发现问题并反馈	
20009	财务管理	做出清晰明了的财务账单	
30001	会议日志	对会议内容进行记录	
30002	经验总结	对会议工作进行总结	
30003	成果汇总	评估会议成果	

[章后案例]

丹佛国际机场[①]

一、背景

怎样可以使一个12亿美元的项目变成50亿美元呢?很简单,只需要在丹佛建造一个机场就可以。一些好心的城市官员做出来一个决定,即要建立一个新的丹佛国际机场(Denver International Airport,DIA)来取代丹佛的老机场——斯塔普莱登国际机场。

1. 机场及航线管制

在1978年航空公司管制之前,航线及票价由民航部制定。航空公司只要得到民航部的批准,就可以制定任何价格的票价,飞机的其他费用最后都被转移到消费者的头上。高额的票价限制了商务人员的旅行,旅客数量的增加很缓慢,导致大多数机场都未被充分使用。

在放松管制之后,航空业进入公开市场展开竞争,意味着票价会明显降低。旅客的增加使得航空公司开始购买更多的飞机、开通更多的航线来获取利润。因此,机场的扩充变得非常必要。

1979~1983年发生了工业大萧条,一些航空公司申请了破产保护。因此在新机场建设问题上,当机场进行可行性研究时,很多城市采取观望的态度,而不是冒着损失数十亿美元的风险去发展新机场。

2. 丹佛需要一个新机场吗

1974年管制之前,丹佛的斯塔普莱登国际机场经历了快速增长。1988年,斯塔普莱

---

① 哈罗德·科兹纳. 项目管理案例集[M]. 5版. 陈丽兰,刘淑敏,王丽珍,译. 北京:电子工业出版社,2018.

登国际机场名列美国第五繁忙机场,进出港人数大约3000万人次,预计2000年,其进出港人数会高达6600万人次,以至于丹佛市地区委员会作出预测:斯塔普莱登国际机场将无法承受2000年的交通需求。

同时,斯塔普莱登机场被列在全美十大最差的空运交通瓶颈榜上,资料显示,斯塔普莱登国际机场的飞机延误造成了大多数相关联机场的飞机延误。通常,丹佛斯塔普莱登国际机场上空的低云会带来30~60分钟的航班延误,该机场拥有两条南北走向的紧挨的平行跑道,坏天气时,两条跑道就像一条似的,大大限制了飞机的起飞着陆数量。丹佛每年的坏天气造成的航班延误、改道、取消、旅客安置、机场工作人员的加班费用、旅客转机等损失加在一起超过了1亿美元。

新机场建设方案计划建设8条南北走向的跑道,预计能使机场效率提高三四倍。跑道修建方案提出要建设10条3657.6米和2条4876.8米长的跑道。机场设施方面还包括建设全美最高的327-foot FAA空中控制塔及基楼结构。控制塔的高度能让工作人员清楚地看到约5千米的跑道。跑道或等候照明系统灯将嵌在岔口处通往主道和围栏的水泥道上,机场工作人员能向等候道和跑道上操控飞机的飞行员发出信号,也能在视线差的环境中指引他们。因为变化的风向,跑道指示也不断变化方向。在新机场,每次跑道指示方向的变化只需要4分钟,而斯塔普莱登国际机场需要45分钟。停机位的设计也给飞机间留有足够安全的空间。

丹佛到德国的距离与到日本相等,丹佛的政府官员相信会有更多航班从丹佛不停顿地到达两地。从长远看,丹佛将新机场视为潜在的西北部甚至整个美国的空运中心,它无疑将给丹佛带来更多的经济效益。

3. 选址

机场地址选在丹佛商业中心东南方向约30千米外的一块约137平方千米的地域,土地属于亚当斯社区。经谈判,亚当斯社区与丹佛政府达成协议:限制噪声及建立缓冲区来保护当地居民。协议要求不间断地对噪声实施监控,并且要求机场对旅馆等能对亚当斯社区的现有服务业构成直接竞争的商业部门实行限制。协议的最后将丹佛国际机场的用途限制在维持空运及货物、小包裹快递等一些常规用途上。在这些协议的基础上,丹佛政府兼并了约116.5平方千米的土地,外加约20平方千米的噪声缓冲区,将缓冲区进行了改址。

4. 先锋机场

先锋机场坐落在丹佛国际机场东南方向约4千米处,修建它的目的是处理丹佛斯塔普莱登国际机场中的非空运部分,进而使机场情况得到缓解。作为丹佛国际机场的辅助机场,自1991年起,先锋机场就开始承担空中货运、飞行器制造和维修、培训空运工作人员等航空任务。

反对建造丹佛国际机场的人声称先锋机场的规模应该扩大,进而可以减轻斯塔普莱登国际机场的负担,这样建造丹佛国际机场就没有必要了。丹佛国际机场的支持者指出,一旦丹佛国际机场变为主要机场,先锋机场就应该被用以减轻国际机场的压力。但是双方在协议中都承认，先锋机场最初应该作为丹佛国际机场的竞争对手而存在。

二、项目管理

1. 项目工作分解结构

丹佛市通过将分组设计和建设活动分成 7 个类别或领域的方式管理工程的设计和施工：

领域#0　项目管理或初步设计

领域#1　土地开发

领域#2　车道及地面停车

领域#3　飞机场

领域#4　联合终端

领域#5　通用和专用系统

领域#6　其他

2. 关键事件

关键事件按时间顺序总结如下：

1985 年，丹佛市长佩纳和康特官员同意建立一个新的国际机场来取代丹佛斯塔普莱登国际机场。工程资金预计 12 亿美元。

1986 年，一家咨询公司 Peat Marwick 被雇用来研究包括预计交通在内的可行性设计。调查的结果显示，根据不同的季节，差不多 50%的乘客可能有改变。新的机场必须灵活地解决这个问题。美国和欧洲人因为担心费用负担增加，反对建造新的机场。

1989 年 5 月，丹佛市市民投票通过机场建设意见。项目预计估计 17 亿美元。在没有和大陆航空公司、联合航空公司签订协议的情况下，丹佛国际机场与 1989 年开始动工。

1991 年 3 月，招标过程进行得如火如荼。招标项目包括主要终端、大厅及跑道。基本风险分析包括三个部分：成本、人力资源和天气。

1993 年 3 月，丹佛市长韦布宣布第一次延期。运营时间将推迟到 1993 年 10 月至 12 月。项目预期估计 27 亿美元。

1993 年 10 月，运营日期延迟到 1994 年 3 月。存在的问题包括防火安全系统和行李处理系统无法正常运行。项目预期估计 31 亿美元。

1993 年 12 月，机场准备开始运营，但是没有可以操作的行李处理系统，项目又一次被延期。截至 12 月底，共有 2100 处设计做了变化，设计和建设的失误主要有：未能协调天花板、建筑和管道的设计；未能妥善设计排水系统，防止终端结冰；未能协调终端的机械和结构设计；未能设计一个适当的底层支持系统。

1994 年 2 月，因为行李处理系统，运营的日子被延迟到 1994 年 5 月 15 日。

1994 年 5 月，机场错过第 4 个最后期限。

1994 年 8 月，DIA 筹备后备行李处理系统，运营的日子又被延迟。项目估计费用增加到 40 亿美元。

1994年9月，行李处理系统经过长期、多次更改后又回到原点。

1995年1月，行李处理系统测试正常，机场终于正式启用，项目总费用50亿美元。

三、项目存在的问题

1. 项目完工日期被极大延后

项目计划1993年10月交付并投入使用，而后项目交付期限又被推迟到1993年12月，经过多次推迟，项目交付日期最终被推迟到1995年1月。

2. 项目成本极大增加

丹佛机场项目原预计成本为12亿美元，后又增加到17亿美元、40亿美元，最终增加到50亿美元，比预期增加了38亿美元。

3. 项目质量受到影响

（1）行李处理系统。当DIA运营日期一再被推迟，丹佛国际机场受到了众多指责，机场将这种拖延归咎于行李处理系统，它当时转变缓慢，流通受限，安装测试也随之减慢。大陆航空公司的一个测试表明，只有39%的行李被递送到正确的位置。负责行李处理系统的BAE系统公司的人员抱怨，他们是在压力的驱使下做不可能的事。世界上唯一的另一个这种类型的系统在德国的法兰克福。该系统需要6年来安装，2年来调试。而丹佛国际机场要求BAE系统公司的人员在2年内完成。

（2）建筑质量问题。大厅建筑最初设计为5/8英寸厚的瓦片，但实际却是1/2英寸厚，瓷砖开始出现裂痕，下雨天，雨水开始从天花板上渗入。跑道、斜坡及滑行道上开始出现裂缝、孔洞和裂纹，官方说裂缝属于正常问题，需要几年来维修。建筑过程中出现做工缺陷，这种做工缺陷造成天花板坠落、墙壁变形和地板坍塌。

4. 项目其他问题

项目目标没有完全达成。

由于建设成本的增加，丹佛机场启用后，便对乘客增加相应的费用来弥补增加的成本，降低了竞争力。

另外还造成丹佛市失去了数以千计的工作机会。

问题：

1. 在丹佛建一个新机场的决定，在战略上是否是一个正确的决定？
2. 项目范围管理对项目成功的重要性有哪些？
3. 该项目失利的原因是什么？你有什么好的建议？

本章小结

本章介绍了项目范围的定义，阐释了项目范围管理的内涵，分析了范围管理者项目管理中的重要作用，并重点介绍了项目范围管理过程，在该部分分别阐述了项目启动、项目范围规划、项目范围定义、项目范围核实和项目范围变更控制的依据、工具、方法和结果，最后对项目工作分解结构（WBS）作了重点介绍。

复习思考题

一、选择题

1. 在项目组会议上，一名成员建议扩大工作范围，而该范围超出了项目章程的范围。项目经理指出：项目团队成员应该完成其所应该完成的工作，而且只完成要求的工作。这是（　　）的一个例子。

   A. 集权行为　　　　　　B. 范围管理　　　　　　C. 项目章程　　　　　　D. 范围分解

2. 创建工作分解结构的结果是（　　）。

   A. 工作分解结构图　　　B. 团队意见统一　　　　C. 项目完成日期　　　　D. 风险清单

3. 下列（　　）是项目启动采用的技术或方法。

   A. 确定备选方案　　　　B. 配置管理　　　　　　C. 决策模型　　　　　　D. 分解

4. 范围变更是（　　）。

   A. 变更像 WBS 中定义的事先规定的项目范围

   B. 导致所有项目基准发生变动

   C. 要求对成本、时间、质量和其他可交付成果进行调整

   D. 不会改变项目的目标

5. 项目章程是由（　　）发布的。

   A. 项目经理　　　　　　B. 执行组织的领导　　　C. 项目外部的高层　　　D. 项目发起人

6. 随着项目日趋复杂，项目范围不确定程度（　　）。

   A. 保持不变　　　　　　B. 减少了　　　　　　　C. 先减少然后增加　　　D. 增加了

二、简答题

1. 为什么要进行项目范围管理？它对一个项目的成功起到什么作用？
2. 项目范围变更控制与项目变更控制有什么关系？
3. 简述项目范围与产品范围的关系。
4. 简述项目范围管理的过程。
5. 简述项目工作分解的步骤。

第六章　项目人力资源管理

人力资源是项目的众多资源中最重要又最具灵活性的一种资源。任何项目的组织、实施以及协调和控制工作归根结底都是由人来计划并执行的，并且制约项目成功实施的关键因素如时间、质量、财务等也都是通过人来实现其合理配置和有效利用的。如何通过科学的管理方式合理配置人力资源在项目中的积极作用，是项目管理领域关注的重点问题。本章内容重点介绍项目人力资源管理规划、项目团队建设、项目团队文化、项目团队激励管理、项目团队绩效管理等内容。

[学习目标]

- 了解人力资源概念及项目人力资源管理的概念、特征
- 理解项目人力资源计划的制订过程
- 掌握项目团队建设与开发
- 掌握项目团队管理与控制

[案例导入]

年薪制还是提成制？[①]

小金从北京一所名牌大学计算机专业毕业后，进入一家日本独资软件开发公司从事手机增值服务软件的开发工作。由于他精通日语和计算机编程，两年以后就被提拔为外包开发项目的经理。他很满意这份高工资的工作，尤其令他满意的是这家公司实行的是固定年薪制。若按照项目提成来核算工资，他担心自己不熟悉软件开发项目管理工作，比别人少拿工资还丢脸，而采用固定年薪制便不用担心项目做得不好而影响自己的收入了。

被提拔为项目经理的第一年，小金还没完全适应这一角色，他的工作虽然兢兢业业，但项目业绩平平。可是随着他对业务熟悉程度的加深和与日本客户关系的日益密切，他负责的项目完成质量越来越高，他所带领的团队承接的项目数量也在不断增加。到了第三年年底，他已列入全公司十余名项目经理的前三名了，下一年他很有信心拿到项目业绩的冠军。不过公司的政策是不公布每个团队的项目开发收入，也不鼓励互相比较，所以他还不

---

① 宋金波，朱方伟，戴大双. 项目管理案例[M]. 北京：清华大学出版社，2013.

能很有把握地说自己一定会坐上第一把交椅。

去年,小金的团队干得特别出色。尽管项目开发收入定额标准比前年提高了15%,但到了9月初他就完成了这一标准。虽然他对同事不露声色,但据他冷眼旁观,其他团队好像都没有完成定额。

10月中旬,公司主管销售的日方副经理找他去汇报工作。听完他用日语做的汇报后,日方副经理对他格外客气,祝贺他已取得的成绩。在他要走时,日方副经理对他说:"咱公司要再有几个像你一样的明星项目经理就好了。"小金只是微微一笑,没说什么,不过他心中思忖,这不就意味着他在项目经理中是出类拔萃的吗?

今年,公司又把他负责的团队的定额提高了10%,尽管一开始不如去年顺利,但他仍是一马当先,比预计干得要好。他根据经验估计,10月中旬前他肯定能完成自己的定额。可是他觉得自己的心情并不舒畅,最令他烦恼的是公司不告诉大家干得好坏。他听说本市另两家中外合资的软件开发企业都搞项目竞赛和嘉奖活动,其中一家的奖励办法是总经理亲自请绩效最佳的项目经理到大酒店吃一顿饭,而且人家还有内部发行的公司通信小报,让每个人都知道各个团队的情况,还表扬每个季度和年度绩效最佳的项目经理。

想到自己公司的这套做法,他就特别恼火。其实一开始他并不关心自己排名第几的问题,可如今他觉得排名越来越重要了。不仅如此,他开始觉得公司对软件开发项目经理实行固定工资制是不公平的,企业怎么能搞大锅饭了?应该按劳付酬嘛。

上星期,他主动去找了那位主管销售的日方副经理,谈了他的想法,建议改成项目提成制,至少按业绩发放奖金。不料日本上司说这是既定政策,拒绝了他的提议,并说母公司一贯就是如此,这正是本公司的文化特色。

昨天,令日方副经理吃惊的是,小金辞职而去,听说他被另一家公司挖走了。

请思考以下问题:
1. 小金为什么要离开?
2. 你是否赞同日方副经理的做法?为什么?如果你不赞同,你会怎么做?
3. 该公司的奖酬制度是否适合这种软件开发项目?你觉得软件开发项目应如何建立激励机制?

第一节 项目人力资源管理的概念和特征

人力资源管理是20世纪70年代以来被广泛关注和使用的一种管理职能,它将人力资源看成是企业或组织生存与发展的重要战略资源之一。人力资源管理要求组织通过不断地获得和提升人力资源,认识并开发他们的各种潜能,保持并激发他们对组织的忠诚和贡献,为实现组织目标服务。特别是进入20世纪90年代以来,随着"以人为本"经营理念的普及，人力资源管理的研究和实践得到了很大的发展。

一、人力资源定义及特点

（一）人力资源的定义

"人力资源"这一概念是美国管理学家彼得·德鲁克1954年在其著作《管理的实践》中提出的，这一概念的提出标志着人被作为一种资源来进行研究、开发和管理。人力资源管理将人力看成一种资源，首先肯定了人力作为资源能够创造财富的本性，同时也表明了人力这种资源的稀缺性。人力资源的定义在学术界仍存在不同的认识和看法，但是关于将人力作为一种资源来看待在管理界的认识是一致的。特别是近年来人们将人力资源看作是最重要的资源，这就是以人为本的原因。

（二）人力资源的特点

1. 人力资源具有生物性和社会性双重属性

一方面，人力资源存在于人体之中，是一种"活"的资源，与人的自然生理特征相联系，这既是人力资源的生物性，也是其最基本的特点；另一方面，人力资源还具有社会性。从一般意义上说，人力资源是处于一定社会范围的，它的形成要依赖社会，它的分配（或配制）要通过社会，它的使用要处于社会经济的分工体系之中。从本质上讲，人力资源是社会资源。

2. 人力资源具有智力性

它包含着智力的内容，一般的动物只能靠自身的肢体运动，取得其生存资料，而人类则把物质资料作为自己的手段。人类创造了工具，通过自身的智力，使器官得到延长、放大，从而使得自身的能力无限扩大，推动数量巨大的物质资料，获得丰富的生活资料。人类的智力具有继承性，这是指人力资源所具有的劳动能力随着时间的推移不断积累、延续和增强。

3. 人力资源具有能动性

人能有目的地进行改造外部世界的活动。人具有意识，这种意识不是低水平的动物意识，而是对自身和外部世界具有清晰的看法，对自身行动做出抉择，调节自身与外部关系的社会意识。这种意识使人在社会生产中居于主体地位，使人力资源具有了能动作用，能够让社会经济活动按照人类自己的意愿发展。

4. 人力资源具有再生性

人力资源是一种可再生资源，其再生性即人口的再生产和劳动力的再生产，通过人口总体内各个体的不断替换更新和劳动力再生产的过程得以实现。人力资源的再生性不同于一般生物资源的再生性，除了遵守一般的生物学规律之外，它还受着人类意识的支配和人类活动的影响。

5. 人力资源具有时效性

即它的形成、开发、使用都具有实践方面的限制。从个体的角度看，作为生物有机体的人，有其生命的周期；而作为人力资源的人，能从事劳动的自然时间又被限定在生命周期的中间一段；能够从事劳动的不同时期（青年、壮年、老年）其劳动能力也有所不同。

6. 人力资源是经济资源中的核心资源

人力资源是一切资源中最为宝贵的资源。这是因为，一切生产活动都是由人的活动引起和控制的过程。在生产中，作为劳动者的人，居于主体地位，与物的要素相比，人的要素起着决定性的作用。由于有了人类的劳动，各种自然资源才成为经济资源，才进入生产过程而成为生产要素。也正是由于有了高智能的人类，各种经济资源才能得到深层次的开发和利用，从而发挥出更大的效益。

二、项目人力资源管理

项目人力资源管理是指对项目人力资源的取得、开发、保持和利用等方面所进行的计划、组织、指挥和控制活动。这种管理的根本目的是充分发挥项目各方面的主观能动性，以实现既定的项目目标和提高项目的效益。具体而言，包括以下内容：

（1）人力资源规划。项目为了实现其项目目标，需要评估组织的人力资源现状及发展趋势，收集和分析人力资源供给和需求方面的信息和资料，预测人力资源供给与需求的发展趋势，制订项目的人力资源计划、培训与发展计划等政策与措施。

（2）工作分析。它是对项目的各个工作和岗位进行分析，确定每一个工作和岗位对员工的具体要求，包括技术与种类、范围与熟悉程度、工作与生活经验、身体健康状况、培训与健康等方面的情况。

（3）员工招聘。根据项目内的岗位需要及工作岗位职责说明书，企业利用各种方法和手段从组织内部或外部吸引应聘人员，并根据平等就业、择优录取的原则招聘所需要的各种人才。

（4）培训与开发。为促使员工在项目工作岗位上提高工作效能，对新员工或技能较低的人员需要开展岗位培训。同时对管理人员，尤其是对将晋升者，也要开展提高性的培训和教育。

（5）工作绩效考核。它是用过去制定的标准按照相应的程序、选择合理的考核方式对项目组的员工的工作绩效进行评估，并将工作绩效考核结果反馈给员工的过程。考核涉及一个人的工作表现、工作成果等，目的在于调动员工的积极性、检查和改进人力资源管理工作。

（6）工作报酬。从员工的资历、职级、岗位及现实表现和工作成绩等方面考虑制定的工资报酬标准和制度。

(7) 职业生涯规划。企业将员工个人发展和组织发展计划协调一致，关心和鼓励员工的个人发展，帮助其制订个人发展计划，并及时进行监督和考察。

以上是项目人力资源管理的核心内容，项目人力资源管理还包括团队建设、团队文化、员工福利、劳动保护等人力资源管理的相关内容。

第二节 项目人力资源规划

项目用工，必须是有计划地用工，才能保证人力资源的合理使用，提高项目人力资源的使用效率。在项目人力资源管理与开发工作中，项目人力资源规划是极其重要的一环。

一、项目人力资源规划的定义

项目的人力资源规划也叫项目的人力资源计划，是指项目在组织发展战略和经营规划的指导下进行人员的供需平衡计划，以满足项目在不同阶段对人员的需求，为项目的完成提供符合质量和数量要求的人力资源保证。简单地说，项目的人力资源规划工作就是要根据项目的任务及外界环境对项目的影响，在预见到项目人力资源供给和需求的基础上确定各种人力资源业务计划及行动方案。

人力资源规划工作是为了能够解决以下几个问题。

（1）项目在某一阶段内对人力资源的需求是什么？

（2）项目在相应时期内能够得到多少人力资源的供给，这些供给和需求的层次和类别是否对应？

（3）在这段时期内，项目人力资源供给和需求比较的结果是什么，项目应当通过什么方式来达到人力资源供需的平衡？

二、项目人力资源规划的功能

项目人力资源规划的功能表现在以下几个方面。

（一）项目管理的重要依据

在大型和复杂结构的项目中，人力规划的作用是特别明显的。因为无论是确定人员的需求量、供给量，还是职务、人员以及任务的调整，不通过一定的计划显然都是难以实现的。例如什么时候需要补充人员、补充哪些层次的人员、如何避免各部门人员提升机会的不均等的情况、如何组织多种需求的培训等。这些管理工作在没有人力资源规划的情况下，就避免不了头痛医头、脚痛医脚的混乱状况。因此，人力资源规划是项目管理的重要依据,它会为组织的录用、晋升、培训、人员调整以及人工成本的控制等活动,提供准确的信息和依据。

(二)控制人工成本

人力资源规划对预测中、长期的人工成本有重要的作用。人工成本中最大的支出是工资,而工资总额在很大程度上取决于组织中的人员分布状况。人员分布状况指的是组织中的人员在不同职务、不同级别上的数量状况。当一个组织年轻的时候,处于较低职务的人多,人工成本相对便宜,随着时间的推移,人员的职务等级水平上升,工资的成本也就增加。如果再考虑物价上升的因素,人工成本就可能超过企业所能承担的能力。在没有人力资源规划的情况下,未来的人工成本是未知的,难免会发生成本上升、效益下降的趋势,因此,在预测未来企业发展的条件下,有计划地逐步调整人员的分布状况,把人工成本控制在合理的支付范围内是十分重要的。

(三)人事决策方面的功能

人力资源规划的信息往往是人事决策的基础,例如采取什么样的晋升政策、制定什么样的报酬分配政策等。人事政策对管理的影响是非常大的,而且持续的时间长,调整起来也困难。为了避免人事决策的失误,准确的信息是至关重要的。例如,一个企业在未来某一时间缺乏某类有经验的员工,而这种经验的培养又不可能在短时间内实现,那么如何处理这一问题呢?如果从外部招聘,有可能找不到合适的人员,或者成本高,而且也不可能在短时间内适应工作。如果自己培养,就需要提前进行培训,同时还要考虑培训过程中人员流失的可能性等问题。显然,在没有确切信息的情况下,决策是难以保持客观的,而且决策人员可能根本考虑不到这些方面的问题。

(四)有助于调动员工的积极性

人力资源规划对调动员工的积极性也很重要。因为只有在人力资源规划的条件下,员工才可以看到自己的发展前景,从而去积极地努力争取。人力资源规划有助于引导员工进行职业生涯设计和促进其职业生涯发展。

三、项目人力资源规划的过程

项目人力资源规划的过程可以分为以下五个阶段。

(一)调查分析准备阶段

这一阶段的任务是收集制定项目人力资源规划所需信息。首先,应把握住影响企业战略目标的宏观环境、行业环境及项目自身的目标与计划;其次,可以利用企业现有的人员档案资料来估计目前企业成员的技术、能力和潜力，并分析这些人力资源的利用情况；最后，对于外在的人力资源环境，如劳动力市场结构、市场供给与需求状况、人口与教育的社会情况等问题做出专门的深入调查分析。在条件许可的前提下，还可利用团队角色模型等工具对参与项目的人力资源做出测试，以使团队更加合理有效。

（二）需求预测阶段

项目人力资源的需求预测阶段需要进行总量预测和各个工作岗位的预测，要做到这些，首先要分析影响项目人力资源需求的因素，在明确了这些因素的基础上再进行工作分析、编制工作说明书、明确项目各相关方的责任和义务，最后运用定性和定量的方法进行预测。

（三）供给预测阶段

项目的人力资源供给预测包括两个方面的内容，一个是指项目所在企业在未来某一时期的人力资源的可供量，另一个是指项目可以从企业外部获得的人力资源数量。所以，对于人力资源供给的预测需要从内部和外部两个角度开展。

（四）规划的制定与实施阶段

在进行需求和供给预测之后，就到了规划的制定与实施阶段。项目的人力资源规划要围绕企业战略目标开展，制定出各项具体的业务计划及相应的人事政策，同时要保持计划与政策的一致，以确保计划的实施能够使企业和项目的人力资源管理目标得以实现。也就是说在保证质量的前提下，花费尽可能少的资源制订一系列的计划，合理配置人力资源，以提高效率，使得项目目标能够如期完成，并在此基础上达到培训员工、提高员工技能的目的。

（五）规划的评估和反馈阶段

项目人力资源总体规划和各项业务计划付诸实施后，还要根据实施的结果进行评估，评估的内容为确保所有的行动方案都能在既定的时间里执行到位，并且方案执行的成效与预测的情况一致，确保项目实施取得的成果能够满足顾客要求，确保计划的执行符合环境的要求，以保证企业战略目标的实现。及时将评估结果进行反馈，从而对人力资源规划进行修正，同时将获取的经验和教训进行归纳总结，为以后的工作服务。

第三节　项目团队建设

项目团队是项目组织的核心，现代项目管理十分强调项目团队的组织建设和按照团队的方式开展项目工作。理性的项目团队能在既定的时间、既定的预算成本内成功地实现项目的目标。在理想的项目团队中，每位队员都能获得事业的发展和个人的进步。因此项目团队管理成了现代项目管理模式中的一个十分重要内容。

一般意义上的团队是由于在兴趣、爱好、技能或工作关系等方面的共同目标而自愿组合，并经组织授权、批准的一个群体。例如政府机关中相同爱好的人组成的篮球队、合唱团，企业中有相同技能的人组成的起重、运输、装配等队伍，等等，这些都是一般意义上的团队。通常，团队的目标与组织的目标是一致的，所以各种团队是企业或组织在实现自己目标的过程中一种必不可少的有形力量。项目团队是由于"工作关系"方面的共同目标而组建的团队，它也属于一般意义上的团队范畴，所以在团队创建与发展方面也有一般团队建设与发展的特性。

一、项目团队的构成

一个真正的团队是一支不断变化的、有生命力的充满活力的队伍，在这个队伍中有许多人在一起工作。他们在一起讨论任务，评估观点，做出决定，并为实现目标而共同奋斗、努力工作。

（一）项目团队的角色

所有成功的项目团队都有如下基本特点：领导有力，目标明确，决策正确，实施迅速，交流通畅，掌握能按时完成任务所必需的技能技巧，全体成员共同朝一个方向努力，最重要的是，找到有利于项目团队发展的最佳成员组合。例如，建造一个新的设施，就可能需要大量的子团队、子任务以及详细计划，并对团队成员进行严格的训练，项目的成功依赖于项目成员之间的相互理解以及良好的组织工作习惯。

项目团队管理是所有成功管理的基础，管好项目团队对每一位管理人员，不论是新手还是老手，都是一个重要且具有刺激性的挑战。

1. 角色构成

要发挥团队的最大功效，有几个关键角色是不可或缺的，其中包括队长、评论员、执行人、外联负责人、协调员、出主意者及督察。当酝酿队员人选时，必须将这些角色因素考虑进去。一支团队最重要的功能是完成手头的任务，这一点必须牢记在心。另一点是，作为团队成员必须具备友好、坦率的性格，并且有能力也愿意与其他成员共同工作。

2. 角色分配

把所有人放到同一模式里的方法是行不通的。也许能找到一位完美的外联负责人和评论员，但更可能的是找不到。要尝试着让角色适合队员的个性，而不是勉强队员去适应角色。没有必要让每个人都只承担一种职责。如果团队仅有少量的成员，那么可以让一个队员扮演多个角色，只要能够保证真正满足团队的需要，同时也要让队员对自己所扮演的角色满意。团队的各个关键角色的特点如下。

（1）队长。发现新成员并增强团队合作精神。对队中每个成员的才能和个性有着敏锐的判断力。他必须善于克服弱点，是一流的联系人，善于鼓舞士气，激发工作热情。

（2）评论员。能使团队保持长久高效率工作的监护人和分析家。他永远寻求最好的答案，是分析方案、找出团队弱点的专家。他坚持要尽量改正错误，而且铁面无私。提出建设性意见，指出改正错误的可行性方法。

（3）执行人。保证团队行动计划推进和圆满完成。他思维条理清楚，是天生的时间表。他能预见可能发生的拖延情况并及时预防。具有"可能完成"这种心理，且愿意努力完成。能够重整旗鼓，走出失败。

（4）外联负责人。负责团队的所有对外联系事务。具有外交才能，善于判断他人的需求。具有可靠、权威的气质，对团队工作有一个整体了解，处理机密事务时小心谨慎。

（5）协调员。将所有队员的工作融合到整个计划中。清楚困难任务之间的关联，了解事情的轻重缓急，能够在极短时间内掌握事情的大概情况。擅长与队员保持联系，能熟练处理可能发生的麻烦。

（6）出主意者。维持和鼓励团队的创新能力。热情、有活力，对新主意有强烈的兴趣，欢迎并尊重他人的新主意。将问题看作成功革新的机会，而非灾难，永不放弃任何有希望的意见。

（7）督察。保证团队工作高质量完成。严格要求团队遵循严格的标准，有时甚至显得迂腐。对他人的表现明察秋毫，发现问题绝不拖延，并且奖罚分明。

在一个高效团队中，成员们都清楚地知道各自所扮演的角色。但除了自身的力量、技能和负担的职责外，他们还必须为整个团队的凝聚力做出自己的贡献。整个团队凝聚力的实现则是项目经理们的职责。

（二）项目团队领导的素质与职责

1. 领导素质

所有的项目经理都必须有鲜明的个人特点以显示其影响力和能力。这些品质有些是内在的，如想象力，但他们总是会表现出来的，如对事物发展有很好的预见性，从而使团队成员的潜能发挥到极致。一个团队的领导者必须既是促进者，又是激励者。项目团队依靠其领导者才得以迅速做出正确的决定，并不断成长。

但是作为领导者不一定要全权包揽。事实上，认为自己观点最佳、能力最强的人，往往在团队合作中起着反对和独断作用。有效的团队合作应该在三种领导活动之间求得平衡，使三种不同的力量并驾齐驱。这三种领导活动是：收集信息（即负责集思广益和形成文字）、协调人际关系（即监督合作进程，体察成员的感受，处理矛盾）、设计团队合作方法（即规定日程，确认每位成员对下次会议前应完成的任务心知肚明，通知缺席的成员，检查、确保布置的任务准时完成）。上面三种领导职责可以由一个人担当，在大多数项目小组中，这些是由三人或更多的人负责的。

2. 领导职责

项目团队领导者的主要任务和职责就是实现团队的目标。一个团队的领导者，应当保证团队的目标通过以下过程得以实现：选择足够的、合适的人选并参与计划的制订；召开团队会议，就团队目标和价值展开讨论；有效地组织实施，使项目资源得到最佳配置，保证项目目标的实现；迅速并准确地分析和修正失误；无论对内还是对外，都负担起代表整个团队的责任；保证团队的效率。

（三）项目团队成员的职责

团队所有成员都要共同努力，使团队工作达到最佳状态，这对团队来说是生死攸关的。赋予队员全部工作职责，并使他们能在为全队做出最好贡献的前提下，提高自己的工作能力。

团队成员的首要任务是做好自己的工作。但为了使团队能成功地共同工作，团队职责一定要放在个人职责之前。要赋予团队达成自己目标的全部职责。在队员之间营造一种责任感，这样他们就会尽其所能地完成所分配的工作。要做到这一点，就要有效地分派任务并监督每个队员的表现以及整个团队的表现。这样可以增进队员之间的责任感，鼓励他们互相帮助，提高团队整体成绩。

二、项目团队的运行

项目团队形成以后，就要确定项目团队的运行规则，它关系到项目团队目标能否实现。团队运行管理的要点如下。

（一）确定团队规章

所有团队有一点是共同的，即需要有规章来进行自我控制。规章对于团队的成果起着关键作用，它在团队发展的最初几个月里便确定下来，一旦被确立，一般不能轻易更改或修正。团队规章的任何变更都需要花费大量的时间，而且常会引起其成员的不安。团队负责人在确立规章方面起着重要作用，团队通常以其成员遵守规章的程度来评价他们，最遵守规章的成员最受尊敬。越多的团队成员来参与并发展团队规章制度，他们就越能彼此协调一致。愿意创立规章的团队是一个愿意自律和愿意为自己行为负责的团队。当团队规章不明确时，往往对其成员缺乏控制力。规章有助于维护所有队员的权力平等。

（二）获取管理部门的支持

最成功的团队通常都得到了上层管理部门的有力支持，这种支持部分表现在经理们不仅关心团队的发展过程，而且还充分相信团队将会取得成功。当上层领导鼓励，甚至要求企业职员以团队形式工作时，团队开始进步。缺乏上层管理部门的支持是团队失败的最根本原因。那些喜欢控制的保守人物一般对团队抱否定态度。各级管理部门如果期望团队取得成功的话，就必须毫无保留地公开支持团队的种种努力。

（三）建立团队运行的基础

首先是形成团队，建立团队的初步工作模式，确定成员权力的大小。然后是确定最佳的团队规模，安置团队成员，使新成员熟悉情况。使新成员熟悉情况是团队的责任，为了缩短新队员的起步时间，必须使其恰当地熟悉团队、团队其他的成员以及团队目前工作的情况。此外，可以使用替代团队成员，执行"两人同行制"，能帮助团队成员和替代成员及时了解团队的计划。

（四）分配团队成员任务

团队成员因为承担的工作性质不同而有不同的责任。细分下来，团队中存在着以下责任：主管人员的责任、团队顾问的责任、会议主持人的责任、过程观察员的责任、团队成员的责任、主题专家的责任和内外联络人的责任。

（五）明确团队行为规范

通常，团队都有自己的行为规范。在团队规范下，团队成员都有自己的行为准则，这些行为准则可能会对团队有益，也可能有害。有益的团队成员行为准则表现为：愿意参与、贡献主意和确立目标；愿意领先并学会信任其他的团队成员；愿意进行有效的交流；愿意分享和评价不同的想法；愿意支持并执行团队的决定；等等。而有害的团队成员行为准则表现为：攻击个人的性格；对任何事都表示同意或不同意；抱怨；闲谈；注意力不集中；爱支配别人；打断别人的话；掩饰问题；没有按时完成任务；做工作不负责任；不参与团队决策；退缩；等等。

三、项目团队建设的方法

常见的项目团队建设的方法主要包括：培训、团队建设活动、建立规则、集中办公、奖励和表彰体系等。

（1）培训。项目组织开发的首要任务是团队成员的培训，也就是给项目团队的成员传授完成工作和任务所必需的基本技能和素质的过程。

（2）团队建设活动。团队建设活动包括为了提高团队绩效而专门采取的管理活动和个别措施。

（3）建立规则。规则界定了对项目团队成员的可接受行为的明确期望，尽早接受这些明确的规则，可减少误解，提高生产力。

（4）集中办公。集中办公把几乎所有最活跃的项目团队成员安排在同一工作地点，以增强他们整体工作的能力。

第四节　项目团队文化

项目团队的文化是其发展过程中所形成的，为团队队员所共有的思想、作风、价值观念和行为规范，它是一个项目团队所特有的信念和行为模式。一个具有文化底蕴的项目团队，就像一个具有文化修养的人一样，处处都显现出自己独特的行为模式。

一、项目团队文化的内容

项目团队的文化涉及组织的各个层次，渗透于项目的各项工作中。一般来说，团队的文化主要包括团队精神、团队价值观、团队目标、团队道德、团队制度和团队礼仪。在一个具有文化底蕴的项目团队中，成员有强烈的归属感和一体感。好的文化激励着团队成员，成员们努力奋斗、要求上进的精神又大力地促进着团队文化的建设，两者相得益彰。

（一）项目团队精神

项目团队精神，就是项目成员为了团队的整体利益和目标而相互协作、共同努力的意愿与作风。项目团队精神是团队文化的表现形式，它是支撑项目团队生存的支柱，是在生产、经营和管理的实践活动中形成的、代表广大员工精神面貌的一种行为。通常可以用言语、口号或队歌等形式表达出来。

（二）项目团队价值观

项目团队价值观是一个团队的基本观念和信念。它是指项目团队所有成员参照一定依据、遵循一定的计价模式对团队的生产经营行为、提供的服务以及社会声望和信用等的总看法。它具体地向成员说明什么是成功，并在成员中树立起成功的标准。

（三）项目团队目标

向组织或客户提供产品或服务是项目团队的基本任务和目标。某企业为了开发一种新产品，成立了企业内部的新产品开发项目小组，这个项目小组实际上就是项目团队，其基本的任务和目标是为企业设计和开发一种新产品。这类性质的项目团队具有一定的临时性，当新产品开发成功后，项目团队多数会解散，团队成员又回到原来的职能部门。通常情况下，更多的是比较稳定的项目团队。此类项目团队在完成一个任务和目标以后，又将迎接新的项目、新的挑战。

(四)团队道德

团队道德是调整成员之间以及项目组织与成员之间关系的思想意识和行为规范的综合。它是一种特殊的行为规范,是团队规章的必要补充。通过它,项目成员能在什么是对、什么是错、什么可被接受、什么不可被接受等问题方面取得共识。

(五)团队制度

团队制度是项目组织中项目管理的实践活动中所生成和发展起来的一种文化现象。它既是处理各种工作关系的各种规章制度、组织形式和行为准则,又是项目组织为实现其项目目标而要求成员共同遵守的办事规程。

(六)团队礼仪

团队礼仪是团队日常已经形成习惯的一系列文化活动的总称。这些礼仪活动体现了组织对成员的期望与要求,包括团队交流和社会礼仪、工作礼仪、管理礼仪等。它以形象化的形式,将团队价值观灌输给全体成员。可以说,没有团队礼仪,也就没有团队文化。

在一个具有文化底蕴的项目团队中,成员有强烈的归属感的一体感。好的文化激励着团队成员,成员们努力奋斗、要求上进的精神又大力地促进着团队文化的建设,两者相得益彰。

二、项目团队文化建设

良好的项目团队文化具有团队精神强、团队充满活力、团队成员不断进取的特征。项目团队文化建设就是要培养项目团队精神,建立共同愿景,搞好项目团队学习,同时还要注意领导艺术。

(一)培养项目团队精神

培养项目团队精神,重点有以下几个方面的内容。

1. 提高项目团队凝聚力

项目团队凝聚力是指项目团队对其成员的吸引力和成员之间的相互吸引力,它包括"向心力"和"内部团结"两层含义。当这种吸引力达到一定程度,而且项目团队成员对个人和对项目团队都具有一定价值时,我们就说这是个具有高度凝聚力的项目团队。高凝聚力项目团队具有以下特征:团队成员归属感强,愿意参加项目团队活动,承担项目团队工作中的相关责任,维护项目团队利益和荣誉,成员之间信息沟通快,互相了解比较深入,关系和谐,并具有民主气氛。

2. 鼓励项目团队成员全力投入项目团队的工作中去

只有项目团队成员贡献自己的智慧和力量，全力投入项目团队工作中去，并秉持对项目团队的承诺，才能让项目团队运作成功。因此，要鼓励项目团队成员贡献其专业技术与能力，担负起相应的责任，了解顾客的需要，并对顾客负责；鼓励项目团队成员始终保持活力与热忱，不断地追求改善与进步。

3. 在项目团队中培养民主气氛

一个民主的项目团队意味着团队具有开放、坦诚的沟通氛围。项目团队成员在其中感到心情舒畅，在工作中能够充分沟通意见，能经常从项目团队得到反馈，愿意倾听、接纳其他团队成员的意见，尤其是愿意敞开胸襟，接受来自团队外的批评，愿意倾听顾客的意见。通过培养民主气氛，可以使项目团队成员之间的关系更加融洽，从而更好地开展项目团队工作。

4. 帮助项目团队成员发展事业

事业，是指一个人一生从事的职业、担任的职务及职位发展的途径等。事业发展是指个人为达到事业目标，做出相应的决策和付诸实践的过程。事业规划是指个人对职业组织和发展前途的选择。因此，事业发展与规划是一个不断的追求工作与生活质量满意的动态平衡过程。对项目团队领导来说，要帮助项目团队成员在团队找到合适的位置，扮演好自己的角色；努力创造平等参与的机会，使项目团队成员能充分发挥个人才能；鼓励项目团队成员不断进取，不断充实和提高自己；让项目团队成员知道自己表现良好的地方；协助项目团队成员从错误中学习。总之，要想方设法帮助团队成员规划和发展他们的事业，并帮助他们取得成功。

（二）建立共同愿景

共同愿景，就是项目团队中大家共同期望的景象，它是人们心目中一股令人深受感召的力量。个人有愿景，可以激发个人不断向前超越；团队有共同的愿景，也会因大家一起投入，而产生巨大的动力。

建立共同愿景，主要包括以下一些内容。

（1）鼓励建立个人愿景。共同愿景是由个人愿景汇聚而成的。如果人们没有自己的愿景，他们所能做的就仅仅是附和别人的愿景，结果只能是顺从，绝不是发自内心的意愿。项目团队要建立共同愿景，必须持续不断地鼓励其成员发展自己的个人愿景。项目团队共同的愿景必须从个人愿景出发，个人愿景是项目团队愿景的基石。

（2）融入项目团队理念建立共同愿景，实际上只是项目团队基本理念的一部分。其他内容还包括目的使命与核心价值观。

（3）学习双向沟通技术。对于项目团队领导者来说，应当运用双向沟通技巧来向员工阐明共同愿景，这项工作应当贯穿在相关团队日常的工作和生活中。

（三）搞好项目团队学习

项目团队学习是提高项目团队成员相互配合、整体搭配与实现共同目标的能力的学习活动及其过程。当团队真正在学习的时候，不仅团队整体产生出色的成果，个别成员成长的速度也比其他的学习方式更快。

项目团队学习包括以下内容：

（1）当面对复杂的问题时，项目团队必须学习如何发挥出高于个人智力的团队智力。

（2）当需要具有创新性而又协调一致的行动时，项目团队能创造出一种运作上的默契。

（3）当项目团队中的成员与其他团队发生作用时，能培养项目团队之间相互配合的能力。

项目团队学习的修炼要学会运用真诚交谈与讨论。这是两种不同的团队交谈方式。在真诚交谈时，人们自由和有创造性地探讨复杂而重要的问题，先撇开个人的主观见解，彼此用心聆听，达到一起思考的境地。讨论则是提出不同的看法并加以辩护。真诚交谈与讨论基本上是能互补的，通常人们用真诚交谈来探讨复杂的问题，用讨论来就某些问题达成协议。一个学习型的项目团队要善于交叉运用真诚交谈与讨论两种方式。

（四）项目团队文化建设中的领导艺术

（1）对事不对人。要使项目团队成为一体，与项目团队成员有效合作，项目团队领导就必须避免过分挑毛病的习惯。因为这种做法会演变成指责，使项目团队精神逐渐灭亡。即使是含蓄的责备，也会让项目团队成员鼓不起勇气冒险，采取新做法，而冒险的态度是不断改进的要素。对事不对人，可以鼓励项目团队寻找长期解决之道，而不是"临时抱佛脚"式的补救。

（2）使项目团队成员充满自信与自尊。有自信心的人勇于发言，会把本身的才能与观点贡献出来，也愿意冒险。觉得受到打击的人往往是少说少做，但求过关而已。要建立自信与自尊，可以把要延伸项目团队成员能力的工作交给他们，但不能过头。用支持项目团队成员的态度重申每个人的意见都有其价值，通过分享过去只有领导阶层才拥有的一些知情权，可以使他们对自己迎接挑战的能力较具信心。

（3）主动改善工作和关系。作为领导者，必须教导并不断督促项目团队把事情做得更好，打破和拆除项目团队之间的围墙。重要的作业程序可以跨越部门之间的界限，而将项目团队内外的人连接在一起。

（4）以身作则，领导要以身作则，把自己对项目团队的承诺说清楚，在自己和项目团队之间保持开放性的对话；看到任何与高度参与项目团队的目标一致的行为出现时，不管是多么微小的举动，都要给予赞美和支持；承认自己的过错，与项目团队成员分享你从他们身上学到的东西，项目团队成员也会效仿你的做法。

(5) 充分利用项目团队成员间的差异。将形形色色的个人组合成一支既有奉献精神，又有生命力的项目团队，是对项目团队领导的一大挑战。项目团队领导可以在项目团队内培养尊重不同观点的态度；认可项目团队内部不同的动机、价值观和意见；确实让所有项目团队成员全过程参与项目团队工作的讨论；疏通项目团队内部不利于团队发展的冲突。

第五节 项目团队激励管理

一、项目团队激励的概念

项目团队激励是指通过外在和内在激励因素的作用，从而最大限度地激发项目团队成员的内在动力，发挥其潜能，加强团队合作，从而实现项目目标。

正确理解项目团队激励的概念，应该把握好以下几个方面。

(1) 激励的出发点是满足项目团队成员的各种需求，即通过系统地设计适当的外部奖酬形式和工作环境，来满足其外在需要和内在需求。员工的需求因人而异，因时而异，并且只有满足最迫切需要的措施，其效能才能最高，激励强度才最大。

(2) 奖励和惩罚都是激励的手段，既要对团队成员表现出来的符合组织的行为进行奖励，又要对不符合组织期望的行为进行惩罚。正负激励都是必要而有效的，但正负激励的度一定要把握好。

(3) 整个激励过程离不开信息沟通与合作。从对激励制度的宣传、员工个人的了解，到对员工行为过程的控制、对员工行为结果的评价及团队成员的协作和配合等，都依赖于一定的信息沟通。

(4) 激励最终目的是在实现组织预期目标的同时，也能让组织成员实现其个人目标，即达到两种目标的统一。

二、项目团队激励的原则

1. 激励要因人而异

激励的方法很多，可以使用物质的手段，也可以是精神的鼓舞。根据人本原理的基本原理，不同人的需求是不一样的，即便是同一个人，在不同的时间和环境下，也会有不同的需求。由于激励取决于内因，是团队成员的主观感受，所以，激励要因人而异。团队负责人在制定和实施激励措施时，首先要调查清楚每个成员的真正需求，将这些需求合理地整理归纳，然后再制定相应的激励措施。

2. 奖惩要适度

奖励和惩罚会直接影响激励效果。有些管理者在奖惩员工的时候，不按照规章制度办事，奖得过多，罚得过重，或者奖得过少，罚得也轻，都达不到真正的激励效果。奖励过重会使员工产生骄傲和满足的情绪，失去进一步提高自己的欲望；奖励过轻则达不到激励效果，或者让员工产生不被重视的感觉。惩罚过重会让员工感到不公，或者失去对组织的认同，甚至产生怠工和破坏的情绪；惩罚过轻会让员工轻视错误的严重性，从而导致可能还会犯同样的错误，起不到警戒的作用。

3. 激励要有公平性

公平性是团队管理中一个重要的原则，任何不公的待遇都会影响员工的工作效率和工作情绪，影响激励效果。取得同等成绩的员工一定要获得同等层次的奖励；同理，犯同等错误的员工也应受到同等层次的处罚。如果做不到这一点，管理者宁可不奖励或者不处罚。管理者在处理员工问题时，一定要有公平的心态，对员工一视同仁，不抱偏见，不用不公的语言对待员工。

4. 奖励正确的事

经理人往往会奖励错误的行为，忽视一些正确的行为。奖励不合理的工作行为，比不奖励的危害还大。相当于变相地鼓励那些不合理的行为，反而使合理的行为被抑制了。

5. 激励要把握最佳时机

项目团队负责人在激励员工的时候，如果错过了时机，即使花同样的代价也达不到同样的效果。负责人在分配任务之前，需要先激励员工，把员工的斗志激发出来，执行任务的过程效果就会非常好。员工在遇到困难的时候，负责人要及时帮助，给予关怀。这样在以后的工作中，员工会更加怀着感激之情加倍努力工作。

三、项目团队激励的模式

项目团队整体的激励模式主要有以下几种。

1. 愿景目标激励

设置愿景目标是激励机制的一个关键。一个振奋人心、切实可行的目标，可以起到鼓舞士气、激励员工的作用。有效的团队必须具有一个大家共同追求的、有意义的目标，它能够为团队成员指引方向，提供推动力，让团队成员愿意为它贡献力量。要将团队成员个人目标和团队整体目标很好地结合，形成一致性目标，从而产生良好的激励效果。

2. 团队文化激励

精神动力往往比物质动力所起的作用更大。团队文化对团队的工作来说有一种强大的促进作用。团队要有自己的文化，才能明白自己的前进方向，才能知道自己为什么存在和将如何开展工作。团队精神直接影响着团队的生存与消亡，因此，做好团队激励，必须培养良好的团队文化，搞好团队精神建设。

3. 团队整体绩效管理激励

团队更注重整体绩效水平。团队绩效是团队核心素质的体现以及团队成员共同努力的结果。如果组织能够通过共享价值观和共同愿景将个体绩效、团体绩效与组织绩效紧密结合在一起，则组织的战略目标就能实现。因此，团队激励要以团队为基础进行绩效管理，建立团队整体绩效管理制度。通过团队整体绩效计划、绩效实施、绩效考核反馈等一系列的绩效管理过程，强化团队凝聚力、向心力，从而促进团队整体绩效水平的不断提升。

4. 团队集体荣誉激励

团队荣誉是众人对组织团队的崇高评价，是满足团队成员自尊需要、激发团队成员奋力进取的重要手段。通过给予集体荣誉，培养集体意识，使成员为自己能在这样优秀的团队中工作为荣，从而形成一种自觉维护集体荣誉的力量。要善于发现、挖掘团队的优势，让成员觉得他们所在的团队是所有同类团队中最棒的。最终，使成员为荣誉而战。这样既可以培养集体荣誉，又可以激励成员。

四、项目团队阶段激励

项目团队在不同的生命周期阶段具有不同的特征和特点，因此，我们需要根据项目团队生命周期阶段来选择不同的激励方式进行项目团队激励。

1. 组建阶段的激励

项目团队形成初期最重要的特征就是个体成员转变为团队成员，在这个时期，团队中的成员开始相互了解，但由于不清楚自己的职责和角色，项目并没有真正的开展。这一阶段的情绪特点包括激动、希望、怀疑、焦急和犹豫。每个成员都有许多疑问，如我们的目的是什么，其他团队人员的技术、人品怎样，自己能否与其他成员合得来，自己能否被接受等，因此，在此阶段主要应采取以下几种激励方式。

（1）预期激励。良好的心理预期能够发挥较强的激励作用。项目经理要向团队成员介绍项目的背景和初步目标，设想项目的美好前景及实现项目目标所带来的益处；明确团队的努力方向，增强团队成员的信心和团队的凝聚力，激发团队成员为实现美好的预期目标而共同努力。

（2）信息激励。项目经理要公布有关项目的工作范围、质量标准、预算及进度计划的标准和限制，使团队成员对项目有个大致的了解，为后期工作的顺利开展打下良好的基础。项目经理还要讨论项目团队的组成，他们的互补能力和专业知识，选择团队成员的原因以及每个人为协助完成项目目标所充当的角色，让每个成员清楚其在团队中的位置。

（3）参与激励。团队成员要具有一种主人翁感，在讨论项目目标的分解及制订具体实施计划时，要发扬民主精神，让团队成员主动地充分参与，以增强计划的科学性和可操作性。另外，在确定团队成员的角色、进行组织构建等工作时，要充分听取团队成员的意见和建议，以激发他们的主人翁精神。

2. 磨合阶段的激励

项目团队到磨合阶段时，项目目标已经非常明确，项目成员开始执行分配到的任务。

但随着项目的逐步推进，各方面的问题逐渐显露出来，项目团队开始呈现冲突和不和谐的特点。团队成员之间由于立场、观念、方法、行为等方面的差异而产生各种冲突，人际关系陷入紧张局面。此外，项目在运行过程中与项目外其他部门发生各种各样的关系，团队成员与周围环境之间也会产生各种各样的冲突矛盾。这一时期是项目发展的必经阶段，也是转折点。如果激励工作做得好，成员的不满情绪能很快向满意转变，给项目发展带来新的契机；如果这种不满情绪不能得到及时、有效的解决，将会给项目的前景蒙上阴影。这一阶段主要采取以下几种激励方式。

（1）参与激励。团队成员要正视工作中出现的问题，一起讨论并建立起具有操作性的基本规则，以规范项目团队的合作方式。

（2）责任激励。项目经理要进一步明确每个成员的工作职责，使他们准确无误地识别各自的角色，并制定相应的奖励和约束机制，以增强团队成员的责任意识。

（3）信息激励。项目经理要加强与团队成员之间的沟通，共同分析问题产生的原因以及应采取的对策，增加相关信息的透明度。

3. 正规阶段的激励

在此阶段，项目团队逐渐接受了现有的工作环境，团队成员的不满已明显降低，项目规程也得以改进和规范化。团队的凝聚力开始形成，成员之间相互信任、友好合作，对项目的共同责任感得到加强。在这一阶段，除参与激励外，项目经理还应采取以下两种激励方式。

（1）自我激励。自我激励通常所产生的效果最明显，影响也最持久。项目经理应鼓励项目团队建立一种创造性的工作模式，尽量减少指令性工作，给予更多的支持和指导。

（2）知识激励。项目团队有两个功能：完成项目任务；满足成员的需要。其中一个重要的方面就是学习新知识和新技术。因此，项目经理要尽可能多地创造团队成员之间相互沟通、学习的良好环境，并从项目外部聘请一些专家讲解与项目有关的新知识和新技术，给团队成员以充分的知识激励，以促进他们自身的快速成长。

4. 成果阶段的激励

这一阶段的工作绩效与团队凝聚力均达到最佳状态。项目团队能开放、坦诚、及时地沟通，相互理解、密切配合，团队成员能感觉到高度授权。此阶段应采取以下几种激励方式。

（1）危机激励。在看到项目团队良好工作绩效的同时，项目经理应积极地引导团队成员产生危机感，增强危机意识。不能仅仅满足于现有的局面，应对项目的内外部环境进行全面细致的分析，对工作中出现的问题进行深刻反思，有效地识别项目风险因素，并采取一定的防范措施，努力将危机可能造成的损失降至最低限度，以提高项目的效益。

（2）目标激励。所谓目标激励，就是通过目标管理进行激励。项目经理要为团队设立有较高价值的目标，并将其与团队成员的需求有机结合。要通过有效的沟通，协调好团队整体目标与成员个人目标之间的关系。

（3）知识激励。在该阶段，项目团队相互依赖度高，团队成员之间经常合作，并在自己的工作任务外尽力相互帮忙，在合作中实现知识的交流。项目经理要进行充分的授权，遇到技术难题，就组织适当的团队成员成立临时攻关小组，待问题解决后再将有关的知识和技巧在团队内部快速共享，让他们在努力工作的同时也能充分地汲取知识的营养，增强他们的成就感。

5. 解散阶段

此阶段是在项目进行交付后需面对的阶段。项目所有成员完成项目任务，通过努力完成了项目目标，所以，此时项目团队成员普遍有荣誉感和成就感，因为自身的成长和获得的知识、经验而高兴和自豪。同时，对自己的未来及工作的安排惶恐不安。既有成就感，又有危机感。此阶段应主要采取以下几种激励方式。

（1）成就激励。对每一个员工的工作进行客观、公正总结，肯定成绩，总结教训，积累项目管理的经验。对每个员工的工作给予认可。这样可以增强员工的成就感和自豪感，从而达到正向激励的效果。

（2）物质激励。此阶段要按照事先所确定的薪酬政策和奖励政策，根据项目目标实现和考核结果进行兑现，以满足员工物质的需要，从而达到有效激励的效果。

（3）保障激励。项目完成后，该项目团队面临解散的现实，所以组织要充分考虑团队成员的去处，解决他们的后顾之忧，这是对团队员工负责任的态度。

以上是项目团队发展不同阶段应采取的主要激励方式，偏重于精神方面的激励。然而，想要增强激励的效果，除精神激励外，物质激励也应作为一条主线，贯穿于项目团队发展的始终。同时，在激励的过程中，应细致地分析团队中每个成员的具体需求，有针对性地运用多种激励方式来调动其积极性，从而促进项目目标的顺利实现。

第六节 项目团队绩效管理

一、项目团队绩效管理的概念

项目团队绩效管理是一个综合的管理体系，涉及项目人力资源管理的各个环节和领域，是项目人力资源管理的核心。项目团队绩效管理就是通过设计一个完整的考核和评价体系，对团队成员在项目实施过程中的绩效和业绩进行综合考核，并通过反馈和沟通改进工作，通过绩效薪酬对团队成员进行激励，从而提高团队成员的工作积极性和工作效率；同时，通过绩效考核得到的信息和资料，综合分析员工的现有能力和潜力，对员工进行有针对性的培训，提高工作能力。

二、项目团队绩效管理的方法

项目团队绩效管理的方法有很多,大部分都已经在项目管理实践中得到了广泛的运用,并取得显著的成果。常用的方法主要有以下几种。

1. 目标管理法

目标管理的概念是由管理学家彼得·德鲁克于 1954 年在其著作《管理的实践》中最先提出的,其后他又提出"目标管理和自我控制"主张。德鲁克认为,并不是有了工作才有目标,而是相反,有了目标才能确定每个人的工作。所以"使命和任务必须转化为目标",如果一个领域没有目标,这个领域的工作必然被忽视,因此,管理者应该通过目标对下级进行管理,当高层管理者确定了组织目标后,必须对其进行有效分解,转变成各个部门及个人的分目标,管理者根据分目标的完成情况,对部门和员工进行考核和奖惩。

2. 关键绩效指标法

关键绩效指标(key performance indicator,KPI),是对公司及组织运作过程中关键成功要素的提炼和归纳,是通过对组织内部某一流程的输入端、输出端的关键参数进行设置、取样、计算、分析,衡量流程绩效的一种目标式量化管理指标,是把企业战略目标分解为可运作的远景目标工具。

3. 平衡计分卡法

平衡计分法(BSC)是由哈佛商学院的罗伯特·卡普兰和戴维·诺顿发明的。它从企业的战略目标出发,从财务、客户、内部运营及学习与发展四个方面设定有助于达成企业战略目标的绩效管理指标。它是对企业战略目标进行综合评价的一种方法,是对企业各部门和员工的绩效进行评价和引导,共同实现企业战略价值的一种管理体系。

4. 360 度绩效考核法

360 度绩效考核也称为全视角考评,是由被考评者的上级、同事、下级和客户以及被考评者本人担任考评者,从多个角度对被考评者进行 360 度的全方位考评,再通过反馈程序,达到改变行为、提高绩效的目的。

5. 关键事件法

关键事件法是由美国学者福来·诺格和伯恩斯在 1954 年共同创立的,它是由上级主管者记录员工平时工作中的关键事件:一种是做得特别好的,另一种是做得不好的。在约定的时间,通常是半年或一年之后,利用积累的记录,由主管者与被测评者讨论相关事件,为测评提供依据。

6. 评定量表法

这是绩效评估的一种最古老又最常用的方法,这种方法是把一系列绩效因素罗列出来,如工作的质量、知识、深度合作、忠诚度、出勤度、成熟度、主动性等。评估者利用这张表,用递增式尺度对逐个因素进行评估。

7. 行为定位评定量表法

行为定位评定量表法综合了关键事件法与评定量表法的优点。具体来说，绩效评估者用由多个条目组成的连续带对员工进行评级，但是分点是员工在工作中的实际行为表现的实例，而不是一般性描述和个性特点。行为定位评定量表主要是用于评定那些明确的、可观察的、可测量的工作行为。

三、项目团队绩效管理的流程

项目团队绩效管理是一个完整的系统过程，有其必然的规律性，因此必然要遵循一定的流程。通常，一个完善的绩效管理体系的流程主要由项目 WBS 分解、项目绩效计划、绩效的实施、绩效考核、绩效结果的回馈沟通以及绩效结果的应用六个环节组成，如图 6-1 所示。

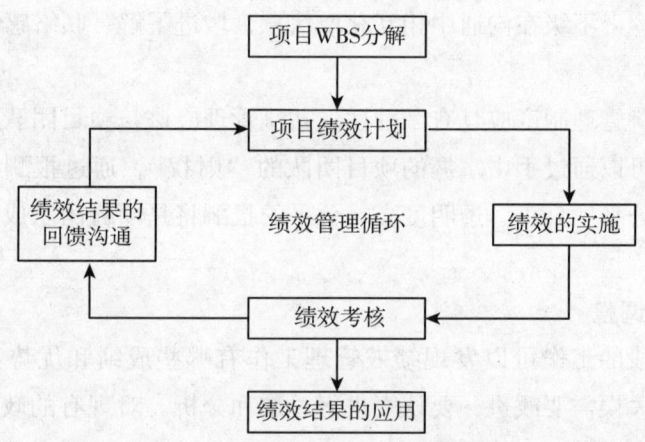

图 6-1　项目团队绩效管理的流程

四、项目团队绩效管理的内容

项目绩效管理的内容包括绩效计划、绩效考核、数据分析、绩效沟通、薪酬管理、人事决策与调整等。

1. 绩效计划

绩效计划是绩效管理过程的起点。对项目团队来说，绩效计划是团队成员与项目经理共同研究以确定成员在一段时期内该做什么工作、定义绩效评定方法、分析并计划克服工作障碍，并就工作达成共识的过程。

2. 绩效考核

项目团队的绩效考核可以根据具体情况和实际需要进行月考核、季考核、半年考核和年度考核。工作绩效考核是一个按照事先确定的工作目标和发展目标以及衡量标准，考核项目团队成员实际完成的绩效情况的过程。绩效考核包括工作结果考核和工作行为考核两个方面，其中工作结果考核是对考核期内团队成员的工作目标实现程度的测量和评价；工作行为考核是对团队成员实施行为过程进行评价，评价过程采用调查问卷法。

3. 数据分析

项目团队进行数据收集和观察的目的是解决问题。跟踪和记录信息以防丢失，并且随时满足管理的需要。这些信息可以包括数据、项目经理的观察以及与单个员工就绩效问题的讨论记录，以此做成文档。通过收集的数据和记录的文档，可以为决策提供有关成员绩效的记录，及时发现潜在的问题，对出色的员工进行表扬，以提高员工的积极性。

4. 绩效沟通

持续的绩效沟通是一个双方追踪进展情况，找到影响绩效的障碍以及得到使双方成功所需信息的过程。持续的绩效沟通能保证项目经理和成员共同努力，及时处理出现的问题，修订工作职责，上下级在沟通中相互获取信息、增进了解、联络感情。

5. 薪酬管理

项目团队的薪酬管理制度应具有激励性，薪酬管理应该与项目团队成员的工作绩效紧密挂钩。项目经理可以通过手中掌握的项目团队的"财权"，通过报酬对干得好的员工进行奖励，且要做到公平、公正、透明度高。公平的报酬将是项目团队成员取得更高绩效的潜在动力。

6. 人事决策与调整

通过前几个阶段的工作可以发现绩效管理工作有哪些成绩和优势需要继续保持和发扬，有哪些不足和失误需要改进，要认真进行总结和分析。对现有的政策进行修订，对成员的工作进行调整。项目团队成员有时希望从工作本身得到回报，尤其当项目处在矩阵式环境时，项目经理就可以通过调整项目团队成员的工作来达到激励成员的目的。

[章后案例]

项目经理小刘的困惑[①]

2007年11月某日，ZZ机车车辆有限公司引进国外T公司技术所生产的大功率电力机车已顺利下线。在隆重的音乐和热烈的掌声中，某领导亲自登上列车剪彩并向项目工作人员表示祝贺，这也标志着两家公司的首次技术引进合作项目成功完成。

接下来的时间里，小刘一直忙着整理汇总项目的相关资料和报告，随时准备进行项目成功总结，但是总结会议却始终没有召开。几周后，在规划发展部的一次会议上，吴部长突然通知小刘，要其立刻接手与另一公司的合作项目。小刘有些措手不及："吴部长，之

---

① 宋金波，朱方伟，戴大双. 项目管理案例[M]. 北京：清华大学出版社，2013.

前项目我还有些材料需要整理，新项目……""之前项目都验收了，公司领导很满意，基本结束了。"吴部长打断了小刘的话："这个新项目从项目规模和重要性上都远胜于前一项目，公司很器重你啊，你也要好好干，尽快研究个方案我们讨论一下。"吴部长继续安排着部内其他工作，但小刘再也听不下去了，心里不停地琢磨，自己负责了三年的技术引进项目结束后，公司没有要求自己做出任何形式的总结汇报，也没有得到公司领导对项目执行结果的任何评价或反馈意见，整个项目就戛然而止。其实，项目成果虽然获得了领导的肯定，但小刘心里却没有半分激动与喜悦，更像是一种解脱，项目中的诸多问题和难处只有小刘自己最清楚。

1. 项目背景

电力机车项目引进之前，公司由于主导产品失去市场竞争优势，陷入严重的经营困境中。2004年国家确定了推进铁路技术装备现代化的"引进先进技术、联合设计生产、打造中国品牌"总体方针。ZZ机车车辆有限公司抓住这一契机，投入大量资金用于扩充公司高技术设计、研发人员队伍，并引入国际先进的生产制造设备持续提升生产能力。2004年9月，ZZ机车车辆有限公司开始于国外T公司进行合作洽谈，成功引进大功率电力机车技术，并获得了铁道部电力机车采购订单。

公司上下士气大振，大家仿佛看到了公司的美好未来。

2. 新"新"官上任

ZZ机车车辆有限公司是一家具有典型的职能型组织结构模式的生产制造型企业。公司设有1名总经理，总体负责生产业务的相关活动；同时设有8名副总经理，按照职能不同具体分管公司的技术开发、生产、销售、采购等运营活动，对总经理负责；为保证副总经理的工作效果，公司在副总经理级别下还选拔了8名副总工程师，分别协助副总经理完成职能化管理工作；副总工程师下设有生产部、技术开发部、工艺部、市场部、质保部等15个具体执行管理工作的职能部门，公司研发、生产、销售所需人力、物力以及资金等资源由职能部门负责组织和协调；职能部门还依据其相关职能权力来管理和监控公司各环节的运营活动。

2004年10月，为全力支持机车技术引进项目，顺应企业未来的发展战略，经过公司高层领导讨论研究，受命规划发展部吴部长在部内组建合同保证室，专门负责规划和实施大型技术引进项目。在进行合同保证室人员配置的过程中，吴部长想起了小刘。

那时候的小刘还是ZZ机车车辆有限公司动力车间的一名机车动力系统专员。大学毕业后到厂里一直从事技术工作。在国产机车自主化研制的过程中，小刘一直从事机车动力系统的设计工作；同时他还利用一切机会学习国外的先进机车动力技术。在研究设计的过程中，小刘常常提出建设性的意见并逐步成为研发中心的骨干成员，并曾经多次独立带领专项攻关小组解决公司的关键技术问题，他凭借出色的学习能力和全面的组织能力受到公司研发中心领导的重视。因此，经过人事调动，小刘成为合同保证室开展技术引进工作的第一个成员。

与此同时，公司还决定引入项目管理模式，成立第一个重大技术引进项目组——T项目组。依据公司领导的指示，项目组是在企业原有直线职能型组织结构的基础上组建的，由主管销售的张副总直接领导，主管技术开发的马副总工程师协助管理，二人组成了项目的领导协调层。分管合同保证室的吴部长辅助管理项目工作，协助张副总和马副总协调各职能部门工作。

吴部长一直认为小刘是一个专业技术能力强、认真谨慎、踏实努力，但又不循规蹈矩，敢于并善于提出问题、有魄力的年轻人，尤其是在青年干部培训班上也学习过项目管理的相关理论。于是经吴部长推荐，公司任命小刘为该项目的项目经理。此外，为便于项目管理工作的开展，减少资源协调过程中的信息接口数量，公司还将现有生产部、技术开发部、市场部等职能部门按照其联系的紧密程度划分为针对该项目的特定工作组，如将生产部、工艺部、技术开发部三个职能部门划为生产技术组，由工艺部部长担任生产技术组组长。T项目组织的规划结果在公司副总工程师以上级别干部参加的会议上公布，并以文件的方式正式发到了各个职能部门以及分厂主管的手中。

当小刘得知自己成为公司第一个重大技术引进项目的项目经理时，激动和兴奋之情溢于言表。小刘心想，这是公司领导层高度重视的项目，关乎公司未来的发展，公司上下都将大力配合；吴部长和公司领导如此器重自己，自己一定要将这个项目做好，凭借这个项目大展拳脚，干一番事业，以后自己的发展会更好。于是他将自己锁在办公室三天，按照合同标准提出了一份完整的项目执行计划，吴部长对小刘的表现大加赞赏："小刘，你就这样好好地干，这个项目成功了，你的发展会更好的。"小刘也很激动，并向吴部长保证："我一定全力完成任务，还希望吴部长和公司领导多多支持。"

就这样小刘带着满腔的热情，投入了项目中。开始的三周，由于公司领导关注较多，项目执行很顺利。但之后，项目工作开始受到多方面影响，小刘也是屡屡碰壁，资源调用更是困难重重。

3. 举步维艰

小刘发现，厂务会后下发到各部门的文件中仅提及了项目负责人和项目经理的姓名，并详细描述了各职能部门中该项目中所应完成的任务要求；但没有明确说明项目经理的工作内容和责任权限，对于各职能部门内部设备、人力等资源应当如何配合项目工作也未明确提出，只是模糊地提到各职能部门要积极配合项目经理开展项目管理工作。

在协调各个工作组开展项目工作的过程中，每当需要调用工作组内相应职能部门的设备或人力资源完成特定工作时，只要没有明确的公司领导授权，自己既不能直接从职能部门内调配资源，也没有权力向该职能部门所在工作组提出申请；而必须向张副总或马副总工程师汇报，获得批示文件后，将批示文件交给工作组组长，再由组长出面与组内职能部门主管协商。工作组内部也存在问题。工作组组长是由划分的职能部门主管兼任的，除了与其他职能部门主管拥有相同的直线职能权力外，并没有特殊的项目授权，原则上工作组组长并不能直接决策或协调其他职能部门的资源调配工作。反复沟通协商使项目的每项工作都要花费很长的时间，工作效率更难以提高。

在这种严格的直线职能式组织管理框架下,项目的每一项资源调用都需要遵循公司既定的审批原则,管理程序上与原有的职能管理无异。小刘的主要工作只是根据合同制订进度管理计划,再根据经验监督项目执行情况,并及时向项目总负责人回报项目信息,提出协调申请。小刘自己没有项目的任何决策权力,实际上,从职能部门主管、工作组组长到项目负责人马副总或张副总,任何人都可能否决小刘提出的资源协调申请,并且无须直接向小刘解释原因,而小刘也只能被动地接受结果。

反复协调、逐层审批的条件下,项目执行和决策的主体完全落到职能管理层,项目进度、质量等信息更是分散于各职能部门中,也没有任何部门或人员定期向小刘反馈工作情况,小刘只能通过主动询问、现场观察等方式搜集项目的实时信息,并仅以此方法有限地识别进度风险。小刘还发现自己只要及时汇报、提出申请即可,无须对批示文件的执行结果负任何责任。小刘感到自己担当的这个项目经理有名无实,接二连三出现的矛盾冲突,让他既感到愤愤不平而又力不从心,到底自己扮演的是何种角色呢?

同时,小刘也发现处于同样境遇的不光只有他一人,甚至这个项目的负责人也常常陷入权力不足、协调无效的境地。

2005年6月底是外方对电力机车关键部件技术质量审查的重要节点。偏在这时,电力机车的一个关键部件曲轴出现了质量问题。小刘及时将问题反馈到质量保证组和生产技术组,但是当时恰逢月底绩效考核期,各职能部门都忙于完成当月公司批示文件中所分配的任务,曲轴的质量问题一直没有着手分析原因。小刘自己也不能直接指派各部门专业人员的工作内容,问题一拖再拖,迟迟没能得到解决。小刘觉得再这样拖下去不行,如果关键部件质量审查拖期,将影响整个项目的进度,所以只好去找负责T项目的马副总工程师反映情况,请他出面协调解决问题。马副总听后对小刘说:"情况我已经了解了,但是公司的工艺技术问题一直由徐副总工程师负责,我也不好直接插手工艺部门的工作,我先和徐工商量一下,这个事情还得由他负责解决;如果时间太紧迫,我再向上级领导反映一下,你继续监督项目的进程就行。"听完马副总的话,小刘心里一直犯嘀咕,自己这个项目经理,工作到现在,一遇到问题就只能汇报、等待审批,却没有任何决策权力,这和车间监管有什么区别;汇报给高层也不行,马副总工程师明明直接分管这个项目,却碍于职务级别,不能插手。这个项目到底谁能做主呢?小刘至今百思不得其解。

公司的业务考核机制也是小刘一直苦恼的问题。

每月底,各职能部门都要接受规划发展部下设的综合计划室的绩效考核。如没有按时完成当月分配的工作量,该职能部门将整体受到处罚;但如果提高或高质量地完成计划任务,公司并不给予部门任何形式的奖励;整体上来说,绩效考核时为迫使职能部门定期完成任务而设计的,没有激励的作用,并且考核处罚的额度也没有标准的依据,只是由考核负责人主管决定。

对于职能部门的项目工作绩效,小刘基本无权考核,只能间接地影响考核结果。小刘可以通过向马副总工程师反映项目执行过程中各职能部门的工作完成质量以及配合程度,由马副总工程师决定是否通知综合计划室对其采取相应的奖罚措施，整个过程也都依据马工的主观判断，没有任何参考的标准。小刘是技术人员出身，对管理过程中的人际关系欠缺考虑，处理事情也常常心直口快，也因此吃了不少苦头。

为了积极推进项目进展，对于项目执行中存在的各种问题，小刘都如实向马副总工程师进行汇报，也对职能部门的工作提出了不少改进建议。可是，当反映的问题逐渐增加，考核结果的奖罚程度逐渐增大时，职能部门内部对小刘开始有意见了。小刘曾无意听到生产部的小赵和同事议论："小刘以前也是生产部的，现在有个项目经理的头衔就对我们的工作有意见。以前干得好好的，非建个项目组，活干得多了，钱罚得更多了。领导多了，想法不一样，到底听谁的。"不仅在生产部，小刘在职能部门的地位也变得越来越尴尬，甚至遭到白眼、排挤和非议。后来，除非不得已的情况，小刘很少向马副总工程师反映；项目的好多工作，由于不能掌控职能部门的工作，小刘就一个人在办公室里通宵查进度、对指标、赶报告。小刘常常自我安慰道："我是项目经理，这事就应该我负责"。

4. 苦苦支撑

在项目执行的三年中，办公室几近成了小刘的家。小刘常常问自己："这般辛苦究竟为了什么，当时接手T项目觉得可以干一番事业，但如今却多处于无奈的境遇。没有级别，没有权力，那些职能部门的主管凭什么听我的，他们看起来更像我的领导。被分配来支持项目工作的人，也根本不理会我的意见，要是有事情，还得我先给他们的部长写申请，他们部长同意了才能执行，这不还是原先的职能化管理吗？当上这个项目经理，工资也没比原先在动力车间多多少，可是活倒是多了好几倍，这个项目干成了，我能怎样，而失败了，我又能怎样呢？"

在不停地思考这些问题的过程中，小刘心里一直明白，仅仅通过公司领导的协调和管控是不能从根本上解决目前项目推行困难、资源冲突严重等问题的，何况公司运营状况好转，领导要处理的事情增加，精力甚是有限。小刘认为这些矛盾冲突的根源就是自己在项目管理过程中没有任何行政权力，对上没有资格与职能部门的部长交涉；而职能部门内部的专业技术人员仍然以职能化管理的固定模式考虑问题，根本不能沟通。可关键是这些项目要找谁去说呢？

在深思熟虑之后，鉴于吴部长与自己的关系一直很好，又是自己的直系上级，小刘决定私下跟吴部长说明一下自己的工作想法。在一次部门年底活动中，在休息间隙，借着和吴部长谈论项目的机会，小刘巧妙地提出："吴部长，其实当前的项目推进情况还是可以改善的。您看，我没有行政级别，遇到问题根本没有资格与职能部门交流沟通谈判，更别说那些副总工程师、副总们了，在资源调配方面我完全处于被动的局面，人家想给我就给我，不想给我，就说协调不了，我还得一次次劳烦您和马工帮忙；另一方面，已经调配到的项目资源，我也控制不了，那些职能部门的专业技术人员根本不知道我是干什么的，我提出的意见没有部门主管的批示他们也不做，人家就说我没有权力也没有能力做出决策，我的处境也不太好。"吴部长听了也只是抿嘴笑笑，并没有作声，看到小刘还有想法，就摆摆手说："你这个问题啊，我最清楚了！我在公司里推进一个专项攻关项目时，要不是因为我负责的综合计划室还监管他们职能部门的绩效考核，那些主管们不能得罪我，要不然他们有谁愿意听我指挥呢？关键是以我们公司现在的情况，这个问题还没法彻底解决。"看到小刘一脸的困惑，吴部长接着说："你是技术出身不懂得管理这个问题的复杂性，公司领导也知道要是你有这个权力，就最基本的——可以给他们发奖金，那你的工作就好做多了，可是怎么给你这个权力呢？给你定个副部长级别的行政级别，那么合同保证室的其他职员都要提到副部长了，现在的副部长也要提升，那我这个部长往哪提？这样我们部门全是领导了，这不行。"小刘也觉得有道理，但还是不情愿："可这样问题总也解决不了，就只能像现在这样继续下去了？"吴部长也只是无奈："以后我们会慢慢地规划，但是短期内就这个复杂的权力问题，还是不好解决。"自那以后，小刘再也没有与人提起自己的级别问题，只是这样强撑着推行项目。

更让小刘心寒的倒不是自己每天为了项目奔走忙碌，而是自己辛苦做的事情却不被理解和认同，甚至遭到领导无端的埋怨。在一次由吴部长组织的部长以上级别参加的T项目外方技术审查交流会中，小刘因为级别不够，不能参加此次讨论会。会前，公司主管工艺的徐副总工程师急匆匆地找小刘索要项目进行过程中技术问题汇总材料，并在会议上就小刘的总结提出了一些改进的见解。这件事情让吴部长大发雷霆，批评小刘在未经他允许的情况之下把项目重要资料泄露给其他部门人员。小刘觉得非常委屈，吴部长是部门内的直接领导，应该服从，但是自己为项目改进而传递信息究竟有什么错？况且徐副总工程师是公司负责工艺的领导，也不能不服从指示。类似的事情发生过许多次，很多时候，小刘觉得自己工作没少做，兢兢业业地奔波忙碌，每天要向各个领导汇报工作，但这些领导却都不满意，甚至一些领导把自己看作告密者。

5. 何去何从

辛苦推行了三年T项目，项目成功背后的诸多问题究竟要如何解决一直不得而知。今天吴部长又将新项目交给自己，小刘心里最清楚不过，如果这个项目还实行项目制管理，以目前公司的管理现状，势必还会走入T项目的困境中。

小刘已不是当年那个满腔热血、干劲儿十足的"新任"项目经理，新项目启动在即，这个项目经理到底要怎么当？级别、权责的问题要如何解决？公司究竟应如何推行项目制管理？这些问题都是小刘迫切需要解决的。而最关键的问题还是要以一种怎样的方式与公司高层领导协商，而这一切也都将影响着小刘的未来发展。

问题：

1. 你认为项目经理小刘在这种以职能驱动为主的企业中实行项目管理，存在的主要问题是什么？

2. 你觉得公司组织结构应如何完善设计，从而能够满足项目管理的要求？

3. 在项目管理过程中，项目经理应具备怎样的权力才能更好地推动项目进行？

4. 你认为项目经理在组织中应该被赋予什么级别？

本章小结

本章主要围绕项目人力资源管理规划、项目团队建设、项目团队文化、项目团队激励和项目团队绩效管理展开。阐明了项目的人力资源规划的工作内容和过程、项目团队建设的方法。阐明了项目团队文化的主要内容。对项目团队激励进行了明确的定义，阐明了项目团队激励的方法以及对不同阶段项目团队进行激励的技巧。阐明了项目团队绩效管理的定义、主要方法、流程和主要内容。

复习思考题

一、选择题

1. 以下（　　）不是人力资源的特点。

   A. 能动性　　　　　　　　　　　　B. 再生性
   C. 时效性　　　　　　　　　　　　D. 一次性

2. 项目人力资源规划的功能包括（　　）。

   A. 项目管理的重要依据
   B. 控制人工成本
   C. 人事决策方面的功能
   D. 有助于调动员工的积极性

3. （　　）指项目团队的活动要有成效，即"做正确的事"。（　　）是指项目团队中单位时间内取得成果的速度，即"正确地做事"。

   A. 效果，效率　　　　　　　　　　B. 效率，效果
   C. 效果，效果　　　　　　　　　　D. 效率，效率

4. 项目团队的发展阶段是（　　）。

   A. 形成、冲突、规范、执行和解散
   B. 冲突、形成、规范、执行和解散
   C. 形成、冲突、执行、规范和解散
   D. 形成、规范、冲突、执行和解散

5. （　　）是其发展过程中所形成的，为团队成员所共有的思想、作风、价值观念和行为规范，它是一个项目团队所特有的信念和行为模式。

   A. 项目团队价值观　　　　　　　　B. 项目团队道德
   C. 项目团队文化　　　　　　　　　D. 项目团队制度

二、简答题

1. 项目人力资源管理的功能有哪些？
2. 项目团队建设的原则是什么？
3. 项目团队建设的方法有哪些？

4. 项目团队文化的内容有哪些？
5. 什么是项目团队激励，团队激励有哪些原则？
6. 团队激励的方法和手段有哪些？
7. 项目团队绩效考核的主要方法有哪些？

第七章 项目时间管理

管理时间就是管理成功，时间管理是项目管理领域内的核心内容。任何一个项目，如果不进行科学合理的时间管理，必然会出现人员窝工等待、设备闲置无事的状态，并且某些活动还会出现急于过早完成、人困马乏的现象。如果对项目时间不进行限制管理，最终可能会导致整个项目延长工期、人力物力的浪费；如果盲目地追求节省时间，通过牺牲质量来赶工期、抢进度，又势必会加大项目成本，给项目留下无穷后患。所以说，项目时间管理项目管理的首要内容，称得上是项目管理的灵魂。本章主要介绍项目时间管理的相关概念、项目规划进度管理、项目活动排序、项目活动资源需求及工期估算、项目进度计划编制及控制等相关内容。

[学习目标]

- 了解项目时间管理的概念
- 了解项目进度管理的过程
- 理解活动分解、活动定义和活动排序
- 掌握活动资源需求估计和活动工期估算
- 掌握项目进度计划编制和进度控制

[案例导入]

尖塔保险公司[①]

尖塔保险是一个在丹佛的医疗保险提供者，该公司雇用了罗伯·纳瑞斯作为新的首席信息执行官。由于原系统问题重重，公司决定需要一套新的系统。曾建立过复杂系统的纳瑞斯决定，组建一个有24人参加的开发团队来建立这个系统，并为项目设定了6个月的时间期限。

在12个月后，纳瑞斯并没有交付任何东西。这个项目对公司是极重要的，所以管理高层非常愤怒，但纳瑞斯的工作还没有完成。随着事情的恶化，他的开发团队成员有很多流失了，留下来的人对纳瑞斯的信心也降到最低。再经过反思后，纳瑞斯认识到他在项目中走了

---

① K. Melymuka. Turning Around the Project from Hell [N]. Computerworld, November 22, 1999.

错路，从一开始他的团队就犯下了一些关键的错误。他们采用了未经试验的新技术和新的平台系统。此外，为了跟上非常紧凑的时间安排，他们违背了许多项目管理的程序。

等项目逐渐失控时，现存的系统仍在继续产生错误。处在混乱中的高层管理者和团队成员都对乱糟糟的项目失去了信心，团队中的冲突达到了极点。尖塔保险公司的医疗赔付经理说："这个项目已像一个怪物电影，问题不断的增长。"

最后，纳瑞斯通知CEO，这个项目不可能在几个星期内完成了。他告诉CEO，他们将不得不重新开始，无论如何，这次他们将使用熟知的技术并严格遵守项目管理程序。

他们把新的系统分成24个相互分离的单元，每个要在三个星期内完成。在整个项目的范围内，从每个单元的定义到新系统的完工最后期限几乎都被确定下来。最后，重新开始的工程按时完成。根据纳瑞斯的观点，关键不是建立项目计划，而是不断调整所建立的计划。他们就是这样做的，他们共修改了13次计划，但是整个工期却没有改变。

结合案例，说明项目进度管理计划的重要性。

第一节 项目时间管理概述

一、项目时间管理的概念

项目时间管理常常也被叫作项目工期管理和项目进度管理。项目时间管理是项目管理的一个重要方面，它与项目成本管理、项目质量管理、项目范围管理等协调作用、相辅相成，合力确保能够准时、合理安排资源供应，节约工程成本，如期、高质完成项目目标。项目时间管理是在项目范围确定以后，在权衡质量目标、成本目标、资源供给等一系列特定项目限制性条件后，为实现项目目标特别是确保项目按时完工所开展的一系列管理活动和过程。

项目时间管理应建立在范围管理的基础上，通过确定、调整合理的工作排序，采用一定的方法对项目范围所包括的活动及其之间的相互关系进行分析，在满足项目时间要求和资源约束的情况下，对各项活动所需要的时间进行估计，并在项目的时间期限内合理地安排和控制所有活动的开始和结束时间，使资源配置和成本消耗达到均衡状态。在项目的执行和实施过程中，项目经理应经常检查实际进度是否按计划要求进行，若出现偏差，应及时找出原因，采取必要的补救措施或调整、修改原计划，直至项目完成。

二、项目时间管理的干扰因素

在项目进行过程中，很多因素影响项目工期目标的实现，这些因素可称为干扰因素。

要有效地进行进度控制，必须对影响进度的因素进行分析，事先采取措施。尽量缩小计划进度与实际进度的偏差，实现对项目的主动控制。影响项目工期目标实现的干扰因素主要有：人的因素；材料、设备的因素；技术、工艺的因素；资金因素；环境因素等。其中，人的因素通常被认为是最主要的干扰因素。实际出现的问题有些是主观的干扰因素，有些是客观的干扰因素；有些是我们可以预见而且必然要出现的，有些则是在十分偶然的情况下才会出现的；有些是我们可以努力避免的，有些则是只能被动应付的。这些干扰因素的存在，充分说明了项目进度管理的难度以及加强进度管理的必要性。但无论如何，在项目实施之前和项目进行过程中，加强对干扰因素的分析和研究，将有助于我们提高项目进度管理的绩效。

第二节　项目进度管理过程

根据项目管理知识体系指南的观点，项目进度管理由五项任务组成：活动定义、活动顺序、活动时间的估计、项目进度编制和项目的进度控制。在 2004 年的版本中，这个专项管理过程变成了六个方面。本书在此基础上，把项目时间管理中的进度管理过程归纳为六个方面：活动分解和定义、活动排序、活动资源需求估计、活动工期估算、项目进度计划编制和进度控制，如图 7-1 所示。

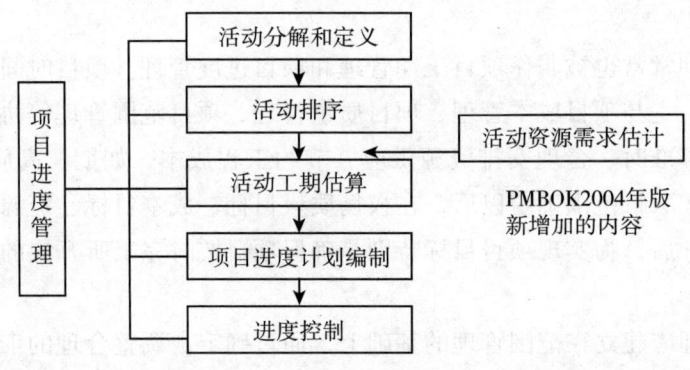

图 7-1　项目进度管理的过程

一、活动分解和定义

根据项目章程、项目范围说明书、项目工作分解结构、项目假设及约束条件和历史信息，界定与确认项目团队成员和项目干系人为完成项目可交付成果而必须完成的各项具体活动，并对特定的项目目标所需的各种作业活动进行分析。

二、活动排序

识别项目活动之间的关联和依赖关系，并据此对项目活动的先后次序进行安排，形成相应的文档。

三、活动资源需求估计

各种活动所需要的资源通常是指人员、材料和设备，以及需要的时间。在实际的项目工作中，由于贵重的或者特殊的资源是紧缺的，而且项目不可能随时随地获得所需的资源，因此本来可以在预定时间内完成的工作可能会由于等待资源到位而加大时间需求。另外，如果关键资源的获得和使用只局限于一个特殊的时间段，那么其余使用非关键资源或者非紧缺资源的活动过早完成就没有意义了，拖后完成就更使项目在资源调动和使用上捉襟见肘了。

四、活动工期估算

活动工期估算是指具体估算出所有项目活动所要耗用的时间。值得注意的是，此时每个项目活动需要多长时间只与本身的技术经济特性有关，与它所使用的资源是否到位以及可否连续使用有关，而与前后活动是否完成无关。这种估算是独立于其他活动而进行的。

五、项目进度计划编制

在得到项目所有活动耗用的时间以及这些活动的前后排序之后，我们利用项目时间管理的特有工具就可以计算出整个项目什么时候可以完成，也就是项目的工期是多少。此外，我们还可以知道许多数据，比如所有活动最早什么时候可以开始、什么时候可以结束，以及最晚什么时候可以开始、什么时候可以结束才不会影响到项目的既定工期。当我们知道这些数据后，项目的进度计划就产生了。这里必须注意，进度这个词代表了时间上的开始时刻和结束时刻，而不是时间段的概念。所以编制项目进度计划一定包括定义项目的起止时间，以及所有活动的起止时间。

六、进度控制

进度控制是指控制和管理项目进度计划的实施和项目进度计划的变更。从实际项目的执行情况来看，计划的控制要远远难于计划的制订，以至于人们常说，我们宁可计划不太好但执行得很好,也不要计划得很好但执行不好。在项目管理中,仔细制订各种计划是一项基础工作,包括时间计划,也常常会耗用一定的资源,但这些计划能否发挥作用还有赖于对计划执行工作的控制能力。项目管理最忌讳的就是做完计划并且分配下去,然后等待项目的成功。

由上可见,对项目进度的管理就是要在规定的时间内,通过对项目的分解、活动定义、排序和工期估算,制订出合理、经济的进度计划;然后在该计划的执行过程中,检查实际进度是否与进度计划相一致,若出现偏差,要及时找出原因,采取必要的补救措施,从而保证项目按时完成。

需要注意的是,项目进度管理所包含的这些工作虽然在理论上层次分明,各阶段界限清楚,但在项目管理的实践中,这些项目进度管理的过程与活动之间通常是交叉重叠和相互影响的,很难截然分开,有时甚至跨步骤进行。在某些项目中,特别是一些小型项目,项目进度管理过程与活动甚至可以合并到一起视为一个阶段。

第三节 项目活动的分解、定义及排序

一、项目活动分解

项目活动分解和定义是项目过程管理的前期基础工作之一,它是项目管理者在已完成的项目范围界定工作的基础上,对项目范围的进一步细化。

活动是指项目工作分解结构中确定的工作任务或工作元素。每一项活动就是一个工作单元,它们通常具有预计的时间、预计的成本和预计的资源需求。需要注意的是,在项目管理中,活动就是需要消耗一定的时间的一项明确的工作,但不一定消耗人力。例如,等待混凝土变硬,可以看作一项活动,它需要几天的时间,但不一定需要人的工作。

在项目时间管理中,我们首先需要知道详细具体的活动,然后再对其进行排列、安排时间进度等。如何得到这些最基本的活动,就需要我们在高层次工作分解结构(WBS)的基础上对其做进一步的分解,所以活动分解这项工作首先依托于工作分解结构,并在此基础上进行延伸。

项目的工作分解结构是在项目范围管理领域提出的核心概念,它是由构成并界定项目总体范围的项目要素和项目工作包,按照一定的原则和分类编组所构成的一种层次型结构。WBS将项目的交付物自上而下逐层分解成易于识别和管理的若干元素(这些元素相互依赖组成一个树形图),由此以结构化的组织体系和形式图像定义了项目的工作范围。

制定和完善 WBS 的过程如下:

WBS 的第一步是自上而下地进行任务分解,为实现项目建议书中提出的交付结果,

工作分解结构要将项目分解为逐级深入的工作任务，并为这些任务命名。分解开始时可以通过列出主要的交互结果或从项目的范围说明中找出主要活动作为工作分解结构的第一层次。

WBS 的第二步是要为所有提供成果的任务命名。一个任务的名称描述了一项要提供产品的活动。这听起来似乎很简单，但分解 WBS 是计划阶段最困难和蕴含极大风险的步骤。如果项目涉及新领域，创建 WBS 的工作就显得尤为困难，因为 WBS 是保证提供所有产品的各项任务的总和。

WBS 的第三步是组织工作分解结构。所有的工作任务都被识别出来以后，就可以用不同方式将它们组织起来。例如，对于产品开发项目，可以将工作任务放置于设计、实验这样的概要任务之下，也可以按照产品的组成部件来分类，因为所有部件开发到位了，产品开发工作也就基本完成了。

二、项目活动定义

活动定义是确定为完成各种项目可交付成果所必须进行的诸项具体活动的过程。具体来说，它要求对 WBS 中规定的可交付成果或半成品的具体活动进行定义，并形成文档。

定义活动也是一个过程，它设计确认和描述一些特定的活动，而完成了这些活动就意味着完成了 WBS 结构中的项目细目和子细目。活动定义的过程大致参照图 7-2。

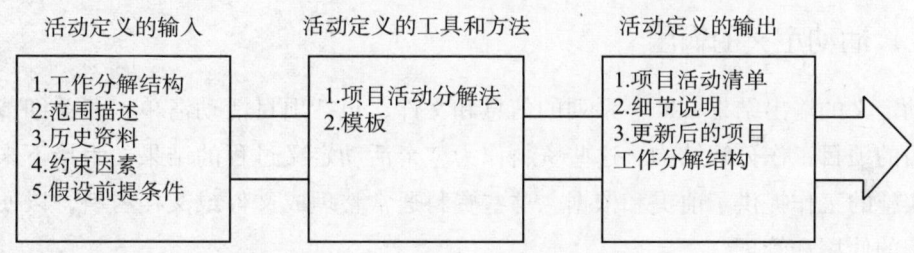

图 7-2　项目活动的定义过程

（一）活动定义的输入

项目活动定义过程的第一步是得到活动定义的输入，即界定一个项目的全部活动所必需的信息和资料。通常可依据如下几项：工作分解结构、范围描述、历史资料、约束因素、假设前提条件。

（二）活动定义的工具和方法

对于较小的项目活动，可以采取头脑风暴法，让项目团队的成员集思广益，提出所有他们能想到的项目活动及与项目相关的想法或见解,然后整理出一份活动清单。对于包含从未试过的方法和手段的新项目或遇到项目团队从未做过的有关项目时,这种方法的简单有效性能够充分显示出来。但对于相对较大或较复杂的项目,这种方法由于缺乏一定的系统性,人为因素太多,很难涵盖所有的项目活动,因此需要利用更加规范化和结构化的方法去定义项目活动。

1. 项目活动分解法

项目活动分解法即是为了使项目便于管理而根据项目工作分解结构,通过进一步分解和细化项目工作中的各项任务,从而得到全部项目具体活动的一种结构化、层次化的项目活动分解与界定的方法。分解涉及的主要步骤包括确定项目的主要元素、确定在每个详细元素的层次上能否编制出恰当的费用和工期估算、确定可交付物的组成元素、核实分解的正确性。

2. 模板

以前项目的活动清单和部分清单经常可以作为执行一个新项目的活动清单模板,而且根据当前项目的工作分解结构编制的活动清单又可以作为其他相似项目的工作分解结构编制的活动清单模板。在进行活动定义时,它常常是一种高效的工具或者方法。具体来说,使用模板就是在一个已完成项目的活动清单(或一个已完成项目活动清单的一部分)的基础上,根据项目的各种具体要求、限制条件和假设前提条件,通过在模板上增减项目具体活动和方法,分解和定义出新项目的全部具体活动,从而得到新项目的活动清单的这样一个过程。

(三)活动定义的输出

活动定义的输出结果,即一系列的信息和文件,包括项目活动清单、相关细节说明以及更新后的项目工作分解结构。这些资料作为整个活动定义过程的结果,为接下来的项目计划和实施的工作提供了前提和依据。这些资料通常整理成文件或文档材料,以便于项目其他过程的使用和管理。

三、项目活动排序

活动排序是指识别项目活动清单中各项活动的相互关联与依赖关系,并据此对项目各项活动的先后顺序予以安排和确定,然后形成文档用以指导以后项目的具体实施工作。

项目中,大量的活动纵横交叉、互相关联,一项工作的执行必须依赖于某些特定工作的完成,也就是说它的执行必须在某些工作完成之后才可以进行,这就是工作的先后依赖关系。项目活动排序就涉及各项工作之间相互关系的识别和说明。项目活动的排序必须正确,否则将影响随后编制的项目进度计划的准确性和可实现性。项目活动排序的过程如图 7-3 所示。

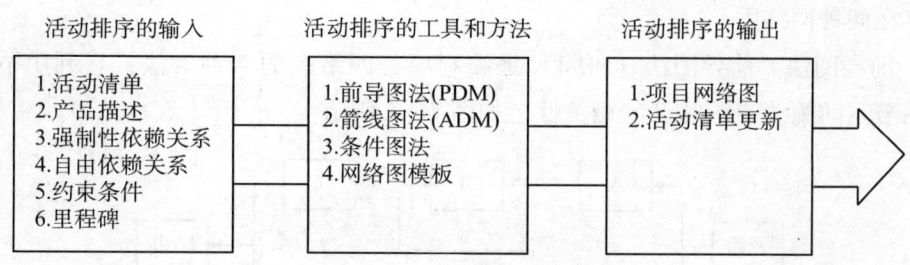

图 7–3 项目活动排序流程

（一）活动排序的输入

活动排序过程的第一步是得到活动排序的输入，通常包括活动清单、产品描述、依赖关系、假设前提和约束条件、里程碑。

（二）活动排序的工具和技术

1. 前导图法

前导图法（PDM），也叫先后关系图法，是一种使用节点表示工作、箭线表示依赖关系，并将节点用箭线联系起来的项目网络图。这种网络图通常称为单代号网络图（AON），这种方法是大多数项目管理软件包所使用的方法。

2. 箭线图法

箭线图法（ADM）是一种用箭线表示活动，而在节点处将活动连接起来表示依赖关系的编制项目网络图的方法。这种技术也称为双代号网络图（AOA）。在 ADM 中为了正确地确定所有逻辑关系，可能使用虚拟活动（活动时间为 0，用虚线表示）这个概念。

3. 条件图法

条件图法的典型例子是图形评审技术（GERT），需要注意的是 GERT 可以有回路和条件分支，比如测试时发现错误，需要回过头来修改设计。

4. 网络图模板

一些标准的网络图可以应用到同类项目网络图的准备与绘制过程中。标准的网络图可能包括整个工程的网络或工程的一部分子网络。

（三）活动排序的输出

项目活动排序的结果包括项目网络图/甘特图和更新后的项目活动清单。

1. 绘制网络图

网络图反映了项目必须进行的活动。因此要完成项目，所有的活动都必须完成，而不是其中的某些路径，那样是无法到达终点的。有了网络图，就可以进行活动进度估算，网络图与进度计划中的关键路径法（CPM）和网络评审技术（PERT）有很大关系。项目活动排序存在两种网络图。

（1）前导图法。前导图法（PDM）是编制项目网络图的一种方法，它利用节点代表活动，用节点间箭头表示活动的相关性，如图7-4所示。

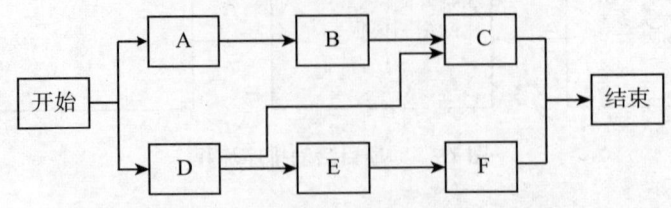

图7-4 利用PDM法绘制的项目网络

在使用前导图法的过程中，当有多个活动不存在前导活动的时候，通常虚构一个活动，例如在图上增加一个"开始"节点，把这些活动表示成从这个虚构的"开始"节点印出来。类似地，当多个活动没有后续活动时，通常也虚构一个"结束"节点，把这些活动表示成汇聚于一个叫作"终止"的节点上。在估计这些虚构活动的时间时，取值都是"0"。

前导图的画法是：用节点代表一个活动，用箭线表明活动之间的相互关系，箭头指向表明了活动流程的方向，如图7-5所示。

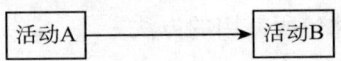

图7-5 利用PDM法表现两个活动及其相互关系

前导图法包括四种类型的紧前紧后关系：
- 结束到开始的关系（FS）：某项活动必须结束，然后另一项活动才能开始。
- 结束到结束的关系（FF）：某项活动结束前，另一项活动必须结束。
- 开始到开始的关系（SS）：某项活动必须在另一项活动开始前开始。
- 开始到结束的关系（SF）：某项活动结束前，另一活动必须开始。

在PDM中，结束到开始的关系（FS）是最为常见和典型的逻辑关系。对于上述的四种逻辑关系，如果标上时间间隔将能够更加精确地描述活动之间的关系。图7-6（a）表示两个活动之间正常的结束到开始的关系，但在设计结束和施工开始之间有8周的时间间隔。图7-6（b）表示的是开始到开始的关系，其含义是从设计开始之时有5周的时间间隔，然后施工才能开始，如果去掉时间间隔5周就意味着设计可以与施工同时开始。图7-6（c）表示的是结束到结束的关系，其含义是施工要等设计完成后11周才能结束。图7-6（d）表示的是开始到结束的关系，具体含义是施工至少要在设计开始后20周才能完成。如果网络图设计者想表示施工需在设计开始一段时间之后才能开始，以及施工要等设计结束一段时间之后才能结束，则用图7-7（e）表示如下。

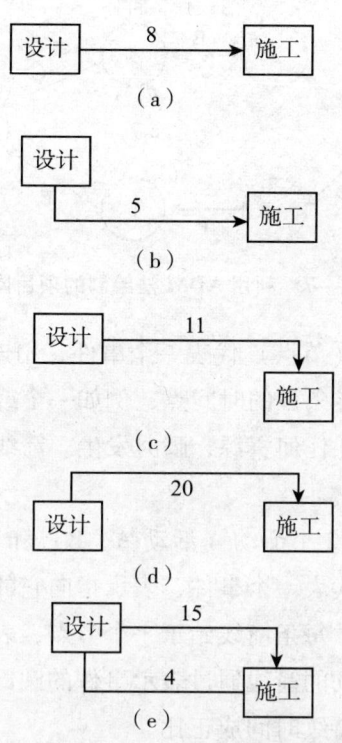

图7-6 标注时间间隔的两活动关系

另外,在上述诸图中,方框中只提供了一种信息,即对活动的描述。为了能够描述更多的有关活动的信息,方框可画成下面的形式,如表7-1所示,可以显示活动序号、明确活动的负责人和持续时间估计等更多的信息。

表7-1　　　　　　　　　　前导图法的表现形式之一

设计		
序号:1	负责人:张三	持续时间:20天

(2)箭线图法。箭线图法(ADM)是项目网络图的另一种图示方法,它用箭线表示活动,用节点连接箭线以示相关性。ADM一般仅利用结束到开始(FS)这种逻辑关系,并且必要时用虚工作线(虚活动)表示活动间逻辑关系。虚活动表示的是活动间的依赖关系,它不是项目的一项活动,并不消耗资源,也没有历时。图7-7提供了一个用ADM网络图法绘制的项目网络图,图中"开始"和"结束"是虚构的两个活动,意在表明项目有一个明确的开始和结束时点。字母A、B、C、D、E、F代表项目中需要进行的活动,两个节点之间的箭线用来表示活动,节点序号和箭线结合在一起能够显示出活动排序或任务之间的关系。例如,活动A必须在活动B之前完成,活动E必须在活动F之前完成,等等。另外,节点4和节点5之间增加的虚线(从D到C)表示活动C必须在活动D和活动B同时完成后才可以开始。

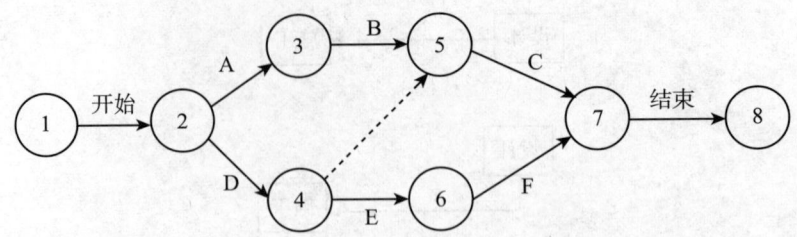

图 7-7 利用 ADM 法绘制的项目网络

箭线图的画法是：用圆圈（节点）代表一个事件，用连接两个节点的箭线代表一个活动。这里的事件仅仅是满足一定条件的时间点，例如一个或多个活动的开始或完成，其特点是不需要花费任何时间和消耗任何资源，瞬时发生。箭线图法的显著特点是将活动标注在箭线上。

如图 7-8 所示，该图包括 2 个活动（活动 A、B）和 3 个事件（事件 1、2、3）。可见，在箭线图中，每个节点仅代表一个事件，表示指向它的活动的结束，离开它的活动的开始。一条箭线代表一个活动，每条箭线始于一个节点，表示活动的开始；终于另一个节点，表示活动的结束。表示活动的箭线通过表示事件的圆圈连接起来。另外，需要说明的是，箭线的长度并不与活动的持续时间成正比。

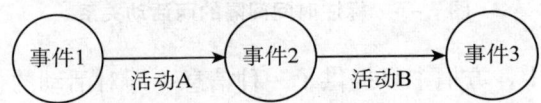

图 7-8 利用 ADM 法表现两个活动及其相互关系

另外，箭线图法的箭线也可以画成多种形式，这样可以表述更多的关于活动的信息，如图 7-9 所示。

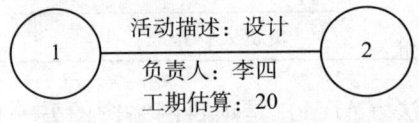

图 7-9 包含更多信息的 ADM 法

在实际工作中，这两种网络图方法得出的结果应该是一致的，所以使用哪种方法都没有问题。它们都可以用于商业性的计算机软件包中。ADM 较难绘制，但是可以清楚地识别各项时间。项目管理者使用 PDM 还是 ADM，在很大程度上取决于个人的偏好。

2. 网络图的绘制规则

要绘制一个合乎要求的网络图，必须遵守的规则包括以下几项：

（1）活动流向。在绘制网络图时应按照时间的顺序从左向右依次展开，箭线从左至右指向。

（2）约束性质。在项目制约的网络图中，只有当某项活动的全部紧前活动完成以后，后续活动才能开始,而不使用后续工作可以随着紧前活动的开始而分步开始的方式,例如数据的收集和录入。

(3)首尾原则。不论开始和结束,都只能有一个节点。当项目有多个起始点时,可以引入虚活动节点,即引入额外的节点把所有这些节点连接起来,形象地表示从一个时间点开始。当项目有多个终结点时,应当采用共同的节点把它们连接起来,形象地表示大家同时有一个结束时间点。

(4)循环和假设。不允许活动的连接出现循环,原因是当项目网络图出现循环时,该方法无法确定项目的整个工期。也不允许出现假设性条件,比如出现这样的描述:如果某活动成功的话,开始做下一个,如果没有成功,就不做了,等等。

3. 网络图的编制步骤

网络图的编制过程其实就是网络模型的建立过程,它是利用网络图来进行网络计划,以实现对项目或者工期的时间以及资源的合理利用,并掌握项目全局情况的重要环节。网络图的编制可以分为以下三个步骤:确认活动列表;确定活动之间的逻辑关系;编制网络图并检查项目网络图的逻辑结构。

第四节 项目活动资源需求及工期估算

一、项目活动资源需求估计

(一)项目活动资源的概述

项目活动资源是指为了开展项目中的活动所需的资本或者某种人力、设备或者材料。从分类上包括自然资源和人造资源、内部资源和外部资源、有形资源和无形资源等,诸如人力、材料、机械、资金、信息、科学技术方法、市场等。从广义上讲,时间也是项目活动中的资源之一。

项目活动资源的特点包括四个方面:有限性、即时消耗性、专有性和多用性。

1. 有限性

资源的有限性又称为稀缺性,是资源最重要的特征。大量的资源在数量上总是有限的,不是取之不尽、用之不竭的;而且可代替资源的品种也是有限的。具体到项目,一般在项目建议书、项目论证与评估书、可行性研究报告或者批准书中都对可供项目调用的资源具有十分明确的说明和规定,最明显的就是有限的人力资源(主要是项目团队)以及项目预算。因此在项目管理中,资源的有限性必须引起人们的重视。在项目开展以后,项目经理不宜而且不易再从外部不断要求追加资源。

2. 即时消耗性

项目是一次性努力，项目组织也是临时性机构，就项目来说，不可能设立庞大的库存系统和永久性地保留项目资源。各种资源必须只在需要的时候按照需要的数量提供给项目使用，因此在考虑项目的资源使用时，必须确保在正确的时候、正确的地点向正确的人交付正确数量的正确资源。项目可以为防范资源不到位的风险而采取应对措施，但不会过早储存也不会过量储存，尤其是那些比较昂贵的资源。

3. 专有性

相比于日常的运作活动而言，项目是对时间进度要求非常强的一种活动，而且不可预见性也比较大，出现各种各样的变更是常有的事。为使这种变更不与资源使用计划产生过多的矛盾，项目最好是拥有一些能够自己决定的、相对固定的资源，不和其他项目或者日常运作交叉使用，以免在资源使用上过多地受到外部因素的影响。

4. 多用性

资源一般都有多种功能和用途，可满足多方面的需要，同一种资源可以作为不同活动的投入物；不同的项目活动对某一种资源也可能存在着共同的需求。所以，在考虑项目的资源使用时尽可能使有限的资源满足不同项目活动的需要，使资源得到最有效的利用，并增加调配资源的灵活性，应付突发事件。

（二）项目活动资源需求估算方法

1. 估计项目活动资源需求的步骤

估计项目活动的资源需求的步骤如图 7-10 所示，首先根据输入条件，制订活动资源需求估计的计划，然后分析活动特性，根据分析结果采用恰当的活动资源估计的方法，最后估算出项目活动的资源需求的类型、质量和数量。

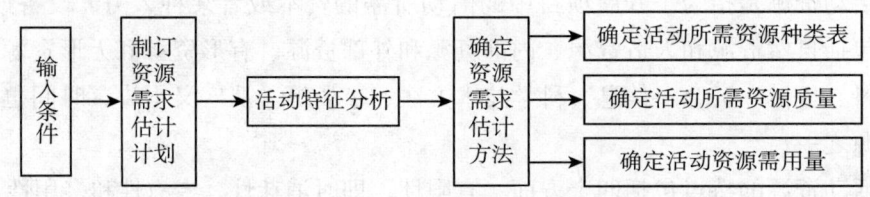

图 7-10 项目活动资源需求估计的步骤

项目活动资源需求估计的输入条件具体包括：企业环境因素；组织的过程资产；历史项目信息；各类资源的定额、标准和计算规则；项目活动清单；活动特性；资源的可获得性；项目工期及工期管理计划；项目活动资源需求估计的假设前提条件。

2. 估计项目活动资源需求的方法

根据项目特点的不同，可以选择以下方法来进行项目的活动资源需求估计。

（1）专家调查法。所谓专家调查法是指运用一定的方法，将专家们个人分散的经验和知识集成群体的经验和知识，进而对事物的未来做出主观预测的过程。常用的专家调查法有专家个人判断、专家会议和德尔菲法。

（2）资料统计法。资料统计法是指使用历史项目的统计数据资料，计算和确定项目活动资源需求的方法。

（3）统一定额法。统一定额法是指使用国家或民间统一的标准定额和工程量计算规则去制订项目资源计划的方法。

（4）三点技术。这种方法要求对活动作三类估计：乐观的、悲观的和最可能的。乐观估计假设活动所涉及的所有事件均对完成该活动有利，此时的需求估计是完成活动的最少资源需求；而悲观估计则假设所有活动所涉及的事件均对完成活动不利，此时的资源需求时完成活动的最多资源需求；最可能的估计是通常情况下完成活动的资源需求。

（5）项目管理软件法。项目管理软件可以有助于计划、组织和管理资源库，并可以编制项目活动资源需求估算。

3. 项目活动资源估计的交付物

通过采用各种项目活动资源估计方法，最终可以确定每项活动需要的资源目录和资源水平，同时还可以获得其他一些与资源需求相关的文档资料，具体包括活动资源需求、更新的活动特性、资源分解结构、资源日历、必要的变更。

二、项目工期估算

（一）项目工期估算方法

项目总是处于一个不断变化的环境之中，从外部的天气、地理、经济、政治、技术等环境到公司内部的员工、各部门的关系，都可能对项目工期的长短产生影响，这就使得活动的时间长短具有不确定性，无论用什么方法来预测项目活动的持续时间，总会与实际出现一些偏差。而项目的整个工期又和各个活动的持续时间密切相关，所以项目的整个工期的持续时间也是易受影响和不好确定的。具体来说，影响项目工期的因素有以下几项：项目计划、意外事件、资金、物资供应、团队成员工作能力和效率。

通常，项目工期估算方法有以下几种。

1. 关键路径法（CPM）

关键路径法是由雷明顿—兰德公司的凯利（J. E. Kelly）和杜邦公司的沃克（M. R. Walker）在1957年提出的，当时是为了帮助一个化工厂制订停机期间的维护计划而采用的[①]。现在成了项目管理软件使用的根本方法。

（1）关键路径法中的基本概念。

①最早开始时间和最早结束时间。最早开始时间（ES）是指某些活动能够开始的最

[①] 理查德·B. 蔡思，尼古拉斯·J. 阿奎拉诺，F. 罗伯特·雅各布斯. 生产与运作管理——制造与服务［M］. 宋国防译. 北京：机械工业出版社，1999.

早时间,最早结束时间(EF)是指某些活动能够完成的最早时间。一般约定,最早结束时间等于最早开始时间加上该活动的估算时间,即 EF = ES + 该活动的时间估计值。

在整个项目的活动中,一个活动的最早开始时间依赖于其所有紧前活动的结束时间,这是由项目活动的排序结果所决定的。例如,生产家具,在把各个模块组装成整套家具之前必须把所需模块做完并准备好所需零件,如螺丝等,如图7-11所示。

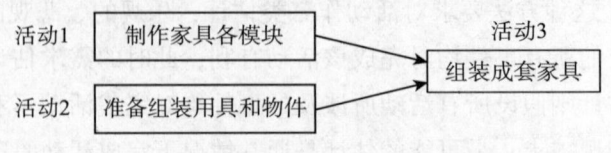

图 7-11 组装家具活动各项示例

如果采用严格的结束到开始的关系(FS),前一项活动任务没有全部完成,后一项活动显然无法开始。因此,某项活动的最早开始时间取决于前一项活动的最早结束时间,它必须晚于或与前一项活动的最早结束时间相同。但是,为了保证项目能如期完成,常常需要知道每项活动最迟不得晚于某一时间必须结束,也就是要了解最迟开始时间和最迟结束时间。

②最迟开始时间和最迟结束时间。最迟开始时间(LS)是指为了使项目在完工时间内完成,某项活动最迟必须在什么时候开始;最迟结束时间(LF)是指某些活动最迟必须在什么时候结束。最迟开始时间,可以用该项活动的最迟结束时间减去该活动的估算时间来得到,即 LS = LF - 该活动的时间估计值。

由于项目活动的关联性,一个活动的开始时间、结束时间决定着下一个活动的开始时间、结束时间。在上面的生产家具的例子中,组装成套家具(活动3)的最早开始时间最早也要等到制作家具各模块(活动1)和准备好组装工具与物件(活动2)都完成,反之,活动1和活动2的最迟结束时间也不得晚于活动3的最迟开始时间。

③总时差(TS)。如果最迟开始时间和最早开始时间不同,那么该活动的开始时间就可以浮动,称之为存在时差;同理,如果最迟结束时间和最早结束时间不同,那么该活动的结束时间也可以浮动,同样称之为存在时差。总时差是指在不推迟整个项目的最迟结束时间的前提下,一项活动可能的最早开始时间的推迟时间量。对同一活动来说,以下两个公式计算出来的总时差值是相等的。即:

总时差(TS) = 最迟开始时间(LS) - 最早开始时间(ES)
总时差(TS) = 最迟结束时间(LF) - 最早结束时间(EF)

总时差可以用来确定项目的关键活动。

④正推法。正推法是指按照网络逻辑关系从项目开始的那一刻正向(从左至右)对所有网络活动中未完成部分最早开始时间和最早结束时间的计算。如果某项活动只有一个紧前活动,那该项活动的最早开始时间为它的紧前活动的最早结束时间。如果某项活动有几

个紧前活动,那该项活动的最早开始时间为这些紧前活动的最早结束时间的最大值。

⑤逆推法。逆推法是指按照网络逻辑关系从项目开始的那一刻逆向(从右至左)对所有网络活动中未完成部分最迟开始时间和最迟结束时间的计算。如果某项活动只有一个紧后活动,那该项活动的最迟开始时间为它的紧后活动的最迟结束时间。如果某项活动有几个紧后活动,那该项活动的最迟开始时间为这些紧后活动的最迟结束时间的最小值。

⑥关键路径。关键路径也叫关键路线,在项目网络图中,它是决定项目最早完成时间的路线。当某些活动超前和滞后于计划完成时,关键路线通常随时间变化而变化。通常按照总时差小于或等于某个确定的值(通常是0)的活动来确定关键路线。即所有 LS-ES 或者 LF-EF 等于零的活动,如果能从头串到尾,就是关键路径。

⑦关键活动。它是处于关键路线上的所有活动,是项目网络图中总时差最小的活动。

单代号网络图除了用圆圈来表示节点外,还可以用方框来表示,如图 7-12 所示。其好处就是可以集中标出节点所代表的活动名称、最早开始时间、最早结束时间、最迟开始时间、最迟结束时间以及持续时间。信息既全面,又整齐美观。

最早开始时间	持续时间	最早完成时间
任务名称		
最迟开始时间		最迟完成时间

图 7-12 以方框表示节点示例

(2)关键路径法的基本规则。

规则1:除非特别规定,不然一个项目的起始时间都定于时刻0。也就是说,网络图中的所有开始节点,其最早开始时间(ES)都是时刻0。如果只有一个开始节点,那么,$ES(1) = 0$。如果假定开始时间是一个具体的时刻 t_0,那么,

$$ES(1) = t_0$$

规则2:任何活动节点 j 的最早开始时间(ES)等于其紧前活动节点 i 的最早结束时间(EF)的最大值,则:

$$ES(j) = \max_{i \in p(j)} \{EF(i)\}$$

其中,$p(j) = \{活动 j 的紧前活动\}$。

规则3:活动 i 的最早结束时间(EF)是该活动的最早开始时间与该活动持续时间的估计值 t_i 的和,则:

$$EF(i) = ES(i) + t_i$$

规则4:项目的最早结束时间等于项目网络中最后一个节点(假设为节点 n)的最早结束时间。因此:

$$EF(\text{项目}) = EF(n)$$

规则 5：除非项目的最迟结束时间明确规定，否则按照惯例将其定为项目的最早结束时间。因此：

$$LF(\text{项目}) = EF(n)$$

如果项目的最迟结束时间规定为 t_p，那么，

$$LF(\text{项目}) = t_p$$

规则 6：活动 i 的最迟结束时间（LF）是该活动紧后活动 j 的最迟开始时间（LS）的最小值，则：

$$LF(i) = \min_{j \in s(i)} \{LS(j)\}$$

其中，$S(i) = \{\text{活动 } i \text{ 的紧后活动}\}$。

规则 7：活动 i 的最迟开始时间是其最迟结束时间与该活动持续时间的估算值之差。因此：

$$LS(i) = LF(i) - t_i$$

规则 8：假设活动 j 有一个紧前活动 i，并且活动 j 确定为关键活动，此时我们比较 EF_i 和 ES_j。如果 $EF_i = ES_j$，那么，就将活动 i 标为关键活动。

规则 9：如果网络中只有单一的起点或者单一的终点，那么，该节点一定在关键路线上，即该节点属于关键活动。

2. 计划评审技术（PERT）

计划评审技术是由美国海军主导，博思管理顾问公司和洛克希德飞机公司参与共同研究出的方法，其理论基础是假设项目活动持续时间以及整个项目完成时间是随机的，且服从某种概率分布，这样利用 PERT 就可以估计整个项目中某个时间内完成的概率。

计划评审技术可以视为是关键路径法的延伸。在关键路径法中，假定活动持续时间是确定不变的。计划评审技术将活动持续时间视作随机变量，并将这种考虑加入项目的网络分析中，它通过对每种活动使用 3 种时间估计来解决活动持续期中存在的潜在不确定性。这 3 种时间估计代表了活动持续期估计的范围。一项活动的不确定性越大，估计值的范围就越宽。

在 3 种时间估计的基础上，计划评审技术通过使用简单的公式来计算每项活动的期望持续时间和方差。这套公式建立在 β 分布的均值和方差基础上。均值的近似公式是 3 个事件估计的简单加权平均值。同时，PERT 的近似公式基于这样一种认识，即一个分部的大多数观察值落在正负 3 倍标准差之内，或者说其变化幅度只限于 6 倍的标准差。这样就得到简单的方法，即将 PERT 公式的标准差设定为等于持续范围估计值的 1/6，因此得到公式：

$$t = \frac{a + 4m + b}{6} \qquad (7-1)$$

$$\sigma^2 = \frac{(b-a)^2}{36} \qquad (7-2)$$

其中，a 为乐观的时间估计值，m 为最可能的时间估计值，b 为悲观的时间估计值（$a < m < b$）；t 为活动持续时间的期望值，σ^2 为活动持续时间的方差。

（二）活动历时估计

1. 活动历时估计的概念

活动历时估计是在确定了活动的排序关系后，预计完成各项活动所需的时间长短。活动的历时估计直接关系到各项活动时间的估算和完成整个项目任务所需要的总时间。若活动时间估计得太短，则会在工作中造成被动紧张的局面；相反，若活动时间估计得太长，会使整个工期的完工期加长。因此，对活动历时的估计要做到客观、正确。

2. 活动历时估计的依据

项目工期的某些影响因素同样也是影响活动持续时间的因素，比如资金、工作能力和效率、物资供应问题等。所以，活动的持续时间实际上是一个随机变量，我们无法事前确切地知道活动实际需要的时间，只能进行估计。而估计的任务也就是尽可能地接近实现，以便于项目的正常实施。同时，在计划和实施阶段也要随着时间的推移和经验的增多而不断进行估算更新，以便随时掌握项目的进度和工作需要的时间，避免项目失控，造成延期和迟滞。

无论采用何种估计方法，在进行事前历时估算时，创造一个可行的环境是必须的，所以在进行活动历时估计的时候，需要一些依据，包括活动目录、约束条件、各种假定资源需求、资源库质量以及历史资料。通过对这些资料的分析，再进行活动历时的估计，将使所估计的时间更加贴近实际。

3. 活动历时估计的工具和方法

在收集完与活动历史估计相关的信息之后，应当利用一些专业工具和方法来对各项活动进行历史估计。常见的工具和方法有：向团队成员咨询；专家推断；德尔菲法；经验类比；三种时间估计法。

4. 活动历时估计的输出结果

活动历时估计的输出结果包括活动时间估计、估计的基础、活动目录更新。

（三）项目工期估算举例

当一个项目的活动历时估计受到影响的因素比较少，或者能比较有把握地估计出各项活动的持续时间时，就可以对各活动只估计一个时间。在这种情况下，在推算整个项目工期时，就可以利用关键路线技术（CPM）进行估算。下面我们举例说明如何基于单点时间估计推算项目工期。

[例 7-1] 表 7-2 列出了一个简单的项目网络的数据。图 7-13 是根据该表画出的节点图。网络中的虚活动代表该网络的唯一起点。利用正推法求解关键路径并得出项目的工期。

表 7-2　　　　　　　　　　关键路线技术示例项目的数据分析

活动	紧前活动	持续期（天）	活动	紧前活动	持续期（天）
A	—	3	E	C	3
B	—	4	F	C、D	2
C	A	5	G	E、F	1
D	B	6			

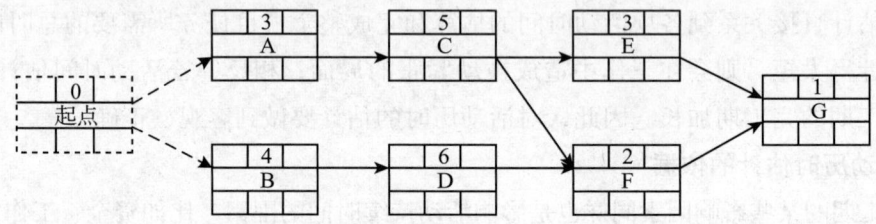

图 7-13　附有活动持续时间的节点网络示例

解：首先，计算网络中所有活动的最早开始时间和最早结束时间。

根据规则 1，起始节点（虚活动）的最早开始时间为 0，最早结束时间也为 0。活动 A 只有一个紧前活动，所以其最早开始时间为 $ES(A) = EF(起点) = 0$。

根据规则 3，活动 A 的最早结束时间为 $EF(A) = ES(A) + t_A = 0 + 3 = 3$。利用同样方法可以求出节点 B、C、D、E 的最早开始时间和最早结束时间。

而 F、G 和其他节点不同的是，它们都有超过一个的紧前活动，因此要利用规则 2，F 节点的最早开始时间 $ES(F) = \max(EF(C), EF(D)) = \max(8, 10) = 10$。最后，通过计算，得到附有活动最早开始时间和最早结束时间的节点网络实例如图 7-14 所示。

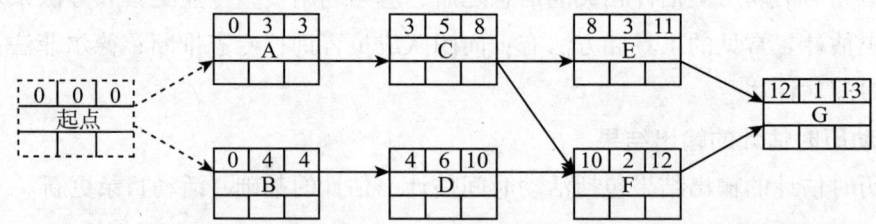

图 7-14　附有活动最早开始时间和最早结束时间的节点网络示例

其次，确定关键路径。

根据规则 8，起点和终点 G 都在关键路线上，可以从节点 G 逆推出关键路线。比如，现在已经确定节点 G 是关键路线，比较活动 G 的最早开始时间和活动 G 的紧前活动 E 和 F 的最早结束时间，从图 7-14 可知，活动 F 才是关键活动。不断利用这一规则，最后求出关键路线为：起点→B→D→F→G。如图7-15所示，其中加粗的箭线表示关键路线。

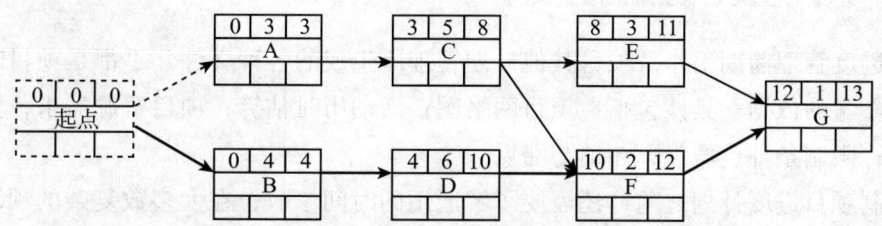

图7-15 正推法分析得出的标志关键路线的节点网络示例

最后，确定项目工期。

根据规则4，可以确定该项目的最早结束时间即最后一个活动G的最早结束时间，因此，项目工期为13天。

第五节 项目进度计划编制及控制

一、项目进度计划编制

（一）项目进度计划编制的概念

进度计划意味着要给出项目所有活动的开始日期和完成日期，如果这些时期不能实现，那项目很可能就无法在规定的期限内完成。因此，必须做好项目时间的计划工作。项目时间计划编制就是根据项目活动定义、项目活动排序、项目活动工期和所需要资源的估计，对项目进行分析并编制项目时间计划的工作，其目的是控制项目活动时间，保证项目能够在满足其时间约束条件的前提下实现其总体目标。

计划周密、严谨，是项目管理的主要特点之一。通过编制项目时间计划，对项目在时间上有一个总体把握，有利于加强时间控制工作，保证项目能够在满足其时间约束条件的前提下，实现总体目标的同时，还可以实现以下目标：

（1）满足项目利益相关者的要求。

（2）增强项目进度计划管理的透明度，以及对计划执行者的执行压力。

（3）明确项目所有活动的时间表，特别是能够清楚显示关键活动关键路径以及里程碑事件的时间要求，有利于项目团队把握时间控制的关键点。

（4）一份清晰的活动时间表同时也是调配资源的时间表。

（5）为时间、成本、范围、质量的均衡管理提供依据。

总之，通过进度计划的编制，有助于使项目实施井然有序，并使项目的各个分项管理以进度计划为依据形成一个有机的整体。

（二）项目进度计划编制的依据

项目进度管理前期工作及项目其他计划管理所生成的各种文件几乎都是项目时间计划编制所要参考的依据。具体包括：项目网络图；活动历时估算；项目资源需求；资源池描述；日历；限制条件；假设；超前与滞后。

在编制项目进度计划之前，还需要了解通用的时间参数，在大多数复杂的项目进度计划中，人们一般记录以下几种时间日期：活动历时；最早时间和最迟时间；活动时差；计划、基线和计划安排时间；其他计划时间。

（三）项目进度计划编制方法

项目进度计划涉及的影响因素很多，因此它的编制往往需要反复进行和综合平衡。同时，项目进度计划在项目的各个专项计划中重要性较强，它直接影响到项目的整体计划和其他专项计划。由于项目进度计划具有以上特征，因此它的编制方法是比较复杂和慎重的，也有一些特定的工具和方法。

1. 数学分析

数学分析包括计算所有项目管理理论上的最早和最迟的开始和结束时间，而不考虑任何资源约束。这一过程所输出的时间结果并不是项目的时间计划，而只是显示了在给定资源约束和其他已知限制条件的情况下，项目活动所依据的时间框架。数学分析方法，最初是作为大规模开发研究项目的计划管理方法被开发出来的，但现在已应用到军用、民用等各方面大大小小的项目中。在美国，政府规定承包与军用有关的项目时，必须以此为基础提出预算和时间计划并获得批准。我国对数学分析方法的推广和应用也比较早，1965年，著名数学家华罗庚教授首先在我国推广和应用了这些新的计划管理方法，他把这种网络计划技术通称为"统筹法"。最广泛使用的数学分析方法，包括了关键路径法、计划评审技术、图表评审技术等内容。

2. 甘特图法

甘特图也称为横道图或条形图，由亨利·劳伦斯·甘特（Henry Laurence Gantt）于20世纪初发明。甘特图由于简单、明了、直观和易于编制，称为小型项目管理中编制项目进度计划的主要工具。即使在大型工程项目中，它也是高级管理层了解全局、基层安排进度计划的十分有效的工具。甘特图以一段横向线条表示一项活动，通过横向线条在带有时间坐标的表格中的位置来表示各项活动的开始时间、结束时间和先后顺序，从而使项目的整个时间计划都由一系列的横道组成。

甘特图简单明了，容易绘制，也容易理解，各项活动的起止时间、持续时间都一目了然，可使时间计划更为直观。但是，传统甘特图不表示各项活动之间的关系，也不指出影响项目工期的关键所在，多数甘特图不能反映出各项活动是否为关键，活动和时差调整起来也较为困难，因此对于复杂的项目来说，甘特图就显得不足以适用了。但现在借助计算机技术，这方面已有很大改进。图7-16（a）是某一项目的简单的甘特图，图7-16（b）是显示了时差的同一个甘特图，图7-16（c）是具有逻辑关系的同一个甘特图。图7-16（b）和（c）都是改进了的甘特图。

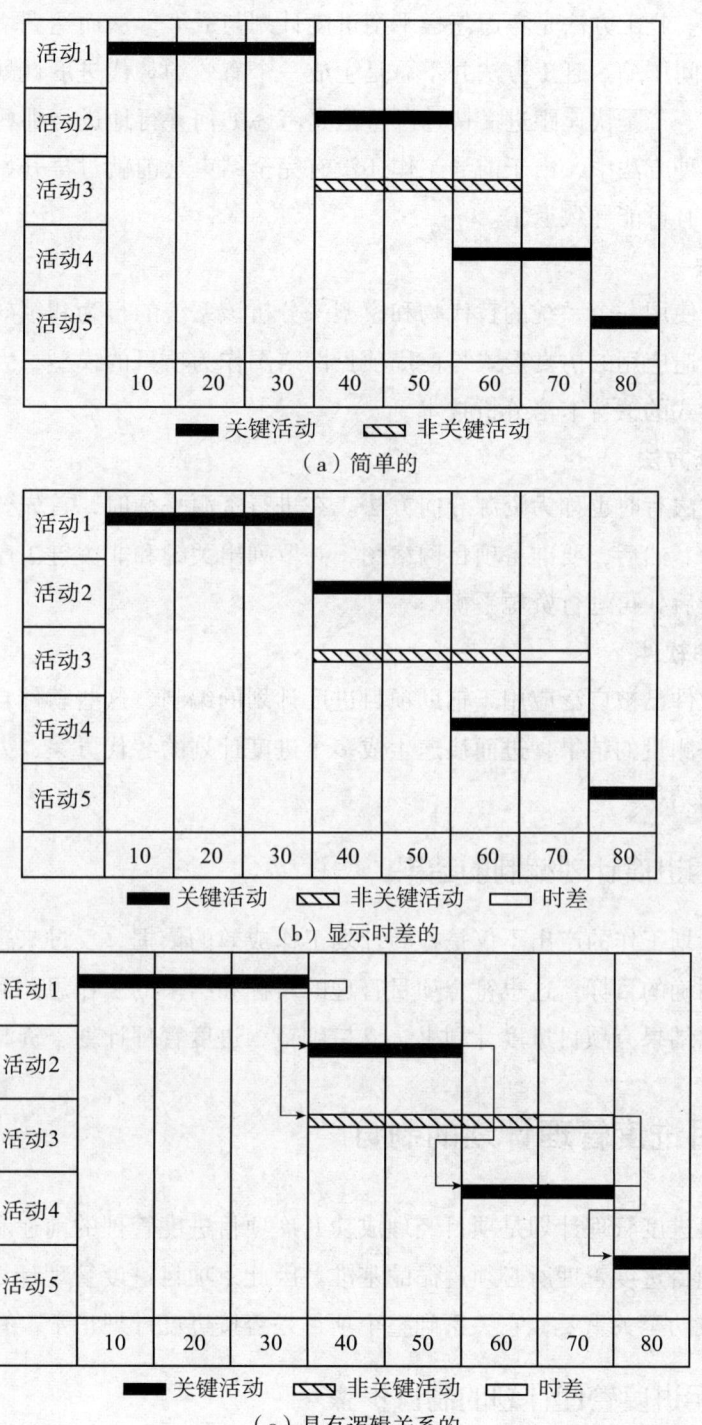

图7-16 甘特图

3. 时间压缩法

时间压缩法是在不改变项目范围的情况下，寻找方法来缩短项目时间，以满足强制性时间的要求和其他进度计划目标。时间压缩法是数学分析方法的具体应用，包括以下两种技术。一是赶工。赶工方法是考虑怎样平衡进度计划与成本，从而达到增加最低的成本进行最大限度的时间压缩。赶工方法并不总是生成一个有效的替代进度计划，而且常常会导致总成本的增加。二是快速跟进。快速跟进法是考虑如何并行地进行那些通常会按顺序完成的活动。在这种方法中，由于前导工作还没有完全结束之前就过早开始某些项目，常常增加项目风险并有可能导致返工。

4. 仿真方法

仿真方法是使用一个系统的替代物和模型来分析该系统的行为和绩效的方法。项目进度计划仿真中普遍应用的仿真形式是使用项目网络图作为项目的模型，大多数进度计划仿真是基于某种形式的蒙特卡洛分析技术。

5. 资源平衡方法

资源平衡方法有时也称为资源导向方法。在进行资源平衡时，首先要确定平衡的对象和要达到的目标。然后，要准备项目网络图，并罗列出关键和非关键工序以及非关键工序的浮动时间。最后，再进行资源平衡。

6. 项目管理软件

项目管理软件已被广泛应用于辅助项目进度计划的编制，这些软件自动生成数学分析计算和资源水平测量的结果，进而快速生成多个进度计划的替代方案，方便地打印和显示项目进度计划的结果。

（四）项目进度计划编制的结果

项目进度计划工作的产出不仅是检验计划工作成效的依据，反过来也是计划工作在计划初期就应该明确的目标，这也符合项目管理的目标和结果的工作思路和原则。项目进度计划的主要输出结果有项目进度计划书、支持细节、进度管理计划、资源需求更新。

二、项目进度管理计划的制订

合理的项目进度管理计划是项目经理成功开展项目进度管理的前途和保证，更是项目经理具体实施项目进度管理所必须遵循的基准。因此，项目进度管理计划的制订，对于项目进度管理的成功至关重要，它关系到整个项目是否按进度计划正常、有序地进行。

（一）项目进度管理计划的制订步骤

项目进度管理计划的制订一般包括四个步骤：

1. 明确项目进度计划，确定项目追踪的方法

项目进度计划是项目进度管理最根本的依据。项目进度管理计划的制订必须以项目进度计划的明确为前提。项目进度计划的明确并不仅仅是项目经理对进度计划的明确。更重要的是，要通过沟通、召开项目会议等途径使团队成员、客户、其他利益相关者都了解项目进度计划。项目进度计划得到明确后，就可以开始制订项目进度管理计划。

2. 衡量项目的实际进度

项目经理要明确如何开展项目追踪（亲自去做还是授权下属），以确定项目进度计划实施情况，评估项目实际进度，撰写项目状态报告。对于项目追踪过程，首先，要明确各个团队成员在项目追踪过程中的任务和职责，确定汇报的方式和日期。其次，要明确如何具体开展项目追踪。最后，要明确如何撰写项目状态报告。

3. 将衡量的实际进度同项目的基准进度进行比较

项目实际实施情况的度量方法是一种测定和评估项目实际实施情况，以及确定项目进度计划完成程度的实际与计划的差距的管理控制方法。项目进度管理的一个重要问题是确认项目实际进度与基准进度之间的差距，并度量这种差距是否达到需要采取纠偏行动的程度。

4. 评价项目时间计划的实际完成情况并采取措施

这是项目进度管理的最后一个阶段。项目经理的工作是采取相应的措施使项目按照项目进度计划的基准进度实施，更新项目进度。

（二）项目进度偏差的原因

一般来说，项目进度的偏差有两种情况：项目实际进度快于基准进度，或者项目实际进度落后于基准进度。若项目实际进度快于基准进度，项目经理应及时总结实际进度快于基准进度的原因和经验，并在整个团队中积极宣传这种经验，使团队成员能够更好地改进自己的工作，使项目更好地开展直至成功完成。但更多的情况是项目实际进度落后于基准进度。在这种情况下，项目经理必须仔细分析落后的具体原因，一般来说，造成差距的原因来自以下几个方面：

（1）团队成员并没有严格按照项目进度计划来执行项目，导致有些活动甚至全部活动都超出了项目进度计划规定的时间，造成整个项目的实际进度过慢。

（2）项目的资源供应或者资源计划不能完全满足项目顺利按进度计划执行的要求，导致项目的实际进度落后于基准进度。

（3）项目进度计划本身制订得不太合理。在有些情况下，由于项目进度计划对团队成员的工作能力要求过高，使得团队成员根本无法按时完成项目。

三、项目进度管理计划的控制

在项目进度管理计划制订并得到批准后，项目经理就可以将项目进度管理计划付诸实施了。项目进度管理计划制订得是否合理、是否符合项目实际开展的要求，要通过具体的实施过程进行检验。下面将介绍项目进度管理计划实施过程中比较重要的几个方面，包括项目追踪、编写项目状态报告、项目进度评估及反馈、进度更新。

（一）项目追踪

项目追踪所要解决的问题是，随着项目的实施，我们如何能够了解到项目的真实进展情况、如何防止一线人员报喜不报忧的情况发生，从而为撰写项目状态报告提供准确的依据。

项目追踪的途径有口头沟通、书面沟通、召开项目会议、亲自观察以及抽样调查。项目追踪使用的工具有项目管理软件。目前市场上有大量的可供选择的项目管理软件包，这些软件包使得项目经理和项目团队，以一种完全交互式（人机对话）的方式对项目进行计划和控制。项目管理软件可以做到：生成项任务一览表，包括他们的预计工期；建立任务之间的相互依存关系；提供不同的时间尺度，包括小时、天、星期、月和年；处理某些限制，例如某项任务在某天之前不得开始、某项任务到某一天必须开始；跟踪团队成员的实际工作进展；将公司的假日、周末和团队成员的假期集成于一个日历系统；处理团队成员的轮班工作关系；找出矛盾之处；生成种类繁多的报告；以不同的方式整理信息。借助于项目管理软件，项目经理可以准确地归纳整理项目进度的相关信息和情况，及时发现存在的问题，更好地形成项目状态报告。

（二）编写项目状态报告

在项目管理中，有两种最常用的项目状态报告类型：进展报告和最终报告。

1. 进展报告

进展报告通常要针对一个特定的时段，也叫作报告期。这个时段可以是一周、一个月、一个季度或任何对项目来说合适的时间段。大多数进展报告仅包括在报告期间发生的事情，而不是自项目开始以来的累积进展。生成一个完整的项目状态报告不是一蹴而就的，而是一个循序渐进的过程。这一形成过程大致可分为以下几个阶段：

（1）日工作记录。项目团队成员对于每天的工作应记流水账，项目经理应该每天记录工作日志。日工作记录是工作状态的原始数据，它所提供的记录是用于测量的基础。这一记录包括对工作任务的时间计量和对工作完成状态的工作计量。真实可信的日工作记录是形成规范的项目状态报告的基础。

（2）每周状态报告。项目团队成员应当每周提交工作情况汇报，既可以向项目经理提交，也可以向项目会议提交。每周状态报告是每名员工对每周工作的整理和汇报，是每名员工的实际工作情况的真实反应，也是必要情况下修订项目进度计划的数据来源。

（3）项目周报。这是项目经理根据团队成员每周工作情况汇报而集成的项目团队每周工作情况。项目周报是项目经理用来监控项目进度计划进行程度的汇报机制，在内容上包括本周项目进度计划的执行情况，本周工作中产生的问题、风险及变更情况等。

2. 最终报告

项目的最终报告通常是总结性的。它不是进展报告的积累，也不是对某个项目整体过程中所发生事情的详细描述。最终报告包括客户的最初需求、最初的项目目标、项目的简要描述、初始项目进度计划、项目进度计划实现的程度、客户的实际收益和预期收益的对比、今后的考虑。

（三）项目进度评估及反馈

根据项目状态报告进行项目评估，可以得出三种结论：项目实际进度快于基准进度、项目实际进度与基准进度基本一致、项目实际进度落后于基准进度。在这三种情况下，项目经理该做些什么工作呢？

1. 项目实际进度快于基准进度

在这种情况下，项目经理要明确找出项目实际进度快于基准进度的真实原因，如果是由于项目追踪过程中信息报告不准确，或者是项目团队成员"报喜不报忧"，那项目经理就应好好重视了。项目经理应该明确每个成员的职责，要求团队成员认真按照项目时间计划工作，如实汇报进度情况，杜绝虚报信息的情况。

如果项目实际进度确实快于基准进度，那么项目经理要做好三方面的工作：一是要肯定这种好的情况；二是要注意总结经验，并在项目实施过程中进行推广；三是立刻检查原有项目进度计划是否还适应新的情况，是否有必要修改，并及时与项目主要干系人进行沟通。

2. 项目实际进度与基准进度基本一致

这种状态一般是项目干系人都希望看到的。项目实际进度与基准进度基本一致，表明原有计划的准确性以及项目团队成员正在严格按照项目进度计划努力完成工作。尽管如此，项目经理也应该善于发现项目开展过程中存在的小问题和小疏漏，并及时加以纠正，力求项目继续顺利开展，直至圆满地完成项目进度计划，完成项目。

3. 项目实际进度落后于基准进度

这种情况最应该引起项目经理的高度重视。项目经理应该分析项目进度问题产生的原因，并制定相应的解决措施，加强对团队成员的管理，加快对项目的追踪频率，及时将信息反馈给团队成员、客户以及利益相关者。尤其是要注意与项目客户进行沟通，得到他们的理解，并将改进措施传达给客户，使他们能够对项目按时完成充满信心，为项目经理更好地开展工作提供支持。

（四）进度更新

在这一阶段，项目经理根据所制定的措施调整项目的实际执行情况，解决问题，纠正偏差，更新项目进度。

基于网络的计划和进度安排，允许对项目进度计划进行动态变更。由于网络式计划和进度计划是相互独立的，对它们进行人工更新比甘特图更容易一些。因而我们可以使用各式各样的软件包来更新项目进度计划。

一旦收集到已完成活动的实际结束时间和项目变更所带来影响的有关数据，就可以计算出最新的项目进度。接下来，项目经理根据计算出的最新的项目进度继续执行项目，并确保项目顺利、按时完成。

[章后案例]

雅典奥运会的"最后一分钟"项目管理[①]

2004 年 8 月 13 日，雅典奥运会举行了盛大的开幕式。在雅典奥运会开幕之前很长时间以来，外界对此次奥运会能否顺利举办有两个担忧：一是场馆工程建设；二是奥运安全保卫问题。希腊总理卡拉曼利斯后来表示，希腊政府也充分考虑到这个问题，政府后期在场馆建造 40 亿欧元预算的基础上，又追加 10 亿欧元，由希腊内阁以及希腊总理本人对奥运工程建设与安全保卫问题负责。因此，该届奥运会作为一个大的项目来说，从一开始就已经明确了项目重点，但实际效果又如何呢？

一、主体育馆建设：扣人心弦

此次奥运会共建设场馆 39 个，最令人担心的是举行开幕式的"奥林匹克体育馆"顶棚加装工程。奥林匹克体育馆已有 20 多年历史，原为一露天体育场，是 2004 年雅典奥运会的中心。该馆是雅典奥林匹克综合体育场的一部分，可容纳 5.5 万名观众，将进行开闭幕式、田径和足球比赛。世界著名建筑师、西班牙人卡拉特拉瓦在综合体育馆的升级改造工程中增加了许多创新理念，包括在跨度 300 米的体育馆顶部横架两个巨型钢穹顶。

主体育馆改造的材料招标采购工作是正式开工前的一年零两个月的时候开始进行的。开工后，人们发现在最初策划时，忽略了一些预先估计的数据，导致施工中停工待料现象发生在多处施工场所，有的一度停工长达数月。这给工程的进度、时间的有序安排造成了非常消极的影响，给希腊政府的名誉造成了一定的损害。

二、更多的建设项目：一改再改

雅典奥运会的比赛按计划在 30 多个竞技场举行，随之而来的工程有一大堆。但到 2004 年 6 月，有一半的场馆整修、建设尚未完成。另外，马拉松跑道、有轨电车和轻轨线路以及道路拓宽工程也在没日没夜地赶工期。在距离奥运会开幕大约还有 9 周的时间，雅典仍到处是起重机、挖土机和推土机。所必需的 39 个比赛场馆只完工了 15 个。雅典奥林匹克体育场屋顶虽然已经安装连接起来，但该体育场远没有完工，还有聚光灯、扩音器、摄像机，以及 7.4 万个座位等待安装。而以往的奥运会，早在开幕前几个月，准备工作就

[①] 根据以下两文献整理：李湛军. 希腊迎奥运，四处告急 [N]. 环球时报，2004-05-12；偷工减料只求按时完工　希腊政府承诺工程质量不用怀疑 [N]. 新京报，2004-05-05。

一切就绪了。

尽管有关部门的官员坚持说，届时所有项目都能如期完工，但人们发现雅典奥委会已经悄悄对一些可能无法如期竣工的项目进行了调整和削减，奥运游泳馆的屋顶就被列在削减首位，室内游泳馆变成了露天游泳池。顶棚的取消意味着该届奥运会将在露天场地举行游泳比赛，其后果是很严重的。奥运会期间正值地中海地区一年中最热的时刻，通常室外气温高达40℃以上。原计划建造的顶棚主要目的之一就是为了遮蔽毒辣的阳光，使馆内温度有所降低。如此一来，运动员们不得不经受太阳暴晒的考验。另外，这一决定也直接影响了游泳和跳水比赛的电视转播，使奥运会游泳比赛的转播角度只有泳道两端和侧面，缺少了空中俯瞰的全角度机位。这已经是雅典奥组委第3次对比赛场地设置进行重大改变。

关于马拉松线路的建设原本也是本届奥运会的特色之一：为了纪念公元前490年那位为了传递捷报而从马拉松镇跑到雅典最终死去的战士，组委会决定今年重现古代马拉松跑的路线。起点设在马拉松，终点则是1896年第一届现代奥运会的举办地——雅典大理石体育场。但是由于承包公司的财政问题，比赛线路的拓宽和修整工作严重滞后，根本无法进行奥运会的比赛和转播工作。为此，雅典奥组委最终不得不修改路线。而这不过是整个工程建设的一个缩影。实际上，雅典奥运会的几个标志性建筑都没能建成，与此同时，希腊政府还面临着不断追加投资预算的困扰。

三、后勤和辅助项目：麻烦不断

1. 后勤方面面临很大的挑战

它包括要指挥1.05万名运动员、超过1.2万名运动官员、2.2万名记者和成千上万的观众穿过这个饱受堵车之苦的城市。奥运会组织者呼吁雅典市民在奥运会期间不开私家车。连接市中心与萨罗尼克湾体育设施的新有轨电车线路由于电气列车没有及时到货，奥运会期间人们只能采用较慢的柴油车。

奥运主场馆路灯每个塔有16万伏的发电能力，属于奥运会初期做出的决定，然而在奥运场馆出现问题的同时，这些配套策措施的建设也遇到了一定的困难。因此，没能在奥运会开幕前把工程全面完工，导致本应采用太阳能的部分地区未能够实现这一目的。

2. 额外麻烦不断

场馆建设、安全保卫这两项工作已经把希腊政府折腾的焦头烂额，然而希腊的老百姓似乎并不领情，一些相关行业的员工提出了加薪要求，政府又忙着与他们进行协调。

四、分析原因：多种多样

奥运会，与其说是一件体育赛事，还不如说是一个工程。奥运会期间，雅典将接待1万多名运动员，举办300场比赛，其费用之昂贵、操作之复杂，曾让许多人担心小小的希腊将因此而不堪重负。不过，在希腊政府总理卡拉曼利斯的亲自监督下，奥运场馆建设的进度不断加速。信奉"最后一分钟哲学"的希腊人在后3年里加班加点的工作，最终化险为夷，举办了一场高水平的奥运会。

对于此次雅典奥运会的筹办，国际奥委会主席罗格在接受媒体记者采访时也多次表示,希腊在奥运会筹办工作的管理上存在很大的不足。他认为今后国际奥运会的举办在选择承办城市的时候一定要避开中小城市,一定要避开那些基础设施本来就很薄弱的城市。最好找一个基础设施比较好、在准备方面不需要花太多钱的城市作为主办方。

本章小结

项目进度管理,又称为项目时间管理,是项目管理的重要组成部分之一,它和项目成本管理、项目质量管理、项目范围管理并称为项目管理的"四大约束管理"。本章首先介绍了项目时间管理的意义、概念和干扰因素;接着按照项目进度管理的过程,依次介绍了如何对项目工作分解结构进一步分解,如何给出项目的活动清单和有关项目活动清单的支持细节以及更新后的工作分解结构的方法,如何对项目活动进行排序;项目活动资源需求的定义和分类、项目活动资源需求估计的输入、输出和工具方法;介绍了项目各活动历时估计和整个项目工期的估计方法,具体有关键路径法和计划评审技术;介绍了编制项目进度计划的方法;最后介绍了项目进度控制的相关内容。

复习思考题

一、选择题

1. 包括识别和文档化活动之间依赖关系的时间管理过程称为(   )。

   A. 活动排序   B. 活动定义

   C. 进度开发   D. 活动工期估计

2. 下列描述正确的是(   )。

   A. 所有网络图都可以显示四种类型的逻辑关系(FS、SS、FF、SF)

   B. 只有箭线图法需要增加虚活动

   C. 箭线图法是不允许出现活动循环的

   D. 绘制网络图所需要同时运用活动之间的紧前和紧后关系

3. (   )是指为了使项目在完工时间内完成,某项活动最迟必须在什么时候开始。

   A. 最早开始时间(ES)   B. 最早结束时间(EF)

   C. 最迟开始时间(LS)   D. 最迟结束时间(LF)

4. (   )是指为了使项目在计划完工时间内完成,某项活动最早必须在什么时候结束。

   A. 最早开始时间(ES)   B. 最早结束时间(EF)

   C. 最迟开始时间(LS)   D. 最迟结束时间(LF)

二、简答题

1. 如果你参与一个新产品发布会项目,作为该项目的项目经理,如何完成以下工作:

   (1) 列出主要的活动清单。

   (2) 说明它们之间的关系,分清逻辑关系。

   (3) 给出活动之间的紧前关系。

   (4) 用前导图法绘制网络图。

（5）给出必要说明。

2. 什么是项目活动资源？它如何分类，有哪些特点？

3. 项目活动资源需求估计的输入条件包括哪些？交付物有哪些？

4. 表7-3是某项目的活动分解表，试用PERT技术完成下列问题。

表7-3　　　　　　　　　　　　某项目活动分解

活动	紧前活动	活动持续时间（周）		
		a	m	b
A	—	1	3	5
B	—	1	2	3
C	A	1	2	3
D	A	2	3	4
E	B	3	4	11
F	C，D	3	4	5
G	D，E	1	4	6
H	F，G	2	4	5

（1）画出网络图。

（2）关键路线是哪条？

（3）期望完工时间是多少周？

（4）该项目中14~16周内完工的概率是多少？

5. 项目进度计划编制的方法和技术有哪些？

6. 项目进度管理计划的制订过程是什么？

7. 如何进行项目追踪？

8. 推迟完工和提前完工各有哪些注意事项？

第八章 项目成本管理

项目成本管理也是项目管理的核心内容。项目成本管理贯穿整个项目实施过程，需要对项目的各个过程进行有效成本管控，以确保项目在批准的成本预算内高质量地完成。项目成本管理始于项目启动阶段，止于项目结束阶段，其目标就是确保项目在预定的成本范围内顺利实施，并完成交付成果。项目成本管理的好坏直接反映了项目管理的水平。本章内容围绕项目成本管理的核心内容，介绍项目成本管理的内容、项目资源编制计划、项目成本估算的类型、项目成本预算的方法和步骤、项目成本控制的方法等。

[学习目标]

- 了解项目成本管理的内容
- 理解项目资源计划的概念及编制依据、方法
- 理解项目成本估算的概念和类型
- 掌握项目成本预算的概念和主要步骤
- 了解项目成本控制的方法

[案例导入]

合理资源计划的重要性[①]

中关村软件园区的一家软件公司启动了一个项目，并且实施得非常顺利，但因为成本管理出了问题，最后的结果不是很令人满意。虽然这家公司的领导及其董事都熟知并且更感兴趣的是财务术语，而不是信息技术方面的术语，但最终还是出现了成本管理问题，这是为什么呢？在后来对这个项目做评估时，这家公司的领导发现，在这个项目团队里，虽然项目管理专业人员不仅能够使用技术术语，而且还能够用财务术语介绍和讨论项目的信息，比如净现值分析、投资回报率和投资回收率等，但最终还是缺少一份合理的资源计划表，这就最终导致项目成本管理出现问题。

从这家公司的情况来看，我们得出一个结论，合理的资源计划是成功的项目成本管理所必需的。在我国，项目成本管理有许多不同的方法，每种方法都有自己的优点和缺点，

---

① 沈志渔. 项目管理：理论·实务·案例 [M]. 北京：经济管理出版社，2012.

都有自己的适用条件。但是在现代项目成本管理中，比较科学并能客观反映项目成本管理规律的、能够达到最大化节省资源的所有成本管理方法中，编制合理的资源计划都是必需的。

第一节 项目成本管理概述

一、项目成本管理的概念及流程

项目成本管理是指为保障项目实际发生的成本不超过计划的预算额所需要的一系列工作与过程。项目成本管理也是为确保项目在批准的预算内按时、按质、经济高效地完成项目的既定目标而开展的一种项目管理过程。通过项目成本管理可以实现对整个项目实施的管理和监督，及时发现和解决项目实施过程中出现的各种问题。

项目成本管理包括项目资源计划、项目成本估算、项目成本预算和项目成本控制等过程（如图8-1所示）。项目资源计划是确定实施项目活动所需要的资源的种类、数量以及投入时间，从而生成项目资源需求清单。项目成本估算是估计完成项目所需资源成本的近似值，从而得到项目成本的估计值和项目成本管理计划。项目成本预算是将整体成本估算配置到各单项工作，以建立一个衡量成本执行绩效的基准计划。项目成本控制是控制项目预算的变化，从而生成修正的成本估算、预算和经验教训等。这几个过程相互影响、相互作用，有时也与外界的过程发生交互影响。根据项目的具体情况，每一过程由一人或数人或小组完成。在项目的每个阶段，上述过程至少出现一次。

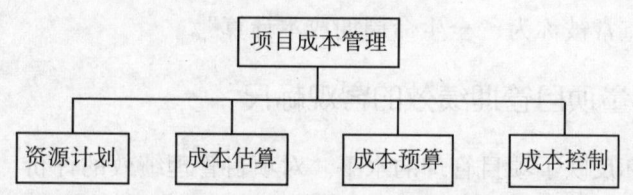

图8-1 项目成本管理的主要过程

资料来源：殷焕武．项目管理导论［M］．北京：机械工业出版社，2008．

二、项目成本管理的任务

（一）确保项目在批准的成本预算内尽可能好地完成

项目成本管理是在整个项目的实施过程上，为确保项目在批准的成本预算内尽可能好地完成而对所需的各个过程进行管理。项目成本管理不同于项目投资管理和项目造价管理。

项目投资管理必须以投资收益的最大化或合理化为目标,即在投资额一定的情况下,收益最大化或收益一定的情况下,投资额最小。在项目决策阶段,需要对项目运营期间的财务状况进行预测与分析,只有财务收益指标达到目标时,项目才可能启动。项目投资管理不仅关注项目的投资过程,而且关注项目投资的回报过程和结果。项目投资管理不仅贯穿于项目生命周期,而且延伸到项目的运行使用期。

项目造价管理与项目生命周期的投资管理接近,但是造价管理止于项目的交付建成。造价管理涉及市场交换,以项目的交换价格为关注重点,主要考虑的是价格,如投标报价、工程价款结算和最终决算。而价格的确定和控制需要在成本的基础上,考虑组织的发展战略或经营战略。

成本管理侧重项目生命周期自身的支出,在项目产品交付使用后,项目产品(软件、工厂、建筑物、道路)的支出管理,即项目运行期间的成本管理不属于项目管理范畴,而属于工业企业或其他常规组织的成本管理范畴。

因此,项目成本管理始于项目启动,止于项目的结束,是在整个项目生命周期中以项目执行组织为主体的成本管理,其目标就是确保项目在批准的成本预算内尽可能好地完成项目的各个过程。在许多应用领域,对项目产品的未来财务执行的预测和分析是在项目之外进行的。但在诸如资金筹措项目等领域,项目成本管理也包括对未来财务的预测和分析,此时成本管理包括一些附加的过程和许多一般管理技术,例如投资回报、回收期分析。实际上,这时项目成本管理应该更确切地称为项目投资管理。项目成本管理关心的是完成项目活动所需资源的成本,但也会考虑对项目交付使用后成本的影响。例如,利用限制设计审查次数可以降低项目成本,但可能增加顾客的运营成本。再比如,项目建设期间不能一味地降低成本而采用质低价廉的材料,为项目产品的运行使用留下隐患。项目成本管理的这种广义观点常被称为"全生命周期成本计算"。

(二)提供衡量项目管理绩效的客观标尺

成本管理的好坏反映了项目管理的水平。对项目管理绩效的评价,首先是对成本管理绩效的评价。通过对成本管理水平和成果的评价,可以使企业掌握项目管理状况和实际达到的水平,为项目绩效评价提供直观、量化的佐证。

项目成本管理还为企业考核和奖惩提供依据。为企业内部人事制度、工资分配制度、员工培训制度等一系列制度的建立和健全创造必要的环境条件。

三、项目成本管理的原则

(一)全生命周期成本最低原则

项目成本管理的效果直接影响到项目的绩效。因此,应尽可能降低项目成本。但是,在进行成本管理时不能片面要求项目形成阶段成本之和最低,而是要使项目全生命周期成本最低,即考虑项目从启动到项目产品的寿命期结束的整个周期的成本最低,这是项目经济性评价的合理期限。

(二) 全面成本管理原则

全面成本管理是针对成本管理的内容和方法而言的。从全面性出发,需要对项目形成的全过程开展成本管理,对影响成本的全部要素开展成本管理,由项目全体团队成员参加成本管理。因此,全面成本管理就是全员、全过程和全要素的成本管理。

(三) 成本责任制原则

为了实行全面成本管理,必须对项目成本进行层层分解,使成本目标落实到项目的各项活动、各个成员。项目的每个参与人都承担不同的成本责任,按照成本责任对项目成员的业绩进行评价。

(四) 成本管理有效化原则

成本管理的有效化包括两层含义。一是使项目经理部以较少的投入获得最大的产出;二是以最少的人力和财力,完成较多的管理工作,提高工作效率。

(五) 成本管理科学化原则

成本管理的科学化原则,即把有关自然科学和社会科学中的理论、技术和方法运用于成本管理,包括预测与决策方法、不确定性分析方法和价值工程等。

第二节 项目资源计划

一个项目目标的实现必然消耗一定的资源。项目投入资源的种类、数量、质量和时间不但对项目成本的高低起决定性作用,还会对项目进度产生重要影响。做好资源计划,合理安排资源,对于避免由于资源配置不合理所造成的项目工期延误和项目成本超支有重要意义。

一、项目资源计划概述

(一) 项目资源

项目资源是指完成项目所必需的实际投入的各种资源。在这里。通常包括硬件资源和软件资源。硬件包括项目中完成任务的人力、设备、物资、资金等。对这类资源管理的重点是合理计划，合理采购，统筹安排，充分发挥其使用效率和工作效率。软件资源包括项目所需的各种技术、信息等。

资源并不是在任何时候都是有效的。资源是否有效受工作性质和组织方式等因素的制约。要通过合理的组织和配置才能达到资源效用的最大化。从人力资源来看，对于工作量较大、自动化程度较低的工作，为保证项目进度的要求，就要配置较多的人力；对于工作量较少的工作，所需的人力也较少。

对大多数项目而言，工作本身的条件限制、项目各工作的衔接、项目外部环境的剧烈变化等都会影响资源有效性。在实际项目中。项目组在制订项目计划时，无论是确定项目的质量水平还是安排项目进度。都离不开对资源有效性的分析。因此通过对项目资源的有效性进行科学准确的分析，可以为有效利用资源提供最佳的方案，为全面进行资源平衡提供切实的依据，使无效资源减少到最低限度。

项目的资源有效性分析是个动态的过程。对项目实施过程的每一个阶段、每一个子系统都要进行科学准确的资源有效性分析。项目的资源状况一般可能出现以下三种情况：资源适当、资源短缺和资源过剩。

（1）资源适当。资源适当是指项目所拥有的资源恰好满足项目按计划建设的需要。对项目管理者而言，资源适当是项目管理需要实现的最终目标。

（2）资源短缺。资源短缺是指项目所拥有的资源不能完全满足项目按计划建设的需要，是项目管理人员经常遇到的问题。这些资源的短缺，既有项目计划的原因，即没有安排充足的资源；又有管理方面的原因，即没有合理安排和组织资源的使用。项目计划造成的问题可能会贯穿整个项目建设过程，通常要通过放宽某些限制条件才能得到解决。项目管理人员应及时认识项目管理中可能会发生的资源短缺问题，事先采取预防措施，避免或缓解资源短缺的矛盾。

（3）资源过剩。资源过剩不是指因项目要求产生的临时性的无效资源，也不是指为保证工作进行而做的必要的资源储备，而是指超过了项目合理限度配置的资源。资源过剩是低效率的源泉和产生浪费的重要原因。需要为项目配备多少资源，不能取决于决策者的意志，而应该服从于项目的目标。资源配置应坚持以取得最大经济效益为前提。

对于出现的资源短缺或资源过剩的问题，需要通过变更项目计划和提高项目经理的决策水平来解决。对于项目管理来说，最主要的问题是资源的均衡与合理配置，其目的是在不影响项目进度的前提下，最大限度地利用有效资源，尽可能地实现下列目标：

第一，在合理的项目建设期内减少或缓和人力、设备和资金等资源的需求峰谷，在尽可能的范围内尽量使高峰后移，以减少资金利息等支出。

第二，使人员和设备的配置规模达到既能保证项目正常进行，又不至于造成浪费的最佳程度。

第三，以整个项目生命期为对象，对人力、设备、资金等资源需求全面平衡，降低项目成本。

（二）项目资源计划的含义

项目资源计划是指通过分析和识别项目资源需求，明确项目所需投入资源种类（如人力、设备、材料、资金等）、资源数量和资源的投入时间，并制订出项目资源计划安排的项目成本管理活动。例如，建筑工程队需熟悉当地建筑方面的法规，若利用当地劳动力，这些法规往往可以通过利用当地劳动力获得而不需增加其他费用。若当地劳动力中缺乏专门建筑技术人才时，则获得当地建筑法规的最有效方法是雇用一名咨询人员，但这需要增加成本。

二、编制资源计划的依据

资源计划的编制涉及项目的范围、项目时间、项目质量等各个方面的计划与要求文件，以及相关各种支持细节文件与资料等。主要包括以下几个方面：

（一）工作分解结构

WBS 将项目的整个范围组织在一起并加以明确。每向下分解一个层次，就意味着项目工作的定义深入一步，最终分解为工作细目。一个项目的工作分解结构列出了为完成该项目所要做的工作内容：每一项工作内容都需要消耗不同种类、数量和质量的资源。因此，工作分解结构是项目资源计划编制的主要依据。

（二）项目范围说明

项目范围说明是对项目工作的目标及边界的陈述，其明确了项目最终的可交付成果及技术规范，即明确了哪些工作是属于项目应该做的，而哪些工作是不包括在项目之内的。这些内容对于项目所需资源的种类、数量和质量有重要影响。所以项目范围说明也是项目资源计划编制的依据之一。

（三）项目进度计划

项目进度计划是控制项目进程的最主要的纲领性文件，它规定了项目各项活动的开始时间和结束时间，因而也就决定了各种项目资源的投入时间和投入数量。所以，资源计划必须服务于项目进度计划，以使项目组织能够适时地、有计划地安排合适的资源。

（四）项目资源描述

项目资源描述是对项目所需资源的种类、数量、质量的描述和说明。具体包括：项目需要哪些种类的资源？这些资源的特性和要求是什么？项目什么时候需要这些资源？等等。例如，一个工程项目需要哪些专业的工程技术人员，对他们的职称、教育背景和研究经验有什么要求等。要想制订一个科学合理的资源计划，必须考虑项目资源描述。

（五）历史信息

历史信息记录了先前类似项目的资源需求和使用情况。参考这些历史信息，借鉴以往同类项目中的经验和教训，有助于制订出拟建项目资源计划。因此，积累和收集详细的同类项目的历史信息，是制订科学、合理、经济的资源计划的重要参考资料，对于本项目的资源计划编制有重要的参考作用。

（六）资源库信息

资源库是项目所拥有的可供使用的资源的描述集合。它既包括项目实施组织自身所拥有的资源，也包括整个社会能够为项目提供的各种资源。只有在掌握了这方面的信息以后，项目管理人员才能够做出切实可行的项目资源计划，否则制订的项目资源计划就可能超过现实的条件，只能是纸上谈兵。

（七）项目组织策略

项目组织策略是指项目组织的结构、项目获得资源的方式、手段以及在项目资源管理有关方面的方针、政策。例如，工程项目中劳务人员是用外包工还是本企业职工、设备是租赁还是购买，都会对资源计划产生影响。

三、编制资源计划的方法

编制项目资源计划的方法有许多种，其中比较常用的有：

（一）专家判断法

在资源计划的制订过程中，专家判断法是最为常用的。专家判断法是指由专家根据经验和判断来确定和编制项目资源计划的方法。这里的专家是指具有特殊知识或经过特别培训、对项目资源配置具有丰富实践经验的组织和个人。例如，出版商只要知道关于一本书的几个数据，如字数、开本和印数等，就可以相当准确地估算出出版这本书所需的费用。

采用专家判断法又可以分为两种具体操作的方式：一是请若干专家先进行调查研究，然后通过座谈会、讨论会的形式共同探讨，最终形成意见比较一致的项目资源计划；二是请参与此活动的若干专家在互不见面、互不知名的情况下，自由充分地发表个人意见，然后由协调人员汇集专家意见，整理并编制出项目资源计划。

（二）资料统计法

资料统计法是指使用历史项目的统计数据资料，计算和确定拟建项目资源计划的方法。这里的历史统计资料必须有具体的数量统计指标和足够的样本量。所谓具体的数量指标主要是反映项目资源的规模、质量水平、消耗速度、各种比例关系等。这种方法以已完成项目的统计数据资料为依据来制订本项目的资源计划，结果比较准确合理。但此种方法要求有详细的、具有可比性的历史数据，因此其应用有一定的局限性。

（三）项目管理软件法

现在市场上已经有许多项目资源计划编制方面的通用软件系统，不仅可以储存资源库信息，而且可以定义资源的使用定额，以及确定资源需求的时间等。因此使用现成的项目管理软件去编制项目资源计划也是一种便捷的方法。

总之，在实际编制资源计划的过程中不可能单纯仅使用某一种方法，而是同时使用几种方法，以求互相校正、检验，最终达到资源计划编制的科学、合理、经济、可行的目的。

第三节　项目成本估算

一、项目成本估算的概念及类型

项目成本估算是根据项目资源需求计划和所需各种资源的价格信息，估算和确定项目各种活动的成本和整个项目总成本的管理工作。项目管理过程中需要进行多次成本估算，每次估算所处的时期不同、项目的进展情况不同、掌握信息的完备程度不同，估算的详细程度和精度也不同。一般来说，将成本估算分为三种类型：初步估算、控制估算和最终估算。三种成本估算类型的主要特征如表 8-1 所示。

表 8-1　　　　　　　　项目成本估算的种类及各自特点

比较项目名	种类		
	初步估算	控制估算	最终估算
进行时期	可行性研究后期	项目计划阶段，伴随项目工作内容的精确确定而进行	项目实施阶段
主要依据	项目组的可行性研究和报告所做的估算	最新的市场价格	项目进程中一些重大工作的详细估算及最新的估算和预测

续表

比较项目名	种类		
	初步估算	控制估算	最终估算
特点	较为粗略，用流程示意图而非结构图等详细资料来表示项目设施的组成情况。当主要资源的规格已经确定时，也可进行一些较为详细的估算	比较精确。由项目团队全面负责制定，但其中的一部分可分别由财务或专业咨询部门完成	主要资源按照实际详细价格估算，投资较少又不易确定的部分采用类比或预测
精确程度	$-25\% \sim 75\%$	$-10\% \sim 25\%$	$-5\% \sim 10\%$
作用	为管理部门提供初步的经济情况，并为筹措资金提供依据，是肯定经济价值进而转入计划阶段的必要条件	能够为筹措资金提供依据，也可以用来明确责任和实施成本控制，宜与正式的风险分析同时进行	依据不同时期的项目情况为项目管理提供精确信息，是控制项目费用的工具
其他说法	棒球场估算、概念估算、可能性估算、SWAG（科学粗略解剖）估算	自上而下估算、分析估算	详细估算、WBS估算、工程估算

资料来源：蒋景楠. 项目管理［M］. 上海：华东理工大学出版社，2006.

二、项目成本估算的意义

项目成本估算是项目成本管理的主要内容，是项目预算、项目控制的基础。随着项目（特别是工业项目）复杂程度不断提高，有效的项目成本控制离不开准确的项目成本估算。可见项目成本估算意义重大。

项目成本估算有以下几个重要意义：

（1）成本估算是项目决策、资金筹措的依据。

（2）成本估算是项目预算的基础。

（3）成本估算是项目决定承包方式的基础。

（4）成本估算是项目进度计划编制的依据。

（5）成本估算是项目资源安排的依据。

（6）成本估算是项目成本控制，即绩效考评的依据。

三、项目成本构成

对一般项目而言。项目成本主要由以下三部分构成。

（1）直接成本。直接成本是可直接归因于项目组织或项目实施的有关成本。包括直接人工费、直接材料费、直接设备费及其他直接费。

（2）间接成本。间接成本是不可直接归因于任何组织。但往往是组织执行项目时需要发生的。包括管理成本、保险费、融资成本（手续费、承诺费、利息）等。

（3）应急费（不可预见费用）。这是考虑项目可能遇到的风险因素。在进行成本估算时要列入的成本内容，用于补偿差错、疏漏及其他不确定性对估算精度的影响。应急费一般根据风险分析、同类项目的经验以及项目组的评估来确定的。在项目成本中所占的比例一般为10%。但是，使用多少应急费用，完全取决于实际情况，不能一概而论。

四、项目成本估算的依据

项目成本估算的主要依据是工作分解结构、资源需求计划和资源价格。工作分解结构是编制资源计划的基础，它也可以用于成本估算并确保所有识别的工作已被估算。资源需求计划界定了项目所需要资源的种类、数量和质量标准，是成本估算的主要依据。为了计算各项工作成本，必须知道项目所需各种资源的单价（包括工时费、单位体积材料费等）。如果某种资源的实际价格不知道，应该对它的价格做出估计，以确保最后的整体估算有效。

另外，项目成本估算的其他依据还包括：活动持续时间，这将直接影响分配给它的资源数量，因而会影响到项目成本的估算；社会化的商业数据库信息和各种历史项目的信息与参考资料；项目管理团队的各种知识与经验教训。这些也都是项目成本估算中可供使用的信息和依据。

五、项目成本估算的方法

（一）类比估算法

类比估算法适用于项目成本估算精确度要求不高并且有可比对象的情况。它是根据已完成的类似项目对未来项目成本进行估算的一种方法。这种方法的步骤如下：首先项目上层管理人员收集大量类似项目的历史资料，然后请专家对此进行分析评估，最后将估算的结果按照项目工作分解结构的层次传给下层的管理人员。在此基础之上，各级管理人员对自己的工作任务进行成本估计，依次往下传达，直至基层人员。

类比估算法既可以用于项目的全部成本估算，也可以用于子项目成本的估算，还可以用于某一工作或任务成本的估算。这一方法的优点是简便易行、费用低，但它的精确度也低。使用该方法的前提条件是有以前完成的可比项目数据，否则不能用此方法。

（二）参数模型法

参数模型法也叫参数估计法，是利用项目特性参数建立数学模型来估算项目成本的方法。模型可以简单（如商品住宅以建筑面积的金额估算），也可以复杂（一个软件开发成本模型要用十几个因素，每个因素都有 5~6 个方面）。该方法使用某个项目成本的参数及其估算关系式对项目成本进行估算，其重点在于估计参数的确定上。此方法的优点是快速、易于使用，且所需信息不多，并且其准确性在经过模型校验后能够达到一定的精度。

（三）累计估算

累计估算又称为自下而上的估算法。就是根据工作分解结构自下而上的汇总，先估算项目单项工作或任务包的成本，然后累计估算出项目总的成本。用这种方法估算的成本及编制的成本计划一般来说要比其他方法更为精确，但工作量也很大。

累计估算的成本和精确度与工作的大小或复杂性密切相关。工作细化，通常在提高准确性的同时也会增加估算的成本。优秀的项目管理团队应当懂得根据实际情况找到精确性和成本之间的结合点。

（四）软件工具法

软件工具法是利用项目成本估算软件估算成本的方法。项目管理技术的发展和计算机技术的发展是密不可分的。计算机的出现和运算速度的迅猛提升使得使用计算机估算项目成本变得可行以后，涌现出了大量的项目成本估算软件。利用这些软件，工作人员只要直接输入项目成本的有关数据或自定义项目的成本函数，就能够方便快捷地得到项目成本的估算结果，使估算过程得到大幅度的简化。

六、项目成本估算结果

（一）项目成本估算书

项目成本估算书是对需完成项目的成本的估计文件，该文件对需完成项目的活动、所需资源、资源成本和数量进行必要的报告和说明。同时，这一文件还要全面说明和描述项目风险所需的不可预见费和管理储备以及风险收益等方面的内容。项目成本估算书中的主要指标是价值量指标，同时为便于项目绩效考核，也需要其他类指标对项目成本进行描述，如劳动量指标（工时或工日）或实物量指标（吨、千克、米等）。究竟需要使用哪些指标，必须以便于开展项目成本控制为导向。

（二）相关支持细节文件

这是项目成本估算的依据、信息和具体考虑细节的说明文件，它是项目成本估算书的附件。该文件的主要内容包括项目产出物和工作范围的描述（因为这直接影响项目成本）、项目成本估算的基础和依据（包括项目成本估算方法的说明，以及参照国家规定的说明等)、项目成本估算的假定条件说明(包括假定的项目实施效率、项目所需资源的价格水平、项目资源消耗的定额估计等)和项目成本估算可能的变动范围的说明(包括项目环境与条件发生变化后其成本会发生多大变化的说明)。

(三)项目成本管理计划

这是关于如何管理和控制项目成本以及项目成本变更管理等方面的说明文件。项目成本管理计划文件可繁可简,具体取决于项目规模和项目管理工作的需要。由于项目实施过程中可能会发生变化,从而危及项目成本目标的实现(如原料价格高于成本估计的价格),为防止、预测和应对各种意外情况,就需要项目成本管理计划,借此安排好各种所需的应急措施,以控制项目成本的变动。该计划的核心内容是项目成本控制和变更工作的计划与安排,以及项目不可预见费等方面的使用管理等。

第四节 项目成本预算

一、项目成本预算的概念及作用

(一)项目成本预算的概念

项目成本预算是一项制定项目成本控制标准的项目管理工作。它把整个项目估算成本分配给项目的各个工作单元(工作包),建立成本基线,并以此为依据度量和控制项目成本执行情况。它包括:根据项目成本估算向项目各个工作单元与活动分配预算定额,确定项目的总预算,制定项目成本控制标准,规定项目不可预见费的划分和使用规则等。

成本估算和成本预算是项目成本管理的两个重要内容,二者既有区别,又有联系,如表8-2所示。

表8-2 成本估算和成本预算的区别

区别与联系	成本估算	成本预算
含义	编制一个为完成项目各项工作所需经费的近似估计	把整个项目估算的成本分配到各项活动和各部分工作上,进而确定测量项目实际执行情况的成本基准,又称为制订成本计划
依据	工作分解结构、资源需求计划和资源价格、活动持续时间等	项目成本估算文件或项目合同造价;项目的工作结构分解;项目时间计划和项目时间管理计划的信息

续表

区别与联系	成本估算	成本预算
工具与方法	类比估算法、参数模型法、累计估算法、软件工具法	类比估算法、参数模型法、累计估算法、软件工具法
成果	项目成本估算书、相关支持细节文件、项目成本管理计划	成本基准计划、预算管理计划

资料来源：曾赛星. 项目管理［M］. 北京：北京师范大学出版社，2007.

（二）项目成本预算的重要作用

1. 为成本管理方案的制订提供科学依据

成本预算主要是为加强对成本的管理，项目部应定期向公司提供科学合理的成本预算执行情况表，为公司的宏观指导提供依据。企业想要很好地完成成本预算工作，首先要收集大量的经济信息数据材料，并对这些收集回来的经济资料进行系统、全面的分析研究，有些项目没有建立全面预算制度，项目管理处于事后总结阶段，项目方的控制力和管理力度明显减弱，不能直接掌握项目的资金使用情况、盈亏情况和项目的进展情况。

通过成本预算，对项目中可能出现的影响或成本升降的各种因素进行科学分析，比较各种方案的经济效益，为选择最佳成本方案和最优成本决策提供依据，进行成本预算，以便选定成本预算值最低、利润最大、经济效益最好的项目。

2. 成本预算是进行项目成本控制的基础，是有效实现成本控制的重要途径

对项目成本进行整体预算，帮助估算项目所需成本以及项目方所能获得的收益，然后，项目方才能很好地进行项目成本控制。

成本预算是项目承担单位根据成本费用的构成或工程子项目编制而成，包括前期的投标费用等。在项目实施前，对项目的成本进行整体测算，确定项目的成本、成本水平及目标利润。项目实施过程中，成本的开支以预算成本为控制依据，财务主管对不符合预算成本的费用开支严格把关，定期进行成本预算分析，及时发现影响成本预算偏差因素，并采取科学合理的措施进行纠偏，使实际费用在预算成本内开支。因客观因素引起的成本溢涨，应重新确定相关成本指标，及时调整成本预算，项目承担单位严格按修订批复后的成本预算执行，从而有效地实现成本控制。

3. 通过成本预算，可以降低成本，实现利润最大化

在项目成本的构成项目中，经营成本项目、运营成本项目及人工成本项目在总成本中占有重要的地位，企业通过加强预算加强内部成本控制，通过对成本执行过程的监控，对一定时期的成本实际完成与预算成本目标进行分析，合理有效地控制和降低主要成本是企业发展战略目标的关键。一个好的成本预算，在成本降低的同时，也保证了项目质量，这样就能够保证成本管理的质量,从而实现利润最大化。

4. 项目成本预算为项目管理者监控项目施工进度提供了基准

项目费用总和要和项目进度相联系,项目进展到任何时点都应该有确定的预算成本支出,根据项目预算成本的完成情况和完成这些预算成本所消耗的实际工期,并与完成同样的预算成本额的计划工期相比较,项目管理者可以及时掌握项目的进度和成本状况。

二、项目成本预算编制的原则

在项目管理中,由于其本身是非程序性的管理工作,项目成本预算不准确的情况经常出现也是必然的。有些项目经理编制的项目成本预算低于项目成本估算,有些项目经理则相反。这种情况普遍存在的原因是,很多项目经理认为管理工作本身不需要做到准确无误、丝毫不差,因为管理工作经常需要纠正或调整。

但是,经济环境的变化和管理的发展,这种观点已不能适应新的情况了。管理首先是单纯的现场管理,然后发展到事中的经营管理和财务管理,再到事前的预算管理、事中的经营管理和财务管理以及事后的考核控制结合的全面管理阶段。因此,管理当局需要预算管理。项目管理团队也需要对项目进行事前的项目成本预算管理。当然,随着项目管理理论和实务的发展,项目管理专家们认为,对于项目经理来说,要实现预期目标,必须对项目做出最为合理的预算。准确的成本预算是每个项目成功的前提条件。为制定准确的成本预算,必须遵循下列原则:

(一)项目成本预算应以项目的目标为中心

管理会计中仅考虑与决策相关的成本即相关成本。相关成本是指决策时必须认真考虑并加以计算的未来成本。项目成本预算在进行预算时应该以项目目标为中心,全面考虑与实现该项目目标有关的成本费用。例如,有一台闲置设备,可以用于项目管理,也可以对外出售。那么,在这种情况下就必须以对外出售的价格减去相关税费作为项目预算的成本费用总额。项目的目标不同,项目的成本费用也不一样,同样一种设备对于这个项目可能是成本费用,但对于另外一个项目可能就是废品。

(二)项目成本预算应围绕项目进度进行

在激烈竞争的时代,速度决定成败。资源在投资与再投资过程中产生的时间价值,与项目的进度相关。一般情况下,项目的进度越快,项目成本费用越高。因为要快得超出常规必然要用超出常规的资源。项目进度越快,项目成本预算时间价值的重要性相对越弱;项目进度越慢,时间价值的重要性越强,对项目成本预算的影响越大。

(三)项目成本预算应考虑宏观经济政治环境

任何经济活动都不能脱离所运行的环境,项目管理也不例外。比如,如果项目是国家限制的,那么可能公关的成本费用要多得多;如果项目可能造成的环境污染相当严重,那么未来的或有成本费用也需要在进行项目成本预算时加以考虑;当整个宏观经济处于高通货膨胀时期,项目成本预算时必须考虑这一因素,否则,赚到的利润可能已经不值钱了。

(四)项目成本预算应有一定的弹性

项目在执行的过程中,可能会有预料之外的事情发生,包括国际国内政治经济形势变化和自然灾害等。这些变化可能对预算的执行产生一定的影响。因此,编制项目成本预算,要留有充分的余地,使项目成本预算具有一定的适应经济政治环境条件变化的能力,即预算应具有一定幅度的弹性。

三、项目成本预算的依据

(一)项目成本估算文件或项目合同造价

项目成本估算文件是在本章第三节的项目成本估算工作中形成的结果,项目合同造价是项目在承包中形成的合同价格。在项目成本的预算工作中,这些是项目成本预算的主要依据和信息来源。

(二)项目的工作结构分解

项目成本预算工作分配必须以项目工作分解结构为基础。在工作中,人们依据这些文件分析和确定出项目以及项目的主要工作和活动的成本预算。

(三)项目时间计划和项目时间管理计划的信息

这是有关项目、项目阶段和项目各项工作的起始时间与终结时间的计划文件,依据它可以计划和安排项目成本的投入时间以及项目价值的生成时间。项目时间计划通常是在招投标过程中由项目业主与项目承包商协商确定的,企业是项目预算编制的依据。

(四)其他项目计划文件和相关方面的信息

在编制项目成本预算时还应考虑项目资源计划、集成计划、质量计划和其他各种项目专项计划等项目计划文件。另外还有各种已识别项目风险的信息、项目环境与条件因素发展变化的信息、社会化的商业信息等,人们需要根据这些信息编制项目成本预算。

四、项目成本预算的过程

项目成本预算包括两个步骤。首先,将项目成本估算分摊到项目工作分解结构中的各个工作包中;其次,将每个工作包的预算分摊到工作包的工期中,这样才能知道在每个时间点上预算支出是多少。

(一) 分摊总预算成本

将项目总成本按各成本要素(人工、原材料,设备等)分摊到工作分解结构中的工作单元(工作包)中,就可以得到一个成本分解结构(CBS)。在 CBS 中,每个工作包所花费的各项成本之和称为该工作包的总预算成本(total budget cost,TBC)。

(二) 生成累计预算成本

为每个工作包建立总预算成本之后,下一步应该将每个工作包的 TBC 分配到工作包的工期中。每个工作包各个工期的成本估计是根据该工作包的各项活动所完成的进度确定的。把每个工作包的 TBC 分摊到工期的各个区间,就能确定在每个时期花费了多少预算。按进度把估算的成本累加起来就可求得累计预算成本(cu-mulative budgeted cost,CBC)。CBC 是到某个时间点为止,按进度完成的预算值。

CBC 是分析项目成本绩效的基准,可以用图形来表示项目的累计预算成本。在项目开始阶段累计预算成本增加缓慢,随着项目的开展,成本将会迅速增加,当项目快要结束时,成本增加的速度又会减缓。所以累计预算成本曲线是一条 S 型曲线。图 8-2 是一个典型的累计预算成本曲线,横坐标表示时间,纵坐标表示成本。

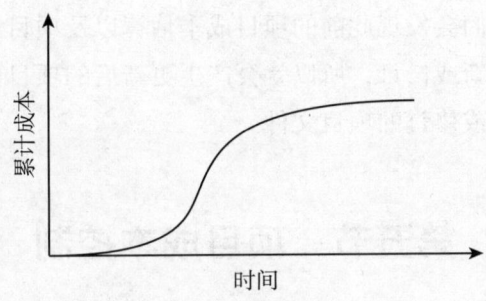

图 8-2 累计预算成本曲线

资料来源:殷焕武. 项目管理导论 [M]. 北京:机械工业出版社,2008.

五、项目成本预算的结果

(一) 项目成本预算文件

一般情况下,项目成本预算工作的结果是生成有关项目预算的文件,其内容包括有关项目成本预算的规模、项目各工作包的预算计划安排、项目各项具体活动的预算计划安排、项目不可预见费的计划安排、项目成本预算控制基线(S 型曲线)等。

（二）相关的支持细节文件

这是关于项目预算主文件的各种支持细节的说明文件，它包括了各种预算编制中使用的项目集成计划、范围计划、工期计划和项目资源计划等方面的支持细节，项目预算标准和定额等方面的支持细节，以及项目预算分配的原则等细节文件。

（三）项目资金筹措的计划与安排

这包括项目整体筹资和各时段筹资的要求和计划安排，它是根据项目成本预算结果给出的。通常每个阶段的筹资都应该再给出一定的余量，项目筹资的总额应该是项目总成本加上项目管理储备。项目管理储备的筹资也可以按照逐步增加的方式包括在每一笔筹资之中，这部分资金何时筹措取决于项目业主的财务管理政策。

（四）项目预算管理计划

项目成本与价值预算工作的另一个主要结果是项目预算管理的要求和规定性文件，即项目预算管理计划文件。该文件明确规定了有关项目成本预算管理的各种规定和要求，包括项目预算中管理储备（项目不可预见费）的管理和使用规定等。

（五）项目成本估算等文件的更新

在项目成本预算中人们会发现此前的项目成本估算以及项目进度、范围和集成计划等都存在某些问题而需要更新或修订，所以就会产生更新后的项目成本估算书、项目进度计划或项目集成计划等更新或修订的项目文件。

第五节　项目成本控制

一、项目成本控制的概念

控制是指通过调节使客观对象的活动按照既定目标运行的行为。它具有以下特点：

（1）控制具有很强的目的性。没有目标控制就等于失去了方向，无法评判控制结果的好坏。

（2）控制的目标通过有效的约束和调节来实现。缺乏约束和调节，受控对象就会偏离目标，出现失控。

（3）控制是一个过程。控制的过程实际上就是施控主体对受控对象进行影响、约束和调节的过程。

成本控制是一种经济控制。它是根据成本预定目标，对企业生产经营过程中的成本费用支出进行监控，发现偏差，纠正偏差，以达到在预算成本范围内实现目标的过程。项目成本控制是项目成本管理的一个主要内容。

项目成本控制工作是在项目实施过程中尽量使项目实际发生的成本控制在项目预算范围之内的一项项目管理工作。这一管理过程还包括在项目的实际进程中，根据项目实际发生的成本情况，不断修正初始的成本预算，预测项目的最终成本等工作。

二、项目成本控制的内容

项目成本控制最根本的是控制项目成本的变动和变更。主要涉及对于各种能够引起项目成本变化因素的控制（事前控制）、项目实施过程的成本控制（事中控制）和项目实际成本变动的控制（事后控制）。具体内容包括：

（1）成本计划。主要是按照设计、计划方案预算项目成本，提出报告。通过将成本目标或成本计划分解，提出设计、采购、施工方案等各种费用的限额，作为成本控制的基准。

（2）成本监督。审核各项费用，确定是否进行项目款的支付，监督已支付的项目是否完成，并作实际成本报告。

（3）成本跟踪。作详细的成本分析报告，并向各个方面提供不同要求和不同详细程度的报告，确保实际需要的项目变动都能够有据可查；防止不正确的、不合适的或未授权的项目变动所发生的费用被列入项目成本预算。

（4）成本诊断。包括成本超支量及原因分析，剩余工作所需成本预算和项目成本趋势分析。

有效地控制项目成本的关键是经常及时地分析项目成本管理的实际绩效。至关重要的是尽早地发现项目成本出现的偏差和问题，以便在情况变坏之前能够及时采取纠正措施。项目成本问题越早提出，对项目范围及项目进度的冲击就越小。否则，项目成本要控制在预算内，可能不是要缩小项目范围，就是要推迟项目工期进度或者降低项目质量了。

三、项目成本控制的分类

按照不同的分类标准可以将项目成本控制分为不同的类型。不同类型的控制，其作用和侧重点也有所不同。

（一）按控制的时间分为前馈控制、过程控制和反馈控制

所谓前馈控制，又称事前控制，是指在受控系统运行前，就对其运行过程的状态和输出结果的可能偏差进行监视，以便使受控系统的运行符合控制标准，否则就改变输入或受

控系统的运行。在成本控制中，前馈控制是指在项目成本发生以前的成本控制，即对目标偏离的可能性进行预先分析、拟订和采取各种预防措施，以使计划目标得以实现。它的特点就是在成本行为发生之前就对成本完成有关修正。比如预计某种材料价格将会在未来上涨，可预先进行大量储备，以防价格上涨导致生产成本上升。

所谓过程控制，又称事中控制、同期控制，是指控制作用发生在受控系统行动之中，即与系统工作过程同时进行。其特点是在运行过程中，一旦发生偏差，马上能加以纠正，目的是保证本次系统行动尽可能地少发生偏差，改进本次而不是下一次行动的质量。过程控制一般包括两项职能：一是技术性指导，即对下属的工作方法和程序等进行指导；二是监督，确保下属完成任务。在过程控制中，由于管理者要即时完成包括比较、分析、纠正偏差等完整的控制工作，所以必须明确计划行动目标，制定相关的标准、制度、规范和政策等。比如在施工项目成本控制过程中，对材料消耗，要制定数量限额并设专人依据施工预算签发限额领料卡；对人工消耗，实行按定额有计划配置；其他费用开支，财务部门采取定额包干的形式对其核算，实行控制。

即便如此，控制工作的效果更多地依赖于现场管理者的个人素质、作风、指导方式以及下属对此类指导的理解程度等因素。因此，过程控制对管理者的要求较高。此外，控制的内容还与被控对象的特点密切相关。比如控制简单的或是标准化程度很高的工作，严格的管理制度和现场监督可以起到较好的效果；但对于高级的创造性的工作而言，一种良好的工作环境和氛围，更有利于计划的顺利实现和行动目标的达到。

所谓反馈控制，又称事后控制，是指根据控制目标与受控系统的实际运行结果来实施控制。成本的反馈控制，就是把成本的实际值与目标值（计划值）进行对比，寻找偏差，确定解决问题和纠正偏差的方案，使得对计划目标出现的偏离能得以纠正。反馈控制的特点是根据输出信息来调整输入信息，根据过去的行为来调整未来的行为。

反馈控制是一种十分重要而且经常运用的控制方式。在成本控制中，如有关成本计划本身不先进、不合理，或是生产（施工）过程中某些工料的浪费等，运用前馈和同期都难以控制，需在过程结束后，对结果分析并加以改进。因此大量的成本控制工作必须通过反馈控制来完成。

前馈、过程和反馈三种控制分别作用于受控系统的不同阶段。因此它们之间有着显著的区别。首先，馈入信息不同。前馈控制的馈入信息是系统的输入信息；反馈控制是以系统的输出信息为馈入信息；而过程控制则是以系统的执行信息为控制依据。其次，目的不同。前馈控制的目的是对系统的输入控制；反馈控制强调系统的输出控制；而过程控制则以系统的作业控制为目的。

这三种控制虽然控制作用的时间不同，但三者之间不是截然分开的。它们都具有前后呼应、相互提供成本控制信息的反馈作用。前馈控制会对过程和反馈控制产生影响；而过程控制的执行信息又会给控制部门提供事前决策和事后分析的依据；反馈控制又不断影响前馈控制和过程控制。它们彼此之间提供的成本控制信息对整个生产（施工）操作过程的成本控制产生积极的影响，形成了交叉递进的成本控制态势，使成本控制更加有效。

（二）按成本习性分为直接成本控制和间接成本控制

直接成本是指直接构成工程项目的成本，是成本控制的主要方面。对直接成本的控制，主要是对工程项目的各项工序消耗定额成本的控制。如单位项目工程的材料消耗、人工消耗、机械使用台时（或台班）等定额，按标准定额进行控制。

间接成本是指不能直接构成项目成本，需要通过分配的方法计入项目成本。对间接成本的控制主要是制定开支限额或费率，采用合理的分配标准进行控制。

四、项目成本控制的原则

项目成本控制的原则是进行项目成本管理的基础和核心，它体现了企业成本控制的特点。项目成本控制具体而言，应该遵循以下各项原则。

（一）成本最低化原则

项目管理中应讲求效益，要注重降低成本的可能性并使合理的成本最低化。项目成本控制的根本目的，在于通过成本管理的各种手段，促进不断降低项目成本，以达到可能实现最低的目标成本的要求。在实行成本最低化原则时，要注意一方面凡是有利于提高经济效益、降低成本的行为都要给予激励、促进和推广；另一方面凡是不利于提高经济效益降低成本的行为都应予以调节、约束和限制。

（二）全面控制原则

全面控制包括全员控制和全过程控制。

（1）全员控制。项目成本是考核项目经济效益的综合性指标，它涉及与项目形成有关的各部门、各单位和班组，也与职工个人切身利益有关，因此，有关的各部门、各单位和个人都要肩负成本责任，把成本目标落实到每个部门乃至个人，真正树立起全员控制的观念。

（2）全过程控制。项目成本的发生涉及项目整个周期，因此，项目成本形成的全过程都要有成本控制的意识。项目成本的全过程控制要求成本控制工作要随着项目施工进展的各个阶段连续进行，既不能疏漏，又不能时紧时松，应使施工项目成本自始至终置于有效的控制之下。

（三）动态控制原则

项目是一次性的。成本控制应强调项目的中间控制，即动态控制。因为项目准备阶段的成本控制只是根据项目计划设计的具体内容确定成本目标、编制成本计划、明确成本基线、制订成本控制方案的，以便为今后的成本控制做好准备。而项目收尾阶段的成本控制，由于成本盈亏已基本定局，即使发生了偏差，也来不及纠正了。

（四）目标管理原则

目标管理是进行任何一项管理工作的基本方法和手段，成本控制也应遵循这一原则。目标管理从目标设定、分解，到目标的责任到位和执行，再到检查目标的执行结果，最后评价和修正目标，从而形成目标管理的计划、实施、检查、处理循环。在实施目标管理过程中，目标的设定应切实可行、具体清楚，要落实到各部门、班组甚至个人；目标的责任应全面，既有工作责任，更要有成本责任。目标的检查应及时全面，发现问题，应及时采取纠正措施；目标的评价应公正、合理。

（五）责、权、利相结合原则

成本控制必须首先落实经济责任，并赋予责任者相应的权利，否则责任者就无法履行其分担的义务。同时，只有责任和权利，没有一定的经济利益，责任者就会失去控制成本的动力。因此成本控制必须明确责任，做到事事有人管；必须赋予权力，做到管理有效；必须考虑利益，做到奖惩分明，调动各责任者在成本控制中的积极性和主动性。在项目实施过程中，项目经理部在肩负成本控制责任的同时，享有成本控制的权力；同时，项目经理要对各部门在成本控制中的业绩进行定期检查和考评，实行有奖有罚。

（六）例外管理原则

例外管理原则是指项目管理人员对于控制标准以内的问题，不必事无巨细，样样控制，而应将注意力集中在成本实际值脱离成本目标值的差异的例外事项上。这些例外事项通常有四个方面情况：一是成本与目标值差异比较大的事项；二是经常发生差异的事项；三是可能引起性质严重的事项；四是会对项目的决策产生影响的事项。比如，在成本管理中经常出现的成本盈亏异常现象，即盈余或亏损超过了正常的比例，对例外事项应进行重点检查、深入分析，并积极采取相应措施予以纠正。

五、项目成本控制的依据

项目成本控制的主要依据有如下几个方面：

（一）项目成本基准计划

项目成本基准计划是一个按时间分布的、项目经理用于测量和监控成本实施情况的预算，是项目成本控制的基础。

（二）项目成本管理绩效报告

项目成本管理绩效报告提供项目实施过程中成本方面的信息，如哪个阶段或哪项工作的成本超出预算、哪些没有超出预算、超出预算的原因是什么等。由此可见绩效报告可以提醒项目组织注意将来可能引起麻烦的问题。绩效报告可以用多种方法报告成本信息，比较常用的有开支表、直方图和 S 曲线等。

（三）项目变更申请

项目变更会造成项目成本的变化。项目变更申请是指项目利益相关者提出有关更改项目工作内容或费用的请求。其结果是实现这些变更可能要增加或减少项目费用预算。项目变更申请可以是口头的或书面的、直接的或间接的、组织外部要求的或组织内部提出的。项目变更申请被批准后，项目组织要根据变更后的工作范围和费用预算来对项目进行费用管理与控制。

（四）项目成本管理计划

项目成本管理计划是关于如何管理好项目成本的文件。它重点给出了有关项目成本管理的事前控制和安排。

六、项目成本控制的方法

（一）项目成本变更控制系统

虽然项目原成本计划指标是成本控制的依据，但在项目的实际实施中会对原计划和设计进行修改，这些变化产生了一种新的状态，所以项目成本的状态一直都在不断地更新，于是需要不断地进行跟踪。项目成本变更控制系统就是一种通过建立项目变动控制体系，对项目成本进行控制的方法。这包括从变动请求，到批准变动请求，一直到最终变动项目成本预算的整个变动控制过程。项目成本变更控制系统的运行过程如图 8-3 所示。

（二）挣值分析法

1. 挣值分析法的概念

挣值分析是项目成本控制中经常采用的一种技术性分析方法。它主要衡量目标实施与目标期望之间的差异，又叫成本偏差分析法。这种方法通过测量与计算已完成工作预算成本、已完成工作实际成本以及计划工作的预算成本，从而得到相关计划实施的进度和成本偏差，以此达到判断项目预算和进度执行情况的目的。

这种方法提供了三个数据来跟踪项目的执行情况：计划做什么、实际做了什么以及做

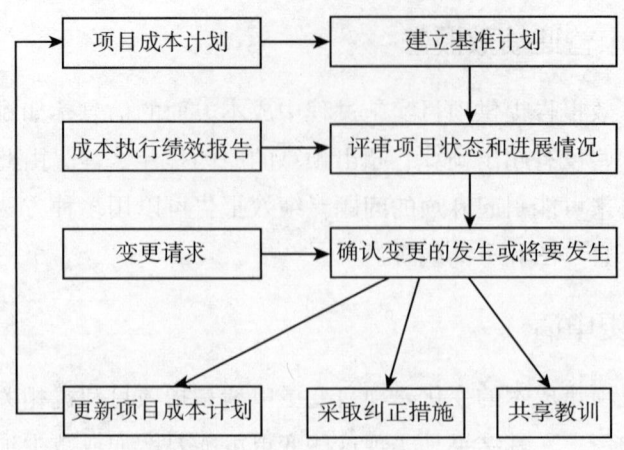

图 8-3 项目成本变更控制系统

资料来源：曾赛星. 项目管理 [M]. 北京：北京师范大学出版社，2007.

完的工作花了多少成本。这种方法将计划完成的工作同实际已完成的工作进行比较，确定项目在成本支出与时间监督方面是否符合原计划的要求，跟踪项目执行的好坏。

挣值分析是在已经完成了多少工作的基础上，判定出已完成这部分工作的工作水准，然后用数学计算的方法来预测完成该项目还需多少时间与资金的过程。它较之仅仅着眼于该项目进度是提前还是落后，是低于预算还是超出预算以及组织的资金是否在有效地使用等分析，提供了更多的信息。

2. 挣值分析法的几个参数

（1）项目计划工作预算成本。项目计划工作预算成本（budgeted cost of work scheduled，BCWS）表示按照预算价格和预算工作计算的某项作业的成本。

（2）项目已完成工作的预算成本。项目已完成工作的预算成本（budgeted cost for work performed，BCWP）指在某一时刻已经完成的工作（或部分工作），以批准认可的预算为标准所需要的资金总额，又称"已完成投资额"。

（3）项目已完成工作的实际成本。项目已完成工作的实际成本（actual cost of work performed，ACWP）表示按照实际发生的支出计算得到的实际已完成作业的成本。

这些指标都是挣值分析方法中根据基础指标经过计算而获得的指标，属于派生的中间变量指标。其计算基础有两个：一是计划或预算成本水平，二是实际成本水平。

3. 挣值分析法的两种变量

（1）计算偏差变量。

①成本偏差。项目成本偏差（cost variance，CV）的计算公式是：

$$CV = BCWP - ACWP \tag{8-1}$$

这一指标的含义是：已完成工作预算成本与实际成本的绝对差异。

②项目进度偏差。项目进度偏差（schedule variance，SV）的计算公式是：

$$SV = BCWP - BCWS \qquad (8-2)$$

这一指标的含义是：按预算价格计算的已完成作业量与计划作业量之间的绝对差异。

（2）计算指数变量。

①进度指数。计划进度指数（schedule completion index，SCI）的计算公式如下：

$$SCI = BCWP/BCWS \qquad (8-3)$$

该指标的含义是：按预算价格计算的已完成作业量与相应的计划作业量之间的相对关系。它衡量的是正在进行的项目的完工程度情况。

②成本指数。成本指数（cost performance index，CPI）的计算公式如下：

$$CPI = ACWP/BCWP \qquad (8-4)$$

该指标的含义是：已完成作业量的实际成本与预算成本的相对关系。它衡量的是正在进行的项目的成本效率。

（三）附加计划法

实际上，很少有项目是按照原定计划完成的。所以在制订计划时，可以提前将可能发生的变化考虑进去。附加计划法就是通过新增或修订原有计划来对项目成本进行有效的控制。这样就能成功地避免当突然遭遇意外情况时，项目管理者不知所措、无力应付而使项目成本失控的情况。所以，制订附加计划法是未雨绸缪、防患于未然的项目成本控制方法之一。

[章后案例]

日本磁悬浮和新干线的选择[①]

身为经济大国的日本，虽然掌握了磁悬浮的技术，但一直不肯实施磁悬浮的商业化，主要是从经济方面考虑。

磁悬浮列车惊人的造价是限制其商业化的重要原因。根据日本方面估计，建造磁悬浮列车线的花费是新干线的 3 倍。磁悬浮铁路所需的投入惊人，投资回收期长，风险高，这是制约磁悬浮列车发展的最重要因素。

相比之下，日本新干线的经营业绩非常出色，已经成为收益性非常高的投资项目。1964 年建成了第一条新干线——东京到大阪的东海道新干线，到 1971 年就收回了全部建设投资，给日本扩建新干线以充足的信心。

另外，磁悬浮铁路是全新的轨道交通，无法利用既有的线路，必须全部重新铺设，运营成本必然提高。相比之下，新干线可以通过对既有的铁路轨道进行路基加固、改善线路

---

① 胡鹏，郭庆军. 工程项目管理 [M]. 北京：北京理工大学出版社，2017.

结构、减少弯道和坡度等方面的改造,就可以达到行车要求,运营成本自然大大低于磁悬浮。

磁悬浮列车的快速度在特定区间内和新干线相比,并没有特别明显的优势,其高昂的成本和相对较贵的票价将降低其竞争力,市场前景并不乐观。比如从东京到大阪之间500km的距离,磁悬浮列车以时速450~500km/h的速度行驶,最多比时速300km/h的新干线节省半个小时。总的来说,新干线近50多年的发展,在技术和管理上都已经成熟,并产生了非常好的经济效益,为日本的经济和科技发展提供了巨大的推动力。相比之下,磁悬浮列车的技术和运作并没有经过商业运作检验,经济前景不明朗,无法让投资者放心。

当然,随着超导材料、超低温技术的发展,修建磁悬浮铁路的成本可能会大大降低。可以说,磁悬浮列车代表着未来,必将会为轨道交通带来一次空前的革命,但从经济角度来分析,新干线无疑是时下最合适的选择。

成本管理是项目决策的基础,它在项目管理的不同阶段发挥着重要作用。日本选择发展新干线而非磁悬浮列车,是基于对两种建设方案的成本估算为判断标准的。估算需在项目的概念阶段完成,为方案的选优和决策服务。此案例中两种方案的估算回答了如下问题:分析、预测了项目运行成本,预测项目实施后可能获得的经济效益,决定项目是否实施;同时,要做出科学的估算还应该考虑项目对资源的消耗状况,项目实施应具备的技术条件,项目实施后的市场状况。

本章小结

项目成本管理是指为保障项目实际发生的成本不超过计划的预算额所需要的一系列工作与过程。项目成本管理包括项目资源计划、项目成本估算、项目成本预算和项目成本控制等过程。每个阶段都有相应的依据和方法。这几个过程相互影响、相互作用,有时也与外界的过程发生交互影响。

复习思考题

一、单项选择题

1. 项目成本控制最根本的是控制( )的变动和变更。
A. 项目质量   B. 项目成本   C. 编制计划   D. 项目时间
2. ( )是对项目工作的目标及边界的陈述,其明确了项目最终的可交付成果及技术规范。
A. 项目范围说明   B. 工作分解结构   C. 工作时间   D. 项目预算
3. ( )适用于项目成本估算精确度要求不高并且有可比对象的情况。
A. 参数模型法   B. 累计估算法   C. 类比估算法   D. 软件工具法
4. ( )是一个按时间分布的、项目经理用于测量和监控成本实施情况的预算,是项目成本控制的基础。

A. 项目成本管理绩效报告　　　　　　　B. 项目成本基准计划
C. 项目变更申请　　　　　　　　　　　D. 项目成本管理计划

二、多项选择题

1. 项目成本管理包括（　　）等过程。
A. 项目资源计划　　B. 项目成本估算　　C. 项目成本预算　　D. 项目成本控制
2. 一般来说，将成本估算分为（　　）三种类型。
A. 初步估算　　　　B. 控制估算　　　　C. 最终估算　　　　D. 中间估算
3. 项目成本预算包括（　　）。
A. 分摊总预算成本　　　　　　　　　　B. 生成累计预算成本
C. 项目成本预算　　　　　　　　　　　D. 项目资源预算
4. 资源计划的编制涉及（　　）等各个方面的计划与要求文件。
A. 项目的范围　　　B. 项目时间　　　　C. 项目质量　　　　D. 质量体系

三、简答题

1. 编制项目资源计划有哪些方法？
2. 项目成本估算的方法有哪些？
3. 项目成本的估算和预算有什么区别？
4. 项目成本控制的主要依据有哪些？

第九章　项目质量管理

项目质量管理是项目管理的重要内容之一，项目质量管理与项目时间管理、项目成本管理构成项目管理的三大核心知识体系。项目质量是项目干系人关心的关键要素，项目质量的高低直接决定了项目的成功与否，是判断项目是否达到预期目标的关键因素。本章内容围绕着质量和质量管理的概念，介绍项目质量规划、项目质量保证、项目质量控制、项目质量经济性与成本性的关联等内容。

[学习目标]

- 了解质量的概念
- 掌握质量管理的概念与主要内容
- 理解制定项目质量规划的依据及主要工具
- 掌握项目质量保证的内容
- 了解项目质量控制的流程及方法
- 了解质量经济性与质量成本的联系

[案例导入]

转型中的中国——建设质量[①]

在影响建设质量的诸多因素中，恰当的管理过程经常被认为是最重要的。资本、设备和劳动力的可利用性是自然而然的，而产品用户的需求总是被忽略。像中国这样处于转型时期的发展中国家，资源的可用性对于建设质量是非常重要的。研究表明，人均机械设备使用量、每平方米建筑面积机械化程度、国内生产总值增长速度和劳动生产率与质量水平有较大的相关关系。

由此可见，项目质量的影响因素多种多样，如人的因素、材料因素、供应方法因素、环境因素等。为达到既定质量标准，项目管理人员应制订完善的质量管理计划，提前做好质量规划，监控项目实施进程，发现偏差及时改正，做好质量保障和控制工作。

---

① 刘欣主. 项目管理基础 [M]. 上海：上海社会科学院出版社，2015.

第一节 项目质量管理概述

一、质量与质量管理

质量（quality）概念的内涵随着社会科学技术和经济的发展不断延伸扩展，经历了符合性质量、适用性质量、顾客及相关方满意的质量概念发展过程。从以下三个不同年代所发布的关于"质量"这一术语的定义变化中，即可看出期间的演进。

按 ISO8402：86 标准，质量的定义是"产品或服务满足规定和潜在需要的特征和特性的总和"，质量所涉及的范围仅仅包括产品和服务，而将组织、过程或活动等的质量排除在外。

按 ISO8402：1994 标准，质量的定义是"反映实体满足明确和隐含需要的能力的特性总和"。定义中的实体是指"可单独描述和研究的事物"，它可以是活动和过程，产品，组织、体系或人，或上述各项的任何组合。实体的概念十分广泛，因此质量就不再局限于产品和服务，而扩展至更广阔的领域。

按 ISO9000：2000 标准，对质量的定义是"一组固有特性满足要求的程度"。这里"特性"是"可区分的特征"，它可以是固有的或赋予的，定性的或定量的，也可以有各种类别，如物理的（如机械的、电的、化学的或生物的特性）、感官的（如嗅觉、触觉、味觉、视觉、听觉）、行为的（如礼貌、真诚）、时间的（如准时性、耐久性）、功能的（如汽车的最高时速）等。"要求"是指"明示的，通常隐含的，或必须履行的需求或期望"。"明示的"要求一般以书面形式确定或顾客明确指出，而"隐含的"要求通常是组织、顾客、其他相关方的惯例和一般做法，包括习惯、常识或不言而喻的要求和期望，如购买的房屋必须能居住、空调必须能制冷、电话必须能接听等。"特定"要求可用修饰词表示，如产品要求、质量管理要求、顾客要求；"规定"要求则是明示的要求，需在文件中予以阐明。

目前，人们对质量的认识越来越上升到一个统一的标准，国际标准化组织（International Standard Organization，ISO）通过对标准的广泛宣传和培训，使很多国家达成共识，这也是国际标准化组织的贡献。

二、项目质量

项目质量是指项目管理和项目成果的质量，它不仅包括项目的成果，即产品或服务的质量，也包括项目管理的质量，良好的项目管理过程是取得令人满意的产品或服务和其他成果的保证，即项目管理各个过程的质量决定了项目成果的质量。很难想象，质量不合格的项目管理能够创造出满足项目各种要求的合格产品或服务。

项目质量在很大程度上既不同于产品质量，也不同于服务质量，因为项目本身兼具产品和服务两个方面，而且还具有一次性、独特性、生命周期属性、整体性等项目独有的特性。上述原因就决定了项目质量的内涵具有自身的独特性。

项目质量的双重性。这是指项目质量既涉及项目产出物的质量，也涉及项目工作的质量。因为所有项目的产出物都是由一系列的项目工作所生成的成果，所以项目质量包括项目产出物质量和项目工作质量两个方面。其中，项目产出物的质量多数是有形性的、可度量的和可预先评估的，而项目工作质量则具有无形性、人为性和间接性等特性。例如，房屋建设项目所形成的房屋质量就属于项目产出物质量的范畴，而项目实施中的图纸设计和施工管理等则都属于项目工作质量的范畴，所以项目质量具有项目产出物质量和项目工作质量的双重性。

项目质量的过程特性。这是指项目质量是由项目全过程所开展的全部活动所形成的，所以项目全过程活动的工作质量是项目产出物质量的根本决定因素。由于项目具有一次性、独特性、系统性等特性，人们在项目定义与决策阶段往往无法充分认识和界定项目产出物的质量，特别是项目工作的质量。所以项目质量在许多情况下只有在整个项目全过程全部终结时才能确定下来，尤其是一些高度不确定性和高风险性的项目（如科研项目、产品开发项目、创新项目等），他们的质量在很大程度上是在项目实施过程中通过不断地变更和修正而最终形成的。这与单纯的产品或服务质量的确定与形成过程有很大不同，所以项目质量管理具有过程特性。

项目质量与产品或服务质量的最大差别是：产品或服务的质量管理有事后控制，而项目的质量管理没有事后控制。因为多数产品生产和服务提供是周而复始的，所以其质量事后控制就是下一次的事前控制，所以在出现不良服务或废品的时候人们有机会重新来过，但项目只有一次机会，人们虽然能在项目实施过程中设法管理好项目质量，但是项目过程一旦结束就没有改变质量的机会了，所有项目质量问题和教训只能供今后开展新项目所借鉴。所以人们要尽量在项目定义与决策阶段和计划与设计阶段对项目质量做出相对科学的规定或要求，然后在项目实施过程中通过主观或客观的变更实现良好的项目质量。

三、项目质量管理的概念

项目质量管理是为确保项目达到预定质量目标所需要实施的一系列工作和过程。ISO9000 质量管理体系标准对质量管理的定义是：质量管理就是确定质量方针、目标和职责，并在质量体系中通过注入质量策划、质量控制、质量保证和质量改进使其实施的全部管理职能的所有活动。项目的质量管理就是通过对客户质量要求的识别和确认，制定出满足这些质量要求的方法和步骤，并在项目实施过程中进行检测与测量，从而保证项目在规定的时间、批准的预算范围内，完成预先确定的工作内容，并且是项目的交付结果符合客户的质量性能要求的过程。

质量管理涉及的几个关键概念的定义如下：

质量方针。质量方针是由组织的最高管理者正式发布的一个组织总的质量宗旨和质量方向，是质量管理的核心和出发点。

质量体系。质量体系是为实施质量管理所需的组织结构、程序、过程和资源的总称。

质量计划。质量计划是确定质量的目标和要求，以及确定采用质量体系要素的目标和要求的活动的过程。

质量控制。质量控制是为达到质量要求所采用的作业技术与活动。

质量保证。质量保证是为了保证实体能够满足质量要求，并提供足够的证明以表明实体保证能够满足质量要求，而在质量体系中实施，并根据需要进行证实的、全部有计划和有系统的活动。

质量改进。质量改进是为向本组织及其顾客提供更多的收益，在整个组织内所采取的旨在提高活动和过程的效益和效率的各种措施。

四、项目质量管理的主要内容

现代项目质量管理主要是为了保证项目的产出物，能够满足项目业主、客户以及项目各方面相关利益者的需要所开展的对于项目产出物的质量和项目工作质量的全面管理工作。项目质量管理的内容主要包括三个过程——项目质量计划、项目质量保证和项目质量控制。

质量规划确定与项目相关的质量标准，并决定如何满足这些标准；质量保证就是定期评价总体项目执行情况，以提供项目满足相关质量标准的信心；质量控制就是监控具体项目结果以确定其是否符合相关的质量标准，并制定相关措施来消除导致不满意执行情况的原因。

项目质量管理的这些过程彼此之间及其与其他知识领域的过程之间存在相互的影响。根据项目需要，每一过程都包含一个或多个个人或团体的共同努力。在每一个项目阶段中，每一过程一般至少涉及一次。

五、项目质量管理的特点

项目的质量管理与一般产品的质量管理相比，有自身的特点，主要体现在以下几个方面：

（一）系统性

项目质量管理的系统性是指项目的质量不是孤立的，它受到其他目标和因素的制约，反过来又制约着其他因素和目标。它是为实现质量目标而形成的有机集合，因此是系统管理。

（二）动态性

一般项目都要经历从概念阶段到收尾阶段的完整的生命周期。项目的不同阶段对质量的形成起着不同的作用和影响，所以项目质量管理在各阶段上的内容和目的都不相同，即使在同一阶段，随着时间、环境的变化，质量管理的针对性也会发生变化。因此，项目的质量管理具有动态性。以房产项目为例，项目在可行性研究过程中，要利用技术经济学原理，对与投资的房产项目有关的技术、经济、社会、环境等方面进行调查研究，对各种可能的拟建方案和建成投产后的经济效益、社会效益和环境效益等进行技术经济分析、预测和论证，确定项目建成的可行性，并在可行的情况下提出最佳建设方案，做出决策、设计的依据。在此阶段，需要确定项目的质量要求，因此房产项目可行性研究直接影响项目的决策质量和设计质量。到了项目决策阶段，主要是确定工程项目应达到的质量目标和水平，分清质量、投资、进度控制三者之间的制约关系工程设计阶段将工程项目质量目标与水平具体化，直接关系到项目建成后的功能和使用价值。工程施工阶段，使合同要求和设计方案得以实现，最终形成工程实体质量。在工程验收时，最终确认工程质量是否达到要求及达到的程度。由上可见，项目质量随着阶段的不同，管理的内容也会发生相应变化，是动态性管理。

（三）不可逆性

项目具有一次性特点，这就需要对项目整个过程的每一环节质量都进行管理和控制。任何一个环节的质量问题，都可能导致整体质量水平的下降，甚至出现质量缺陷和质量事故。在项目实施过程中，每个过程和每道工序都是下一个过程和下一道工序的输入，上一道工序未完成不能进入下一道工序，工序之间、过程之间的关系是事先确定的，具有不可逆性。

第二节 项目质量规划

一、项目质量规划概述

项目质量规划是指为确定项目应该达到的质量标准和如何达到这些项目质量标准而做

的项目质量的计划与安排。它是实现项目质量目标的前提和保障。在项目计划中,项目质量规划是程序推进的主要推动力之一,应当有规律地执行并与其他项目计划程序并行。例如,对管理质量的要求可能是成本或进度计划的调节,对生产质量的要求则可能是对确定问题的详尽的风险分析。

二、项目质量规划的依据

(1)质量方针。质量方针指"由最高层管理部门正式阐明的、组织关于质量的总的打算与努力方向"。实施组织的质量方针往往被原封不动地采纳并使用于项目之中。但是,如果实施组织没有正式的质量方针,或者项目涉及多个实施组织(例如合资项目),则项目管理班子就需要为项目制定一项质量方针。

不管质量方针来源如何,项目管理班子均应负责保证项目的所有利害关系者全部知晓此项方针。

(2)范围说明书。范围说明书是质量规划的一项关键投入,因为它记载了项目的主要可交付成果,以及用于确定利害关系者主要要求的项目目标。

(3)产品描述。虽然产品描述的一些内容可能已体现在范围说明书之中,但产品描述往往包括可能影响到质量规划的一些技术问题以及其他问题的细节。

(4)标准与规章制度。项目管理班子必须考虑可能影响项目的任何应用领域的具体标准与规章制度。

(5)其他过程的产出。除了范围说明书与产品描述外,其他知识领域的过程,也可能产生应视为质量规划一部分的产出。例如,采购规划可能会确定应当反映在总体质量管理计划中的对承包商的质量要求。

三、项目质量规划的工具与技术

(1)成本效益分析。符合质量要求所带来的主要效益是减少返工,它意味着劳动生产率的提高,成本降低,利害关系者更加满意。为达到质量要求所付出的主要成本是开展项目质量管理活动的开支,所得效益总是大于成本是质量管理学科的一项公理。

(2)基准比较。基准比较指将项目的实际做法或计划做法与其他项目的做法进行比较,从中萌生出如何改进的思路,或者提供一项量度绩效的标准。其他项目既可在实施组织内部,也可在其外部;既可在同一应用领域内,也可在其他领域内。

(3)流程图。流程图指表明系统各要素之间相互关系的示意图。质量管理中常用的流程图绘制技术包括因果图和系统过程流程图。因果图又称石川图或鱼骨图,它直观地显示出各项因素如何会与各种潜在问题或结果联系起来。系统过程流程图显示系统各要素间的相互关系。

（4）实验设计。实验设计是帮助确定有哪些因素影响特定变量的一种统计方法。此项技术最常应用于项目的产品之上（例如，汽车设计人员可能希望确定悬架减震弹簧与轮胎如何搭配，才能以合理的成本取得最平稳的行驶性能）。然而，实验设计也能应用于项目管理问题，比如成本与进度之间的权衡与取舍之上。例如，资深工程师的成本要比初级工程师高得多，却可以预期他们能在较短时间内完成所指派的工作。一项设计恰当的"实验"（此处指计算资深工程师与初级工程师以不同方式搭配时项目的成本与工期）往往可以从为数相当有限的方案中确定最优的解决方案。

（5）质量成本。质量成本指为了达到产品与服务的质量所付出的全部努力的总成本，包括为保证质量符合要求所做的全部工作，以及因质量不合要求而采取的各项措施。所涉及的成本有三类：预防成本、评估成本与弥补成本。弥补成本又进一步分为内部成本和外部成本。

四、项目质量规划的结果

（1）质量管理计划。项目质量管理计划是项目实施组织和项目管理者为实现既定项目产品和工作质量计划对项目质量管理工作的计划与安排，这一管理计划文件的内容应包括项目质量体系的组织结构与建设、项目质量责任的划分与承担、项目质量体系的工作程序、项目质量管理的内容、应对项目质量问题的措施与方法以及实现项目质量管理所需资源等。ISO9000 指出其应该说明项目质量体系，即："用以实施质量管理的组织结构、责任、程序、过程和资源"。质量管理计划为项目质量提供保障，它必须处理项目的质量控制、质量保证和质量改进问题。这是一个项目开展质量管理工作的核心性和指导性的文件。质量管理计划可以是正式的，也可以是非正式的；可以非常详细，也可以十分概括，因项目的要求而异。

（2）工作定义。工作定义以极其具体的方式描述一件东西是什么，以及如何以质量控制过程对其进行量度。例如，只提到按计划进度规定日期完成是衡量项目质量管理的标准是不够的。项目管理班子还必须交代清楚各项活动是要求按时开始呢，还是只要求按时完成；是要求测量每项单项活动呢，还是只要求测量某些可交付成果；如果是后者，又是哪些可交付成果。工作定义在某些应用领域也称为量度标准。

（3）核对表。核对表是一种结构工具，通常因事而异，用于核实所要求进行的各个步骤是否已经完成。核对表可简可繁。核对表所用措辞通常是祈使句（"做某件事！"）或者疑问句（"某件事完成了吗？"）。许多组织都有标准的核对表，以保证经常性的任务格式保持一致。在某些应用领域，核对表可从专业协会或商业性服务机构那里索取。

（4）送往其他过程的投入。质量规划过程可能会发现在另一领域进一步开展活动的需要。

第三节 项目质量保证

项目质量保证是项目质量管理中的事前性、预防性和系统性的工作,它不同于一般的项目质量控制工作,因为项目质量控制多数是项目质量实现过程中(事中管理)的管理工作。按照 ISO 颁布和推行的 ISO9000 系列标准规定,项目质量保障与项目质量控制是两项不同时间进行的、具有不同工作内容的项目质量管理工作。

一、项目质量保证概述

项目质量保证是执行项目质量计划过程中所开展的一系列预防性、保障性和经常性的项目质量评估、项目质量核查与项目质量改进等方面的工作,这是一项为确保项目质量计划而开展的系统性和贯穿整个项目生命周期的项目质量管理工作。项目质量保证工作需要项目业主、项目实施组织、项目团队和项目其他相关利益主体的全面参与,需要足够的资源和组织保障。

质量保证可分为内部质量保证和外部质量保证。内部质量保证,是为使单位领导确信本单位产品或服务的质量满足规定要求所进行的活动,其中包括对质量体系的评价与审核以及对质量成绩的评定。其目的是使单位领导对本单位的产品和服务质量放心。外部质量保证,是为使需方确信供方的产品或服务的质量满足规定要求所进行的活动,在外部保证活动中,首先应把需方对供方质量体系要求写在合同中,然后对供方的质量体系进行验证、审核和评价。供方须向需方提供其质量体系,满足合同要求的各种证据,证据包括质量保证手册、质量计划、质量记录及各种工作程序。

二、项目质量保证的内容

每一项目所触及的领域不一定相同,即便是相同领域的项目,由于环境和规模等的不同,其适用的标准也不尽相同。因此,制定质量标准是为了在项目实施过程中达到或超过质量标准。制定质量标准时也可直接采用现行的国家标准、行业标准。

例如,某城市隧道工程项目,在开展项目质量保证工作中,制定了如下的质量标准:本工程施工质量标准主要采用中华人民共和国及省、市、行业发布的有关法规、规范以及设计图纸,主要法规规范有:《城市道路和无障碍设计规范》《城市道路设计规范》《公路隧道设计规范》《城市道路路基工程施工及验收规范》《沥青路面施工及验收规范》《建筑结构荷载规范》《混凝土结构工程施工及验收规范》《钢结构工程施工及验收规范》《地基与基础工程施工及验收规范》《地下防水工程施工及验收规范》《建设工程质量检验评定标准》《土方试验方法标准》等。

三、制定质量控制流程

不同种类的项目在不同实施阶段，其质量保证所采取的控制流程都各不相同，每一控制流程的制定都应反映特定项目的质量特性。另外，项目质量控制流程往往不是孤立的，一般它总是和组织的质量管理体系紧密相连，体现出全员参与的思想，项目的有关各方都应各负其责、各有侧重地开展质量保证工作。

四、建立质量保证体系

如果没有健全有效的项目质量保证体系，就无法保障和实现项目质量计划和目标。所以每个项目都应通过组织、建设和完善有效的项目质量保证体系，全面开展项目质量保证和管理工作。因此这种项目质量保证体系的建设和完善工作是项目质量保证工作中最重要的部分。

建立质量保证体系首先应明确并在公司全体员工中贯彻质量方针，建立健全对形成质量全过程有影响的所有管理者、执行者、操作者的质量责任，建立起质量保证手册、质量程序文件等书面文件，建立质量保证体系的评估制度，确保质量保证活动在各部门的有效运行。

下面以工程项目质量保证体系为例来加以说明。

（一）制定工程项目质量方针

采用公司主管负责制的管理者推动的质量保证方式，参照国内外先进标准，建立产品质量保证，并编制规范具体的工程项目实施质量保证活动的质量手册，定期验证和评估质量保证体系的有效性。通过进行全面质量管理活动，保证在施工、安装和服务过程中提供合格的工程项目服务。如某工程项目质量方针是：注重信誉、信守合同、科学管理、文明施工、安全第一。

（二）确定与工程项目质量保证体系有关的人员并规定职责

按照工程项目质量方针，组成项目管理班子，由项目经理领导班子授权质量主管负责项目质量，并由管理、生产、执行和检验人员三方结合全员参与实施项目质量形成过程，对项目中的产品进行生产准备和生产过程、安装服务中有关问题的预防、确认、解决和控制活动，并向用户提供包括人员名单、人员职责等方面与质量保证有关的资源。例如，与工程项目质量保证体系有关的人员可以是项目经理、施工员、质量员、材料员、安全员、各操作工种班组人员等。

（三）确保与工程项目质量保证体系有关人员都得到相应的培训

对所有影响工程项目生产、安装和服务质量的人员进行定期培训和审查，确保他们的上岗能力；对工程项目特殊过程的从业人员，不仅进行内部培训，而且每年都进行外委培训，保证他们的岗位资格有效并适应目前的岗位。

（四）建立工程项目质量保证体系评估制度

质量主管负责定期进行工程项目质量和质量保证体系本身的评估，提出评价和修订意见，确保产品质量的合格性，提供合格的产品、安装和服务。

（五）制定工程项目质量保证的具体措施

按照质量方针，通过质量保证手册等文件形式建立和保持有计划、全员参与、组织有序和职责分明的全过程质量保证体系，其中包括与原材料、器件的采购、外加工件有关的质量标准，质量标准不低于国内的相应标准。工程项目中每道工序的实施过程由质量检验员负责质量检验，包括产品、安装、服务和其他与产品有关的资源提供等一系列活动的质量。

例如，对于成品、半成品等材料的采购和分承包方的评价是工程项目质量保证体系中很重要的一环；同样，对于检验和试验的评价，对于不合格品的评审和处理都是工程项目质量保证体系中的关键环节。我们来看一下具体的工程项目是如何在以上环节中提供质量保证的。

1. 工程项目分承包方采购的材料的评价和确定

通过产品协作和代理厂商协议书进行甄别和选择工程项目分承包方，依据分承包方对产品生产、安装服务质量的影响程度能力、业绩质量审核和控制来确定分承包方的承包资格。定期对分承包方的资格做出评定。

2. 对采购的半成品材料和成品材料及外承包方的产品进行购入检验过程

检验和实验是指利用质量计划和其他有关文件规定，对采购的半成品、成品和机械设备做产品的进货验收，对产品生产过程进行检验，对最终产品进行检验和试验，并签署授权检验和试验记录。

（1）进货检验和试验。对进货进行全数量或者在保证合格证据可追溯性的前提下进行部分数量的检验和试验，未经验证合格的设备、材料和协作件不能接收或投入使用。

（2）过程检验和试验。按照有关规定和程序要求，对工程项目生产、安装和服务过程进行检验和试验，未经验证的产品（除特殊情况保证可追溯性外）不得放行。

（3）最终检验和试验。按照同最终客户的项目合同书的要求，进行全部产品的最终检验和试验，并给出符合证据记录，不合格产品不得交付使用。

3. 检验测量和试验仪器设备的控制

对用于工程项目检验、测量和实验的仪器设备定期进行校准、维护、检验,保证可用性、准确性和适应性。

4. 不合格产品的评审和处理

(1) 不合格产品的评审和处理最终由质量检验人员和质量主管提出,由总质量管理师批准。

(2) 按照程序对返修后的产品进行检验和试验,合格时才能放行。

(3) 无法修复或者不符合合同协议规定的产品应做返工处理。

在建立质量保证体系的过程中,我们不难看出对于质量保证活动是逐层次展开的,直到最基本的可执行的质量活动,并确保质量活动的有效实施。

五、项目质量保证的依据

开展项目质量保证的主要依据是:

(1) 质量管理计划。它包含项目质量保证工作的目标、任务和要求等说明,是项目保证工作的根本依据之一。

(2) 质量控制测量结果。它是质量控制测试和测量的记录,其记录格式用于比较和分析。

(3) 度量标准说明某事物是什么及其在质量控制过程中是如何测量的。例如,项目管理班子必须指出每一个活动是否必须按时开始,还是只需要按时结束;是否对单个活动进行测量,还是仅仅对某些可交付成果进行测量,如果是后者,是哪些可交付成果。

(4) 各种可行的项目质量改进、纠正和补救措施。由于在项目质量实际与项目质量计划间出现某种偏差时,人们需要及时采取纠正偏差或质量补救措施,所以这方面的文件和信息也是项目质量保障工作的重要依据。同样,项目质量改进活动方面的文件或信息也是人们开展项目质量保证工作的重要依据之一。

(5) 项目各方面的变更以及相应的集成安排信息。由于项目质量保证会受到项目其他专项或要素变更的影响,所以任何项目范围、时间、成本和资源等方面的变更信息,特别是这些项目要素变更对于项目质量的影响以及他们应该如何进行集成计划和安排等方面的信息,也都是项目保证工作的依据。

六、质量保证的技术和工具

(1) 质量计划的工具和技术。质量计划工具和技术在质量保证中同样适用。

(2) 质量审核。质量审核是确定质量活动及其有关结果是否符合计划安排,以及这些安排是否有效贯彻并适合于达到对目标的有系统的、独立的审查。通过质量审核,评价审核对象的现状对规定要求的符合性，并确定是否需采取改进纠正措施，从而保证项目质量符合规定要求，保证设计、实施与组织过程符合规定要求，保证质量体系有效运行并不断完善，提高质量管理水平。质量审核的分类包括：质量体系审核、项目质量审核、过程（工序）质量审核、监督审核、内部质量审核、外部质量审核。质量体系审核是确定质量管理体系及其各要素活动和结果是否符合有关标准和文件，质量管理体系文件中的各项规定是否得到有效贯彻执行。质量管理体系审核又分为文件审核和现场审核两个阶段。过程质量审核是通过对过程的审核，分析评价过程质量控制的正确性、有效性。内部质量审核是项目组织的自我审核，也称为第一方审核。该审核可以是有计划的，也可以是随机的，它可以由专门的审计员或者是第三方质量系统注册组织审核。

（3）过程分析。过程分析是指按照过程改进计划中列明的步骤，从组织和技术角度识别所需的改进。其中，也包括对遇到的问题、约束条件和无价值活动进行检查。过程分析包括根源分析，即分析问题或情况，确定促成该问题或情况产生的根本原因，并为类似问题制定纠正措施。

七、项目质量保证的结果

项目质量保证工作的结果是多方面的，但最主要的还是提高和改善项目的实际质量。这种项目质量的提高和改善涉及项目工作效率和效果的提高、项目相关利益主体整体利益的扩大、项目产出物的质量等级的提高，各种不必要项目变更的避免和整个项目集成管理的改善等方面。

项目质量保证的另一个结果，是为未来开展的项目提供相应的质量保证工作的经验和教训。这种经验和总结可以作为项目历史信息的一个很好的组成部分，以便为将来的项目质量管理服务。

第四节　项目质量控制

一、项目质量控制概述

项目质量控制是项目质量管理的一部分。它是在项目质量管理中采取有效措施，监督项目的具体实施结果，判断它们是否符合项目有关的质量标准，并确定消除产生不良结果的原因。

这个概念包含以下几个要点：第一，质量控制是质量管理的重要组成部分，其目的是使项目、体系或过程的固有特性达到规定的要求，即满足顾客、法律、法规等方面所提出的质量要求（如适用性、安全性等）。所以，质量控制是通过采取一系列的作业技术和活动对各个过程实施控制的。第二，质量控制的工作内容包括了作业技术和活动，也就是包括专业技术和管理技术两个方面。围绕做好项目整个生命周期每一阶段的工作，应对影响其质量的人员、设备、材料、程序方法、环境（4M1E）因素进行控制，并对质量活动的成果进行分阶段验证，以便及时发现问题，查明原因，采取相应纠正措施，防止不合格的发生。因此，质量控制应贯彻预防为主与检验把关相结合的原则。第三，质量控制应贯穿在项目开发和体系运行的全过程。每一过程都有输入、转换和输出三个环节，通过对每一个过程三个环节实施有效控制，使对项目质量有影响的各个过程处于受控状态，项目质量才能得到保障。

此外，项目质量控制和质量保证阶段在很大程度上是并行的。例如，如果在项目质量控制阶段检验结果是令人满意的，那么项目可交付产品就可以很快被接收并推动项目进入项目终止阶段。反过来，如果检验效果不好，那么就需要在质量保证阶段投入更多的项目工作或返回质量策划阶段修订部分计划。

项目质量控制活动一般包括：保证由内部机构或外部机构进行监测管理的一致性，发现与质量标准的差异，消除产品或服务过程中性能不能被满足的原因，审查质量标准以决定可以达到的目标及成本—效率问题，并且需要时还可以修订项目的质量标准或项目的具体目标。项目具体结果既包括项目的最终产品（可交付成果等）或服务，也包括项目过程的结果。项目产品的质量控制一般由质量控制职能部门负责，而项目过程结果的质量，却需要由项目管理组织的成员进行控制。质量控制过程还可能包括详细的活动和资源计划。

二、项目质量控制的内容

项目质量控制工作的主要内容包括项目质量控制界限或标准的制定、项目质量实施情况的度量、项目质量实际结果与项目质量控制标准的比较、项目质量误差的分析与问题确认、项目质量问题的原因分析、采取改善项目实际质量或修订项目质量标准的纠偏措施等一系列的项目质量控制活动。这些项目质量控制工作构成了一个项目"计划、实施、检验、行动"的项目质量控制工作循环，这种循环贯穿于整个项目全过程中的项目质量控制之中。需要注意的是，由于项目的一次性等特性，某些项目质量问题一旦出现，就具有后果不可挽回的特点，所以人们必须采取修订项目质量目标、要求和度量标准的应对措施。

三、项目质量控制的依据

项目质量控制的依据有一些与项目质量保障的依据是相同的，有一些是不同的。项目质量控制的主要依据有：

（1）项目质量计划。这与项目质量保障是一样的，这是在项目质量计划编制中所生成的计划文件。

(2) 项目质量工作说明。这也是与项目质量保障的依据相同的，同样是在项目质量计划编制中所生成的工作文件。

(3) 项目质量控制标准与要求。这是根据项目质量计划和项目质量工作说明，通过分析和设计而生成的项目质量控制的具体标准。项目质量控制标准与项目质量目标和项目质量计划指标是不同的，项目质量目标和计划给出的都是项目质量的最终要求，而项目质量控制标准是根据这些最终要求所制定的控制依据和控制参数。通常这些项目质量控制参数要比项目目标和依据更为精确、严格和有操作性，因为如果不能够更为精确与严格就会经常出现项目质量的失控状态，就会经常需要采用项目质量恢复措施，从而形成较高的项目质量成本。

(4) 项目质量的实际结果。项目质量的实际结果包括项目实施的中间结果和项目的最终结果，同时还包括项目工作本身的好坏。项目质量实际结果的信息也是项目质量控制的重要依据，因为有了这类信息，人们才可能将项目质量实际情况与项目的质量要求和控制标准进行对照，从而发现项目质量问题，并采取项目质量纠偏措施，使项目质量保持在受控状态。

四、项目质量控制的主要方法

（一）排列图

排列图是通过找出影响项目质量的主要问题，以确定质量改进关键项目的图表。排列图最早是由意大利经济学家帕累托用于统计社会财富分布状况的。后来，美国质量管理学家朱兰把这个原理应用到质量管理中来，成为解决项目质量主要问题的一种图形化的有效方法。排列图的一般形式如图9-1所示。

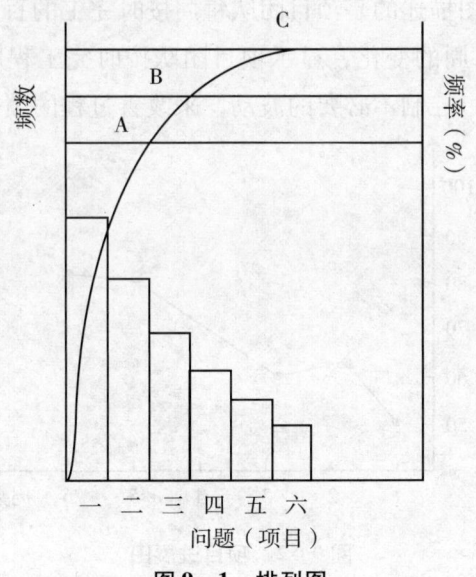

图9-1 排列图

资料来源：邓富民．项目质量管理［M］．北京：经济管理出版社，2018．

排列图的制作步骤如下：

第一，确定分析对象，如不合格项目、废品件数等。

第二，收集与整理数据，列表汇总每个项目发生的频数，按大小进行排列。

第三，计算频数、频率和累计频率。

第四，画图。排列图由两个纵坐标即频数和频率，一个横坐标即项目排列，若干个根据频数大小依次排列的直方柱和一条累计频率曲线组成。左边的纵坐标表示频数，右边的纵坐标表示频率。横坐标表示影响质量的各个问题或项目，按影响程度的大小从左至右排列。直方柱的高度表示对应项目的频数，并对应于右边纵坐标频率。将各问题所占的百分比依次累加起来，求得各问题的累计百分比（累计频率），然后将所得的各问题的顺次累计百分率逐一标注在图中相应位置上，以折线连接，即得累计频率（帕累托）曲线。

第五，依据排列图，确定主要因素、次要因素和一般因素。累计百分数在0~80%的因素为A类，它是影响质量的主要因素，是要解决的重点问题；累计百分数在80%~90%的为B类，是次要因素；累计百分数在90%~100%的为C类，在这一区间的因素是一般因素。排列图把影响项目质量的"关键的少数和次要的多数"直观地表现出来，可以明确应该从哪里着手提高质量。实践证明，集中精力将主要因素的影响减半比消灭次要因素收效显著，而且容易得多。所以应该选取排列图前一、二项主要因素作为质量改进的目标。如果前一、二项难度较大，而第三项建议可行，也可先对第三项进行改进。

（二）项目进展图

项目进展图是以时间顺序将项目数据表示出来的一种线图。纵轴表示完工程度，横轴表示时间范围。项目进展图描述的是项目团队每周按时完工的百分比不断提升的情况，如图9-2所示。通过描述每周的变化，显示项目团队按时完工程度不断提升的百分比，而且分析这些波动有助于通过控制不必要的波动，来改善过程的绩效。

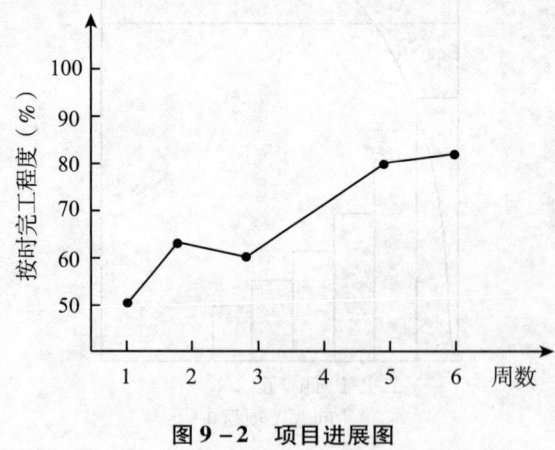

图9-2 项目进展图

资料来源：蒋景楠，陆雷，火方华. 项目管理理论与实务[M]. 上海：华东理工大学出版社，2012.

（三）过程决策程序图法

过程决策程序图法（process decision program chart，PDPC），是为了实现研究开发的目的或完成某个任务，在制订行动计划或进行系统设计时，预测可以考虑到的、可能出现的障碍和结果，从而事先采取预防措施，择优把过程引向最理想的目标的方法。从它的过程和思路来看，是运筹学在质量管理中的应用。

在一些解决具体问题的过程中，即使在正常条件下，都会遇到许多无法预料的问题和事故，因此采用 PDPC 法要不断取得新情报，并经常考虑按原计划执行是否可行？采取哪一种方案效果最好？预测今后还会有什么情况？应采取什么措施？等等。这样，在计划执行过程中，遇到不利情况时，仍能有条不紊地按第二、第三或其他计划方案进行，以便达到预定的计划目标。

例如，要把不合格品率从较高的状态 A0（如 10%）降到较低状态 Z（如 2%）。在计划阶段，首先制定从 A0 到 Z 的手段为 A1，A2，A3，…，Ap 的第一个系列活动。如果能按计划顺利实现，当然最好。但是，一般来说，潜在的质量问题不会那么简单，由于种种错综复杂的客观情况经常变化，不可能这样顺利通过。因此，通过有关人员研究讨论，如认为从技术上或管理上看，实现 A3 有很大困难，则可考虑从 A2 转经 B1，B2，…，Bg，而达到 Z 的第二系列活动。如果上述两个系列活动成功的把握都不大，就要考虑第三个系列 C1，C2，C3，…，Cr 或第四个系列 D1，D2，…，Ds。

归纳起来，PDPC 法具有以下特征：

（1）从全局、整体掌握系统的状态，因此可以作全局性判断。
（2）可以按时间顺序掌握系统的进展情况。
（3）可以密切注视系统进程的动向，掌握系统输入和输出间的相互关系，因而前因后果紧凑。
（4）情报及时，计划措施不断补充、修订。
（5）只要对系统、事物基本理解，容易使用此法。

PDPC 法显示了高度的预见性和随机应变性。利用这个特性，可事先估计出各种实施措施所产生的效果，找出最佳的解决办法。在实施过程中，遇到新情况时，可以随机应变，改变系列活动，朝着预定的目标前进。

（四）分层法

分层法又称分类法、分组法，是分析影响质量因素的基本方法，也是加工整理数据的重要方法。该法把所收集的数据进行合理的分类，把性质相同、在同一生产条件下收集的数据归在一起，使反映质量波动的原因和变化规律更加清晰。分层法通常用来归纳整理收集到的统计数据或由"头脑风暴法"产生的意见和想法。分层法常与排列图、调查表等其他统计方法结合起来应用。

分层法的原则是：使同一层次内的数据波动或差异幅度尽可能小，层与层之间的差别尽可能大，否则起不到归类汇总的作用。该法的应用步骤如下：

(1) 收集数据或意见。

(2) 将采集的数据或意见根据目的不同选择分层标志。

(3) 分层。

(4) 按层归类。

(5) 画分层归类图。

(五) 因果图

1. 因果图的概念

因果图又称鱼刺图，是表示质量特性波动与其潜在原因关系的图。运用因果图有利于找到问题症结，从而有针对性地解决质量问题。因果图在质量管理尤其是质量改进和质量控制等活动中有广泛应用。

对于主要质量问题可以采取排列图法获得，然后根据分析问题的原因，采取适当的措施加以解决。在项目的实施过程中，引起质量波动的原因有很多，很难从表面上迅速找出其中主要的因素。可以运用收集信息的各种方法将影响质量的各种因素反映在一张图上，比较原因大小和主次，从而迅速找出产生问题的主要原因。同时，根据反映出来的主要问题（最终结果），找出影响它的大原因、中原因、小原因和更小原因等。因果图就是通过层层深入的分析研究来找出影响质量原因的简便而有效的方法，从交错混杂的大量影响因素中理出头绪，逐步地把影响质量的关键、具体原因找出来，从而明确所要采取的措施。

把所有能想到的原因，按它们之间的相互隶属关系，用箭头归纳联系在一起，绘成一张鱼刺状的因果图，如图9-3所示。主干箭头所指的为质量问题，主干上的大枝表示大原因，中枝、小枝表示原因的依次展开。

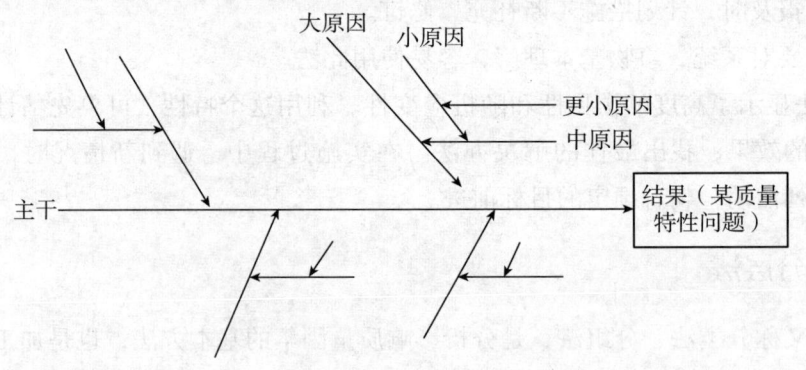

图9-3 鱼骨图

资料来源：蒋景，楠陆雷，火方华. 项目管理理论与实务 [M]. 上海：华东理工大学出版社，2012.

2. 因果图绘制原理

影响项目质量的原因很多,而且关系复杂。但归纳起来,存在两种相互依存的关系,即平行关系和因果关系,因果图可以同时整理出这两种关系。利用因果图可以顺藤摸瓜,逐级分层,从大到小,由粗到细,寻根究底,直至找出能直接采取有效措施的原因为止。

3. 因果图的基本类型

按表示问题的体系不同,一般可分为下面三种类型。

(1) 结果分解型。这种类型的因果图特点是:沿着一个为什么会发生这种结果的主线进行层层分解(见图9-3)。

利用结果分解型因果图,可以系统地掌握纵向关系,但也容易遗漏或忽略某些平行关系或横向关系。

(2) 工序分类型。首先按照工序的流程,将各个工序作为影响项目质量的平行的主干原因,然后将各个工序中影响质量的原因填写在相应的工序中。

这种类型的因果图简单易行,但有可能造成相同的因素会出现在不同的工序中,难以表现数个原因交错在一起的情况,即无法反映因素间的相互作用。

(3) 原因罗列型。采用"头脑风暴法",让参与分析人员无限制地自由发表意见,并把所有观点和意见都一一罗列出来,然后再系统地整理它们之间的关系,最后绘制出一致同意的因果图。

经过多方面思考和讨论绘制成的这种因果图,反映出的因素比较全面,在整理因素之间的关系时,客观地促使对各因素的深入分析,有利于问题的深化,但工作量比较大。

4. 因果图绘制步骤

(1) 确认。确定需要解决的质量问题,并对问题进行简洁、清晰的描述。

(2) 目标确定。指定在这个阶段需要设置的目标和目的。按照问题需要的技术和管理知识,选择不同学科的专家组成头脑风暴小组,考虑数据和人员、机器设备、材料、方法、测量和环境等。因果图所涉及的每个人都清楚要达到的目标,比如项目所需达到的质量目标。

(3) 构建因果图。画出问题框和主箭头,包括用于因果评价的问题说明。把各类主要原因放在问题框的左边,作为结果的输入。确定问题类别,将不同类别的原因一层层展开。

(4) 思考。对产生问题的原因以及原因之间的关系进行思考,对目前的状态做出正确的估计,并设计和开发出相应的行动方案。

绘制因果图目的要明确,有针对性;要集思广益,吸纳项目操作人员、项目管理人员的想法,共同进行分析;分析的过程实质上是具体绘制因果图的过程,对一些无把握确认的因素要进行现场核实。

五、项目质量控制的结果

项目质量控制的结果是项目质量控制和质量保障工作所形成的综合结果，是项目质量管理全部工作的综合结果。这种结果的主要内容包括：

(1) 项目质量的改进。项目质量的改进是指通过项目质量管理与控制所带来的项目质量提高。项目质量改进是项目质量控制和保障工作共同作用的结果，也是项目质量控制最为重要的一项结果。

(2) 对于项目质量的接受。对于项目质量的接受包括两个方面：其一是指项目质量控制人员根据项目质量标准对已完成的项目结果进行检验后对该项结果所做出的接受和认可；其二是指项目业主/客户或其代理人根据项目总体质量标准对已完成项目工作结果进行检验后做出的接受和认可。一旦做出了接受项目质量的决定，就表示一项项目工作或一个项目已经完成并达到了项目质量要求，如果做出不接受的决定就应要求项目返工和恢复并达到项目质量要求。

(3) 返工。返工是指在项目质量控制中发现某项工作存在着质量问题并且其工作结果无法接受时，所采取的将有缺陷或不符合要求的项目工作结果重新变为符合质量要求的一种工作。返工既是项目质量控制的一个结果，也是项目质量控制的一种工作和方法。返工的原因一般有三个：项目质量计划考虑不周；项目质量保障不力；出现意外变故。返工所带来的不良后果主要也有三个：延误项目进度；增加项目成本；影响项目形象。有时重大或多次的项目返工会导致整个项目成本突破预算，并且无法在批准工期内完成项目工作。在项目质量管理中返工是最严重的质量后果之一，项目团队应尽力避免返工。

(4) 核检结束清单。这也是项目质量控制工作的一种结果。当使用核检清单开展项目质量控制时，已经完成核检的工作清单记录是项目质量控制报告的一部分。这一项目质量控制工作的结果通常可以作为历史信息使用，以便对下一步项目质量控制所做的调整和改进提供依据和信息。

(5) 项目调整和变更。项目调整和变更是项目质量控制的一种阶段性和整体性的结果。它是指根据项目质量控制的结果和面临的问题（一般是比较严重的，或事关全局性的项目质量问题），或者是根据项目各相关利益者提出的项目质量变更请求，对整个项目的过程或活动所采取的调整、变更和纠偏行动。在某些情况下，项目调整和变更是不可避免的。例如，当发生了严重质量问题而无法通过返工修复项目质量时；当发生了重要意外而进行项目变更时都会出现项目调整的结果。

第五节 质量经济性与质量成本

一、质量经济性概述

（一）质量经济性的含义

质量经济性是人们获得质量所耗费资源的价值量的度量，在质量相同的情况下，耗费资源价值量小的，其经济性就好，反之就差。

质量经济性的概念可以分为两种：狭义的质量经济性和广义的质量经济性，前者是指质量在形成过程中所耗费的资源的价值量，主要是产品的设计成本和制造成本及应该分摊的期间费用；后者是指用户获得质量所耗费的全部费用，包括质量在形成过程中资源耗费的价值量和在使用过程中耗费的价值量。这样，我们可以用单位产品成本和分摊的期间费用之和，来反映组织某种产品的狭义的质量经济性，而用价值工程中的（单位产品）寿命周期成本来反映广义的质量经济性。

质量对组织和顾客都有经济性问题。生产、销售或购买质量低劣的产品和服务，给组织和顾客都将带来损失，造成顾客抱怨、责任风险，以及人力和财力的浪费。因此，组织提高质量经济性包括两个途径：一是增强顾客满意度，二是降低经营所需资源的成本。

（二）质量经济效益

质量经济效益是指质量经济效果与质量成本的比值，即：

质量经济效益 = 质量经济效果/质量成本

质量经济效益反映出在项目质量方面产出与投入之间的关系，同时也从侧面反映出质量工作与质量管理的效率。

质量经济效果是指由质量因素（特别是质量改进因素）导致的经济上的有益成果。它主要表现在以下两个方面：

（1）由于项目质量和工作质量的提高，促使项目总体质量水平提高，使得项目的质量损失降低，可靠性增强，从而降低项目的质量成本，总体费用相对降低，顾客和相关方的信任度、满意度提高。

（2）由于项目在策划和实施过程中，重视质量创新和改善，提高了项目质量水平，增强了项目的功能，而质量成本却没有增加，甚至降低，从而使项目的品牌价值得到提升。

追求质量经济效益的目标,就必须权衡成本和效益,达到质量经济效果大于质量成本。

质量成本是指开展质量管理活动所需要的开支。

二、项目质量成本概述

(一) 质量成本的内涵

质量成本是为获得顾客满意并对组织外部做出质量保证而发生的费用以及没有达到顾客满意而造成的损失。质量成本项目一般包括预防成本、鉴定成本、内部故障成本、外部故障成本四个项目及其明细项目。必要时,组织可以根据对外质量保证的需要,单独设置外部质量保证成本项目。

(二) 质量成本的构成

1. 预防成本

为预防产品不能达到顾客满意的质量所支付的费用。可包括:

(1) 需求分析与合同评审费用。需求分析与合同评审费用是指为了掌握顾客的需求,收集和分析顾客对产品质量的要求和意见,进行合同评审、技术协议书评审等活动所发生的费用。

(2) 质量策划费用。质量策划费用是指有关部门或人员用于策划所需的费用支出,例如规划质量体系的具体细节所需的费用;根据产品设计和顾客对质量的要求,编制用于材料、工序和产品质量控制的方法、程序、指导书等所需的费用。质量策划费用还包括从事其他质量策划工作所需时间的费用支出,比如:可靠性研究;试生产质量分析;为编制试验、检验和工序控制的指导书或操作规程等所需的费用。

(3) 过程控制费用。过程控制费用是指在研制生产过程中为控制和改进质量所需的费用支出(包括对采购和外包过程的管理),例如进行设计评审活动所发生的费用;审查和评价供应商的质量保证能力以及对供应商实施管理所发生的费用;在生产过程中实施工序控制所发生的费用。

(4) 质量培训费以及提高工作能力的费用。质量培训费以及提高工作能力的费用不包括指导员工达到标准熟练程度的训练费,而是用于改进和提高质量水平所花费的相关费用。

(5) 质量体系的研究和管理费用。质量体系的研究和管理费用是指用于整个质量体系的设计和管理的费用,包括质量方针目标管理、质量管理文件的编制和管理、质量责任制的建立、质量培训、质量信息管理、质量经济性分析、质量审核等活动所发生的费用。

(6) 顾客服务费用。顾客服务费用是指产品保修期内和根据合同规定,对顾客培训、使用和维护人员进行售后服务所发生的费用，以及顾客忠诚程度的调查、分析和评价等方面的活动所发生的费用。

（7）质量改进费用。质量改进费用是指调查分析质量问题，制订质量改进计划和方案，实施改进工艺、调整或更换工艺装备等质量改进措施，评价质量改进成果等活动所发生的费用。

（8）质量奖励费用。质量奖励费用是指对在质量管理工作和保证、改进产品质量方面有贡献的员工所支付的奖励费。

（9）其他预防费用。其他预防费用包括质量及可靠性组织机构的行政管理费用（不包括经营管理人员及行政办公室人员的工资及差旅费），以及零缺陷计划、厂房设备维护等预防性措施费用。

2. 鉴定成本

为评定产品是否达到所规定的质量要求，进行试验、检验和检查所支付的费用。可包括：

（1）外购材料的试验和检验费用。外购材料的试验和检验费用是指由实验室或其他试验单位所进行的为评价外购材料质量所支出的费用，以及有关管理人员及办公室人员可能用到的任何费用。它还包括检验人员到供货厂评价所购材料时所支出的差旅费。

（2）实验室或其他计量服务费用。实验室或其他计量服务费用是指实验室计量服务有关仪器的校准和维修费用以及工序监测等的费用。

（3）检验费。检验费是指检验人员评价厂内产品技术性能时支出的费用，以及管理人员和办公室人员可能支出的有关费用。它不包括外购材料的试验费用，以及机器设备、公用设施、有关工具或其他材料的检验费。

（4）试验费。试验费是指试验人员用于评价组织内产品技术性能时支出的费用，以及管理人员和办公室人员可能支出的有关费用。它不包括外购材料的试验费用，以及机器设备试验费、公共设施试验费、有关工具试验费或其他材料的试验费。

（5）核对工作费。核对工作费是指这样一些工作所需的费用支出：操作人员按照质量计划的要求而检验自己的工作质量；在制造过程中按要求检查产品和工序是否合格；挑出不符合质量要求而被送回的全部废品、次品；进行加工过程中的产品质量评价。

（6）试验、检验装置的调整费。试验、检验装置的调整费是指有关人员为了进行性能试验而调整产品及有关设备所需的费用支出。

（7）试验、检验的材料与小型质量设备的费用。试验、检验的材料费用是指用于试验主要设备的动力消耗，例如蒸汽、油以及在破坏性试验（如寿命试验或拆卸检验）时消耗的材料和物品。小型质量设备的费用包括了非固定资产的质量信息设备的费用。

（8）质量审核费用。质量审核费用指产品和体系的审核费，包括内审费用和外审费用。

（9）顾客满意度调查费。顾客满意度调查费是为了了解顾客（包括内部）对产品满意程度进行相关调查分析的费用。

（10）现场试验费。现场试验费是指在最终发货之前，有关部门按照顾客指定的场所试验产品时所造成的费用。这部分费用包括有关差旅费和生活费。

（11）其他鉴定费用。如供应商认证费等。

3. 内部故障成本

产品在交付前因未能达到规定的质量要求所造成的损失。可包括：

（1）报废损失费。因产成品、半成品、在制品达不到质量要求且无法修复或在经济上不值得修复造成报废所损失的费用，以及外购元器件、零部件、原材料在采购、运输、仓储、筛选等过程中因质量问题所损失的费用（不包括由于其他原因而废弃的材料）。

（2）返工或返修损失费。为修复不合格品使之达到质量要求或预期使用要求所支付的费用（包括返工或返修后产品重新投入运行前的再次检验费用）。

（3）降级损失费。因产品质量达不到规定的质量等级而降级或让步所损失的费用。

（4）停工损失费。因质量问题造成停工导致设备、人员、材料闲置、减少产量和影响交付所造成的损失费用。

（5）产品质量事故处理费。因处理内部产品质量事故所支付的费用，如重复检验或重新筛选等支付的费用。

（6）内审、外审等的纠正措施费。内审、外审等的纠正措施费是指解决内审和外审过程中发现的管理和产品质量问题所支出的费用，包括防止问题再发生的相关费用。

（7）其他内部故障费用。包括输入延迟、重新设计、资源闲置等费用。

4. 外部故障成本

产品在交付后因未能达到顾客满意的质量所造成的损失。可包括：

（1）索赔费。索赔费是指由于出厂产品不符合用户的质量要求所承担的赔偿金、罚金、申诉费、调查费和现场服务费。

（2）退货损失。退货损失是指由于出厂产品不符合用户的质量要求，导致用户退货、换货给企业造成的直接损失。

（3）降价损失。降价损失是指由于出厂产品不符合规定的质量标准，而进行降价处理所造成的损失。

（4）产品售后服务及保修费。产品售后服务及保修费是指安装服务及合同规定之外，对用户提供维修服务所发生的费用。包括直接用于校正误差或特殊试验、保修产品或零件以及用于纠正交付顾客后产品发生的故障和缺陷等所支出的费用。

（5）产品责任。产品责任费是指在产品责任方面发生的费用，包括产品责任保险费。

（6）用户安抚费。用户安抚费是指由于用户对所提供的产品在质量上不完全满意，对其给予安慰性质的补偿费。

5. 外部质量保证成本

根据顾客要求，组织向顾客提供证实质量保证能力发生的费用，包括特殊的和附加的质量保证措施、程序、数据、证实试验和评定的费用，以及认证的费用等。

三、质量成本管理

质量成本管理指企业对保证和提高产品质量的成本，有组织、有系统地进行预测、决策、计划、反映、控制、分析和考核等一系列的科学管理工作。其基本要求是对质量成本进行全员的、全要素的、全过程的管理。作为一个系统工程，质量成本管理要动员企业各方面的力量，结合企业的实际情况并考虑消费者的需求，科学测定质量成本，对各种可供选择的方案正确分析评价，进行质量成本的最优选择，编制质量成本的实施计划，在计划执行过程中，如实加以反映并对出现的偏差进行具体分析和控制；最后根据执行结果给予相应的奖惩。从而最大限度地调动员工的积极性，努力挖掘降低成本的潜力，做到质量成本的全面管理。

质量成本管理主要包括以下几个方面的内容：质量成本预测和计划、质量成本分析和报告、质量成本控制和质量成本考核。

质量成本预测和计划是质量成本管理的基础环节。质量成本的预测是指根据企业的历史资料、质量方针目标、国内外同行的质量成本水平以及产品的质量要求和用户的特殊要求等，通过分析各种质量要素与质量成本的变化关系，对计划期的质量成本所做出的推测和估计。质量成本计划是指在质量成本预测的基础上，针对质量与成本的依存关系，用货币形式确定生产符合性产品质量要求时，在质量上所需的费用计划。

质量成本分析就是将质量成本核算后的各种质量成本资料，按照质量管理工作要求进行分析比较，使之成为改进质量提高经济效益的有力工具。主要包括质量成本总额分析、质量成本构成分析、内部故障成本和外部故障成本分析以及其他质量成本分析。通过质量成本分析，可以找出影响产品质量的主要缺陷和质量管理工作的薄弱环节，为提出质量改进意见提供依据。通过质量成本分析也可以找到一个最佳质量点，使质量总成本最低，从而实现质量与经济的平衡。质量成本报告是指根据质量成本分析的结果，向领导及有关部门汇报时所作的书面陈述，它可以作为制定质量方针目标、评价质量体系的有效性和进行质量改进的依据。它也是企业质量管理部门和财会部门对质量成本管理活动或某一典型事件进行调查、分析和建议的总结性文件。

质量成本控制是以质量成本计划所制定的目标要求为依据，采用各种手段，把影响质量总成本的各个成本项目控制在计划范围内的一种管理活动。可见，质量成本控制是完成质量成本计划、优化质量目标、加强质量管理的重要手段。

质量成本考核就是对质量成本责任单位和个人的质量成本指标完成情况进行考察和评价，以达到鼓励和鞭策全体成员不断提高质量成本管理绩效的目的。

[章后案例]

我国古代工程的质量管理[①]

我国古代工程中对许多工艺方法和质量要求非常高，至今还能看到或甚至使用这些工程。古代对工程有预定的质量要求，有质量检查和质量控制的过程和方法，这样才能保证工程质量。

在周朝《周礼·考工记》中，就有取得高质量工程的条件："天有时，地有气，材有美，工有巧，合此四者，然后可以为良"。这与现代工程质量管理的五大要素，即人、材料、机械、方法、环境是一致的。因为"工有巧"，不仅指工艺，而且指工匠（人员）。

《考工记》中详细叙述了古代各种器物（包括木器制作、五金制作、皮革制作、绘画、纺织印染、编织、雕刻制作、陶器制作等）的制作方式、尺寸、工艺、用料，甚至原材料的出产地，各种用途不同的合金配合比要求，还包括城市建设工程规划标准，壕沟、仓储、城墙、房屋的施工要求等。

在我国古代一些建筑遗址（如秦兵马俑）中，就发现在建筑结构和构件上刻生产者名字的做法。这种"物勒工名"制度，就是古代一种非常重要的质量管理制度。《吕氏春秋·孟冬纪》云："物勒工名，以考其诚。工有不当，必行其罪，以究其情"。即在产品上刻上生产者的名字，以进行考核，把严格的考核制度与奖惩相结合，以确保工程的质量和数量按照规定和要求如期完成。这种质量管理责任制形式，与现在规定设计人员必须在图纸上签字是一样的。

典型的工程还有明代南京城墙的建设，其质量控制方法和责任制形式是在城墙砖上刻生产者的名字，如果出现质量问题可以方便地追究生产者责任。这些质量管理方法简单而有效，直到现在南京明代城墙上砖头质量还很好，甚至还可以清晰读出生产者的名字。

到了清代工程质量管理体系已经十分完备。例如对工程保固和赔修均有规定，宫殿内的岁修工程，均限保固三年；其余新、改、扩建工程，按建设规模、性质，保固期分别为3年、5年、6年、10年四种期限。工程如在保固期限内坍塌，监修官员负责赔修并交由内务府处理，如在工程保固期内发生渗漏，由监修官员负责赔修。

本章小结

项目质量管理是为确保项目达到预定质量目标所需要实施的一系列工作和过程。项目质量管理的内容主要包括如下三个过程：项目质量计划、项目质量保证和项目质量控制。这三个过程相互作用、相互联系。项目质量规划是指为确定项目应该达到的质量标准和如何达到这些项目质量标准而做的项目质量的计划与安排。它是实现项目质量目标的前提和

[①] 胡鹏，郭庆军. 工程项目管理 [M]. 北京：北京理工大学出版社，2017.

保障。项目质量保证是项目质量管理中的事前性、预防性和系统性的工作。项目质量控制是项目质量管理的一部分。它是在项目质量管理中采取有效措施,监督项目的具体实施结果,判断它们是否符合项目有关的质量标准,并确定消除产生不良结果的原因。

复习思考题

一、单项选择题

1. （ ）是指为确定项目应该达到的质量标准和如何达到这些项目质量标准而做的项目质量的计划与安排。

A. 项目质量规划　　B. 项目质量控制　　C. 项目质量保证　　D. 项目质量监督

2. （ ）指开展质量管理活动所需要的开支。

A. 质量保证　　　　B. 质量成本　　　　C. 项目成本　　　　D. 预算成本

3. （ ）是项目质量管理中的事前性、预防性和系统性的工作。

A. 项目质量保证　　B. 项目预算　　　　C. 项目成本估算　　D. 项目成本预算

4. （ ）又称鱼刺图,是表示质量特性波动与其潜在原因关系的图。

A. 排列图　　　　　B. 项目进展图　　　C. 因果图　　　　　D. 过程决策程序图法

二、多项选择题

1. 质量概念的内涵随着社会科学技术和经济的发展在不断延伸扩展,经历了（   ）的质量概念发展过程。

A. 符合性质量　　　　　　　　　　　B. 适用性质量
C. 顾客及相关方满意　　　　　　　　D. 全面质量

2. 质量管理就是确定质量方针、目标和职责,并在质量体系中通过注入（   ）使其实施的全部管理职能的所有活动。

A. 质量策划　　　　B. 质量控制　　　　C. 质量保证　　　　D. 质量改进

3. 项目的质量管理与一般产品的质量管理相比,有自身的特点,主要体现在（   ）。

A. 系统性　　　　　B. 动态性　　　　　C. 不可逆性　　　　D. 扩张性

三、简答题

1. 项目质量成本由哪几部分构成?
2. 项目质量控制的依据是什么?
3. 项目质量规划的依据有哪些?
4. 项目质量控制结果的主要内容有哪些?

第十章　项目采购管理

成功的项目管理必须引入项目采购管理的理念。项目采购管理也是项目管理的重要内容之一，有效的项目采购是项目执行中的一个关键步骤。并且，项目合同管理也属于项目采购管理的范畴，项目合同是确定采购双方或多方的权利、义务的关键，也是项目采购顺利完成的有力保障。本章内容围绕着采购这一核心概念，介绍项目采购的概念、原则和过程，以及项目采购招标、投标的程度和内容，最后还阐述了项目合同管理的类型和内容。

[学习目标]

- 认识项目采购管理的重要性
- 掌握项目采购管理的概念、原则和过程
- 了解项目采购招标、投标程序和内容
- 了解项目合同管理的类型和内容

[案例导入]

某复线铁路电气化扩能项目[①]

该复线铁路电气化扩能项目位于河南省南部，湖北省北部地区，全长547公里。该项目利用外资18819万美元采购材料和设备，并按贷款协议和采购指南进行了采购实施。在中国国家纪委、财政部等有关部门和世界银行的支持和帮助下，经全体人员的努力，采购实施工作进展顺利。

该项目的采购和合同管理采取了以下几项大的举措：

首先，改革了组织机构，加强了采购管理。在项目招标的过程中，建立了由外资办组织、有采购项目主管部门和使用单位参加的集中与分级管理相结合的采购责任制，成立采购招标和合同执行小组，参加招标文件编制、评标、合同谈判和合同执行全过程，从而使设计、施工、用户在招标采购的各个环节发挥了应有的作用。

其次，改善招标文件质量，成立了技术咨询部，聘请高素质专业技术人员支持采购，实行电脑化管理，对加快标书的编制速度、缩短采购周期起到了很大作用。

---

① 刘欣主. 项目管理基础［M］. 上海：上海社会科学院出版社，2015.

再者，加强采购代理人之间的竞争。即从一个代理人（中国技术进出口公司下属的国际招标公司）扩展到中国机械进出口总公司和中国仪器进出口总公司的国际招标部，形成了各代理人之间的竞争局面，提高了效率，改进了服务质量。

尽管如此，该项目的采购管理还是出现了以下问题：

（1）审批程序繁多，采购周期长。

（2）一些系统设备采购分项过细，提供厂家多，安装时的接口就多，难以保障接口处的高质量以及安全可靠的运行。

（3）供货商多，所签采购合同多，有些供货商执行合同不够好，如拖期交货、现场安全调试拖延时间长、派遣技术人员不及时等。

可见，项目的采购和合同管理贯穿于项目的全过程，来不得半点儿的疏忽。否则将给项目的实施带来不必要的麻烦。成功的项目管理必须引入项目采购管理的理念，采购计划的编制充分考虑买卖双方之间的关系。买卖双方的关系可存在项目的许多层次上。在不同的阶段和层次，卖方也可能被称为合同方、承包商、分包商、厂商或供应商。双方关系建立在合同之上，故需合同管理。

第一节　项目采购管理概述

一、采购

采购就是从组织系统外部或项目系统外部获得产品或服务的完整的购买过程。这种行为在企业和政府中都称为"购买"，而在信息技术行业，通常使用外购（outsourcing）这一术语。不论何种术语，其基本过程都是一样的。需要注意的是，这里的"采购"不同于一般概念上的购买商品，它是指以不同方式通过努力从系统外部获得货物、工程项目和咨询服务的整个采办过程。

二、项目采购管理

美国项目管理协会的《项目管理知识体系指南》中对项目采购管理的定义是："为实现项目范围而从执行组织外部获取货物或服务所需的过程"。项目采购管理是项目管理的重要方面，是项目执行的物质基础和关键性工作，可以这样说，项目采购管理的模式在某种程度上决定了项目管理的模式。规范的项目采购管理要兼顾经济性、合理性和有效性，这样可以有效降低项目成本，促进项目顺利实现各项目标。

项目采购管理需要考虑买卖双方之间的关系，本章主要从买方的角度进行讨论，而卖方是指那些为买方提供产品或服务的厂商或承包商。买卖双方关系可存在项目的许多层次上。在不同的阶段和层次，买方可能被称为委托人、公司、被提供人、甲方或关键项目干系人，而卖方也可能被称为合同方、承包商、分包商、厂商或供应商。

不同种类项目的项目采购及其管理的类型、方式有很大不同，但是，不论何种采购，一般都要经过以下过程。

（一）采购计划编制

依据项目的资源计划和相关信息，确定项目需求，明确项目在什么时间、需要采购什么产品和怎么采购这些产品，并据此编制出详细可行的项目采购计划。

（二）选择采购方式

采购方式很多，具体采用何种方式的总原则是，要有助于推动公开和有效竞争及物有所值目标的实现。

（三）供应商选择

选择供应商或承包商一般包括确定潜在资源、寻求报价、评价报价和授予合同。

（四）合同管理

这包括与选定的各个供应商进行合同谈判、合同的签订和合同履行的管理过程，也就是项目组织管理与供应商的合同关系和项目资源供应管理的工作。

（五）合同完结

这是在项目采购合同全部履行完毕，或者因故中断以后，所开展的各种采购结算和交接决算的过程，它包括一系列的项目采购合同条款的验收、办理结算和效益评估的管理工作。

项目采购管理的这些管理工作之间，以及它们与项目的其他管理工作之间有着相互作用、相互依存的关系，同时也有着某种程度上的相互交叉和重叠。

第二节　采购计划编制

一、采购计划编制概述

项目的采购管理过程首先是制订项目采购计划，然后要按计划开展工作，最后实现项目采购计划的目标。项目采购计划是项目采购管理第一位的和最重要的工作。一般编制项目采购计划，包括以下几方面的内容：

（一）项目范围的信息

项目范围的信息描述了一个项目的边界和内容，项目范围信息还包含在项目采购计划中必须考虑的有关项目需求与战略方面的重要信息（这是项目范围管理中所生成的各种相关信息），例如项目的合理性说明、可交付的成果和项目目标。

（二）项目产出物的信息

项目产出物的信息是指有关项目最终生成产品的描述和技术说明，这既包括项目产出物的功能、特性和质量要求等方面的说明信息，也包括项目产出物的各种图纸、技术说明书等方面的文献和资料。这些信息为项目采购计划的制订提供了需要考虑的有关技术方面的问题和相关信息。

（三）项目资源需求信息

项目资源需求信息主要是指项目对外部资源需求的信息，这些资源包括：各类人力资源、财力资源和物力资源的需求数据，说明一个项目组织必须清楚需要从外部获得哪些资源，以支持和完成项目的全部工作和实现项目目标。例如，对某些项目而言，必须获得外部专利技术或法律专家的支持和咨询等资源和服务。

（四）市场条件

在项目采购计划的编制过程中必须考虑外部资源的市场条件，必须了解和掌握市场资源的分布状态，确保项目实施过程中及时供给并达到项目对资源的需求标准。

（五）其他项目管理计划

在制订项目采购计划时必须兼顾其他项目管理计划。这些项目管理计划对于项目的采购计划具有约束或指导作用。项目采购计划制订中需要参考的计划包括：项目进度计划、项目集成计划、项目成本预算计划、项目质量管理计划、项目资金计划、人员配备计划等。项目的工作分解结构、组织分解结构和已识别的风险对于制订项目采购计划也是必需的。

（六）约束条件与基本假设

约束条件是限制项目组织选择所需资源的各种因素。对于许多项目来说，最普遍的约束条件之一是资金的可获得性。在制订项目采购计划时，一定要考虑由于项目资金的限制，可能不得不牺牲资源的质量等级，而去寻找价格更低但同样能满足项目需求的资源。

例如，在房屋装修项目中，如果资金不足，那么项目组织就可能购买更便宜一些的地毯、瓷砖和地板。由于项目采购存在着诸多变化不定的环境因素，项目的实施组织在实施采购过程中，面对变化不定的社会经济环境所做出的一些合理推断，就是基本假设。例如，现在只知道某种资源的现价，并不知道当项目将来实际采购这种资源时它的价格，所以就需要假设一个价格，以便确定项目采购计划。这些约束条件与基本假设对于制订项目采购计划都是很重要的信息。

二、项目采购计划的编制过程

项目采购计划的编制过程就是依据上述有关项目采购计划所需的信息，结合项目组织自身条件和项目各项计划的要求，对整个项目实现过程中的资源供应情况做出具体的安排，并最后按照有关规定的标准或规范，编写出项目采购计划文件的工作过程。项目采购计划的主要文件包括项目采购计划、项目采购工作计划、项目采购标书、供应商评价标准等。这些项目采购计划工作文件将用于指导后续的项目采购计划实施活动和具体的采购工作。例如，项目采购标书在项目采购或承发包招标之前，就需要交给潜在的供应商或分包商。一个项目组织在编制采购计划中需要开展下述工作和活动。

（一）确定采购需求

采购需求是由采购实体确定的。确定采购需求时，应考虑采购的资源整体布局、资源产品的原产地、采购资源的社会效益等，要控制盲目采购、重复采购等问题。确定采购需求是整个采购过程中的一个非常关键的环节。

（二）预测采购风险

采购风险是指采购过程中可能出现的一些意外情况，例如支出增加、推迟交货等。这些情况都会影响采购预期目标的实现，因此预测采购风险也是采购工作中的一个重要步骤。

（三）采购方式与合同类型的选择

在制订项目采购计划的过程中，项目组织还应该考虑以什么样的方式获得各种资源和究竟需要与资源供应商或分包商签订什么类型的采购合同。项目资源的获得方式可以通过询价选定一家供应商或分包商，也可以采用招投标的方式。这需要根据如何能够既有利于维护项目组织的利益，同时又能保证项目资源充分而及时的供给，从而不耽误项目的完工。合同类型的选择一般需要选用下列三种之一：固定价格合同、成本补偿合同、单位价格合同。三种类型的合同对项目组织和供应商各有利弊，作为买主的项目组织应该根据项目具体情况和所要采购资源的具体情况仔细地反复权衡。

(四) 项目采购计划文件的编制和标准化

在分析和确定了上述因素之后，就可以使用各方面资料编制项目采购计划了。在这种计划的编制中，可以采用专家分析法、经济期量订货法、综合平衡计划方法等具体方法。项目采购计划编制工作的文件包括项目采购工作计划、项目采购标书、供应商评价标准等。这些计划管理文件要按照一定的标准格式编制，以便供应商或分包商容易理解。在这方面常见的标准格式文件包括：标准的采购合同、标准的劳务合同、标准的招标书、标准的计划文件等。如果项目组织需要从外部进行大量的资源采购活动，那么他们应该对这类文件的大部分都进行标准化处理，从而使项目采购计划更为科学和实用。

三、项目采购计划编制的文件

项目采购计划编制的文件是一系列的项目采购工作与管理所需的指导文件。这方面的主要项目文件有以下五种。

（一）项目采购计划

项目采购计划编制工作最重要的文件是项目采购计划。在项目采购计划中，全面地描述了项目组织未来所需开展的采购工作的计划和安排，这包括从项目采购的具体工作计划，到招投标活动的计划安排，以及有关供应商的选择、采购合同的签订、实施、合同完结等各项工作的计划安排。在项目采购计划中，应该考虑以下问题。

1. 项目采购工作的总体安排

在项目采购计划中，项目组织要明确项目采购的总目标，规定项目所需采购的总的资源数量、品种及费用，以及在资源采购中应该开展的各种采购工作及其管理活动的计划与安排。

2. 采用合同的类型

项目组织要明确规定在资源采购中，何时采用一般供应合同，何时采用固定价格合同，何时采用成本补偿合同，何时采用单位价格合同。

3. 项目采购工作责任的确定

这是指项目组织的资源采购各部门应该承担的责任和执行的过程。要明确项目组织的上级单位、项目组织，甚至资源供应商的工作责任。例如，询价、发盘、还盘、签合同、招投标等工作都是谁的责任，时间如何安排等。

4. 项目采购计划文件的标准化

一般而言，项目采购计划文件必须标准化，尤其是大量采购项目标准文本，包括标准合同文件、采购标的（物）描述的标准文本、招投标的标准文本等。

5. 有效管理资源供应商

如果项目组织需要很多资源供应商或分包商，如何管理好这些供应商或分包商也是项目采购管理中一个很重要的问题。这包括如何选择、如何控制和如何影响他们，以及如何确定他们履行采购合同规定的责任和义务等。

6. 有效协调采购工作与其他工作

项目采购是项目及时获取外部资源的过程，如何将采购工作与项目其他方面的工作合理地协调，一起推动项目的发展，实现项目的目标是项目采购计划的一个重要内容。项目进度和绩效的变化会直接影响到项目对于资源需求的时间和数量，从而直接影响项目采购计划和采购工作，因此要协调好项目实施的进度和绩效与项目的采购工作。

（二）项目采购作业计划

项目采购计划编制工作的第二项文件是项目采购作业计划。项目采购作业计划是指根据项目采购计划与各种资源需求信息，通过采用专家判断法和经济期量标准、经济订货点模型等方法和工具，制订出的项目采购工作的具体作业计划。项目采购作业计划规定和安排了一个项目采购计划实施中各项具体工作的日程、方法、责任和应急措施等内容。例如，对以一种大量使用的外购零配件，何时需要开始对外询价，何时获得各种报价，何时选择向标的（物）供应商开始发盘、还盘、谈判、签约等各项工作；而对于项目所需劳务的承发包，何时开始发布招标、何时发放标书、何时开标、中标、谈判签约等，都需要在项目采购作业计划中安排和确定。

（三）采购要求说明文件

项目采购计划编制工作的另一个重要文件是采购要求说明文件。在采购要求说明文件中，应该充分详细地描述采购要求的细节，包括需要考虑的技术问题和注意事项的重要资料，以便让供应商确认自己是否能够提供这些产品或劳务。这里的"充分详细"要求可以根据产品或劳务的特性、项目组织的需求、采购适用的合同格式而有所不同。但是无论怎样，项目组织都必须保证在采购要求说明文件中清晰地描述所需采购的具体产品或劳务。

采购要求说明文件的详细程度一定要保证以后项目的顺利进行，例如，详细说明项目采购的产品在使用过程中所需的技术支持服务、项目采购的设备在未来项目实现并投入运营以后所需的技术服务等。这些必要的服务要求应在采购要求说明文件中明确地作出规定和说明。在一些具体应用领域，对于项目采购要求说明文件还有一些特定的内容和格式要求。

在项目采购工作过程的后续阶段，采购要求说明文件在传递和转移中，可能会被重新评估、定义、更新或改写；或者说采购要求说明文件在转移中会由于发现了新的问题而被修订和更新。例如，某个供应商可能会提出比原定采购方法更为有效的解决办法，也可能会提供比预定产品成本更低的替代产品，此时必须修订或者重新编写采购要求说明文件。

每项独立的采购工作都需要有各自的采购要求说明文件。当然，有时多个产品或劳务构成一个整体，也可以组成一项采购工作，从而使用一份采购要求说明文件。

（四）采购工作文件

这是项目组织在采购工作过程中所使用的一系列的工作文件，主要是为了项目组织顺利地开展工作和所传达的信息能够被迅速传递和反馈，例如，项目组织借助这些采购工作文件向供应商寻找报价和发盘。采购工作文件有不同的类型，常采用的类型有投标书、询价书、谈判邀请书、初步意向书等。

一般采购工作文件都有标准格式并按规范编制的。这些采购工作文件的内容包括相关的采购要求说明、采购者期望反馈的信息说明、各种合同条款的说明等。编制采购工作文件要有足够的灵活性，既便于项目组织能准确完整理解来自供应商持续、可比较的信息，同时又要有利于供应商执行并完成采购合同。

（五）采购评价标准

采购计划编制的科学性和可行性应依据能否顺利完成项目目标来确定，同时必须确定一个评价标准，来帮助项目组织顺利地执行计划。项目的采购评价标准既有客观评价的标准指标，也有主观评价的标准指标，必须将其定性化和定量化。采购评价标准是项目采购文件的一个重要组织部分。

第三节　项目采购计划的实施

在项目采购计划编制完成后，项目采购管理工作就进入项目采购计划的实施阶段了。这个阶段具体涵盖两个方面的工作：一是项目资源采购中的询价、报价、发盘、还盘、承诺、签约和履约管理等工作；二是项目劳务采购中的招标、投标、中标、签约和履约管理等工作。

一、项目所需资源的采购计划实施

项目所需各种资源的采购计划实施工作与日常运营的资源采购工作基本是相同的，但在有些情况下项目所需资源的采购会采用招投标的方式进行。

项目所需资源的采购工作主要包括三个阶段：一是由询价和报价所构成的采购意向阶段；二是由发盘还盘和承诺所构成的价格发现阶段；三是由签约和履约所构成的采购实施阶段。其中，第一个阶段中买卖双方的行为并不具备法律约束力，但第二个阶段中买卖双方的行为就具有法律责任和约束力了，所以从法律上说"发盘"和"还盘"称为"要约"，而一旦一方做出承诺，则要约即可成立并具有法律约束力，然后采购双方需要签订合同并开展项目采购合同的履约工作。

二、项目所需资源采购的主要工作

（一）询价

询价就是从潜在的卖方处获得建议书或标书，也是根据项目采购文件和询价计划等采购工作所开展的寻找潜在供应商，向其发出询价信息，以及相关的项目所需产品及服务的需求说明书或招标文件，邀请可能的供应商给出报价的过程。在这个过程中，买方主要负责为询价做广告，并召开一些投标会议来回答询价中的相关问题。买方的询价方式有很多种。

（1）通过广告发布来吸引更多的卖方。

（2）面向特定供应商，直接进行采购价格的谈判等。在强调加强客户关系的当今，能够与特定的供应商建立良好关系是一个良策。

（3）向多家供应商询价，利用竞争的商业环境，以便用竞标方式得到价廉物美的产品和服务，此时召开招标会议是一个通用的方式。

（4）小批量购买或试用。

询价过程最终的结果是收到建议书或投标书。其建议书的内容应该是针对有关采购文件的要求准备的，并且应该有所扩展，为卖方提供更多的思路。

（二）获得项目采购的报价工作

这是在项目所需资源采购者从各项目供应商处获得项目所需资源的报价以后，进一步获得项目所需资源供应商的正式报价的工作。在这一工作项目所需资源采购者要与选定的资源供应商进行联系，要求对方提供项目所需资源的报价，解释这些报价的依据和理由，确认这些报价中所包括的资源及其售后服务的内容等。项目资源供应商的报价从法律上讲是一种要约或叫发盘，项目所需资源的采购方在承诺接受对方的报价或要约之前，必须非常明确地知道对方报价的实际内涵，所以必须研究各供应商的报价和相关信息。

（三）项目供应商报价的评审

在获得了项目供应商的明确报价后，就可以根据项目供应商报价情况，并对照在项目采购计划编制过程中制定的采购工作评价标准，对项目供应商的报价进行必要的评价和审查。在项目供应商报价的评审过程中，首先必须审查项目资源供应商各方面资格或资质的合法性和合理性，其次对项目资源供应商进行比较和评价后排出他们的优先序列，最后选出其中的最佳者和次佳者，以便其后分别进行讨价还价等项目采购合同的谈判工作。

(四) 项目采购者还盘并讨价还价

在对项目资源供应商进行评审以后，项目所需资源的采购者就可以开始通过还盘去做进一步的项目采购讨价还价工作了。在这个过程中，项目所需资源的采购者要尽可能地为维护自己的利益而展开采购价格条件和供货及售后服务等方面的讨论。当然，项目所需资源采购者和供应商各自都有自己的争价能力，他们根据自己的争价能力决定讨价还价的策略和幅度，从而实现既为自己争取到最大利益，又给对方留下合理的利益，只有这样人们才能实现项目所需资源的采购交易。

(五) 签约和履约管理

在经项目所需资源采购双方的讨价还价后，如果最终能达成"合意"，那么就可以进入项目采购合同细节谈判和签约阶段了。这项工作的主要内容是买卖双方谈判和商定项目采购合同的条款，包括采购价格条款、采购数量与质量条款、采购的交货期与交货方式条款、支付条款、违约条款等。项目采购合同一旦签订，项目采购管理工作就进入了项目合同的履约管理工作，这一阶段的项目采购管理工作的核心是双方能够履行各自的责任、义务和权利。

三、项目所需劳务的采购计划实施

项目所需劳务的采购多数是采用招投标的办法进行。项目招投标是一种特殊的劳务买卖方式，主要用在项目劳务或服务的采购方面。

(一) 项目劳务采购中的招投标方式

(1) 公开竞争性招标。公开竞争性招标是由招标单位通过报刊、广播、电视等媒体工具发布招标广告，凡对该招标项目感兴趣又符合投标条件的法人，都可以在规定的时间内向招标单位提交意向书，由招标单位进行资格审查，核准后购买招标文件，进行投标。公开竞争招标的方式可以给一切合格的招标者以平等的竞争机会，能够吸引众多的投资者，故称之为无限竞争性招标。

根据项目采购的规模大小、要求的货物和服务的技术水平的高低以及资金来源，公开竞争性招标又可根据其涉及的范围大小，分为国际竞争性招标和国内竞争性招标。

(2) 有限竞争性招标。有限竞争性招标，又称为邀请招标，或选择招标。有限竞争性招标是由招标单位根据自己积累的资料，或由权威的咨询机构提供的信息，选择一些合格的单位发出邀请，应邀请单位（必须有三家以上）在规定时间内向招标单位提交投标意向，购买投标文件进行投标。

这种方式的优点是应邀投标者的技术水平、经济实力、信誉等方面具有优势，基本上能保证招标目标顺利完成。其缺点是在邀请时如带有感情色彩，就会使一些更具竞争力的投标单位失去机会。但这种方式比公开招标节省了广告费用和招标的工作量。

（二）公开招标的程序和工作内容

1. 招标投标的概念与特征

招标投标是一种因招标人的要约，引发投标者的承诺，经过招标人的择优选定，最终形成协议和合同关系的平等主体之间的经济活动过程，是"法人"之间有偿的、具有约束力的法律行为。

招标投标是商品经济发展到一定阶段的产物，是一种特殊的商品交易方式。招标方与投标方交易的商品统称为"标的"。

招标投标具有下述基本特征：

（1）平等性。招标投标的平等性，应从商品经济的本质属性来分析，商品经济的基本法则是等价交换。招标投标是独立法人之间的经济活动，按照平等、自愿、互利的原则和规范的程序进行，双方享有同等的权利和义务，受到法律的保护和监督。招标方应为所有投标者提供同等条件，让他们展开公平竞争。

（2）竞争性。招投标的核心是竞争，按规定每一次招标必须有三家以上投标，这就形成了投标者之间的竞争，他们以各自的实力、信誉、服务、报价等优势，战胜其他的投标者。此外，在招标人与投标者之间也展开了竞争，招标人可以在招标者中间"择优选择"，有选择就有竞争。

（3）开放性。正规的招投标活动，必须在公开发行的报刊上刊登招标公告，打破行业、部门、地区甚至国别的界限，打破所有制的封锁、干扰和垄断，在最大限度的范围内让所有符合条件的投标者前来投标，进行自由的竞争。

2. 招标投标的一般程序

招标投标的活动一般分为四个阶段。

（1）招标准备阶段。基本分为八个步骤：具有招标条件的单位填写招标申请书，报有关部门审批；获准后，组织招标班子和评标委员会；编制招标文件和标底；发布招标公告；审定投标单位；发放招标文件；组织招标会议；接受投标文件。

（2）投标准备阶段。根据招标公告或招标单位的邀请，投标单位选择符合本单位能力的项目，向招标单位提交投标意向，并提供资格证明文件和资料；资格预审通过后，组织投标班子，跟踪投标项目，购买招标文件；参加招标会议；编制投标文件，并在规定时间内报送给招标单位。

（3）开标评标阶段。按照招标公告规定的时间、地点，由招投标方派代表并有公证人在场的情况下，当众开标；招标方对投标者做资料后审、询标、评标；投标方做好询标解答准备，接受询标质疑，等待评标决标。

（4）决标签约阶段。评标委员会提出评标意见，报送决定单位确定；依据决标内容向中标单位发出《中标通知书》；中标单位在接到通知书后，在规定的期限中与招标单位签订合同。

3. 招标程序框架

具备招标条件的项目组织一般按以下程序开展采购招标工作（见图10-1）。

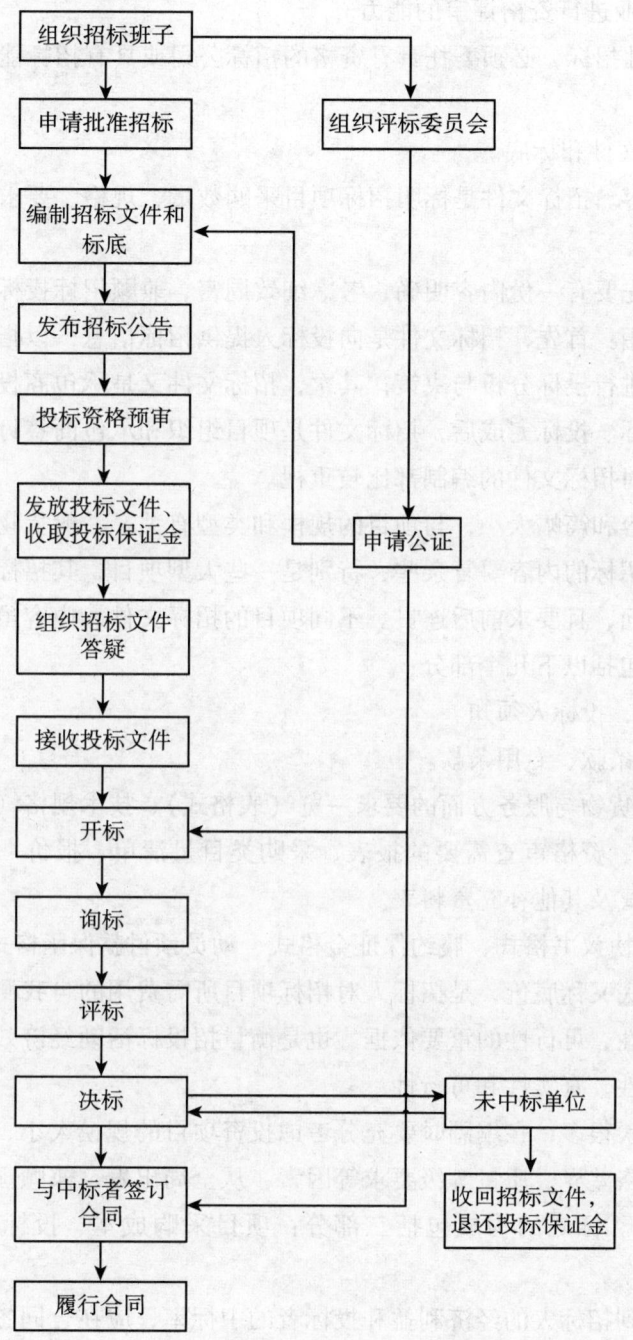

图 10-1 招标程序框架

资料来源：毕星，翟丽. 项目管理 [M]. 上海：复旦大学出版社，2000.

4. 招标程序及工作内容

(1) 招标工作班子的组建。
- 有项目组织的代表或其委托的代理人参加。
- 有与项目采购规模相适应的技术、预算、财务和项目管理人员。
- 有对投标企业进行资格评审的能力。

开展国际竞争性招标,必须委托具有资格的招标公司或具有招标能力的外贸公司代理招标。

(2) 编制招标文件和标底。

招标文件的内容。招标文件是标明招标项目采购数量、规格、要求和招投标双方责权利关系的书面文件。

项目招标,首先要有一份内容明确、考虑细致周密、兼顾招标投标双方权益的招标文件。招标文件的作用:首先,招标文件是向投标人提供招标信息,以指引承包人根据招标文件提供的资料,进行投标分析与决策;其次,招标文件又是承包商投标和项目组织评标的依据;第三,招标、投标完成后,招标文件是项目组织和承包商签订合同的主要组成部分。基于此,各国对招标文件的编制都比较重视。

招标文件的内容和篇幅大小,与项目的规模和类型有关,一般货物采购的招标文件要简单些,工程建设招标的内容要复杂些,特别是一些大型项目,其招标文件的篇幅可能长达数千页,内容全面,且要求前后连贯。不同项目的招标文件,内容虽有繁简详略,但每个招标文件,一般包括以下几个部分:
- 招标邀请书,投标人须知。
- 合同的通用条款、专用条款。
- 项目组织对货物与服务方面的要求一览(表格式)、技术规格(规范)、图纸。
- 投标书格式、资格审查需要的报表、采购类目量清单、报价一览表、规格的响应表、投标保证金格式及其他补充资料表。
- 双方签署的协议书格式、履约保证金格式、动员预付款保函格式等。

编制标底。标底又称底价,是招标人对招标项目所需费用的自我测算的期望值,它是评定投标价的合理性、可行性的重要依据,也是衡量招投标活动经济效果的依据。标底应具有合理性、公正性、真实性和可行性。

影响标底的因素很多,在编制时要充分考虑投资项目的规模大小、技术难易、市场条件、时间要求、价格差异、质量等级要求等因素,从全局出发,兼顾国家、项目组织和投标单位三者的利益。标底的构成包括三部分:项目采购成本、投标者合理利润、风险系数。

标底直接关系到招标人的经济利益和投标者的中标率,应在合同签订前严加保密。如有泄密情况,应对责任者严肃处理,直到追究其法律责任。

(3) 发布招标公告。招标文件编制好后,即可根据既定的招标方式,在主要报刊上刊登招标公告或发出投标邀请通知。

招标公告和投标邀请通知的主要内容：项目采购类目、项目资金来源、招标内容和数量、投标人资格要求、时间要求、发放招标文件的日期和地点、招标文件的价格、投标地点、投标截止日期（必须具体到年、月、日、时）和开标时间（一般与投标截止日只相差1~24小时）、招标单位的地址、电话、邮编、电子邮箱。

（4）投标者资格预审。资格预审是对申请投标的单位进行事先的资质审查。合格者方可发放招标文件，这样可以确保招投标活动按预期要求进行，投标者都是有实力、有信誉的法人，通过预审筛选一部分不合格者，也可减少开标、评标工作量。

资格预审的主要内容有：投标者的法人地位、资产财务状况、人员素质，各类技术力量及技术装备状况、企业信誉和业绩等。

（5）文件答疑。标前会议是采购者给所有投标者提供的一次质疑机会。投标人应消化招标文件中提到的各类问题，整理成书面文件，寄往招标单位指定地点要求答复，或在答疑会上要求澄清。采购者在回答问题的同时，展示项目设计的有关资料，供投标单位参考。答疑会上提出的问题和解答的概要情况，应记录并作为招标文件的组成部分发给所有投标人。

（6）开标、询标与评标。开标是在招标公告事先确定的时间、地点，召集评标委员会全体成员、所有投标方代表和有关人士，在公证人员监督下，将密封的投标文件当众启封，公开宣读投标单位名称、投标项目、报价等，并一一记录在案，由招标方法定代表签字认可。

投标文件启封后顺序按递送投标文件的先后次序，顺次逐个进行。项目采购与分包开标程序很短，结束后即转入内部评审阶段。由招标工作班子和评标委员会对投标文件进行详细审阅、鉴别。首先进行初步审查，其内容包括：投标文件是否符合招标文件的要求；应该提交的技术资料、证明文件是否齐全；报价的计算是否正确；全部文件是否按规定签名盖章；有否提出招标人无法接受的附加条件；其他需要询问质疑的问题。

经过初步审查，对不符合招标文件的投标文件，按废标处理，对基本符合要求尚需投标者给予澄清的问题，招标工作班子应认真地整理出来，通知投标方进行书面回答，或当面会谈，进行询标质疑，相当于对投标文件进行答辩，国际上称作投标"澄清会议"。在询标过程中，招标人的质疑、投标方的澄清，均应作书面记录，经双方法定代表人签字后成为招标、投标文件的补充条款。

评标是一件复杂而又重要的工作，评标委员会应该坚持公正态度，按预先确定的评标原则，一视同仁地对待每份合格的投标文件，从技术、交货时间、管理、服务、商务、法律等方面进行分析、评价。对每份投标文件都要写出书面分析资料和评价意见，拟写评价对比表和分析报告，选出2~3家预中标者的建议，供决标参考。

（7）决标、授标与签约。国际上公开招标通用的决标办法是，只要投标文件是符合要求的，就选择评标价最低者中标。然而，单以报价定标会导致许多风险和后患，影响项目的顺利实施，我国颁布的招投标工作条例中均规定要选出报价低而又合理的投标者中标。

评标委员会在听取招标工作班子口头汇报和分析初审时的评价对比表、分析报告的基础上，获取各种决标依据，评出一个技术合适、标价合理、服务优惠、质量和进度都有保证的最佳投标者为中标人。同时选定第二、第三位中标者作后补，以防第一中标人发生变故，依次顶替。

投标者须知中通常还有一条规定，即下列情况允许招标人拒绝全部投标：投标者少于三家，无竞争性；所有投标文件均未按招标文件要求编制；所有报价均大大偏离标底（一般±20%）。如果发现招标方出于私利，故意拒标，也应追究其经济责任。

评标必须在投标文件有效期内结束，一般规定从开标到确定中标单位间隔时间不超过30天，如因故不能在预期时间内完成，需征得各投标者的同意。

授标与签约。投标人向中标人发出书面"中标通知书"叫授标。招标单位应在评标委员会确定中标单位后2日内发出中标通知书，并在发出通知书之日起15日内与中标单位签订合同。合同价等于中标价。中标人如逾期或拒签合同，招标人有权没收其投标保证金，以补偿自己的损失。同时，通知第二中标项目管理人前来签约。

对未中标的单位，由招标单位通知其退回招标文件及有关资料，并退还其预缴的保证金，另外付给一定金额（300~1000元）的标书编制补偿费。标书编制补偿费在招标单位管理费中列支。如因招标单位的责任未能如期签约的，招标单位应双倍返还保证金，并保留中标单位的中标权。

招标项目的合同文本中应包括招标文件、投标文件、双方签字的开标记录、询标记录、来往函电资料。合同经双方法定代表签字、单位盖章后生效。至此招标工作结束，进入履约实施阶段。

在招标谈判之后，招标人一般应进行工作总结。首先是关于整个工作的全面总结；其次是向那些未中标者公平解释其失败的原因，有些投标失败者甚至会提出关于投标的抗议书，因此招标者需要准备一份书面报告来回答他们的问题。

第四节　项目合同管理

在项目所需资源和劳务的采购合同签订之后，项目采购管理工作就进入了项目合同履约管理的阶段。合同管理是保证承包商的实际工作满足合同要求的过程。在有多个承包商的大项目上，合同管理的一个重要方面就是管理各种承包商之间的关系。合同关系的法律性质要求项目管理班子必须十分清醒地意识到管理合同时所采取的各种行动的法律后果。

一、合同的组成文件

合同文件通常包括六个基本部分:

（1）总标单。即投标（按项目组织招标规定的统一格式，写给招标委员会的投标总体认可）书。

（2）协议书。通常很简短，只要求双方签字，承包商要按照合同、图纸、说明书进行工作并承担责任。

（3）合同的一般条件和标准规范。合同的一般条件、标准规范，是所有产品都要遵守的，特殊规范是标准规范的补充，可由工程师来指定引用。

（4）特殊条件。它是为货物或服务特殊需要所做的规定。

（5）采购项目类目。

（6）附录。它包括前述部分的补充、更改或修正。

二、项目合同的履行与违约责任

（一）项目合同的履行

项目合同的履行，是双方当事人根据项目合同的规定在适当的时间、地点，以适当的方法全面完成自己所承担的义务。

严格履行合同是双方当事人的义务，因此，合同当事人必须共同按计划履行合同，实现合同所要达到的各类预定的目标。

项目合同的履行有实际履行和适当履行两种形式。

（1）项目合同的实际履行，即要求按照合同规定的标的来履行。实际履行，已经成为我国合同法规的一个基本原则。采用该原则对项目合同的履行具有十分重大的意义。由于项目合同的标的物大都为指定物，因此不得以支付违约金或赔偿损失来免除一方当事人继续履行合同规定的义务。如果允许合同当事人的一方可用货币代偿合同中规定的义务，那么合同当事人的另一方可能在经济上蒙受更大的损失或无法计算的间接损失。此外，即使当事人一方在经济上损失得到一部分补偿，但是对于预定的项目目标或任务，甚至国家计划的完成，某些涉及国计民生、社会公益项目不能得到实现，实际上会有更大的损失。所以，实际履行的正确含义只能是按照项目合同规定的标的履行。

当然，在贯彻以上原则时，还应从实际出发。在某些情况下，过于强调实际履行，不仅在客观上不可能，而且还会给对方和社会利益造成更大的损失。这样，应当允许用支付违约金和赔偿损失的办法，代替合同的履行。

（2）项目合同的适当履行，即当事人按照法律和项目合同规定的标的按质、按量地履行。义务人不得以次充好，以假乱真，否则，权利人有权拒绝接受。所以，在签订合同时必须对标的物的规格、数量、质量作具体规定，以便义务人按规定履行，权利人按规定验收，这对于提高产品质量、促进社会生产是十分重要的。

合同履行的期限，是指义务人向权利人履行义务的时间。双方当事人应当在合同中明确规定年月日，不能明确规定的，也必须注明某年某季或某年上半年、下半年。

明确规定合同履行地点，也是十分重要的。合同履行的方法，应当符合权利人的利益，同时也应当有利于义务人的履行。

（二）违约责任

违反合同必须负赔偿责任，这是我国合同法规中规定的一项重要的法律制度。合同关系是一种法律关系，合同依法成立之时，就具有了法律的约束力。因此，当一方不履行项目合同时，另一方有权请求他方履行合同，并支付违约金或者赔偿损失。支付违约金或者赔偿损失，是对不履行合同的一方的一种法律制裁。对于一方当事人不履行合同，当事人的另一方可向仲裁机关和人民法院提出申请和起诉，要求在必要时采取强制措施，强制其履行合同和赔偿损失。

追究不履行合同的行为，须具备以下条件：

（1）要有不履行合同的行为。当事人一方不履行或不适当履行都是一种不履行合同的行为。

（2）要有不履行合同的过错。过错是指不履行合同一方的主观心理状态，包括故意和过失是承担法律责任的一个必要条件。法律只对故意和过失给予制裁，因此，故意和过失是行为人承担法律责任的主观条件。根据过错原则，违反合同的不论是谁，合同的一方当事人也好，合同双方当事人也好，或者合同以外的第三方都必须承担赔偿责任。

（3）要有不履行合同造成损失的事实。不履行或不适当履行合同必然会给对方造成一定的经济损失。一般来说，经济损失包括直接损失和间接损失两部分。通常情况下，是通过支付违约金赔偿直接损失，而间接损失在实际经济生活中很难计算，多不采用。但是，法律、法令另有规定或当事人另有约定的除外。

如前所述，法律只要求行为人对其故意和过失行为造成不履行合同负赔偿责任。而对于无法预知或防止的事故致使合同不能履行时，则不能要求合同当事人承担责任。所以在下列情况下，可以免除不履行合同当事人的赔偿责任。

（1）合同方不履行或不适当履行，是由于当事人无法预知或防止的事故所造成时，可免除赔偿责任。这种事由在法律上称为不可抗力，即个人（或法人）无法抗拒的力量。

（2）法律规定和合同约定有免责条件，当发生这些条件时，可不承担责任。

（3）由于一方的故意和过失造成不能履行合同，另一方不仅可以免除责任，而且还有权要求赔偿损失。

三、项目合同的变更、解除与终止

（一）合同变更的特征

合同的变更通常是指由于一定的法律事实而改变合同的内容和标的的法律行为。它的特征：一是合同当事人必须协商一致；二是改变合同的内容和标的，一般是修改合同的条款；三是其法律后果应是产生新的债权和债务关系。

（二）合同解除的特征

合同的解除是指消灭既存的合同效力的法律行为。其主要特征：一是合同当事人必须协商一致；二是合同当事人应负恢复原状之义务；三是其法律后果是消灭原合同的效力。

合同的变更和解除，属于两种法律行为，但也有其共同之处，即都是经合同当事人双方协商一致，改变原合同法律关系。所不同的是，前者产生新的法律关系，后者是消灭原合同关系，并不再建立新的法律关系。

（三）合同变更或解除的条件

根据我国现行法律、有关的合同法规以及经济生活与司法实践来看，凡发生下列情况之一者，允许变更和解除项目合同：

(1) 当事人双方经协商同意，并且不因此损害国家利益和社会公共利益。
(2) 由于不可抗力致使项目合同的全部义务不能履行。
(3) 由于另一方在合同约定的期限内没有履行合同，且在被允许推迟履行的合理期限内仍未履行。
(4) 由于一方违反合同，以致严重影响订立项目合同时所期望实现的目的或致使项目合同的履行成为不必要。
(5) 项目合同约定的解除合同的条件已经出现。

当事人一方要求变更、解除项目合同时，应及时通知对方。因变更或解除项目合同使一方遭受损失的，除依法可以免除责任之外，应由责任方负责赔偿。当事人一方发生合并、分立时，由变更后的当事人承担或者分别承担项目合同的义务和享受相应的权利。

（四）项目合同变更或解除的程序

按照我国目前的有关法规和司法实践，项目合同变更和解除的程序一般是：第一，属于符合项目合同变更或解除条件 (2)、(3)、(4) 项规定情况的，当事人一方有权通知另一方解除项目采购与分包项目合同；第二，变更或解除项目合同的通知或协议，应当采取书面形式（包括文书、电报等）。除由于不可抗力致使项目合同的全部义务不能履行，或者由于另一方违反合同以致严重影响订立合同所期望实现的目的的情况以外，协议未达成之前，原项目合同仍然有效。

（五）项目合同的终止

当事人双方依照项目合同的规定，履行其全部义务后，合同即行终止。合同签订以后，因一方的法律事实的出现而终止合同关系，为合同的终止。合同签订以后，是不允许随意终止的。根据我国的现行法律和有关司法实践，合同的法律关系可由下列原因而终止。

（1）合同因履行而终止。合同的履行，就意味着合同规定的义务已经完成，权利已经实现，因而合同的法律关系自行消灭。所以，履行是实现合同、终止合同的法律关系的最基本的方法，也是合同终止的最通常原因。

（2）当事人双方混同为一人而终止。法律上对权利人和义务人合为一人的现象，称为混同。既然发生合同当事人合并为一人的情况，那么原有的合同已无履行的必要，因而自行终止。

（3）合同因不可抗力的原因而终止。合同不是由于当事人的过错而是由于不可抗力的原因致使合同义务不能履行的，应当终止合同。

（4）合同因当事人协商同意而终止。当事人双方通过协议而解除或者免除义务人的义务，也是合同终止的方法之一。

（5）仲裁机构裁决或者法院判决终止合同。

四、项目合同纠纷的处置

基于项目合同的特有属性，发生合同纠纷是比较正常和常见的。如何处置合同纠纷对双方当事人都极为重要，处置合同纠纷的主要方式有：协商解决、调解解决、仲裁解决和诉讼解决。

（一）协商解决

协商解决，也称友好协商，是指双方当事人进行磋商，为了促进双方的关系与相互谅解，为了今后双方经济往来的继续与发展，相互都怀有诚意地作出一些有利于纠纷实际解决的让步，并在彼此都认为可以接受、继续合作的基础上达成和解协议。

目前，许多不同类型的合同中有关纠纷解决条款大都写明了类似"凡由于在执行合同所引起的或与合同有关的一切争议，双方当事人应通过友好协商解决"。在通常情况下，双方当事人遇有纠纷，一般都愿意先进行协商，宁愿做出一些让步，以换取合同的正常履行。特别是在项目合同的执行中，表现尤为突出。例如，某承包方在执行一个项目合同中由于项目业主的过错遭受到一定程度的损失，通过协商，业主允诺将另一项目也由该承包方承包，这样承包方也不再追究项目业主的有关责任了。

协商解决的优点在于，无须经过仲裁或司法程序，省去仲裁和诉讼的麻烦和费用，气氛比较友好，而且双方协商的灵活性较大，更重要的是协商解决给双方留下很大的余地。

当然，在协商解决中，让步是有原则的让步。在通常情况下，仅靠友好协商的这种良好愿望是远远不够的，以下情况就必须通过调解、仲裁或诉讼来解决：如果争议所涉及的金额较大，双方都不肯或不可能作太大的让步；或者一方故意毁约，没有协商的诚意；或者经过反复协商，双方各执一端，相持不下，无法达成一致的协议，等等。

（二）调解解决

调解是由第三者从中调停，促使双方当事人和解。调解可以在交付仲裁和诉讼前进行，也可以在仲裁和诉讼过程中进行。通过调解达成和解后，即可不再求助于仲裁或诉讼。

重视通过调解来解决各种纠纷，是我国民事诉讼中的一个重要原则。实践证明，许多纠纷，经过第三者的调解是可以得到解决的。调解的过程，是查清事实、分清是非的过程，也是协调双方关系、更好地履行合同的过程。

（三）仲裁解决

仲裁解决也称"公断"，是指双方当事人根据双方达成的书面协议自愿把争议提交双方同意的第三者进行裁决，由其依照一定的程序做出裁决。裁决对双方都有约束力。仲裁分为国内仲裁和涉外仲裁。

目前，我国国内的仲裁机构为国家工商行政管理局和地方各级工商行政管理局设立的经济合同仲裁委员会，以及根据《技术合同仲裁机构管理暂行规定》成立的各技术合同仲裁机构；涉外的仲裁机构有中国国际贸易促进委员会国际贸易仲裁委员会、中国国际贸易促进委员会海事仲裁委员会。

国际贸易仲裁机构有临时机构和常设机构两种。临时仲裁机构是为了解决特定的争议而组成的仲裁庭。争议处理完毕，临时仲裁庭即告解散。常设仲裁机构又可分为两种。一种是国际性和全国性的特设机构。国际性的如国际商会仲裁院，全国性的如英国伦敦仲裁院、英国仲裁协会、美国仲裁协会、瑞典斯德哥尔摩商会仲裁院、瑞士苏黎世商会仲裁院、日本国际商事仲裁协会等。我国的中国国际贸易仲裁委员会也属于全国性的常设仲裁机构。另一种是附设在特定的行业组织之内的专业性仲裁机构，如伦敦谷物商业协会等。常设仲裁机构有负责组织和管理有关事项的人员，为仲裁提供方便。因此在仲裁条款中通常都选用适当的常设机构。

根据我国法律和有关仲裁规则，合同发生纠纷时，当事人可以依据合同中的仲裁条款或者事后达成的书面仲裁协议，向仲裁机构申请仲裁。

仲裁做出裁决后，由仲裁机构制作仲裁裁决书。对仲裁机构的仲裁裁决，当事人应当履行。当事人一方在规定的期限内不履行仲裁机构的仲裁裁决，另一方可以申请法院强制执行。

（四）诉讼解决

诉讼解决是指司法机关和案件当事人在其他诉讼参与人的配合下为解决案件依法定诉讼程序所进行的全部活动。基于所要解决的案件的不同性质，可以分为民事诉讼、刑事诉讼和行政诉讼。而在项目合同中一般只包括广义上的民事诉讼（即民事诉讼和经济诉讼）。

项目合同当事人因合同纠纷而提起的诉讼一般由各级法院的经济审判庭受理并判决。根据某些合同的特殊情况，还必须由专业法院进行审理，如铁路运输法院、水上运输法院、森林法院以及海事法院等。

当事人在提起诉讼以前应该充分做好准备，收集有关对方违约的各类证据，进行必要的取证工作，整理双方往来的所有财务凭证、信函、电报等；同时，向律师咨询或聘请律师处理案件。

当事人在采取诉讼前，应注意诉讼管辖地和诉讼时效问题。

[章后案例]

我国近代项目招标与投标的发展[①]

随着租界的建立，西方建筑技术、专业人员（建筑师、营造厂）的进入，项目招标承包模式也随之引入我国。

招标投标模式是1864年由西方营造厂在中国建造法国的领事馆时首次引进的，当时人们还不适应。直到1891年江海关二期工程招标时，竟然"无敢应者"，只有杨斯盛营造厂一家投标。但到了1903年的德华银行、1904年的爱俪园、1906年的德国总会和汇中饭店、1916年的天祥洋行大楼等，都由本地营造厂中标承建。而在20世纪20~30年代，上海建成的33幢10层以上建筑的主体结构全部由中国营造商承包建造。

到了20世纪初，项目招标投标程序已十分完备。其招标公告、招标文件、合同条款的内容，标前会议、澄清会议、评标方式（商务标和技术标的评审）、合同签订、投标保证金、履约保证金等与现代项目相同或相似。到20世纪30年代，建筑工程项目合同条款已相当完善，与现代工程项目承包合同差异很小。

南京中山陵是我国近代伟大政治家、革命先驱者孙中山先生的陵墓及其附属建筑群。1925年，中山陵第一期工程招标中，建筑师吕彦直希望由一个资金雄厚、施工经验丰富的营造厂承建，他认为当时上海几家大营造厂中，只有姚新记营造厂最为理想。原定投标截

---

① 胡鹏，郭庆军. 工程项目管理 [M]. 北京：北京理工大学出版社，2017.

止时间为 1925 年 12 月 5 日，但直到 12 月 10 日还不见姚新记前来投标。因此他一面要求丧事筹委会将招标期限延长 4 天，一面告知姚新记招标延期，要求姚新记"只要在本月 19 日上午 12：00 前把投标书送来即可"。招标结束，共 7 家营造厂投标，姚新记的报价为 48.3 万两白银，高居第二位。吕彦直在出席第 16 次丧事筹委会会议时，详细介绍了各营造厂的资本、履历等情况，并提出了自己的看法，丧事筹委会同意了他的意见，并决定由他出面与姚新记营造厂厂主姚锡舟协商，说服姚新记降低报价至 40 万两白银。几经协商，最终姚新记营造厂以 44.3 万两白银的价格承包。

本章小结

项目采购管理贯穿于项目实施的全过程。有效的项目采购管理一般经历项目采购计划编制、选择采购方式、供应商选择、合同管理等过程。项目采购计划是项目采购管理第一位的和最重要的工作。在项目采购计划编制完成后，项目采购管理工作就进入项目采购计划的实施阶段了。这个阶段具体涵盖两个方面的工作：一是项目资源采购中的询价、报价、发盘、还盘、承诺、签约和履约管理等工作；二是项目劳务采购中的招标、投标、中标、签约和履约管理等工作。在项目所需资源和劳务的采购合同签订之后，项目采购管理工作就进入了项目合同履约管理的阶段。合同管理是保证承包商的实际工作满足合同要求的过程。合同关系的法律性质要求项目管理班子必须十分清醒地意识到管理合同时所采取的各种行动的法律后果。

复习思考题

一、单项选择题

1. 项目的合同管理包括众多的方面，以下（　　）不是合同管理的内容。
   A. 合同终止　　　　　B. 合同履行　　　　　C. 合同奖励　　　　　D. 合同变更及解除
2. 询价过程最终的结果是收到建议书或（　　）。
   A. 投标书　　　　　　B. 合同　　　　　　　C. 表单　　　　　　　D. 招标书
3. 项目的采购管理过程首先是（　　），然后要按计划开展工作。
   A. 投标　　　　　　　B. 编制项目采购计划　C. 询价　　　　　　　D. 招标
4. （　　）是保证承包商的实际工作满足合同要求的过程。
   A. 合同管理　　　　　B. 采购管理　　　　　C. 质量管理　　　　　D. 成本管理

二、多项选择题

1. 项目采购计划的编制内容包括（　　）。
   A. 项目的范围信息　　　　　　　　　　　　B. 项目产出物的信息
   C. 项目资源需求信息　　　　　　　　　　　D. 项目资源计划
2. 招标投标的活动一般分为（　　）四个阶段。
   A. 招标准备阶段　　　　　　　　　　　　　B. 投标准备阶段

C. 开标评标阶段　　　　　　　　D. 决标签约阶段

3. （　　）属于合同的解除的主要特征。

A. 合同当事人必须协商一致　　　　B. 合同当事人应负恢复原状之义务
C. 其法律后果是消灭原合同的效力　D. 当事人一方不再履行合同

4. 合同文件通常包括（　　）、采购项目类目、附录等六个基本部分。

A. 总标单　　　　　　　　　　　　B. 协议书
C. 合同的一般条件和标准规范　　　D. 特殊条件

三、简答题

1. 项目采购管理的主要过程是什么？
2. 什么是招标？一般有哪几种类型？
3. 项目所需资源的采购主要包括哪几个阶段？
4. 项目合同的履行主要有哪两种形式？

第十一章 项目沟通与冲突管理

项目沟通与冲突管理是项目成功的关键因素。沟通具有普遍性,沟通管理有利于项目信息在项目利益相关者之间通过沟通渠道进行传递交流,使得项目的目标、进度、质量、成本、风险以及绩效信息达成共享,保证项目生命周期内各项工作顺利开展和实施。冲突管理是为了解决项目利益相关者利益和需求的差异,冲突是客观存在和不可避免的,需要正确地认识冲突和厘清冲突的类型和性质,采用积极的冲突解决模式,将冲突的危害降到最低,形成有益的项目文化氛围,以保证项目正常推进,并实现项目预期目标。

[学习目标]

- 了解沟通的内涵及模型
- 理解沟通的方式和渠道
- 理解项目沟通的过程及工具与方法
- 掌握项目沟通的有效方式
- 掌握项目沟通管理的过程
- 了解冲突的内涵与项目冲突类型
- 掌握项目生命周期的冲突分布
- 掌握项目冲突的解决模式

[案例导入]

沟通障碍——项目经理的困惑[①]

刘先生曾负责了一个航空领域的大型数据仓库开发项目,在此项目一期的时候,各类问题层出不穷,项目组疲于应付,四处救火。

在项目中,刘先生与各项目干系人没有建立有效的联系,根本无法让他们了解项目进展情况。甚至连项目开发人员自身对项目整体情况也没有清楚认识,都是只负责自己那一部分,对其他工作不闻不问,一直到项目结束时才能准确地知道项目产品情况。整个开发过程完全是一个黑盒模式,项目组成员无法把握准确进度,无法保证项目质量。到了项目

---

① 殷焕武,周中华. 项目管理 [M]. 北京:机械工业出版社,2010.

后期，项目组才发现销售模块开发进度过慢，不得不加班加点，仓促交工，项目质量连自己都不放心，大量的 BUG 遗留在这部分，产生许多隐患，维护的工作量甚至超过了开发，导致系统维护成本过大，客户抱怨颇多，维护人员更是怨声载道。在项目交工时，客户提出运输模块提供的信息无法满足制作报表的要求，并抱怨这个变更早就通知过项目组，可刘先生作为项目经理却全然不知，结果是来回扯皮。开发人员在设计对内开账模块时描述了实现方式，但为了节省时间，只是粗粗地写了设计方案就去编码。等编码结束时，发现和刘先生原来所理解的出入甚大，只得推翻重来，不但工作量增加了，而且成本超支严重。

在此项目二期时，项目组开始加强对需求、计划的管理，采用了配置管理工具 VSS 来管理文档，情况才逐步好转，但前期仍然出现了不少问题，不少项目成员对文档敷衍了事，认为只是走过场而已。

刘先生所遇到的情况绝非偶然，项目管理过程中的这些问题可能会让很多项目经理一筹莫展。但只要稍加分析，我们便会深切意识到问题不在于计划、控制方面，而是在沟通方面出了问题。刘先生的项目组在运行过程中缺乏项目组各个层面间进行有效沟通的渠道，以及保证项目团队内部信息准确、及时、畅通传递的机制，而加强沟通管理是实施成功项目管理的必由之路。

第一节 项目沟通管理概述

项目实施过程中，既存在项目团队成员内部的交流与接触，也存在与外部利益相关者的各种联系，因此很有必要进行项目沟通管理。项目沟通是项目成功的关键因素，只有保证项目干系人之间及时、准确地进行项目信息沟通，才能够使项目团队正确地理解项目的目标和行动方向，使得项目顺利推进和取得较好的项目绩效。

一、沟通的基本内涵

（一）沟通的含义

沟通无处不在，无时不在。任何单位和组织都离不开沟通，沟通就是信息主体与客体之间的信息交流，主体将信息通过一定的信息传递渠道传递给客体，并从客体获得信息反馈的过程。沟通的含义丰富而复杂，根据管理工作的属性，沟通的含义如下：沟通是凭借一定的符号载体，设定未来的目标，把信息、思想和情感在个人或群体间进行传递的过程。图 11-1 展现了沟通的最基本原理。一般而言，沟通的过程包括信息源、发送方、编码、媒介、接收方、解码、噪声、反馈等要素。信息源是沟通的起点，经过信息发送方搜集加工后进入沟通渠道；发送方是将信息传递出去的主体；编码是将信息以相应的语言、文字、图像或其他形式表示的过程；媒介是发送方将信息传递给接收方时采用的渠道方式；接收方是信息接收的客体；解码是接收方对于接收信息的理解过程；噪声指的是信息传递过程中的一切干扰因素；反馈是信息接收方对于接收信息的反应。一般情况下，我们也可以这样理解：沟通是人与人之间进行的，采用语言、文字、身体语言、符号、影音资料等形成的信息进行交流，使彼此间能知道并理解其意图的过程。

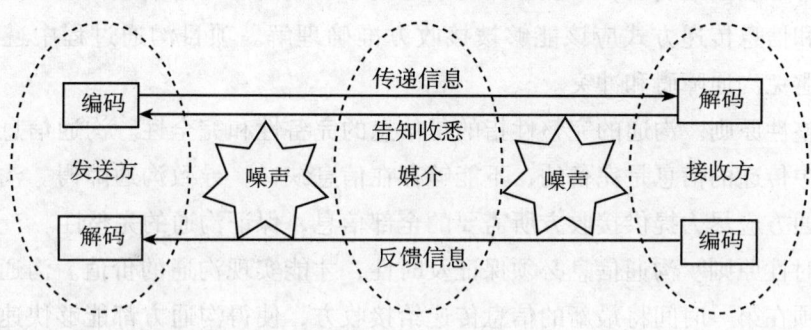

图 11-1　沟通的含义

（二）沟通的特征

由沟通的含义知，沟通的过程较为复杂。与管理工作的其他内容相比较而言，沟通具有以下特征。

一是沟通的普遍性。共享经济时代，任何一个项目都不可能由某个人单独完成，都需要项目团队共同努力完成。只要存在项目团队，就存在沟通行为。沟通普遍存在于项目管理过程中，并且贯穿项目始终。

二是沟通范围广。每一个项目从启动阶段开始就存在沟通，并且沟通的范围涉及的项目利益相关者较广，包括项目经理与项目委托方、高层管理者、公司职能部门、承包商等众多组织与个人的沟通，不仅仅是项目团队内部成员之间的沟通，还有项目团队与外部众多利益相关者的沟通。

三是沟通内容多。沟通贯穿项目实施的全过程中，沟通的信息较多，包括了项目启动阶段、项目计划阶段、项目实施阶段、项目结尾阶段的各类信息。以项目经理为中心，项目不同阶段的各类沟通内容形成一个庞大的信息数据库。

四是沟通层次复杂。项目沟通既包括对上级组织、下级组织的纵向沟通，也包括对同级部门、平行团体的横向沟通，沟通层次较为复杂。沟通层次的复杂性还表现为项目的各种利益相关者对沟通信息的需求不同，沟通的过程中要针对不同的利益相关者进行信息类选后，再进行沟通。

(三) 沟通的原则

项目沟通需要准确地传递各类信息，并能够使得项目顺利推进，形成高效率的有效沟通。沟通需要遵循以下原则：

一是准确性原则。沟通过程中要遵循准确性原则，有两层含义。第一是信息发送方传递的信息本身必须是准确的，不能够出现似是而非、模棱两可的信息；第二是沟通中使用的信息编码和信息传递方式应该能够被接收方准确理解。项目沟通过程中遵循准确性原则，也可以避免沟通障碍和冲突。

二是完整性原则。沟通的完整性指的是信息的完备性和完全性。沟通信息的完备性要求沟通过程中传递的信息是完备的，不能够存在信息缺口，导致沟通障碍。沟通信息的完全性要求沟通方应尽力提供接收方所需要的全部信息，保证沟通的完整性。

三是及时性原则。沟通信息必须保证及时性，才能实现沟通的价值。沟通过程中，信息发送方必须在第一时间将最新的信息传递给接收方，使得沟通方都能够快速掌握各种信息，并及时提出反馈意见。项目沟通中及时性原则是实现完整性原则的保障，如果不及时传递相关信息，再完整的信息也会有失价值。

四是非正式组织沟通的原则。非正式组织沟通是相对于正式组织沟通而言的，当沟通方用正式组织的沟通渠道和方式不能够实现沟通的效果时，可以通过非正式组织沟通渠道展开沟通，非正式组织沟通实质上是正式组织沟通的有益补充。遵循非正式组织沟通的原则，意味着沟通过程中不宜通过正式组织的沟通渠道来传递信息时，可以选择非正式组织的沟通渠道，以服务沟通的目标。

二、项目沟通

(一) 项目沟通的内涵

对于项目来说，要科学高效地组织、指挥、协调和控制项目的实施过程，就必须进行有效沟通。项目组织内部，沟通包括正式组织沟通和非正式组织沟通，是一个包含了纵向沟通和横向沟通的信息传递过程。

美国项目管理协会（PMI）的《项目管理知识体系指南》中，把沟通管理定义为："包括保证及时与恰当地生成、搜集、传播、存储、检索和最终处置项目信息所需的过程。它在人员与信息之间提供取得成功所必需的关键联系。"

项目沟通基本上是围绕着项目经理展开的，项目经理就是各类信息的接收方和发送方，项目经理大多数时间都用在与项目团队成员和其他项目利益相关者的沟通上。

（二）项目沟通的作用和特征

1. 项目沟通的作用

项目沟通发生在项目各利益相关者之间，涉及项目团队、客户、高层管理层、承包商等主体，有效和畅通的沟通才可以保证项目顺利实施，并取得较高的项目绩效。所以，项目沟通有着非常重要的作用。

项目沟通是项目决策和计划的基础。项目决策和计划都是一个复杂的过程，需要综合考虑各种影响因素，决策和计划的制定必须以各种充分、准确、及时、完整的信息获得为依据。而这些信息的获得离不开项目团队内部成员之间、项目各利益相关者之间的信息沟通。

项目沟通是组织和控制管理过程的依据和手段。项目沟通也包括项目团队中的领导之间的沟通，没有有效的项目沟通，项目的开展和实施就很难实现，就没有办法较好地组织和控制项目过程。只有通过良好的信息沟通，掌握项目团队内的分工和职责，才可能为科学管理提供依据，并且可以提高项目领导的组织、控制职能。

项目沟通是建立和改善人际关系的必不可少的条件。人与人之间的交往，许多冲突、挫折、低效率很大程度上都是由于沟通不畅引起的。项目沟通如果可以准确、完整、及时地传递各种信息，可以减少项目成员之间的冲突，改善人与人、组织团队之间的关系，并能提高工作效率和效果。

项目沟通可以成为项目经理成功领导的重要手段。项目经理通过各种渠道将决策、计划、组织、控制传递给下级人员并使下级人员理解和执行。如果沟通不畅，下级人员就会错误地理解和执行领导的意图，项目就不能够按照原定计划执行，最终导致项目失败。

2. 项目沟通的特征

项目具有独特性和一次性，涉及的利益相关者较多，沟通的信息量大、范围广、内容多、层次复杂。项目沟通具有两大特征。一是项目沟通的复杂性。项目具有临时性特征，每一个项目的建立都与大量的公司、企业本身的其他部门、项目委托方、政府机构等密切相关，并且都会成立专门的项目团队执行和实施项目，项目沟通管理必须协调以上各方之间的关系，以确保项目顺利实施。二是项目沟通的系统性。任何一个项目都会涉及较多的利益相关者，需要整体上全局考虑问题。这就决定了项目沟通应从整体利益出发，运用系统的思想和分析方法，全过程、全生命周期、全方位地进行有效沟通。

（三）项目沟通的内容

项目沟通的内容是指项目利益相关者的沟通需求是什么，包括需要什么样的信息、什么人、什么时间、什么方式、什么渠道等内容。虽然利益相关者对项目信息都有需求，但是对信息的具体需求和发布方式却存在差异。项目经理需要规划好项目沟通的内容，如有关信息应发布给谁、发布的频率、发布的时间、发布的方法、由谁发布等，并确保项目信息畅通并得到有效的使用、传播、收集、存储等。

项目沟通内容取决于利益相关者对信息的需求情况，本节内容重点介绍四种关键人员对信息的需求。

首先是项目经理需要的沟通内容。项目经理需要的沟通信息包括项目经理的职责和权限；项目目标及制约因素，如进度、成本、质量等；人、财、物的落实到位情况；客户的具体准确需求等。

其次是客户需要的沟通内容。主要涉及项目建议书、项目整体计划（项目进度、项目成本、项目质量）、项目主要执行团队情况（如项目人力资源配置）、项目存在风险等信息。

再其次是项目管理层需要的沟通内容。项目管理层重点关系项目的收益情况、项目推进计划。具体包括项目的投入成本、项目时间周期、项目的收益预算，以及项目的计划时间节点和应急计划等。

最后是项目团队成员需要的沟通内容。项目团队是项目实施的关键力量，他们需要的沟通内容包括：明确项目目标及制约因素；项目的交付要求及衡量指标；项目内部的流程、进度和时间要求；项目应遵循的工作条例、标准、流程和程序等内容。

三、项目沟通的过程

（一）项目沟通模型

沟通的基本模型就是发送方、媒介、接收方之间的信息交流，将信息源进行编码、解码的过程，沟通的效果会受到噪声、反馈的影响。项目沟通主要是以项目经理为核心，与各项目干系人之间的沟通。项目沟通模型如图11-2所示。

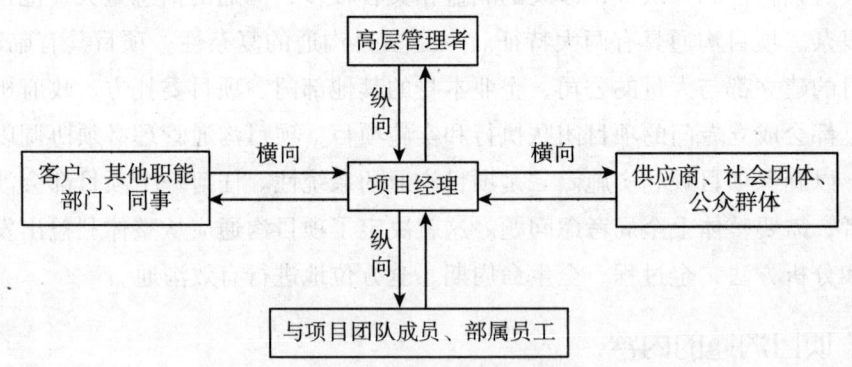

图11-2 项目沟通模型

资料来源：殷焕武，周中华. 项目管理 [M]. 北京：机械工业出版社，2010.

项目沟通的中心人物是项目经理，项目经理需要与高层管理者、项目团队成员及部属员工进行纵向沟通，并与客户、其他职能部门、同事以及供应商、社会团体和公众群体进行横向沟通。

(二) 项目沟通的过程

项目沟通过程同一般的沟通行为的过程相似。首先必须存在要被传递的信息,然后信息发送者将信息转化为接收者可以理解的信号形式(如语言、文字、图片、符号、代码、肢体动作等),通常称之为"编码",并通过书信、广播、备忘录等媒介(也称"渠道"),最终传递给接收者。接收者接到信息之后,再将收到的信号"解码",并将自身的理解和反应传递给信息发送者,从而结束一个沟通过程,实现信息传递。与一般意义上的沟通过程相同,项目沟通过程中也存在干扰信息,这些干扰信息会影响发送方和接收方对信息的编码和解码。项目沟通的过程如图11-3所示。

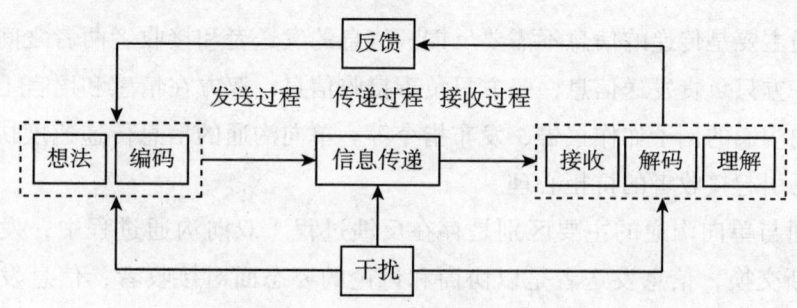

图 11-3　项目沟通的过程

资料来源:殷焕武,周中华. 项目管理 [M]. 北京:机械工业出版社,2010.

(三) 项目沟通管理

项目沟通管理贯穿项目始终,对项目信息传递的内容、方法、过程等几个方面进行综合管理。项目的所有参与人都要准备发送信息和接收信息,并且理解和明确个人参与沟通对项目整体的影响。确切地说,项目沟通管理在项目的整个生命周期中都起着重要作用,项目团队与客户的沟通、项目团队与主管单位的沟通、项目团队与供应商之间的沟通、项目团队内部的沟通等在项目生命周期中一直存在。并且当项目发生变化变更、发生冲突时,更需要沟通管理。与沟通的特征相同,项目沟通管理也存在范围广、内容多、层次复杂等特点。

项目沟通管理主要是要解决四类问题。一是谁需要何种信息、何时需要以及如何向他们发送项目信息?二是如何及时和有效地将项目信息提供给项目干系人?三是哪些信息能够反映项目执行情况和绩效?四是如何集成项目信息使项目完成正规化?

对应以上四类问题,项目沟通管理存在四个过程:沟通计划编制、信息发布、执行情况报告、管理收尾。这四个过程构成了完整的项目沟通管理过程,后面第三节内容将进行详细阐述。

第二节 项目沟通的有效方式

一、沟通方式

沟通方式种类非常多,包括单向沟通、双向沟通、上行沟通、下行沟通、平行沟通、书面沟通、口头沟通、言语沟通、体语沟通、正式沟通、非正式沟通等。

(一)单向沟通和双向沟通

单向沟通主要是传递的信息不需要反馈。信息的发送者和接收者两者之间的信息是单向传递的,一方只负责发送信息,一方只负责接收信息,双方在情感和语言上都不需要信息反馈。单向沟通的例子如作报告、发布指令等。单向沟通的信息传递速度快,但准确性较差,也容易引起接收者的抗拒心理。

双向沟通与单向沟通的主要区别是存在反馈过程。双向沟通过程中,发送者和接收者的角色不断交换,信息发送者是以协商和讨论的姿态面对接收者,信息发出后还需及时听取反馈意见,必要时双方可进行多次重复商谈,直到双方共同明确和满意为止,如交谈、协商等。双向沟通的优点是信息准确性较高,接收者有反馈意见的机会,会产生平等和参与感,增加自信心和责任心,有助于建立沟通方的感情。但是,对发送者来说,在沟通时会随时面临接收者的质询、批评和挑剔,因而心理压力较大,同时信息传递速度较慢。

(二)上行沟通、下行沟通和平行沟通

上行沟通是指意见向上级反映,即自下而上的沟通。项目经理应鼓励下级向上级反映情况,只有上行沟通畅通,项目经理才能掌握全面情况,做出符合实际的决策。上行沟通有两种形式:一是层层传递,依据一定的组织原则和组织程序逐级向上反映;二是越级反映,减少中间层次,让项目最高决策层与一般员工直接沟通。

下行沟通指领导者对员工进行的自上而下的信息沟通。如将项目目标、计划方案等传递给基层员工,发布组织新闻消息,对组织面临的一些具体问题提出处理意见等。下行沟通是领导者向被领导者发布命令和指标的过程。下行沟通的主要目的包括:员工明确组织目标、有关工作方面的指示,提醒对于工作及其任务的关系的了解;对部属提供关于程序和实务的资料;对部属反馈其本身工作和绩效。

平行沟通是指组织中各平等部门之间的信息交流,在项目实施过程中,经常看到各部门之间发生矛盾和冲突,除其他因素外,部门之间相互不通气是重要原因之一。保证部门

间沟通渠道畅通，是减少部门之间冲突的重要措施。

（三）书面沟通和口头沟通

书面沟通是指用书面形式所进行的信息传递和交流，主要包括通知、文件、报刊、备忘录等。书面沟通的优点是可以作为资料长期保存、反复查阅。

口头沟通是指用口头表达的形式进行信息传递和交流，主要包括谈话、游说、演讲等。口头沟通的优点是灵活、速度快，双方可以自由交换意见，且传递的信息较为准确。

（四）言语沟通和体语沟通

言语沟通主要是利用语言、文字、图画、表格等形式进行沟通。体语沟通是利用动作、表情姿态等非语言方式（形体）进行的。体语沟通的主要信息传递方式包括眼神、神态、肢体动作、姿态等，这些体语都可以传递某种信息，在一定程度上起着沟通作用，如欢乐时手舞足蹈、悔恨时捶胸顿足等。

（五）正式沟通和非正式沟通

正式沟通是通过项目组织明文规定的渠道进行信息传递和交流的方式。如组织规定的汇报制度、例会制度、报告制度及与其他组织的公函来往。正式沟通的优点是沟通效果好，有一定的约束力。正式沟通的缺点是沟通速度慢。

非正式沟通是指在正式沟通渠道之外进行的信息传递和交流。如员工之间的私下交谈、小道消息等。非正式沟通的优点是沟通方便、沟通速度快，并且能够提供一些正式沟通中难以获得的信息。非正式沟通的缺点是信息容易失真。

二、沟通渠道

信息沟通是在项目组织内部的公众之间进行的信息交流与传递活动。当项目成员为解决某个问题和协调某一方面的关系，而在明确规定的组织系统进行沟通协调工作时，就会选择和组建项目组织内部的信息沟通渠道，即信息网络。这些正式的沟通渠道和非正式的沟通渠道可以影响团体公众的工作效率，也可以影响团体成员的心理和组织气氛。

（一）正式沟通渠道

在信息传递过程中，发送者并非直接把信息给接收者，中间要经过某些人的转承，这就出现了一个沟通渠道和沟通网络问题。沟通的结构形式关系着信息交流的频率，它对领导者的集体行为、集体活动的效率都有不同的影响。

关于不同的沟通网络如何影响个体和团体的行为，以及各种网络结构的优缺点，巴维拉斯（Bavelas）曾对五种结构形式进行了实验比较，如图11-4所示。图中每一个圆圈可以看成是一个成员或组织的同等物，每一种网络形式相当于一定的组织结构形式和一定的信息沟通渠道，箭头表示信息传递的方向。

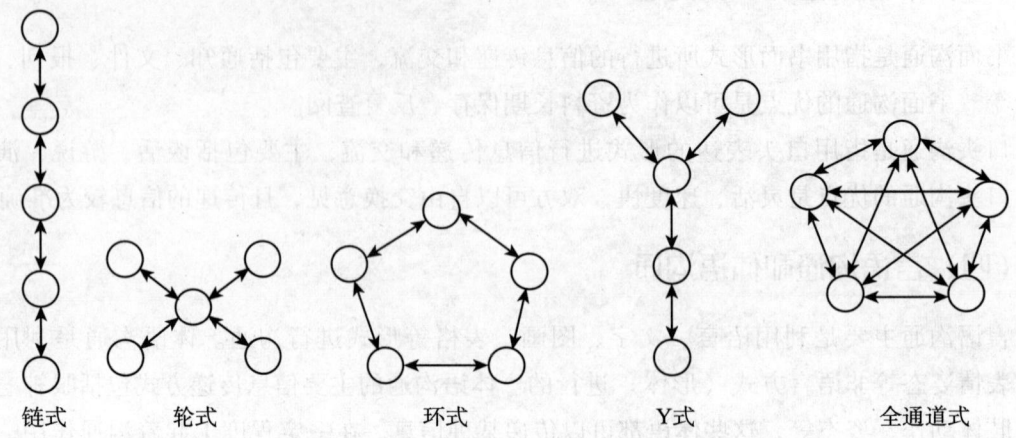

图 11-4 五种沟通渠道

链式沟通渠道。在组织系统中，它相当于一个纵向沟通渠道，在链式网络中的信息按高低层次逐级传递，信息可以自上而下或自下而上地交流。在这个沟通网络中，有五个层次，居于两端的传递者只能与里面的每一个传递者相联系，居中的则可以分别与上、下互通信息。该沟通渠道属于控制型结构，信息传递速度较快，但信息容易失真，平均满意度有较大差异。它适用于领导班子庞大、实行分层授权控制的项目的信息传递与沟通。

轮式沟通渠道。在这种沟通模式中，主管分别与不同下属发生联系，成为个别信息的汇集点和传递中心。该沟通模式属于控制型网络，大致相当于一个主管领导直接管理几个部门的权威控制系统。只有处于领导地位的主管人员了解全面情况，并由他向下属发出指令，而下级部门和基层公众之间没有沟通联系，他们只分别掌握本部门的情况。轮式沟通渠道集中化程度高，解决问题速度快，但沟通渠道少，组织成员满意度低，士气低落。轮式网络是加强组织控制、效率高、速度快的一种有效的沟通形式。

环式沟通渠道。环式沟通渠道组织内部的信息沟通是指不同成员之间依次联络沟通。这种模式结构可能产生于一个多层次的组织系统之中，第一级主管人员对第二级建立纵向联系，第二级主管人员与底层建立联系，基层工作人员与基层主管人员之间建立横向的沟通联系。这种沟通模式可以使组织成员士气高昂，具有比较一致的满意度。如果在组织中需要创造出一种高昂的士气来实现组织目标，环式沟通是一种行之有效的方式。

Y式沟通渠道。Y式沟通模式是一个组织内部的纵向沟通渠道，其中只有一个成员位于沟通活动的中心，成为中间媒介与中间环节。该沟通模式大致相当于从参谋机构到组织领导再到下级之间的纵向关系。Y式沟通渠道容易导致信息曲解或失真，影响组织成员的士气，阻碍组织提高工作效率。

全通道式沟通渠道。全通道式沟通模式是一个开放式的信息沟通网络，其中每一个成员之间都有一定的联系，彼此十分了解。该模式中沟通渠道多，平均满意度高且差异小，士气高昂，合作气氛浓。全通道式沟通渠道对于解决复杂问题、增强组织合作精神、提高士气有很大的作用。

（二）非正式沟通渠道

正式沟通渠道只是信息沟通的一部分，非正式沟通渠道也是重要的信息沟通渠道。在一个组织中，有些信息往往是通过非正式渠道传播的，其中包括小道消息的传播。戴维斯（Davis）曾在一家公司对67名管理人员采取顺藤摸瓜的方法，对小道消息的传播进行了研究，发现有四种传播方式，如图11-5所示。

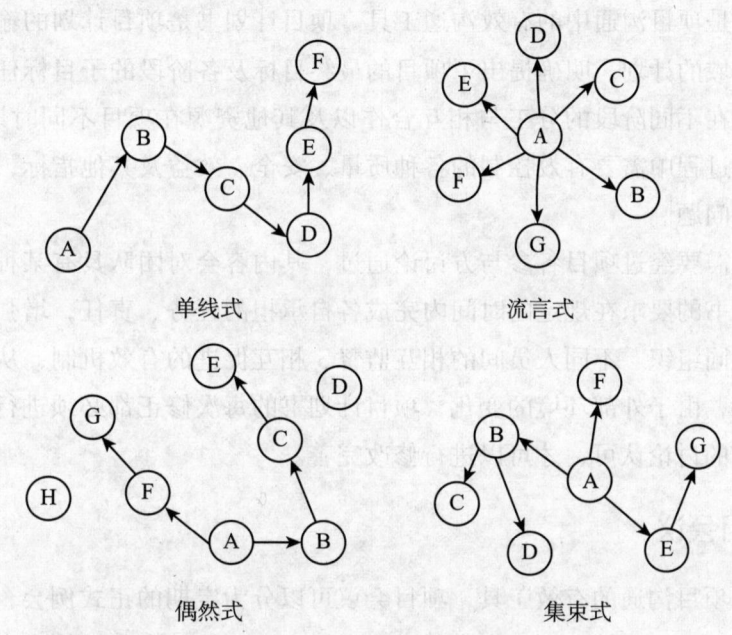

图 11-5 非正式沟通渠道

资料来源：孙新波，朱珠，等. 项目管理 [M]. 北京：机械工业出版社，2016.

单线式沟通渠道。单线式沟通是指消息由 A 通过一连串的人传播给最终的接收者。

流言式沟通渠道。流言式沟通渠道又叫闲谈传播式，是指 A 主动地把小道消息传播给其他人。如在小组会上传播小道消息。

偶然式沟通渠道。偶然式沟通渠道又叫机遇传播式，是指消息由 A 按偶然的机会传播给他人，他人又按偶然机遇传播，但并无一定的路线。

集束式沟通渠道。集束式沟通又称群集传播式沟通。A 有选择地将消息告诉自己的朋友或有关的人，使有关的人也照此办理的信息沟通方式，这种沟通方式较为普遍。

项目组织中传播的小道消息常常会对项目目标带来不良影响，改善的办法在于使正式沟通渠道畅通，用正式消息驱除小道传闻。但是，不能够忽视非正式沟通渠道在辅助正式渠道不足方面的作用。

三、项目沟通的工具与方法

项目沟通有多种沟通工具，实际沟通时应根据沟通信息的重要性、紧迫性、沟通方的权威性、沟通信息的机密性等因素，考虑采用哪一种沟通工具。常见的项目沟通工具与方法如下。

（一）项目计划书

项目计划书是项目沟通中的有效沟通工具。项目计划书是项目计划的输出结果，其包括了项目各个领域的计划，明确提出了项目的最终目标及各阶段的子目标任务，指出了不同的组织、人员在不同阶段的分工与相互合作以及其他资源在项目不同时期的有效配置，规定了项目实施过程中需要有效控制的各种质量、安全、效益及其他指标，描述了项目执行的一些技术性问题。

项目计划书需要经过项目各参与方讨论通过，其内容会对团队具有某种约束力，促使成员各自按项目书的要求在规定的时间内完成各自承担的任务、责任，增强沟通效率。同时还可以形成不同组织、不同人员间的相互监督、相互促进的有效机制，从而保证项目的顺利完成。此外，由于外部环境的变化，项目计划书的每次修正都必须进行充分沟通，需要项目参与各方的讨论认可，才可以进行修改完善。

（二）项目会议

项目会议是项目沟通的有效工具，项目会议可以分为定期的正式例会，也包含项目团队召开的临时紧急会议。召开项目会议时，为了提高沟通的效率，需要注意几个方面的问题：在有关重大问题或存在困惑的问题决策上，必须召开项目会议；会议中要防止项目经理的专断；会议必须形成决策，项目经理不能是没有决策权的领导；在轻松和谐的环境里完成会议；会议召开应规范化。

（三）项目报告

项目报告是指通过书面文档的汇报和项目进展过程中的口头汇报来实现下级对上级的信息沟通。

项目报告沟通的信息一般包括项目状态信息、项目预测及未来工作计划、项目的质量和安全情况、项目统计报告、项目目前存在的问题等。项目报告虽然是一种非常有效的正式沟通工具，但若使用不当会达不到有效沟通的效果。所以项目报告需要考虑对象的信息需求，报告内容应实事求是。

（四）函件往来

函件是项目实施中非常普遍有效的一种正式沟通方式。有关项目的各种问题都可以随时通过函件沟通，这既体现了沟通双方的相互尊重，又有利于实现项目的规范化管理。

（五）信息系统

一是信息分发系统，项目信息可使用多种方法分发，包括复印文件分发、共享的网络电子数据库、传真、电子邮件、声音邮件、电视会议等。

二是信息检索系统，项目成员可以通过各种方法共享信息，这样的方法包括手工案卷系统、电子文本数据库、项目管理软件，以及各种可以检索技术文件资料的系统（如工程制图）。

（六）其他类

项目沟通也可以以图表的形式呈现。图表可以反映多种项目信息，如项目组织机构、项目岗位职责、项目时间进度计划、项目形象进度描述、项目质量安全统计等。共享工作地点也是重要的沟通工具。项目成员在项目中拥有共同的或相近的工作地点，可以大大提高项目人员的沟通频率与沟通品质，营造良好的沟通氛围。

四、项目有效沟通的方式

（一）项目沟通的障碍

如果项目沟通过程中，信息发送者能够准确、及时、完备地发送信息，接收者也能够准确、完备地接收信息，那么项目沟通就处于非常理想的状态。但是，实际沟通过程中，往往会由于沟通者个人因素或环境因素导致信息沟通受到干扰，信息失真，影响到信息沟通的有效性。项目中的沟通障碍归纳起来，主要有以下几种。

（1）语义上的障碍。由于人与人之间的信息沟通主要是借助于语言进行的，语言是交流思想的工具，只表达了思想的符号系统，而不是思想本身，这样就容易产生语义上的障碍。如口头语言和书面语言的沟通，由于人们语言修养不同，表达能力存在差异，对同一思想、事物的表达有清楚和模糊之分，不同的受众会产生较大的理解差异，形成沟通障碍。

（2）知识经验水平的限制。信息传递过程中，如果发送者与接收者的知识水平存在较大差距，如发送者认为信息内容很简单，而接收者却由于知识经验水平无法理解信息内容时，双方就不会存在"共同经验区"，接收者不能够正确地理解发送者的信息含义，形成沟通障碍。

(3) 知觉的选择性。人们在接收或者转述信息时，往往会出现这样的状态：符合自己需要的又与自己切身利益有关的信息就很容易接受，而对自己不利的可能损害自身利益的内容则不容易接受。这种状态普遍存在，人们的这种有意无意中的知觉选择性，会造成沟通障碍。

(4) 心理因素的影响。在信息沟通中有很多障碍是由心理因素引起的。个人的性格、气质、态度、情绪、兴趣等方面的差异，都有可能影响信息沟通的过程，造成信息沟通的障碍。

(5) 组织结构的影响。合理的组织结构有利于信息沟通，如果组织机构过于庞大，中间层次太多太复杂，不仅会影响信息传递的准确性，还会影响信息传递的时效性，最终影响工作效率。

(6) 沟通渠道的选择。信息沟通渠道多种多样，每一种沟通渠道又存在不同的优缺点，如果不考虑组织机构本身的特征和具体信息需求，随便选择沟通渠道，必然会造成信息沟通的障碍。

(7) 信息量过大。沟通过程中传递的信息并非越多越好，重要的是要有充分的、有用的和优质的信息。信息量过大反而会成为沟通的障碍因素。

除此以外，项目沟通中的障碍还非常多，如项目经理本身也会存在主观假设、缺乏澄清、不善倾听、对人不对事、不爱沟通等问题，都会形成沟通障碍。项目管理中要全面注意这些沟通障碍，采取相应的措施消除这些障碍，使得项目沟通渠道能够准确、迅速、及时、完全地传递信息。

（二）项目的有效沟通方式

1. 项目沟通的有效性

项目组织中沟通的有效性主要表现在七个方面，也称7C原则。

(1) 依赖性。沟通的发送者和接收者之间建立彼此信任的关系。

(2) 一致性。沟通计划、沟通方式应与组织内外部环境相一致。

(3) 内容。沟通的内容必须对信息接收者有价值。

(4) 明确性。所有的沟通信息必须是准确的、共同认可的，不能够出现模棱两可、含糊不清、歧义的表达。

(5) 持续性与连贯性。沟通是一个没有终点的过程，要达到沟通目的必须对信息进行重复、补充更新，并且是持续的过程。

(6) 渠道。沟通过程中应该选择那些能够提高效率的渠道。

(7) 接收者的接受能力。沟通过程中需要充分考虑接收者的接受能力，包括接收信息的习惯、阅读能力、知识水平、经验水平等，以增强沟通的针对性。

2. 提高项目沟通有效性的方式

改善项目沟通、提高项目沟通有效性的方式有：

(1) 重视双向沟通。双向沟通伴随反馈过程，使发送者可以及时了解到信息在实际中如何理解，从而及时帮助和解决问题。

（2）利用多种沟通渠道。多种沟通渠道往往会取得较好的沟通效果，如在语言沟通时加以表情神态和手势、项目会议结束时的会议纪要，都可以使得沟通内容更容易被理解，提高信息沟通的整体效应。

（3）正确地运用文字语言。语言要易懂、意思表达明确、条理清楚、精练、针对性要强。

对于有效沟通，有许多国家曾经提出许多不同的准则，其中比较完整的是美国项目管理协会提出的一套建议，其要点如下：

一是沟通前先澄清概念。经理人员事先要有系统的思考，分析和明确沟通信息，并将接收者及可能受到该项沟通的影响者予以考虑。

二是只沟通必要的信息。经理人员应该从海量信息中进行选择，只把那些与下级人员的工作密切相关的信息给分享者，避免他们信息负担过重。

三是明确沟通目的。经理人员必须弄清楚每次沟通的目的是什么？要下级人员理解什么？确定沟通目的后，沟通内容就容易规划了。

四是考虑沟通时的一切环境情况。包括沟通的背景、社会环境、人的环境以及过去沟通的情况等，使得沟通的信息匹配沟通环境。

五是计划沟通内容时应尽可能取得其他人的意见，与项目参与方进行商议，既可以获得更多深入的观点，也容易获得积极支持。

六是要使用精确的表达。要把经理人员的想法用语言和非语言精确地表达出来，而且更使接收者得到所期望的理解。

七是要进行信息的追踪和反馈。信息沟通后必须同时设法取得反馈，以弄清楚下属是否已了解、是否愿意遵循、是否采取了相应的行动。

八是要言行一致地沟通。经理人员必须以自己的行动支持自己的想法和说法，而且更有效的沟通是"行"重于"言"。

九是沟通时不仅要着眼于现在，还应该着眼于未来。大多数的沟通要切合当前情况的需要，也要顾及配合长远目标。

十是应该成为一个"好听众"。经理人员在听取他人的陈述时，应专心致志，成为一个"好听众"，才能理解对方表达的意图。

第三节　项目沟通管理的过程

一、编制项目沟通计划

编制项目沟通计划就是确定、记录并分析项目的利益相关者（项目干系人）所需要的信息和沟通需求，即确定谁需要信息、需要什么信息、何时需要信息以及信息的分发方式，并将其形成文件，作为沟通计划。项目沟通计划编制的依据、工具与技术、成果如图 11-6 所示。

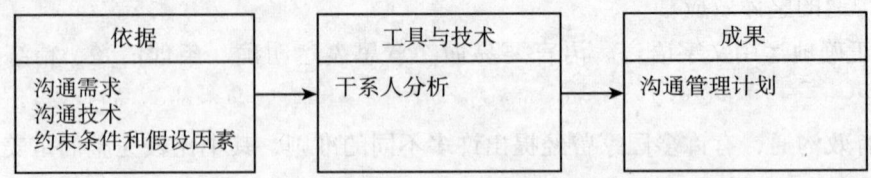

图 11-6 项目沟通计划编制的依据、工具与技术、成果

资料来源：孙新波，朱珠，等. 项目管理 [M]. 北京：机械工业出版社，2016.

（一）项目沟通计划编制的依据

识别项目干系人的信息需求并确定满足这些需求采用的技术和方法，是建立良好沟通计划的前提。编制项目沟通计划的依据包括沟通需求、沟通技术、约束条件和假设因素。

首先是沟通需求。沟通需求是指项目干系人信息需求的总和，是通过对利益相关者所需信息的内容、类型和形式加以分类，并对该信息价值进行分析确定的。

其次是沟通技术。沟通技术是指采用哪种沟通方式可以便捷、准确地实现信息沟通。项目的沟通技术包括谈话、会议、书面文件、数据库系统等，在选择沟通技术时应综合考虑信息需求的紧迫程度、沟通技术的可行性、项目沟通环境的有效性、项目本身的特点、预期的项目人员配置、制约因素等。

最后是约束条件和假设因素。约束条件和假设因素是项目沟通计划编制的重要依据，在沟通计划中需明确说明，以便在这些条件发生变化时对沟通计划进行修订。

（二）项目沟通计划编制的工具与技术

项目沟通计划编制的重点工具与技术就是"干系人分析"。项目沟通计划的制订主要是对项目干系人的沟通计划。所以，在制订计划时，必须对项目干系人进行分析，分析不同的项目干系人对项目信息的需求，识别出干系人的利益、期望和影响，并把它们与项目的目的联系起来，以便将项目干系人的信息需求和信息资源形成一种具有逻辑性的系统，以满足各方的需求。

首先是外部干系人分析。外部干系人分析包括建立组织和各参与方之间的关系状况分析、项目设计方面的信息分析、项目本身的特点决定的信息及施工中的各种信息分析、项目组织外部环境分析等。需要分析这些外部干系人需要什么信息，什么时间、由谁以什么方式发送信息等。

其次是内部干系人分析。内部干系人分析项目涉及的相关人员、内部项目组成员、公司内部领导等有权知道的信息和文件，以及参加会议的范围和级别。此外，还应该分析组织内部相关领导需要了解怎样的信息、需要何时发送等。

(三) 项目沟通计划编制的成果

项目沟通计划编制的成果就是"沟通管理计划"。沟通管理计划的内容应该包括以下六个方面。

(1) 收集和归档的结构。详细说明应如何收集和管理不同类别的项目信息，包括需要对以前发布的信息进行修改和更正也应说明。

(2) 发布结构。详细描述应该采用何种方式、将什么信息按照什么方式传递给什么人。

(3) 分发信息的描述。包括格式、内容、详细程度和采用的符号规定和准则。

(4) 生产进度计划。表示每类沟通将在何时发生，以具体时间或者里程碑为标准说明项目在何时将在何人之间进行何种沟通。

(5) 调用信息方式。它是指项目信息的保存形式及项目干系人的访问调用权限等。

(6) 更新和细化。根据项目的需要，描述随着项目的执行和发展，如何改进和细化沟通管理计划。

二、信息分发

项目信息是指报告、数据、计划、安排、技术文件、会议等与项目实施有直接或间接关系的各种信息。一般情况下，项目信息包括自上而下的项目信息、自下而上的项目信息、横向流动的项目信息、以顾问室或经理办公室等综合部门为集散中心的项目信息、项目管理班子与环境之间进行流动的项目信息。

信息分发是指根据一些计划文件，将需要的信息及时准确地分发给适当的项目干系人，它包括实施沟通管理计划以及对突发的信息请求做出反应。项目信息分发的依据、工具与技术、成果如图 11-7 所示。

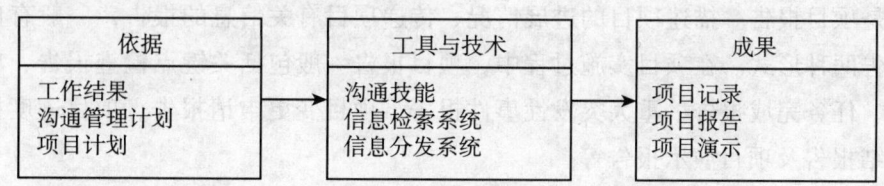

图 11-7 信息分发的依据、工具与技术、成果

资料来源：孙新波，朱珠，等. 项目管理 [M]. 北京：机械工业出版社，2016.

(一) 信息分发的依据

首先是工作结果。工作结果是对项目进程的描述，帮助确定在项目进行过程中可供发布的信息。例如，哪些可交付成果已经完成、哪些是未完成的、质量标准达到什么程度，以及已经花费的费用等过程报告信息。

其次是沟通管理计划。沟通管理计划是根据项目早期阶段制订的沟通管理计划及实际实施过程中修改和完善而来的，帮助确定需要向何人分发何种信息。

最后是项目计划。项目计划是在项目投标过程中，经过详细分析、论证并经过审核批准的正式文件，包含项目进度计划、费用基准计划等有关项目的总计划。

（二）信息分发的工具与技术

首先是沟通技能。沟通技能包括两层含义。第一层含义是指发送信息的人能够将信息清楚、完整、及时、无歧义地传递给需求者。第二层含义是指接收信息的人具备正确接收完整信息并能正确理解的能力。

其次是信息检索系统。信息可由项目班子成员与干系人通过多种方式共享，包括手工归档系统、电子数据库、项目管理软件，以及可调用工程图纸、设计要求、实验计划等技术文件的系统。项目组织可以搭建项目信息检索系统，项目管理者可以充分利用这些系统资料。

最后是信息分发系统。项目信息可以通过很多种不同的方式发送，即可采用定期或非定期的、制度性的、经常性的形式分发有关信息，包括会议、书面文档的发布、在线数据库、传真、电子邮件、远程视频会议系统等。项目管理者可根据组织具备的条件，具体选择信息分发途径。

（三）信息分发的成果

信息分发中与干系人之间的信息交流应该及时地、有条理地归类保存，形成项目记录和项目报告。

首先是项目记录。记录项目的文档、备忘录、信息反馈等有关内容，作为必要时的凭证。

其次是项目报告。描述项目的进展情况、传递项目有关信息的报告，一般有口头报告和书面报告两种形式。在项目实施过程中，项目报告一般包括关键点检查报告、项目执行状态报告、任务完成报告、重大突发性事件报告、项目变更申请报告、项目进度报告、项目工作总结报告及项目演示报告等。

最后是项目演示。项目组织向项目利益相关者或政府有关管理部门提供关于项目各方面情况的汇报。

三、执行情况报告

执行情况报告是指收集和传播绩效信息，向项目干系人提供资源如何用于实现项目目标的信息。执行情况报告主要包括状况报告、进展报告、预测等。执行情况报告一般应提供项目工作范围、进度、成本、质量等信息。执行情况报告的依据、工具与技术、成果如图 11-8 所示。

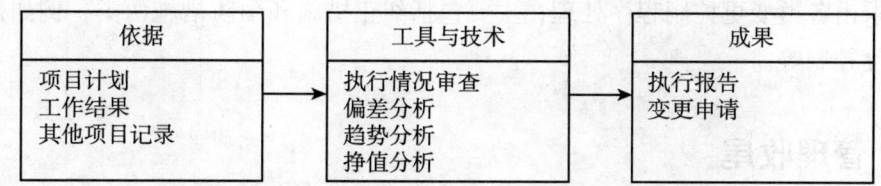

图 11-8 执行情况报告的依据、工具与技术、成果

资料来源：孙新波，朱珠，等．项目管理［M］．北京：机械工业出版社，2016．

（一）执行情况报告的依据

首先是项目计划。项目计划已在前面介绍过，本节内容不再赘述。

其次是工作结果。工作结果是指已全部或部分完成的子项目，已发生或已分担的成本等项目计划执行结果，是为完成项目工作而进行的具体活动结果。工作结果资料主要包括工作细目的划分、工作进度；满足质量标准的程度；已发生的成本或者是将要发生的成本等工作结果。

最后是其他项目记录。除了项目计划和项目工作结果之外，其他项目文件常常包括评价项目绩效时应当考虑的有关项目环境信息，也需要进行收集整理。其他项目记录包括信函、备忘录、报告和说明项目的文件等。

（二）执行情况报告的工具与技术

一是执行情况审查。执行情况审查是为评估项目状况和进展而举行的会议，一般同下面几种工具一同使用。

二是偏差分析。偏差分析是将实际的项目结果与计划或预期的结果进行比较。

三是趋势分析。趋势分析用来检查项目结果，以确定执行的状况。具体方法分为时间序列法、因果分析法、计量经济学法、判断方法及其他方法等。

四是挣值分析。挣值分析是衡量执行时最常用的方法，将范围、成本和进度等度量标准结合，帮助评估项目执行情况。

（三）执行情况报告的成果

执行情况报告的成果就是执行情况报告，它包含整理和总结各种分析结果的项目信息，执行情况报告应该按沟通计划所记载的各个干系人的要求提供信息范围和详细程度。

首先是执行报告。执行报告对收集的信息进行组织和总结，并提出分析结果。执行报告按照项目沟通管理计划的规定，提供各类项目干系人所需求的符合详细等级的信息。执行报告的通用格式包括条形图、S曲线、矩阵图和表格。

其次是变更申请。项目执行情况分析的结果常常要求对项目的某些地方做出修改。这些变更请求由各类变更控制程序处理，主要包括纠正措施和预防措施两类，例如范围变更处理、进度控制等。

四、管理收尾

管理收尾是项目沟通管理实施过程中的最后一个过程，管理收尾就是项目或项目阶段在达到目标或因其他原因终止后需要做的收尾工作。管理收尾包括对项目结果的鉴定和记录、项目记录和收集，确保项目记录能够准确反映项目最终结果，使项目干系人认可最终项目成果。项目收尾报告主要包括项目业主或客户对项目的最初需求、项目最初确定的目标、项目的简要描述、项目成果与预期的对比、项目的实现程度、善后事宜说明、项目成果的最后测试数据、项目的经验或教训等内容。管理收尾的依据、工具与技术、成果如图11-9所示。

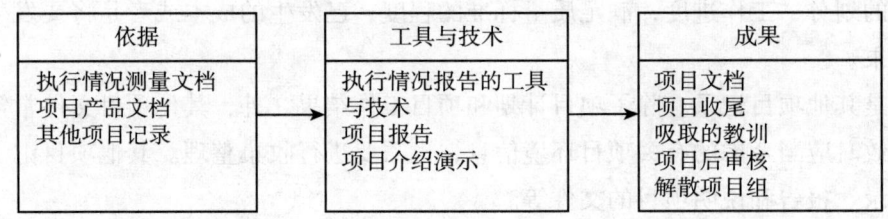

图11-9 管理收尾的依据、工具与技术、成果

资料来源：孙新波，朱珠，等. 项目管理 [M]. 北京：机械工业出版社，2016.

（一）管理收尾的依据

首先是执行情况测量文档。所有记录与分析项目绩效的文件资料，包括确定执行情况评估构架的计划文件，均应在管理收尾过程中准备就绪，以备审查。

其次是项目产品文档。主要用来描述项目产品的文件（计划、规格、技术文件、图纸、电子文档等）也应在行政收尾期间准备就绪，以备审查。

最后是其他项目记录。主要是关于"信息分发"过程输出的记录文档。

（二）管理收尾的工具与技术

管理收尾的工具与技术包括执行情况报告的工具与技术、项目报告、项目介绍演示等，与前面提到的信息分发的成果中的项目报告、项目演示相似。

（三）管理收尾的成果

（1）项目文档。一套完整的、编有目录或索引的项目记录应由合适的参与者整理归纳，并准备存档。管理收尾过程的所有输入都会包含在项目档案中。当项目进行中合同中止执行时，合同文档和财务记录也应归档在项目档案中，有益于对未来的项目进行估算。所有的项目档案都要编制索引以便于存取，并且应放在一个安全的地方。电子数据库和电子文档也是项目档案的组成部分，这部分资料也要存入网络驱动器或复制光盘存档。

（2）项目收尾。项目收尾是为确认项目已满足了顾客对项目产品的全部要求。正式的验收还包括由项目干系人、客户发布项目验收通知书，或者由项目主管向项目干系人及客户发布相关通知。把正式验收记入文档非常重要，一方面表明了项目获得顾客或者客户的认同并正式收尾，另一方面标志着质量保证期开始。

（3）吸取的教训。记录项目的成功与失败，吸取的教训是项目管理者和项目组成员在项目进行过程中思考后留下的经验总结，可以作为历史资料存档。

（4）项目后审核。项目后审核与经验教训过程一起，都会从项目的开始到结束进行检查，评估项目目标并确定该项目的产品或服务是否符合项目目标的要求。项目后审核还会检查相关的项目活动和项目过程，以确定在将来的项目中是否有可能改进，这个过程中收集的信息和进行的文档记录可以起到与总结经验教训相同的作用。

（5）解散项目组。在项目结束时，项目管理者会解散自己的项目组成员，他们将回到各自的职能部门或者参与新的项目组织，项目完成前，应该让职能部门经理接到项目相关情况的通知，以便他们有足够的时间召回各自人员。

第四节　项目冲突管理

一、冲突的概念

（一）冲突的定义

从心理学的角度来诠释，冲突是指发生于两个或两个以上的当事人，因其对目标理解的相互矛盾以及对自己实现目标的妨碍而导致的一种激烈争斗。从冲突的定义中可知，冲突揭示了以下重要关系：

（1）冲突是发生于两个或两个以上的当事人之间的。如果只有一个人，不存在对立方，就无所谓冲突，而不相干的人之间也不可能发生冲突。

（2）冲突只有在所有的当事人都意识到了争议存在时才会发生。

（3）所有的冲突都存在赢和输的潜在结局。参与冲突的各方为了达到各自的目标总会千方百计地阻碍对方实现目标。

（4）冲突总是以当事人各方相互依存的关系来满足各方的需求。即冲突与合作是可以并存的。例如，企业与员工在一些问题上经常存在着冲突，但当事人双方还始终保持着相互间的合作以达到他们各自的目的，即企业要求员工生产产品或提供优质服务以获取利润，员工则依靠企业为他们提供工作和收入。

（二）冲突的基本理解

传统的观念是害怕冲突，力争避免冲突、消灭冲突，在妥协中维持组织平静，在消极、退让中保持"团结一致"，在沉闷、怯弱中盲目服从领导的"一言堂"。

对冲突的基本理解应该是认为冲突是不可避免的，只要有人群的地方，就可能存在冲突。管理学认为，一潭死水式的消极平静对于组织来说并非好事，相反有些冲突存在反而有利于组织的健康发展，有利于鼓舞员工的进取心，开辟解决问题的新途径，还能帮助其克服消极和自满情绪，从而给组织带来高绩效。

当然，冲突的有利一面并不意味着冲突得越厉害越好。对于那些引发组织成员间敌对分歧、互不信任的冲突，涣散人心、引发内耗、降低组织凝聚力的冲突，必须坚决予以制止反对。冲突本身并不可怕，关键在于将冲突保持在适当的水平，既不能让它过高、过多，干扰正常的工作秩序，也不能使其过少，缺乏必要的组织生机与活力。

二、项目冲突

（一）项目的主要冲突

项目实施过程中，冲突是不可避免的。如果采取正确的处理方式，冲突通常在不影响项目计划之前就能够被化解。明确冲突的起因和来源，有利于更好地解决冲突。萨姆汉（Thamhain）和威尔蒙（Wilemon）对项目冲突的研究发现，项目冲突有以下几个方面的来源。

1. 进度计划冲突

项目团队中每个成员的地位不同，对项目进度产生的理解会存在冲突。项目经理和团队成员从对项目目标的理解到对项目实际产出的理解都会产生分歧，围绕项目有关任务的时间确定、程序安排、进度计划会产生不一致观点。进度计划冲突有时还与技术问题、人力资源问题相关。

2. 优先权冲突

优先权问题带来的冲突主要表现在两个方面，一是工作活动的优先顺序，二是资源分配的优先顺序。优先顺序的确定常常意味着重要程度以及项目组织对其的关注程度，因此常常会引起冲突。

当同一员工被同时安排在不同的项目工作中时，当不同项目、不同员工需要同时使用某种资源时，就会发生冲突。确立优先权的责任在于上层管理人员，有时即使建立了优先顺序，冲突仍然也会发生。引发优先权冲突的原因包括团队成员的专业技能差异、项目决策人员对项目目标的理解不一致、团队成员的职责不清、项目经理的权力小、项目管理层次等。

3. 人力资源冲突

项目团队成员有很多来自其他职能部门或支持部门，这些人需要服从本部门的调度，也很可能同时服务多个项目，因此在项目人力资源调配中就会发生冲突。项目实际运行过程中，项目经理也可能无法获得真正需要的人力资源，于是在资源的调配和任务分配上就会出现冲突。

4. 技术冲突

项目执行过程中常常会出现技术问题冲突。这是因为在项目执行中，技术人员更多专注于技术细节、技术完美和规范指标，很多时候会倾向于采用新技术、进行技术创新，而项目经理则可能会从项目全局考虑，关注进度、成本、客户需求等因素，从整体上把握项目目标，对于技术创新等不轻易决策。

5. 管理程序冲突

项目管理是一项复杂、难度较大的管理工作，项目经理不可能在所有的管理细节上都能让所有成员满意。关于项目的组织机构、成员责任和权力划分、项目信息的沟通方式、规章制度的制定、工作程序的实施、工作绩效的评价等，都不可避免地会发生冲突。

6. 个性冲突

个性冲突普遍存在于工作、生活中。每个项目团队成员都有自己的个性特征，每个人的价值取向、性格特征、生活理念都不同，并不是每个项目成员都可以彼此适应或相容的。实际上，很多时候项目冲突都伴随着个性冲突，或者是因个性冲突而表现为其他冲突，或者是由其他冲突转化为个性冲突。

7. 费用冲突

项目推进过程中，由于项目参与人利益出发点不同，经常会因某项工作需要多少成本而产生冲突。这种冲突多发生在客户和项目团队之间、管理决策层和执行层员工之间。例如，对于某项既定任务，财务部门或上级主管认为50万元投入可以完成，项目团队技术人员从技术完善角度出发认为需要60万元，客户方则打算40万元的投入即可，并且要求得到最优良、完善的产品或服务，项目经理需要在诸多利益中斡旋，谨慎进行项目成本控制，但冲突也不可避免。

以上七种类型的冲突，在项目进程中的影响力大小也是不同的，一般情况下其强度排序是：项目进度冲突＞优先权冲突＞人力资源冲突＞技术冲突＞管理程序冲突＞个性冲突＞费用冲突。

（二）项目生命周期的冲突管理

从项目的生命周期角度来考察冲突，把握每个阶段可能出现的冲突源、冲突性质和冲突强度，可以很好地寻找更好的模式来解决冲突。项目生命周期的冲突强度分布如图11–10所示。

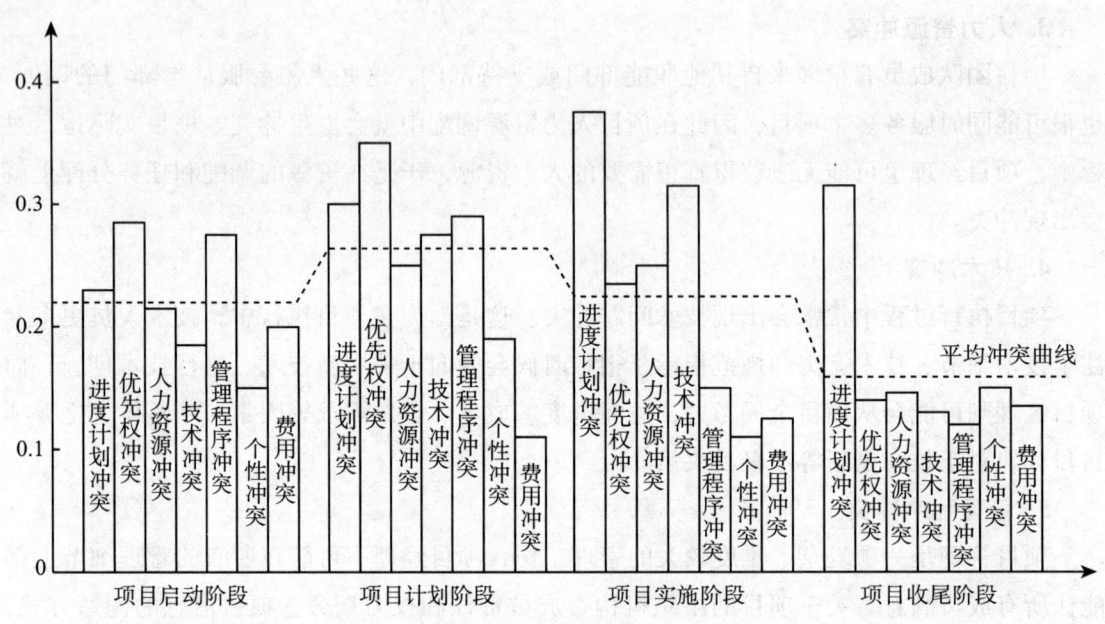

图 11–10 项目生命周期的冲突强度分布

1. 项目启动阶段

项目启动阶段的冲突源排序是：优先权冲突＞管理程序冲突＞进度计划冲突＞人力资源冲突＞费用冲突＞技术冲突＞个性冲突。

在项目的启动阶段，项目组织还没有真正形成，项目经理及其经理班子在其所属的总公司框架中开始启动项目。在工作活动优先权问题上，项目经理、职能部门、顾问部门常常会孕育和产生冲突。要消除和减少可能引发的有害结果，项目经理必须对优先权而引发的冲突、所带来的冲击进行仔细评价和计划。管理程序冲突是排在第二位的冲突，它会涉及几个关键问题，如：如何设计项目组织？项目经理向谁负责？项目经理的权力是什么？项目经理能否控制人力资源和物质资源？应该使用什么样的沟通渠道？谁来负责建立项目的进度计划、项目质量、项目性能要求？这些问题主要由项目经理来负责，冲突也常常在这个过程中发生。为了避免这些问题而导致的项目工作延误，尽早地建立清楚的程度是非常重要的。项目的进度计划冲突排在第三位，要求已建立起来的项目团队要通过调整自己的运行进度以适应新型的项目组织。

2. 项目计划阶段

项目计划阶段的冲突源排序是：优先权冲突＞进度计划冲突＞管理程序冲突＞技术冲

突 > 人力资源冲突 > 个性冲突 > 费用冲突。

在项目计划阶段，优先权冲突、进度计划冲突、管理程序冲突仍然是最重要的三类冲突。通过比较可以发现，在项目启动阶段排在第三位的进度计划冲突到了项目计划阶段成了第二位冲突。许多进度计划冲突发生在第一阶段是由于进度计划开始建立的不一致，相比之下，在项目计划阶段，冲突可能是根据整个项目计划所确定目标进度计划的强制性而发展起来的。管理程度冲突的强度开始降低，这表明随着项目推进、各项规章制度的建立，可能出现的管理问题，无论是在数量上还是在频率上都会减少。但是，这并不代表项目最初阶段可能发生的管理冲突在以后阶段就可避免，相反，任何管理上的松懈都有可能使项目陷入混乱和冲突状态。在本阶段，技术冲突也变得显著起来，从前一阶段的第六位上升到这一阶段的第四位。这种冲突往往是由于项目的职能部门或项目协作方不能满足技术要求或要求增加他所负责的技术投入而造成的。最后，这一阶段的个性冲突也不能够轻视。

3. 项目实施阶段

项目实施阶段的冲突源排序是：进度计划冲突 > 技术冲突 > 人力资源冲突 > 优先权冲突 > 管理程序冲突 > 费用冲突 > 个性冲突。

项目已经处于执行阶段，主要冲突源发生了明显变化。项目进度计划冲突成为最主要的冲突类型，项目经理的职责常常表现为对进度计划的"管理和调整"，计划的调整会导致更加强烈的冲突。技术冲突也是该阶段的重要冲突，这是因为项目集成过程中的复杂性，导致技术问题很难被消除。人力资源冲突在这一阶段排在第三位，因为在项目实施阶段对人力资源的需要达到最高水平，如果项目的参与方还同时参与其他项目，就会导致人力供应方面的矛盾。项目优先权冲突在这一阶段下降，因为优先权冲突是极易在项目早期出现的冲突，而在项目实施后会变得平稳。

4. 项目收尾阶段

项目实施阶段的冲突源排序是：进度计划冲突 > 个性冲突 > 人力资源冲突 > 优先权冲突 > 费用冲突 > 技术冲突 > 管理程序冲突。

项目的进度计划冲突再次成为最主要的冲突因素，许多项目都是因为进度计划积累错位而导致项目失败结束的。个性冲突成为排在第二位的原因是：第一，团队成员对未来工作的安排较为关注，并产生紧张感；第二，项目参与者在满足紧迫的进度计划、预算、性能要求方面承受压力，人际关系可能在这个阶段受到相当大的损伤。

三、冲突的解决模式

项目冲突管理过程中，如果冲突处理得当，就能极大地促进项目的工作。冲突能够将问题极早地暴露出来并引起团队成员的注意；冲突迫使项目团队寻求新的方法，以培养团队的积极性和创造性，从而实现项目创新；冲突还能引发团队成员的争论、形成一种民主氛围，从而促进项目团队建设。正是在这样的冲突环境中，项目才能够不断地发展和创新。冲突的解决模式有五种：回避、妥协、竞争、迎合、合作。

（一）回避

回避模式就是让卷入冲突的项目成员从这一状态中撤离出来，从而避免发生实质性的或潜在的争端。这种方法在某些情况下并不是一种积极的解决办法。例如，项目中某个成员对另一个成员提出的技术方案有异议，如果其采取回避或撤出的态度，把自己更好的方案掩藏起来，这会对项目工作产生重大的不利后果。

（二）妥协

这一模式的实质是协商并寻求争论双方在一定程度上都满意的方法。这种解决冲突模式的主要特征是"妥协"，寻求一个调和的折中方案。当两个方案势均力敌、难分优劣时，妥协是较为恰当的解决方式。但这种方式也并非永远可行，例如，项目的某位成员认为完成管道铺设的成本费用大概需要 5 万元，而另一位成员却认为需要 10 万元，经过妥协，双方都接受了 7 万元这样的预算，这样的结果并非是最佳预算。

（三）竞争

竞争模式的实质就是"非赢即输"。采用这种模式的双方认为在冲突中获胜要比"勉强"保持人际关系更为重要。这是一种积极的冲突解决方式，但这种处理方式会引发利用权力而强制处理的情况。例如，项目经理与某位团队成员就关于购买哪些原材料发生冲突时，如果项目经理不顾原材料的质量和价格，强行命令购买甲公司的，就会导致成员的不满，恶化工作氛围。

（四）迎合

迎合模式表现为强迫服从、让步、顺服和屈从。这种方法认为团队成员之间的关系比解决问题更为重要，通过寻求不同的意见来解决问题会伤害成员之间的感情，从而降低团队的凝聚力。尽管这一模式能够缓和冲突，避免某些矛盾，但是并不利于问题的彻底解决。

（五）合作

合作模式表现为解决问题的一种积极姿态，共同面对差异且分享意念与知识，寻找完整的解决方案，寻找人人皆赢的局面，视问题与冲突为一种挑战。通过这种方法，团队成员直接正视问题、正视冲突，要求得到一种明确的结局。这种方法既正视问题的结局，又重视团队成员之间的关系，是一个积极的冲突解决途径，但是需要一个良好的项目环境。在这种方式下，团队成员之间的关系是开放的、真诚的、友善的。

从实际项目执行来看，合作是项目经理最常用的解决方式，有70%左右的项目经理喜欢这种冲突解决模式。按照解决冲突的效果，项目经理解决冲突最好的模式排名依次是合作、妥协、迎合、竞争、回避。

四、项目冲突管理策略

（一）深入分析可能的项目冲突源，减少有害冲突的发生

项目经理必须十分了解项目生命周期中的冲突强度分布，并能在事前通过计划对可能发生的冲突予以考虑或安排处理方案。如果项目经理懂得项目生命周期中每种冲突源的重要程度和性质，他就能发现更有效减少冲突的策略。表11-1给出了根据项目生命周期各阶段出现的冲突源而总结的解决策略。

表11-1　　　　　　　　　项目生命周期的冲突源及解决策略

项目阶段	冲突源	解决策略
项目启动阶段	优先权	清楚定义的项目计划；联合决策以及与有关部门协商
	管理程序	建立在项目执行中成员都要遵守的详细管理作业程序
	进度计划	在项目启动前建立进度计划；预测其他部门优先权对项目可能的影响
项目规划阶段	优先权	通过碰头会向支持领域提供对既定的项目计划和需求的有效反馈
	进度计划	在与职能部门的合作中完成工作任务包的进度
	管理程序	制订关键管理问题的预备计划
项目实施阶段	进度计划	在项目进程中连续地监督与有关部门的沟通结果；预见问题并考虑替代方案；确认需要密切监督的问题
	技术问题	尽早解决项目的技术问题；向技术人员通报进度计划和预算的约束；重视早期的技术测试；尽早对项目的技术方案达成共识
	人力资源	尽早预测和协调对人力资源的需求；向职能部门提出人力需求的优先权
项目结尾阶段	进度计划	在项目生命周期中密切监督进度；考虑向可能出现进度差错的关键项目重新调配成员；及时解决可能影响项目进度的技术问题
	个性和人力资源	在项目接近完成时做好人员重新分配计划；与项目班子和协作方保持和谐的工作关系；努力缓和紧张的工作环境

资料来源：潘仁勇等. 项目管理 [M]. 北京：清华大学出版社，2009.

（二）用正确的观念对待冲突

当项目团队陷入团队陷阱，产生无敌幻想、自我高估、思考惰性，或片面追求团结、

统一时，项目经理必须善于引导、刺激，甚至制造矛盾，让团队成员在现实中能保持进取心，保持清醒头脑，为项目积极出谋划策。

当冲突发生后，项目经理要善于根据冲突的程度，采用前述的不同冲突解决模式的组合，防止冲突激化。一般而言，只要冲突限于工作范围内，不带强烈的个人爱憎、喜恶、中伤和攻击，这些冲突都是可以接受的。只要冲突由最初的工作转移到私人之间或带入私人生活中，项目经理就必须介入。

（三）加强沟通，培养团队精神，形成有益的项目文化氛围

项目工作范围内的冲突都可以接受，但实际上项目经理往往很难把握该何时介入冲突调解之中，因为人的外在行为有时并不一定反映内心世界。从根源上说，在日常生活中创造出一种和谐、愉悦的项目文化氛围，培养出正确的工作态度与冲突理念，能帮助我们有效地利用冲突的有利面，而抑制冲突的不利面，实现冲突的有效管理。建立有益的文化氛围可以从项目目标理念、沟通、团队精神等方面着手。

[章后案例]

"世界上最大的桥梁"[①]

位于纽约港的维拉扎诺大桥被誉为"世界上最大的桥梁"，奥斯马·阿曼是大桥的总设计师兼项目经理。维拉扎诺大桥因结构简单、造型别致而流芳百世。可是一个叫莫里斯的年轻成员在这个项目中的作用却鲜为人知。莫里斯当时是一位25岁的小伙子，两年前麻省理工学院毕业来到了奥斯马的设计公司。

维拉扎诺大桥项目对奥斯马来说是一个新挑战，这是市政府该年度的重点项目，不仅要求把纽约港的布鲁克林和斯塔顿两个小岛连接起来，以解决交通上的难题，而且还要求该桥具有一定的艺术风格，以作为纽约港的一道风景。

经过近3个月的勘探和设计，项目组设计出了吊桥方案，奥斯马对项目的设计和计划都非常满意。在一个落日的黄昏，奥斯马来到了布鲁克林岛，望着对面的斯塔顿岛自言自语道："这将是一道美丽的风景。"他显然已经沉浸在自己的伟大计划中。"可是，能否找到一种更好的设计方法使这道风景流芳百世呢？"这时，身边突然出现一位小伙子。奥斯马从落日美景中惊醒，马上想起了眼前这位小伙子正是两年前来到自己的公司的莫里斯。"难道我的设计有什么不正确的地方吗？"奥斯马试探着向莫里斯问道。"如果你把桥梁设计成弧形，压力会更小一些"，莫里斯短短的一句话无异于对整个项目设计的否定。

在项目会议上这个问题被再次提了出来。

"谁能保证技术上的成功性？"老设计师詹姆斯首先提出了质疑。

---

① 孙新波，朱珠，等. 项目管理[M]. 北京：机械工业出版社，2016.

"一座弧形的桥梁在两岛之间建立确实是纽约港的一道美丽彩虹,而且建筑历史上也早有先例,比如中国的赵桥。"另一位设计师布朗对莫里斯的设想显示出了强烈的兴趣。

"可是那桥只有50多米,而我们的大桥将是它的几十倍!"詹姆斯对布朗的冒犯表示出了强烈的不满。

"但弧形桥梁的压力确实会减少很多。"奥斯马一边聆听团队成员的争论,一边陷入了苦苦的沉思。

面对相持不下的局面,最后奥斯马亲自担任设计组组长,对弧形桥梁的方案和吊桥方案进行了认真的研究和对比,并最终做出了决策:采用弧形桥梁方案。"世界上最大的桥梁"就这样诞生了。

本章小结

本章内容先介绍了沟通的基本内涵和模型,项目沟通的内涵、作用、特征、内容和过程,并详细阐述了沟通的不同方式和沟通渠道,项目沟通需要一定的工具与方法,并遵循相应的原则进行有效沟通。项目沟通管理的过程是一个复杂的过程,包括编制项目沟通计划、信息分布、执行情况报告和管理收尾,每一个阶段都有相应的依据、工具与技术、成果等。冲突是不可避免的,项目冲突的类型较多,需要明确项目生命周期中的冲突类型分布,掌握冲突的解决模式,并遵循相应的冲突管理策略。

复习思考题

一、单项选择题

1. 管理需要信息沟通,而信息沟通必须具备的三个关键要素是(　　)。
   A. 传递者、接收者、信息渠道　　B. 发送者、传递者、信息内容
   C. 发送者、接收者、信息内容　　D. 发送者、传递者、接收者

2. 下面(　　)的说法是不正确的。
   A. 项目沟通有单向沟通和双向沟通
   B. 项目沟通既有下对上的沟通也有上对下的沟通
   C. 项目沟通只在项目团队内部进行
   D. 项目沟通分为文字符号、言语动作沟通

3. 在项目实施的整个过程中,强度最大的冲突是(　　)。
   A. 技术冲突　　　　　　　　　　B. 项目成员的个性冲突
   C. 进度计划冲突　　　　　　　　D. 人力资源冲突

4. 从潜在的冲突中解脱出来的冲突解决方式是(　　)。
   A. 妥协　　　　　　　　　　　　B. 缓和
   C. 竞争　　　　　　　　　　　　D. 回避

二、多项选择题

1. 非正式沟通的优点有(　　)。

A. 灵活方便　　　　　　　　　　　　　B. 约束力强
C. 速度快　　　　　　　　　　　　　　D. 可以使沟通保持权威性

2. 项目沟通计划是针对项目当事人的沟通需求进行分析，主要包括（　　）。

A. 确定向谁发布信息　　　　　　　　　B. 发布什么信息
C. 什么时候发布信息　　　　　　　　　D. 采取何种方式发布信息

3. 下面关于冲突的解决方式表述正确的有（　　）。

A. 缓解是一种折中的方法
B. 缓和是从冲突中找出一致的方面，忽视两者之间的矛盾
C. 迎合表现为强迫服从、让步、顺服和屈从
D. 妥协可以用于解决与职能部门之间的冲突

4. 为了做好冲突防范，项目经理应该（　　）。

A. 确保项目团队成员都清楚项目的目标
B. 让项目团队成员明白项目计划
C. 提高项目成员的自信
D. 营造良好的沟通环境

三、简答题

1. 沟通需要哪些要素？
2. 项目沟通中的障碍因素有哪些？
3. 如何协调正式沟通和非正式沟通的关系？
4. 简述项目沟通管理的过程。
5. 项目中引发冲突的来源主要有哪些？
6. 项目冲突的解决模式有哪些？

第十二章 项目风险管理

项目风险是普遍存在的,项目在执行过程中总会存在各种各样的不确定性。项目风险管理就是制定科学合理的风险管理规划,识别各种项目风险,对各种项目风险进行定性分析和定量分析,选择合适的风险应对策略或策略组合,并对风险进行监控。项目风险管理的流程即是制定风险管理规划、识别风险、分析风险、应对风险和监控风险。整个项目风险管理过程就是要采取一系列的措施将项目风险进行管理,消除消极影响,适当扩大积极影响,保证项目按照预定的进度、成本、质量顺利完成。

[学习目标]

- 了解风险及项目风险的含义与特点
- 了解项目风险的分类
- 理解项目风险管理的内涵
- 把握项目风险管理规划的内容
- 掌握项目风险识别的方法
- 理解和把握项目风险的定性分析
- 把握项目风险的定量分析方法
- 掌握项目风险的应对策略
- 理解项目风险监控的内容

[案例导入]

项目管理中的不确定性和风险[①]

负责英国一个联合循环燃气轮机电力项目的小组,正在为项目完工时间受到的威胁感到担心。项目完工时间与各种批准程序有关,而这些程序会受涉及一些重要的、新的问题。

天然气的提供是以"提取或支付合同"(take or pay contract)为基础,即从商定的日期开始保证天然气的供应,但在这个日期之后即使不使用天然气也必须付款。这就使得工

---

① 克里斯·查普曼,斯蒂芬·沃德. 项目风险管理:过程、技术和洞察力 [M]. 李兆玉等译. 北京:电子工业出版社,2003.

期延误的代价非常昂贵,运行日期之后未使用的天然气的成本实际上就成了项目的成本。对这种威胁的应对措施是抓住已认定的唯一措施所提供的机会,将整个项目在时间安排上提前三个月,即提前三个月开始,提前三个月完成;而且如果这个项目真的能够提前三个月完成,就安排英国天然气公司提供实验用的天然气。使用英国天然气公司供应的天然气进行实验也是一个不小的变化,因为天然气的成分不同,要求的实验室程序也就不同,所以订购天然气轮机的合同也需要做相应的修改。这个应对措施要能够应对计划造成的延误、满足第一次提出这个措施的动机要求,并能够应付由其他原因造成的延误,其中包括那些未能识别的原因。

另外,这个应对措施提供了一个很高程度的信心:大量天然气供应开始之后,燃气轮机很快就能达到运行条件。这反过来又使得使用英国天然气公司提供的天然气进行实验变得切实可行,同时为了确定"提取或支付合同"的生效日期,将整个项目在时间上后移可以正好赶上冬季需求高峰期的开始,从而改善公司的现金流情况。通过这种方式获得的改善公司现金流状况的机会,同时又保持了采用的"提取或支付合同"方式购买天然气的信心,这被认为是该项目风险管理的关键所在。任何一个项目的执行过程中都存在着机会和威胁,既要保证项目的收益性,又要控制项目的成本,这就使得项目风险管理显得尤为重要。

第一节 项目风险管理概述

一、项目风险

(一)风险及其特点

风险是指损失发生的不确定性。从认知学上讲,风险的损害发生与否及损害的程度取决于人类主观认识和客观存在之间的差异性。所以,风险指在一定条件下特定时期内,预期结果和实际结果之间的差异程度。

风险的构成要素包括三个方面。一是风险因素。它是风险事故发生的潜在原因,是造成损失的内在或间接原因。二是风险事故。它是造成损失的直接或外在的原因,是损失的媒介物,即风险只有通过风险事故的发生才能导致损失。三是损失。它是指非故意的、非预期的、非计划的经济价值的减少。风险的这三个要素是统一体,风险因素引起风险事故,风险事故发生可能造成损失。

风险也是普遍存的,它具有以下特点:客观性、不确定性、可测性。

（二）项目风险

1. 项目风险的含义

项目风险是指由于项目所处的环境和条件的不确定性和不稳定性、项目团队不能准确预见或控制的因素影响，使项目的最终实施结果与干系人的预期期望产生偏离，从而给当事者带来损失或者是机会的可能性。

项目风险的外因是不确定性和不稳定性，内因是不能预见、不能控制，风险的结果是偏离预期并造成损失。

2. 项目风险的特点

相对性。同样的项目风险对于不同的项目和项目管理者会带来不同的影响。

客观性。项目风险的存在是不以人的意志为转移的，项目风险不能也不可能完全被消除。

普遍性。项目风险普遍存在于项目实施过程中的各个阶段和过程。

偶然性。项目风险的发生具有随机性，发生的时间具有突发性且难以预测。

必然性。虽然某个项目风险发生具有偶然性，但是风险的发生具有一定的规律性和必然性。

可变性。项目风险在一定的条件下可以转化。

3. 项目风险的分类

项目风险的种类非常多。从不同的角度，按照不同的标准可以将项目风险分为不同的类型。

按照后果可以分为纯粹风险、投机风险。

按照来源可以分为自然风险、社会风险、经济风险、政治风险、技术风险。

按照项目管理的过程和要素可以分为决策风险、本金风险、通货膨胀风险、存货风险、流动性风险、利率风险、信用风险、外汇风险以及项目实施控制中的各种风险。

按照对目标的影响可以分为工期风险、资金风险、质量风险、生产能力风险、市场风险和信誉风险。

二、项目风险管理

（一）项目风险管理的内涵

项目风险管理是指为确保项目避免发生风险或将风险发生的损失降到最低程度所做的一系列工作和过程。项目管理的理念有两层含义：一是风险有损失，二是风险也是机会。

项目风险管理是识别和分析风险，建立、选择和管理解决风险的可选方案的组织过程。项目风险管理的目标是控制和处理项目风险，防止和减少损失，保证项目的顺利进行。项目风险管理的目标通常分为两部分：一是损失发生前的目标，二是损失发生后的目标，二者构成了风险管理的系统目标。

（二）项目风险管理的原则

项目风险管理的主体是以项目经理为首的项目管理团队，进行风险管理主要需要遵循以下几个原则。

一是经济性原则。风险管理人员在制订风险管理计划时应以总成本最低为总目标，即风险管理需要考虑成本。项目风险管理要以最合理、最经济的处置方式把控制损失的费用降到最低。

二是战略与战术相结合的原则。战略上蔑视风险，风险管理部门需要尽可能地识别各种不确定因素，并做出合理安排和策略。战术上重视风险，项目团队需要认真对待每一种风险因素，思想上绝不松懈麻痹。

三是满意原则。项目风险的不确定性是绝对的，项目风险管理工作也允许一定的风险不确定性存在，只要能够达到要求即可，满意就行。

四是社会性原则。项目风险管理计划和措施需要考虑对项目各种利益相关者的影响，同时项目风险管理要遵守各种法律和法规，满足合法性要求。

（三）项目风险管理的流程

项目风险管理包括对项目风险从识别到分析乃至采取应对措施等一系列的过程。以下是项目风险管理的主要流程。

（1）制订风险管理计划。决定怎样为一个项目开始着手、计划和进行风险管理活动。

（2）风险识别。确定可能会影响项目的风险，并把风险所具有的特征整理在文件中存档。

（3）实施定性风险分析。评价风险的发生概率和影响，并把它们结合起来，为随后的进一步分析和行动排出风险的优先顺序。

（4）实施定量风险分析。用数字分析已识别出的风险会给整个项目目标造成的影响。

（5）制订风险应对计划。为了给项目目标的实现增加机会，或者是减少风险危害而制定的方案和措施。

三、项目风险管理规划

项目风险管理规划是规划和设计如何进行项目风险管理的过程。这一过程包括定义项目组织及成员风险管理的行动方案及方式，选择合适的风险管理方法，确定风险判断的依据等。项目风险管理规划的内容如图 12-1 所示。

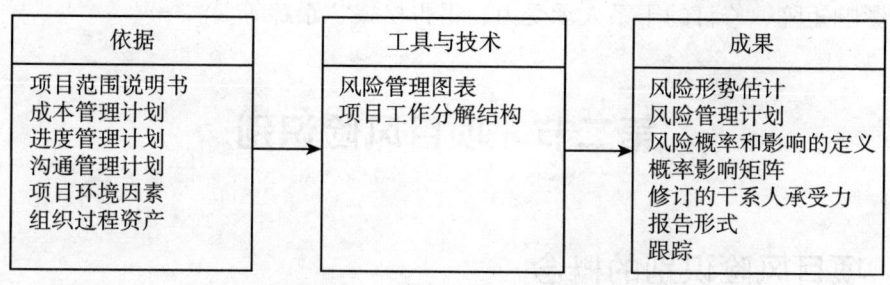

图 12-1 项目风险管理规划的内容

资料来源：孙新波，朱珠，等．项目管理 [M]．北京：机械工业出版社，2016．

（一）项目风险管理规划的依据

一是项目范围说明书。项目范围说明书能够让人们清楚地了解与项目及其可交付成果有关的各种可能性，并建立一个框架，以便人们了解最终可能需要多大程度的风险管理。

二是成本管理计划。该计划定义了如何核定和报告风险预算、应急储备和管理储备。

三是进度管理计划。该计划定义了应该如何核定和报告进度应急储备。

四是沟通管理计划。该计划定义了项目中的各种互动关系，并明确由谁在何时何地来共享关于各种风险及其应对措施的信息。

五是项目环境因素。可能影响规划风险管理过程的项目环境因素包括（但不限于）组织对风险的态度和承受力，代表组织愿意和能够承受的风险程度。

六是组织过程资产。可能影响规划风险管理过程的组织过程资产包括（但不限于）风险类别、概念和术语的通用定义、风险描述的格式、标准模板、角色和职责、决策所需的职权级别、经验教训、干系人登记册等。

（二）项目风险管理规划的工具与技术

一是风险管理图表。风险管理图表是将输入转换为输出的过程中所用到的技巧和工具，它包含在风险管理计划中，以帮助人们更清楚地看到风险信息的组织方式。风险管理图表常见的形式有风险核对表、风险管理表格和风险数据库。

二是项目工作分解结构。工作分解结构（WBS）是项目风险管理的重要工具，它是实施项目、创造最终产品或服务所必须进行的全部活动清单，是项目内各种类型计划的基础。在项目的生命周期过程中，项目组应将项目的 WBS 作为规划未来的系统工程管理、分配资源、预算经费、签订合同和完成工作的协调工具，应根据项目的 WBS 报告工程进展、运行效能、项目评估和费用数据，以控制项目风险。

（三）项目风险管理规划的成果

项目风险管理规划的成果包括风险形势估计、风险管理计划、风险概率和影响的定义、概率影响矩阵、修订的干系人承受力、报告格式、跟踪等。

第二节 项目风险识别

一、项目风险识别的概念

风险识别包括确定风险的来源、风险产生的条件，描述其风险特征和确定哪些风险事件有可能影响到本项目。风险识别不是一次就可以完成的工作，应当在项目的自始至终定期进行。

项目风险识别的主要任务是充分利用项目风险规划阶段提供的材料，找出项目的所有潜在风险及引起风险事件的风险因素（也称风险源），进行风险分类并对风险事件和后果进行初步分析，为下一阶段风险分析奠定基础。项目风险识别是风险管理的基础和关键阶段，并且是风险管理的难点内容。项目风险识别是风险分析和风险应对的基础，能否全面、正确地识别风险，是关系到项目成败的关键。

因此，项目风险识别的定义是：项目风险识别是依据风险规划阶段提供的资料，利用各种技术和方法，找出项目中潜在的所有风险以及引起风险事件的因素，并对风险事件和后果进行初步的定性分析。

二、项目风险识别的内容

（一）依据

项目风险识别的主要依据包括项目环境因素、项目管理计划、风险管理计划、风险种类、历史资料、制约因素和假定等。

第一是项目环境因素。项目环境因素包括公开发表的各种资料，如商业数据库、学术研究、基准或其他行业研究资料等。

第二是项目管理计划。项目管理计划中设定的项目目标、任务、范围、进度计划、费用计划、资源计划、采购计划及项目承包商、业主方和其他利益相关者对项目的期望值等都是项目风险识别的依据。

第三是风险管理计划。风险管理计划向风险识别过程提供的主要信息包括岗位职责、在预算和进度计划中为风险管理活动所做的准备以及风险分类。项目风险管理计划是风险识别的重要依据。

第四是风险种类。风险种类是指那些可能对项目产生正面影响或负面影响的风险源。常见的风险类别有技术风险、质量风险、过程风险、管理风险、组织风险、市场风险及法律法规变更等。风险种类及其特征规律是风险识别的重要依据。

第五是历史资料。以往完成的或同本项目类似的项目及其经验教训对于识别本项目的风险具有帮助。从本项目或其他相似项目的档案文件中，或者从公共渠道中获取的相关项目风险信息都是本项目风险识别的依据参考。

第六是制约因素和假定。制约因素主要是指国家的法律、法规和规章等，这些因素是项目活动主体无法避免的，是项目工作人员不能控制的，这些制约因素中同样隐藏着风险。项目的实施会有一些前提假定，当项目的假设条件不成立时，就可能成为项目的风险源。

（二）步骤

风险识别的步骤可以分为两个阶段，一是收集资料，二是风险形势估计。

第一步是收集资料。项目风险识别需要收集大量的资料，包括项目产品或服务的说明书、项目的前提假设和制约因素、已经完成的同类或类似项目资料。项目产品或服务的说明书能够反映产品或服务的性质及多种不确定性，在很大程度上决定了项目会遇到何种风险。项目的前提假设和制约因素可能在项目期间成立，也有可能不成立，这意味着项目的前提假设和制约因素中也隐藏着风险。以往完成的同类或相似项目的资料及经验教训对识别本项目风险都具有重要作用。

第二步是风险形势估计。风险形势估计是要明确项目的目标、战略、战术以及实现项目目标的手段和资源，以确定项目及其环境的变数，如项目的产业政策、原材料供应情况等的变化。风险形势估计也要明确项目的前提和假设，这样可以减少许多不必要的风险分析工作。项目的资金预算和时间进度非常重要，明确项目有哪些资源可以调动，可以知道项目的战术方案存在多大的不确定性，彻底弄清楚项目有多少可以动用的资源对于实现项目的战略目标是非常重要的。

（三）工具与技术

（1）德尔菲法。德尔菲法是专家达成一致意见的方法。项目风险管理者对所要预测的问题征得专家意见后，进行整理、归档、统计，再匿名反馈给各专家，再次征求意见，再集中再反馈，直到意见相一致为止。德尔菲法可以减少风险识别中的偏移，防止个人对结果造成不当影响。

（2）头脑风暴法。头脑风暴法的目标是得到一份项目风险的综合清单。头脑风暴法就是团队成员自发地提出主张和想法，并且尽可能多地提出方案和意见，最终形成很多具有创造性的方案。头脑风暴法注重方案的数量而非质量，是为了得到更多的潜在风险数量。

（3）核对表法。核对表是基于以前同类项目信息及其他相关信息而编制出来的风险识别核对图表。

（4）SWOT分析法。SWOT分析法是对项目的外部机会与威胁、内部优势与劣势进行综合分析判断。这种方法也属于系统分析工具，从多个方面系统地对项目风险进行识别。

（5）项目工作分解结构法。风险识别也要减少项目的结构不确定性，项目工作分解结构法正是完成该项任务的工具。项目工作分解结构是实施项目、创造最终产品或服务的全部活动清单，可以较好地进行风险识别。

（6）系统分析法。系统分析法是将复杂的事物分解成比较简单的容易被认识的事物，将大系统分解成小系统，从而识别出风险。

（7）图形技术法。图形技术包括因果图、影响图等，它们都可以用来分析项目中可能存在的风险。因果图也称"鱼骨图"，用以分析风险和起因；影响图是一种图解表示问题的方法，反映了变量和结果之间因果关系的相互作用、事件的时间顺序及其他关系。

（四）成果

风险识别的成果一般都以文件资料形式存档，包括风险清单及对项目其他过程的要求。

首先是风险清单。风险清单包括已识别的风险清单、潜在应对措施清单。已识别的风险清单需要对风险进行详细的结构化描述，如某种风险可能会发生并造成什么影响，或者是出现哪种情况时风险就会发生。从风险识别清单中可以看出风险的根本原因是什么，有助于后期本项目的风险识别工作。潜在的应对措施清单也是风险识别的成果，在风险识别的过程中，有时可以识别出风险的潜在应对措施，这些应对措施可以作为风险应对过程的重要依据。

其次是对项目其他过程的要求。在风险识别的过程中可能会发现项目管理其他过程的要求，需要完善和改进。例如利用项目工作分解图识别风险时，可能会发现工作分解结构做得不够详细，就会要求负责分解结构的团队成员继续完善它。再比如，当发现项目有超支的风险，但又无人制定防止超支的措施时，就必须向相关人员提出要求，让他们采取措施防止项目超支情况的出现。

第三节 项目风险分析

项目风险分析是在项目风险识别的基础上，对已识别的项目风险进行定性或定量分析，估计项目风险发生的概率并评价风险事件引起的后果。项目风险分析分为定性分析和定量分析。

一、项目风险的定性分析

项目风险的定性分析是评估并综合分析风险的发生概率和影响，对风险进行优先排序，从而为后续分析或行动提供基础的过程。

（一）项目风险定性分析的依据

（1）风险管理计划。定性分析可以依据风险管理计划中的风险管理的角色和职责、风险管理的预算、风险管理的进度、风险类别、概率和影响程度、概率影响矩阵以及修订的相关利益者的风险承受力等进行分析。

（2）已识别的风险。定性分析可以按照已经识别的风险种类以及风险对项目整体的潜在影响程度进行分析。

（3）项目类型及进展情况。常见或者重复进行的项目较易进行定性分析，因为风险发生的概率以及影响程度较为明确。项目具有生命周期，风险会随着项目的生命周期发生变化，所以定性分析需要结合项目的进展情况展开。

（4）数据的精确度。精确度描述了对风险的理解和把握程度。项目风险定性分析需要考虑风险数据的精确度，数据的可获取程度和可靠性会影响风险的定性分析。

（5）概率和影响程度。风险概率是指风险发生的可能性高低。风险影响程度是指如果风险发生，风险对项目整体的影响有多大。定性分析需要依据这两个关键因素进行分析。

（二）项目风险定性分析的方法

1. 概率影响矩阵

概率影响矩阵主要按照项目风险发生的可能性、风险的影响程度进行评估，将风险分为高、中、低三类。通过概率影响矩阵分析，项目团队可以非常明确项目风险发生的概率大小、对项目潜在的负面影响，并对这些影响程度进行排序，以关注最坏的项目风险。

图 12-2 列出了某公司项目的概率影响矩阵。左边的矩阵将项目风险分为 ABCD 四类，将每一类风险的后果、发生的可能性以及潜在影响都按照低、中、高进行分类；右图以风险发生的可能性、风险的后果为矩阵，将左图的 ABCD 四类风险给予坐标，很明显发现，D 类风险概率大、危害大。

项目风险分类			
风险因素	后果	可能性	潜在影响
A 首席程序员辞职	高	低	适中
B 技术错误	高	中	中
C 超支	中	低	小
D 首先进入市场的竞争者	高	高	大

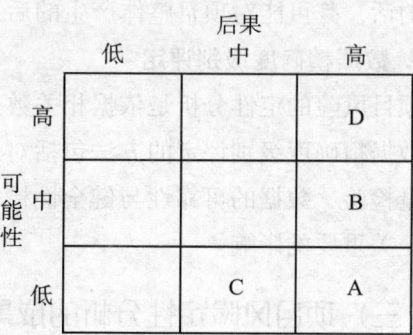

图 12-2 概率影响矩阵

资料来源：孙新波，朱珠，等．项目管理 [M]．北京：机械工业出版社，2016．

2. 矩阵分析法

可以将概率与影响的标度结合起来，以此为依据建立一个对风险或风险情况评定等级的矩阵（低、中、高）。高概率和高影响风险可能需要做进一步分析，包括量化或积极的风险管理。进行矩阵分析时，每项风险都要有概率和影响标度。风险概率标度的取值范围是 0.0~1.0，这个取值可以是专家判断法，也可以是历史资料估计法；风险的影响标度反映了它对项目目标所产生影响的严重程度，影响标度可以采用序数标度，也可以采用基数标度，如低、中、高为序数标度，取值 0.0~1.0 为基数标度。这两种方法的标度都是一个相对赋值。最终矩阵分析法所得出的风险值是风险概率与风险影响值的乘积，即风险值 = 风险概率 × 风险影响值。一般情况下，风险值小于 0.3 被认为是低风险的，风险值在 0.3~0.7 之间被认为是中度风险，风险值高于 0.7 被认为是高风险的。表 12-1 给出了风险的矩阵分析法的示例。

表 12-1　　　　　　　　　　风险发生概率与影响程度评价

概率	风险值 = 风险概率 × 风险影响值				
0.9	0.45	0.09	0.18	0.36	0.72
0.7	0.35	0.07	0.14	0.28	0.56
0.5	0.25	0.05	0.10	0.20	0.40
0.3	0.15	0.03	0.06	0.12	0.24
0.1	0.05	0.01	0.02	0.04	0.08
	0.05	0.10	0.20	0.40	0.80
	影响程度（比率）				

资料来源：宋金波，朱方伟，戴大双. 项目管理案例 [M]. 北京：清华大学出版社，2013.

3. 项目假设测试法

已经识别的风险必须按照两项标准进行判断，一项是假设的稳定性，另一项是假设不成立时对项目造成的后果。项目风险定性分析就是确定其他假设是否有可能也存在，如果存在的话，其可能对项目整体产生的后果是什么，程度有多大。

4. 数据精确度级别评定

项目风险的定性分析是依据相关数据进行的，所以对数据的准确性、精确度要求比较高。数据精确度级别评定的方法包括对风险的理解程度检验、风险的现有数据检验、数据的质量检验、数据的可靠性与健全性检验。这些检验都相当重要，对风险的定性分析判断起着至关重要的影响。

（三）项目风险定性分析的成果

项目风险定性分析的成果包括项目风险的相对排序或优先级清单、按种类分组的风险、需要在近期采取应对措施的风险清单、需要补充分析和应对的风险清单、低优先级风险视察清单、定性风险分析结果中的趋势。

二、项目风险的定量分析

定量分析是就已识别的风险对项目整体目标的影响进行定量分析的过程,定量分析往往是在定性分析之后进行的。

(一)项目风险定量分析的依据

与定性分析相似,项目风险定量分析的依据包括风险管理计划、已识别的风险、按轻重缓急排序的风险清单(定性分析的结果)、需要再分析与管理的风险清单、历史资料、其他规划资料等。其中其他规划资料包括确定进度时所使用的项目内在逻辑和工期估算、工作分解结构所列出的所有成本要素清单以及成本估算、项目技术目标等。

(二)项目风险定量分析的方法

风险的定量分析方法包括面谈、敏感度分析、决策树分析、层次分析法、蒙特卡洛模拟等。

1. 面谈

面谈主要用于对风险概率及其对项目目标的影响进行量化,需要的信息取决于采用的概率分布类型。例如,对有些常用的概率分布,会搜集乐观(低)、悲观(高)与最有可能情况的相关资料;而对于其他分布,则会搜集平均值和标准差的资料。表12-2是一个用于成本估算的三点估算法的例子。风险面谈调查确定了每个 WBS 元素的三点估计值。传统的做法是把各个最可能的取值相加,得到4100万元,但相对来说这个值实现的可能性也不大。将风险值域设定的理由形成文件是风险面谈的一个重要组成部分,因为它可以为该项分析的可信性和可靠性提供信息。

表12-2　　　　　　　　　通过面谈收集的项目成本估算值域　　　　　　　　　单位:万元

WBS 元素	低	最可能	高
设计	400	600	1000
建造	1600	2000	3500
调试	1100	1500	2300
项目合计		4100	

连续概率分布代表数值的不确定性,例如活动的持续时间和项目组件的成本的数值。离散分布可以用来表示多种可能性,如测试的结果或决策树的某种不确定性。图12-3显示了两个广泛使用的连续分布的例子,横坐标表示工期或成本的可能值,纵坐标表示相应

的可能性，这些不对称分布描绘的形状与项目风险分析期间逐步得到的典型数据相符。如果在规定的最高值与最低值之间不存在明显比任何其他值都更可能的值，则可以使用均匀分布，比如在项目概念设计阶段时的情况。贝塔分布和三角形分布常用于项目风险的定量分析，而其他分布也包括均匀分布、正态分布、对数正态分布。

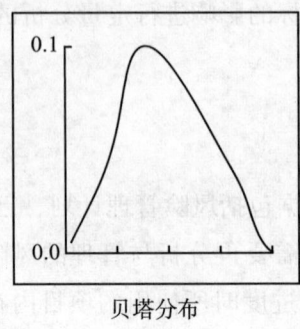
贝塔分布

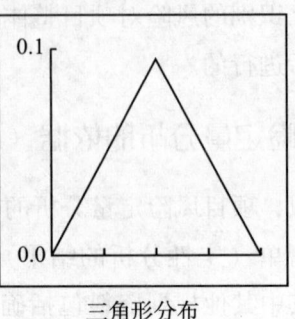
三角形分布

图 12-3　常用概率分布示例

资料来源：孙新波，朱珠，等．项目管理［M］．北京：机械工业出版社，2016．

2. 敏感度分析

敏感度分析是指分析、测算一些因素发生变化时评价指标变化的幅度。有些因素的微小变化会引起评价指标较大的变化，进而影响到原有的决策，这些因素称为敏感性因素。反之，有些因素较大幅度的变化也只能引起评价指标较小的变化甚至不发生变化，这些因素被称为是不敏感因素。敏感度分析实质上就是在诸多的不确定因素中，确定哪些是敏感性因素，哪些不是敏感性因素，并分析敏感性因素对评价指标的影响程度。

敏感度分析有助于确定哪些风险对项目具有最大的潜在影响。它在所有其他不确定因素保持基准值的条件下，考察项目每项要素的不确定性对目标产生多大程度的影响。敏感度分析是风险分析最简单的形式。项目实践中，一般只用那些对成本、时间和经济效益有较大影响以及项目比较敏感的变量，每个变量发生的变化对最终的成本或时间标准的影响在假定的范围内得到评估。

敏感度分析的流程是：确定具体评价指标作为敏感度分析的对象；选择需要分析的不确定性；确定评价指标对各种敏感度因素的敏感程度；经分析得出最敏感的因素，并对风险做出相应的判断。

3. 决策树分析

决策树分析是进行项目风险定量分析的有效方法。它把有关决策的相关因素分解开来，逐项计算其概率和期望值，并进行方案的比较和选择。决策树分析不仅可以用来解决单阶段的决策问题，而且还可以用来解决多阶段的决策问题，它具有层次清晰、不遗漏、不易错的优点。

用决策树进行定量分析的步骤如下：

（1）绘制决策树。按照问题所给出的信息，由左至右顺序绘制决策树。用到的符号有

□、○、△。□表示决策节点,从这里引出的分支为方案分支,在分支上要标明方案名称。○表示状态节点,从这里引出的分支为状态分支或概率分支,在每一个分支上标明状态名称及其出现的概率。△表示结果节点,它标明各种自然状态下所取得的结果(如货币期望值)。

(2)计算方案的货币期望值EMV,并将计算结果标注在相应的状态节点上端。

(3)对损益期望值进行比较并选取最优的期望值在决策节点上,相应的方案即为最优方案。

[例12-1]假设一个公司正试图决定他们是应该提交项目1的、项目2的或者两个项目的建议书,还是不提交任何建议书。假设该公司有20%的概率或机会赢得项目1,该项目有30万美元的利润;有80%的概率不会赢得项目1,且失败的损失估计为4万美元。这就意味着,如果他们没有赢得合同,则公司投资在项目1上的4万美元将得不到补偿。各项目结果的概率之和必须都为1。概率通常由专家判断决定。同样地,赢得项目2的概率和结果是:损失5万美元的概率是20%,损失2万美元的概率是10%,赚取6万美元的概率是70%。绘制出的决策树如图12-4所示。

在图12-4中,项目1的期望货币值为$0.2 \times 30 + 0.8 \times (-4) = 2.8$(万元);项目2的期望货币值为$0.2 \times (-5) + 0.1 \times (-2) + 0.7 \times (6) = 3$(万元)。很显然,公司会选择提交项目2的建议书。

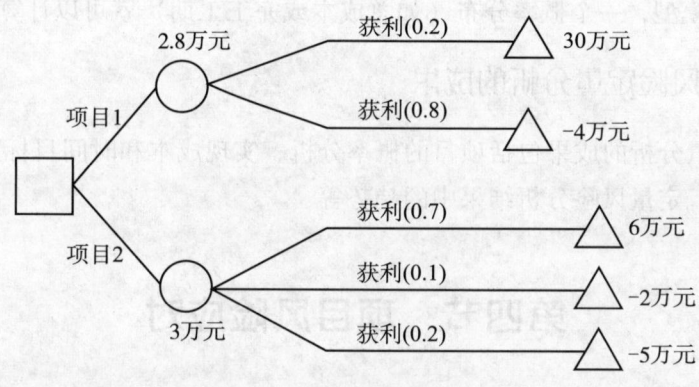

图12-4 决策树分析

4. 层次分析法

层次分析法对多因素、多准则、多方案的综合评价及趋势预测相当有效,面对由"方案层—因素层—目标层"构成的递阶层次结构决策分析问题,给出了一整套处理方法与过程。层次分析法常用AHP分析工具,该方法的最大优点是将定性分析与定量分析相结合,可以将决策者的主观判断和政策经验值录入模型,并进行量化处理。层次分析法的关键是对具有层次结构的整体问题进行综合评价,采取逐层分解,变为多个单准则评价问题,在多个单准则评价的基础上进行综合。

层次分析法AHP的基本步骤是:

(1) 建立所研究问题的递阶层次结构。递阶层次结构的最高层一般是决策目标——决策层；往下一层是准则层；最底层通常是备选方案，也就是子准则层。

(2) 构建两两比较判断矩阵。建立递阶层次结构后，上下层之间元素的隶属关系就已经确定，如果上层元素 C_1 对下层元素 A_1，A_2，A_3，…，A_n 有支配关系，就可以建立以 C_K 为判断准则的元素 A_1，A_2，…，A_n 间两两比较判断矩阵，该矩阵为一个互反矩阵。

(3) 计算权向量并做一致性检验。上述构建的两两比较矩阵构成了决策分析的基础，但要解决一系列的处理问题，特别是"一致性"问题，这些两两比较矩阵中间最好都是一致阵。对于每一个两两比较矩阵都要计算其最大特征根及对应特征向量，利用一致性指标、随机一致性指标和一致性比率做一致性检验。若检验通过，特征向量（归一化后）即为权向量；若不通过，需要重新构建对比矩阵。

(4) 计算综合权向量。根据准则之间的权向量和准则层对方案层的权向量，可以计算出所研究问题的综合权向量。

5. 蒙特卡洛模拟法

蒙特卡洛模拟方法是一种通过对随机变量的统计试验、随机模拟求解数学、物理、工程技术问题近似解的数学方法，其特点是用数学方法在计算机上模拟实际概率过程。在一次模拟中，用按照一个概率分布函数（这个概率分布函数是为每次迭代从每个变量的许多概率分布中选定的，如项目元素的成本和计划活动的持续时间）随机产生的输入值多次运算（迭代）项目模型，一个概率分布（如总成本或完工工期）就可以计算出来。

（三）项目风险定量分析的成果

项目风险定量分析的成果包括项目的概率分析、实现成本和时间目标的概率、已量化的风险优先清单、定量风险分析结果中的趋势等。

第四节 项目风险应对

项目风险应对是制订相关方案，以增加风险对项目目标的机会、减少风险对项目目标危害的过程。项目风险应对在项目风险定性分析和定量分析之后，确定相关的责任承担人并向他们分配责任。项目风险应付措施应符合风险的重要性，对风险处理要有优先级划分。

一、项目风险应对的依据

项目风险应对的依据包括风险管理计划、风险名单、风险排序、风险认知、风险主体和一般风险应对措施等。本书内容重点介绍两类依据，即风险管理计划和风险名单。

（一）风险管理计划

风险管理计划的重要内容包括岗位职责、风险分析定义、低中高风险的极限、进行项目风险管理需要的时间和预算情况等。风险管理计划的一些内容是风险应对的重要依据，这些内容包括低、中、高风险的极限，这种极限帮助风险应对负责人了解那些需要采取应对措施的风险，以及用于制订风险应对计划的人员分配、进度计划和预算制定等。

（二）风险名单

风险名单是随着项目风险管理的进度而更新的，风险识别阶段已经形成了风险名单，但是在风险的定性分析和定量分析的过程中，风险名单得以更新。风险应对计划在制定风险应对策略时，可能要重新参考已识别的风险、风险的根本原因（风险源）、可能的应对措施清单、风险责任人、风险征兆、预警信号等。

风险名单给风险应对提供的依据包括项目风险的相对等级或优先级清单、近期需要采取应对措施的风险清单、需要补充分析和应对的风险清单、定性风险分析结果中的风险趋势和根本原因，以及按照分类分组的风险及低优先级风险的观察清单。在定量分析过程中，风险名单会持续得到更新和补充。

二、项目风险应对的方法

一般意义上的风险应对方法非常多。虽然有若干种应对风险的策略，但是需要给每个项目风险选择最有可能产生效果的策略或策略组合。项目风险应对的方法选择上可以采取决策树法，然后制订具体的行动计划。也可以选择主要策略和备用策略，可以制订相应的风险应对退出计划，当所有风险应对策略都不能够解决问题时，只好选择退出。在风险应对措施中，也需要考虑风险应对的成本、时间和进度问题。常见的项目风险应对方法有以下几种。

（一）消极风险的应对策略

消极风险指的是风险的发生可能会对项目整体产生消极影响的风险类型。应对消极风险的策略有三种，即回避、转移和减轻。

第一种策略是回避。回避是指当项目风险潜在威胁发生可能性太大，不利后果也非常严重，又无其他策略可用时，主动放弃项目或改变项目目标与行动的方案，从而规避风险的一种策略。回避风险包括改变项目管理计划以消除由有害风险造成的危害、使项目目标不受风险的影响、放宽有危险的目标（比如延长项目进度或减小项目范围等）。在项目生命周期的早期阶段出现的风险，可以通过澄清需求、取得信息、改善沟通或者获得专门技术避免。

有些特殊的项目情况，可以考虑采用回避策略。一是客观上不需要的项目，没有必要冒险；二是一旦造成损失，组织无力承担后果的项目。在采取回避策略之前，需要对风险有充分认识，对威胁出现的可能性和后果的严重性有足够的把握。采取回避策略最好是在项目活动还没有实施时，放弃或改变正在进行的项目，一般都要付出高昂的代价。

第二种策略是转移。转移风险又叫合伙人分担风险，其目的不是降低风险发生的概率和不利影响程度，而是借用合同或协议，在风险事故一旦发生时将损失的一部分转移到项目以外的第三方身上，风险转移需要将威胁的消极影响连同应对的权力转给第三方。转移风险实际上是把风险管理的责任交给了另一方，而非将风险消除。转移风险实质上是向承担风险的一方支付风险成本的过程。转移风险的技术方法非常多，如使用保险、履约保证金、保证和担保等。在很多情况下，可以利用合同将特定风险的责任转移给另一方，使用成本加成类合同可以将成本风险转移给买方；在项目的设计保持不变的前提下，可以用固定价格合同把风险转移给卖方。

实施转移策略需要遵循两个原则：一是必须让承担风险者得到相应的报答；二是对于各种具体风险，谁有能力管理就让谁分担。转移风险主要有五种具体方式：出售、发包、开脱责任合同、保险和担保。

第三种策略是减轻。风险减轻指的是把不利风险事件的概率和影响单独或一起降低到一个可以接受的程度。为了把不利风险事件的概率和影响单独或一起降低，提前采取行动往往会比在风险发生时的亡羊补牢更有效。采取不太复杂的工艺、进行更多测试或者选用比较稳定的供应商都是减轻风险行动的实例。要想降低一项工艺或产品从实验室规模的模型放大到实际产品存在的风险，可能就需要开发样机。如果不可能降低风险发生的概率，就要减轻风险发生时的危害程度。

减轻风险还要考虑风险的性质，主要看风险是已知风险、可预测风险还是不可预测风险。对于已知风险，项目团队可以在很大程度上加以控制，可以动用项目现有资源使之减少。可预测风险和不可预测风险是项目团队很少或根本不能够控制的风险，项目团队必须采取迂回策略加以应对。实施减轻策略，最好是将项目风险减轻到一个合理的、可以接受的范围之内。

（二）积极风险的应对策略

积极风险指的是风险的发生可能会对项目整体产生积极影响或带来机会的风险类型。积极风险的应对策略有三种，即利用、分享和增加。

第一种策略是利用。当组织希望确保某个机会得以实现的情况下，可以为那些积极影响的风险选择这个策略。通过这个策略使机会肯定出现，以降低某个特定的积极风险的不确定性。直接利用风险的措施是投入更多的资源，以缩短项目完成时间或提高原计划的项目质量。

第二种策略是分享。分享积极风险就是将风险的所有权分配给最有能力抓住对项目有利的机会的第三方。分享的实例包括组建风险分享的合伙契约、团队、带有特殊目的的公司，或者是为处理风险的特殊目的而建立的联合体。

第三种策略是增加。通过相应的措施组合增加积极风险出现的概率或者是积极影响程度。可以通过识别积极风险会发生的关键因素，在某种条件下使其更大化或机会增加。通过努力促进或加强机会的形成，以及提前瞄准和加强其引发条件可能提高机会发生的概率；也可以瞄准影响的促成因素，努力提高项目对于机会的敏感性。

（三）同时应对消极和积极风险的策略

同时应对消极和积极风险的策略就是接受风险。之所以采取这种策略就是很少有可能全面消除项目的所有风险。这种策略意味着项目团队已经决定不会因为处理某种风险而改变项目计划，或者是确实无法找到风险的应对良策。接受风险的策略可以是被动的，也可以是主动的。常见的主动接受策略是建立一项不可预见事件的储备计划，包括时间、资金、资源等以处理已知或未知的危害或机会。被动接受策略是不需要采取任何行动，当消极或积极风险发生时，由项目团队去处理它们。被动接受风险的条件是风险事件造成的损失数额不大，对项目大局不造成影响。

（四）应急应对策略

某些风险应对策略被设计出来只在某些事件发生时才使用。对于有些风险，项目团队可以制订一个只在某些预定条件下才执行的应对计划，这样做的前提条件是有实施这个计划需要的足够预警信息。可以确定并跟踪那些引发应急应对策略的关键事件，如缺少的中间里程碑或在供应商那里得到更高的优先权。

对于制定有后备措施的风险，一旦项目实际进展情况与计划不同时，就动用后备措施，后备措施涉及预算应急费、进度后备措施、技术后备措施三个方面。

三、项目风险应对的成果

项目风险应对的成果即是风险应对计划。风险应对计划中最关键的因素是风险名单。风险名单从最开始的风险识别就初步形成，在定性风险分析和定量风险分析过程中，风险名单得以更新。在风险应对计划中，要选择恰当的应对策略，把策略形成一致意见并形成文档，把该文档加入风险名单中去。风险名单编写要符合优先权排序，并把计划的应对策略写详细。高、中级风险通常会更加仔细地处理。判断为低优先权的风险被列入观察清单，以便例行定期监测。

项目风险应对阶段的风险名单内容包括以下内容：

（1）已识别的风险、风险描述、受影响的项目领域、原因以及它们可能怎样影响项目目标。

（2）风险所有人和他们的责任。

（3）定性分析和定量分析的结果，包括排出优先顺序的项目风险清单和项目概率分析。

（4）形成一致意见的应对措施。

（5）实施所选择的应对策略时应采取的具体行动计划。

（6）风险发生的征兆和预警信号。

（7）实施所选择的应对策略需要的预算和进度计划活动。

（8）设计好要准备的符合有关当事人风险承受的用在不可预见事件上的预留时间和成本。

（9）应急方案和要求实施方案的引发因素。

（10）要使用的退出计划，它作为对某个已经发生且原来的应对策略已经被证明不当的风险的一种反应。

（11）项目风险名单还应包括：预计在已经采取了计划的对策之后仍将残留的风险以及那些主动接受的风险目录；作为实施一项风险应对措施的直接结果所产生的继发风险；根据项目的定量分析和组织的风险极限计算出来的不可预见事件储备。

第五节　项目风险监控

一、风险监控的概念

风险监控就是在风险事件发生时实施风险管理计划中预定的应对措施。风险监控就是要跟踪识别风险，识别剩余风险和出现的风险，修改风险管理计划，保证风险计划的实施，并评估消减风险的效果。

风险监控识别、分析和控制新风险，保持对已识别风险和观察清单中的风险的跟踪，重新分析现存风险，监测不可预见事件计划的引发条件，监测残留风险，评审风险应对策略的实施效果。风险监控需要使用一些技术，例如偏差和趋势分析，这些分析需要项目实施过程中生成的绩效数据。风险监控管理工作与其他项目工作内容一样，是一个不断改进更新的过程。

风险监控的目的包括确定项目假设是否依然正确、已评价的风险与原来的状态相比是否发生改变、风险管理政策和程序是否得到执行、不可预见事件的成本和进度储备是否随风险改变做出修正等。所以，风险监控可能涉及选择一些替代策略、实施一项应急或退出计划、采取纠正措施或修改项目管理计划。风险监控过程还包括更新组织方法资源，其中包括有利于未来项目的项目经验教训数据库和风险管理模板。

二、风险监控的内容

（一）风险监控的依据

第一是风险管理计划。风险管理计划里的内容会成为风险监控的重要依据，比如包括风险所有人在内的人员、时间和其他用于项目风险管理的资源分配问题。风险管理计划中的人员岗位职责、预算和进度计划中为风险监控做的准备、风险分类等，都可以是风险监控的依据。

第二是风险应对计划。风险应对计划中的风险名单文档如已识别的风险和风险所有人、取得一致意见的风险应对策略、具体应对行动、风险征兆、风险预警等，甚至包括残留风险、继发风险、低优先权风险清单等，都是风险监控需要依赖的信息资源。风险应对计划中的风险名单是风险监控的重要依据，因为随着项目的进展，可能会发现以前未曾识别的风险，需要根据新的风险变更进行风险监控计划准备和资源准备。

第三是项目中批准的变更请求。批准的变更请求可能包括诸如工作方法、合同条款、项目范围、进度计划的修订。批准的变更请求可能产生新的风险，或者使已识别风险发生变化，需要对这些变化进行分析，从而得出更新的风险名单、风险应对计划、风险管理计划等。所以，应当完整和正式记录所有的项目变更请求，形成文档资料，以便进行风险监控顺利进行。

第四是项目工作绩效信息。项目工作绩效信息包括项目可交付成果的状态、纠正行动和绩效报告的内在工作绩效信息等，都是风险监控的重要依据。项目工作绩效报告是提供项目工作绩效信息的重要文档，直接影响风险监控管理的过程分析工作。

第五是额外的风险识别与分析。在对项目绩效进行量度与报告时，以往未曾识别的潜在风险有可能明显显现出来。对这些风险需要重新进行风险识别、风险分析、风险应对和风险监控。

第六是范围变更。范围变更常常需要新的风险分析和风险应对计划。

（二）风险监控的方法

第一是风险再评价。风险再评价就是对项目风险进行定期的再评估，因为风险总是会随着项目生命周期发生变化，而风险的变化可能需要新的评估或量化分析。风险再评价意味着在项目推进的过程中，适当的时候按照风险识别、风险分析的方法对风险重新进行评价，应当制定定期的风险再评价机制。项目风险管理应当是团队状况检查会议的重要议题，合适的重复次数和详细程度取决于项目相对于目标的进展情况。比如，项目进度过程中出现了未被识别的风险，这类风险没有出现在风险名单中，也没有包含在风险观察清单中，并且该风险会对项目目标和预期产生重要影响，那么先前制订的风险应对计划就会不当，很有必要补充风险应对计划，从而实现对风险的监控管理。

第二是风险审核。风险审核是对处理已识别风险和它们的根源当中使用的风险策略的效果，以及风险管理的整体效果进行检查，并把它们制定成文件的过程。风险审核最常用的工具技术是核对表，可以准确地展现出风险处理的前后效果。

第三是偏差和趋势分析。利用项目绩效资料去评审项目实施过程中的趋势，可以运用挣值分析、其他项目偏差和趋势分析方法监控项目总体绩效。所有这些分析的结果可以预测出在项目完成时项目成本和进度目标可能产生的偏差。对比这些偏差值与基准偏差值，以此来判断威胁或机会的可能影响。同时需要注意，偏差和趋势分析需要独立地进行分析，项目办公室之外的风险管理团队比来自项目自身的风险管理团队更能独立、公正地评估这些偏差。

第四是技术绩效测定。将项目实际执行中技术工作方面取得的进展，与项目计划中相应的进度计划进行比较。比较中所反映的偏差，或许暗示着实现项目目标存在着某种风险。

项目风险监控的流程如下：一是建立项目风险监控体系。在项目实施之前，根据项目风险分析与度量的结果，制定出关于项目风险管理所必须执行的方针、政策、程序、管理体制等。二是确定要监控的具体项目风险。根据风险识别与风险分析中给出的风险严重性，结合项目自身的抗风险能力，决定应该承担哪些风险、转移哪些风险。三是分配项目风险监控的职责。将项目风险监控的任务内容、职责和权力落实到具体的部门和个人，由他们负责具体工作。四是制订项目风险监控的具体行动计划。五是实施项目风险监控的具体行动计划。六是跟踪项目风险监控的结果。项目风险监控跟踪是一个全过程行动，目的在于不断地跟踪了解风险监控的行动效果，把握项目风险因素的新变化、新动态，以及时反馈这些信息，指导风险监控方案的调整。七是判断项目风险监控的效果。

（三）风险监控的成果

第一是风险数据库。风险数据库即风险名单文档资料，包括风险再评价、风险审核、定期风险评审的结果，这些结果可能有对概率、影响程度、优先权、应对计划、所有人及风险名单其他元素的更新，也有不再有效的已经结束的风险目录；还包括项目风险和风险应对策略的实际结果，可以帮助项目经理为整个组织的风险和未来项目的风险进行计划。

第二是纠正措施。纠正措施包括应急方案或随机应变措施，后者指那些开始并没有计划但为了处理以前未曾识别出来或被动接受风险又需要的应对措施。

第三是请求的变更。经常实施应急计划或随机应变措施往往需要为了应对风险而改变项目管理计划。

第四是应对计划更新。项目风险不一定全部会发生。当风险确实发生时，应当形成文字记载并进行评估。实施风险监控可以减小已识别风险的影响或者发生的概率。风险级别应重新进行分析评估，以发现和控制新的重大风险。未曾发生的风险应当记载在案，并在风险应对计划中加以注销。

第五是风险识别检查表更新。根据项目工作中取得的经验,对检查表进行更新,这些更新的内容将会对项目风险管理提供帮助。

[章后案例]

某集成项目的风险控制问题①

C公司是国外一家知名的IP电话设备厂商,在国内拥有许多电信运营商客户。C公司主要通过分销的方式发展中国业务,由国内的合作伙伴和电信公司签约并提供具有增值内容的集成服务。

2000年,国内一家省级电信公司(H公司)打算上某项目,经过发布需求建议书(RFP)以及谈判和评估,最终选定C公司为其提供IP电话设备。D公司作为C公司的代理商,成为该项目的系统集成商。D公司是第一次参与此类工程。H公司和D公司签订了总金额近1000万元的合同,李先生是该项目的项目经理。

该项目的施工周期是3个月。由C公司负责提供主要设备,D公司负责全面的项目管理和系统集成工作,包括提供一些主机的附属设备和支持设备,并且负责项目的整个运作和管理。C公司和D公司之间的关系是外商通常采用的方式:一次性付账。这就意味着C公司不承担任何风险,而D公司虽然有很大的利润,但是也承担了全部风险。合同是固定总价的分期付款合同,按照电信业惯例,10%的尾款要等到系统通过最终验收一年后才能支付。

3个月后,整套系统安装完成。但自系统运行之日起,不断地有问题暴露出来。H公司要求D公司负责解决,可其中很多问题涉及C公司的设备问题。因而,D公司要求C公司予以配合。C公司也一直积极参与此项目的工作。

然而,李先生发现,D公司对H公司的承诺和技术建议书远远超过了系统的实际技术指标,这与C公司与D公司的代理合同有不少出入。D公司也承认,为了竞争的需要,做了一些额外的承诺,这是国内公司的通常做法,这种做法实质上增加了项目的额外成本,同时对整个的商业行为构成潜在的诚信危机。

对于H公司来说,他们认为,按照RFP的要求,D公司实施的项目没有达到合同要求。因此一直到2002年,H公司还拖欠D公司10%的验收款和10%的尾款。D公司多次召开项目会议,要求C公司给予支持。但由于开发周期的原因,C公司无法马上达到新的技术指标并满足新的功能。于是,项目持续延期。为完成此项目,D公司只好不断将C公司的最新升级系统(软件系统)提供给H公司,甚至派人常驻H公司(外地)。

又经过了3个月,H公司终于通过了最初的验收。在D公司同意承担系统升级工作直

---

① 殷焕武,周中华. 项目管理[M]. 北京:机械工业出版社,2010.

到完全满足 RFP 的基础上，H 公司支付了 10% 的验收款。然而，2002 年底，C 公司由于内部原因暂时中断了在中国的业务，其产品的支持力度大幅度下降，结果致使该项目的收尾工作至今无法完成。

据了解，D 公司在此项目上原本可以有 250 万元左右的毛利，可是考虑到增加的项目成本（差旅费、沟通费用、公关费和贴现率等）和尾款，实际毛利不到 70 万元。如果再考虑机会成本，实际利润可能是负值。

项目失败，尤其是项目的预期经济指标没有完成，这是非常遗憾的事情。该项目失败的主要原因在于风险控制和风险处理机制的缺失问题。

本章小结

项目风险是影响项目目标是否能够实现的所有不确定因素的集合。项目风险管理是在项目过程中识别、分析各种风险因素，采取必要策略控制能够引起不期望的变化的潜在事件和领域。项目风险管理的目的就是将有利事件的积极结果尽量扩大，而把不利事件的后果降低到最低的程度。

项目风险管理包括进行风险管理规划的制定，以形成包括风险形势估计、风险管理计划、风险概率和影响的定义、概率影响矩阵、修订的干系人承受力、报告格式、跟踪等资料文档。风险识别需要遵循一定流程，依据相关项目资料进行识别。风险分析包括定性分析和定量分析，定性分析是定量分析的前提，定量分析是采取一定的工具技术和方法对风险进行分析判断。风险监控是风险管理的最后一阶段，风险监控就是要跟踪识别风险，识别剩余风险和出现的风险，修改风险管理计划，保证风险计划的实施，并评估消减风险的效果。

复习思考题

一、单项选择题

1. 不能确定在可交付成果的集成时间可能会遇到什么问题，但对项目来讲是一项风险，项目经理决定不在这个时间处理它。这是（　　）。

    A. 风险回避　　　　　　B. 风险转移　　　　　　C. 风险减轻　　　　　　D. 风险接受

2. 一位项目经理正在为自己负责的项目进行风险量化。几位参与项目的专家都不在现场，但是希望参与项目风险评估工作。如何实现这一点呢？（　　）。

    A. 依托互联网，使用蒙特卡洛模拟方法

    B. 使用关键路径方法

    C. 对已知的专家进行非正式的调查

    D. 使用德尔菲法

3. 项目面临下述风险，客户要求可能延迟 14 天收到的概率是 20%，采购过程中发生 21 天延迟的概率是 10%，整合延迟 14 天的概率是 50%。这些事件的预期值是多少？（　　）

    A. 11.9 天　　　　　　B. 35.8 天　　　　　　C. 49 天　　　　　　D. 7 天

4. 风险管理不力的最可能的原因是（ ）。

A. 风险应对计划不充分 B. 风险监控不力
C. 缺乏风险优先排序清单 D. 范围说明书缺乏细节内容

二、多项选择题

1. 导致项目风险造成的后果从（ ）这些方面来衡量。

A. 风险后果的大小 B. 风险后果的性质
C. 项目风险的影响 D. 风险后果的时间性

2. 下面所有的描述中，（ ）是项目风险管理的目的。

A. 识别出在项目执行过程中可能影响到项目的范围、进度、成本和质量的因素
B. 评价风险对项目的影响程度，并制订出应对计划
C. 为不能控制的因素制定目标
D. 通过影响能够被控制的事件来减轻风险的影响

3. 下面说法正确的有（ ）。

A. 转移风险也称为分担风险
B. 项目的风险对不同的组织来说大小是相同的
C. 项目总存在风险
D. 相同的风险在项目的不同阶段是不同的

4. 下列有关回避风险的说法，正确的有（ ）。

A. 回避风险有可能会产生新的风险
B. 回避风险可以完全消除该风险所带来的各种损失
C. 如果风险后果比较严重，就可以采用回避风险的方法
D. 所有项目风险都是可以回避的

三、简答题

1. 什么是项目风险？项目风险具有哪些特点？
2. 风险管理规划都包括哪些工作？
3. 风险识别有哪些方法？
4. 风险分析的定性分析方法、定量分析方法有哪些？
5. 风险应对的主要策略有哪些？各自有什么优缺点？
6. 风险监控的主要方法有哪些？风险监控的结果是什么？

第十三章 项目干系人管理

项目管理工作的一项重要工作就是识别干系人,并进行干系人管理。项目干系人管理从项目启动阶段开始贯穿项目的全生命周期,是一个动态的管控过程。项目干系人管理不仅影响项目的推进,还影响项目结束后的满意度和结果,所以干系人管理至关重要。科学合理的项目干系人管理可以提高项目的成功率,项目经理需要逐步识别项目的所有干系人,通过干系人管理影响他们、并通过他们影响项目的实施过程,针对不同类型的干系人,还应该制定不同的管理策略和设计控制工作。

[学习目标]

- 理解并掌握项目干系人的内涵
- 掌握识别项目干系人的步骤
- 理解项目干系人管理规划的过程
- 掌握管理项目干系人的内涵
- 掌握管理项目干系人参与的方法
- 理解对项目干系人参与的控制

[案例导入]

LY 公司的项目干系人管理[①]

LY 公司是美国独资公司,具有 100 多年的历史,是世界领先的地上和地下采矿设备制造商。在地上采矿设备和地下采矿设备的设计研发、生产售后、智能服务等方面享有盛誉。2012 年,公司决定着手研发 IT 项目 A,任命王工程师为项目 A 的项目经理,随着 A 项目投资逐渐加大,项目的复杂性越来越高,王工程师对项目是否能够如期完成产生了诸多担心,于是他对 LY 公司过去 5 年所实施的 63 个 IT 项目的实施结果进行了统计分析,分析表明,大量的项目实施都存在着或多或少的项目延期、项目成本超预算、交付成果不能满足客户要求等问题。

王工程师对公司项目管理问题进行深入剖析,发现都存在着项目干系人方面的管理不

---

① 孙新波,朱珠,等. 项目管理 [M]. 北京:机械工业出版社,2016.

当。首先，用人不当。在项目管理过程中，项目经理工作都很努力刻苦，每天忙于协调内外部各种关系，但是到了月末项目考核时，项目进度和计划相差甚远，达不到绩效要求。在组建项目团队时缺乏人员与技能的评估，结果导致用人不当与资源分配不能得到合理分配。一个项目如果要按照计划完成，就要有很好的人员与技能规划，人员不足或者能力不够的结果往往会导致项目无法按照计划进行，最终造成项目延期或成本增加。其次，项目团队的沟通意识差。项目团队与项目支持者、参与者较少存在沟通，以至于最终用户对于交付成果没有很好的预期，成果无法达到预期的要求，增加了项目验收的风险。LY公司以往的经验表明，由于在项目交付期望上的不一致而造成项目不能按时交付的比例相当大。最后，缺乏项目干系人支持。对用户抵触心理认识不足，在项目实施过程中遇到项目干系人直接和间接的反对，会让项目所投入的资金与精力白费。有些项目出资人没有意识到他们在项目中应该承担的职责，未能在项目实施中表现出对于项目的支持，使得一些本来就保持中立态度的干系人对项目采取消极的态度，使得项目进展困难。一些失去利益的项目干系人会对项目明确反对或者消极对待，使得项目无法按照所计划的时间完成，甚至由于某个关键项目干系人的需求没有得到满足，以致项目无法交工。

在明确了LY公司在项目管理方面存在的问题后，王工程师采取了一系列改进措施，项目A终于在2013年5月如期顺利完工。

第一节　项目干系人管理概述

一、项目干系人

对项目干系人（stakeholder）的研究工作起步较晚，始于20世纪60年代。在此之前，项目管理一般只把时间、成本、质量等纳入管理体系，而不关注项目干系人。1963年，斯坦福大学项目管理研究小组对干系人的含义予以正式定义，即干系人是支撑企业或组织生存发展的载体，如企业投资者、股东、员工、顾客等。1984年，经济学家菲尔曼扩展了干系人的定义，认为干系人是影响企业目标、受到企业目标影响的群体或个人。

最初干系人管理是作为项目沟通管理的一部分内容，但是两者不能够合二为一。在项目管理的知识体系中，干系人管理是一项新内容。干系人管理是《项目管理知识体系指南（PMBOK）》第五版中新加入的一个概念，与其他内容体系一起构成了项目管理的十大体系。

项目干系人是能够影响项目决策、活动或结果的个人、群体或组织，以及会受到或自认为受到项目决策、活动或结果影响的个人、群体或组织。或者说，项目干系人即是与项目或者产品间存在关系的组织以及个人。一般情况下，项目干系人可以根据项目与干系人之间的潜在关系区分为主动关系和被动关系两个方面。主动关系是指项目的实施对于干系人的利益影响；被动关系表现为干系人对项目实施过程中的影响力。在此基础上，我们将对项目进展过程中具有较强影响力的干系人称为关键干系人，将对项目进展过程中具有非常弱的影响力，或者并未真正参与到项目中却受到项目实施的影响的干系人定义为次要干系人。

项目的全生命周期内，可能会与多个组织、个体及其他关联方建立联系，只要与项目产品或服务存在相关关系的个体和组织都可以被视为项目干系人。这些相关联的组织和个人不局限于内部，只要是以某种直接或间接的方式参与项目当中的都可以视为项目干系人。项目的投资人、项目管理团队成员、项目产品使用人等都属于项目干系人；在项目实施过程中，项目干系人会使用或者暂时性占用公司有限的资源，这在一定程度上影响相关管理层或者其他部门的运营，虽然这些人没有直接参与到项目当中，但却与项目间存在相互影响，被视为项目干系人的组成部分；项目外部的干系人主要包含项目相关的客户、同行业竞争人以及供应商等多个相关方。

二、项目干系人管理

项目干系人管理的起点是准确地把握项目干系人的需求，项目干系人管理的最终目标也是使干系人满意，提高项目干系人的满意度。所以说，只有在项目运行中保证对各方干系人需求的清晰了解，才会实现干系人管理的最终目标。

项目管理对于相关干系人会有较大的影响，这种影响存在两种可能，即积极影响与消极影响。同样地，项目干系人对于项目的态度也会显著影响项目工作实施能否成功。项目经理作为项目干系人管理的主要负责人，必须深入了解项目干系人的性格、能力、参与程度以及合作协调能力等方面的信息，只有了解这些才能使项目经理与干系人实现有效合理的沟通。面对内部和外部干系人的共同影响，管理中必须充分了解政府组织以及其他相关非政府组织对项目干系人管理的影响。项目干系人管理需要与干系人持续地沟通，以便及时了解干系人的需要和期望，解决实际发生的问题，管理利益冲突，促进干系人合理参与项目决策活动。项目干系人管理就是达成与项目各个干系人间良好的发展关系，在沟通中协调各个相关方的需求，进而使项目经理与项目干系人以及项目干系人之间没有分歧。

项目干系人管理的各个过程主要是以下四个方面：

第一，识别干系人。识别能够影响项目决策、活动或结果的个人、群体或组织，以及会受到或自认为受到项目决策、活动或结果影响的个人、群体或组织，并分析和记录他们的相关信息的过程。这些相关的信息包括他们的利益、重要程度、影响力、参与度、相互依赖关系以及对项目成功的影响等。

第二，规划干系人管理。基于对干系人的需要、利益及对项目成功的潜在影响的分析，制定科学合理的管理策略，以便有效地调动干系人参与整个项目生命周期的过程。

第三，管理干系人参与。在整个项目生命周期中，与干系人进行沟通和协作，以满足其需要和期望，解决实际出现的问题，并促进干系人合理参与项目活动的过程。

第四，控制干系人参与。全面监督项目干系人之间的关系，调整策略和计划，以调动干系人参与过程。

以上四个过程是相互作用的，并且与项目管理的其他知识体系内容相关联。

三、项目治理

项目治理是能够构建一套包含一系列正式或非正式、内部或外部的制度或机制的制度体系，它科学合理地规定了项目主要利益相关者之间的权（权力）、责（风险）、利（利益）关系，从而在项目交易中建立起一种良好的秩序，并通过各种方法和手段来维持这种秩序，以求有效地协调利益相关者之间的关系并化解他们之间的利益冲突。简而言之，项目治理就是通过一套制度体系来建立并维持项目交易中的一种良好秩序的过程，而这种秩序就是规定各主要利益相关者应该怎样的问题，需要强调的是，项目治理不仅存在于项目这一契约组织形成时建立秩序的过程中，更存在于项目建设管理全过程中。

而项目的成功与否与干系人管理十分相关。采用项目治理，组织就能够规范地管理项目，使项目价值最大化，使得项目目标得以实现。项目治理提供了一个框架，便于项目经理和项目发起人制定既满足干系人需要和期望，又符合组织战略目标的决策，也有利于他们及时地发现和应对偏差的情况。项目治理框架向项目经理和团队提供管理项目的结构、流程、决策模式和工具，并对项目进行支持和控制，以实现项目的成功交付。项目经理和项目团队应该在项目治理框架和时间、预算等因素的限制下，确定最合适的项目实施方法，负责项目的规划、执行、控制和收尾。所以，项目干系人管理需要结合项目治理，处理不同利益主体之间的监督、激励、风险分配问题，使得项目目标顺利实现。

第二节　识别项目干系人

一、干系人识别概述

（一）干系人识别的方法

由上面的定义可知，项目干系人能够影响项目决策、活动或结果的个人、群体或组织，以及会受到或自认为受到项目决策、活动或结果影响的个人、群体或组织。一般情况下，项目的核心干系人及其关系如图 13-1 所示。在项目干系人管理的体系中，项目干系人界定是最基础的内容，而把项目干系人识别出来，才是项目经理工作的重点内容。

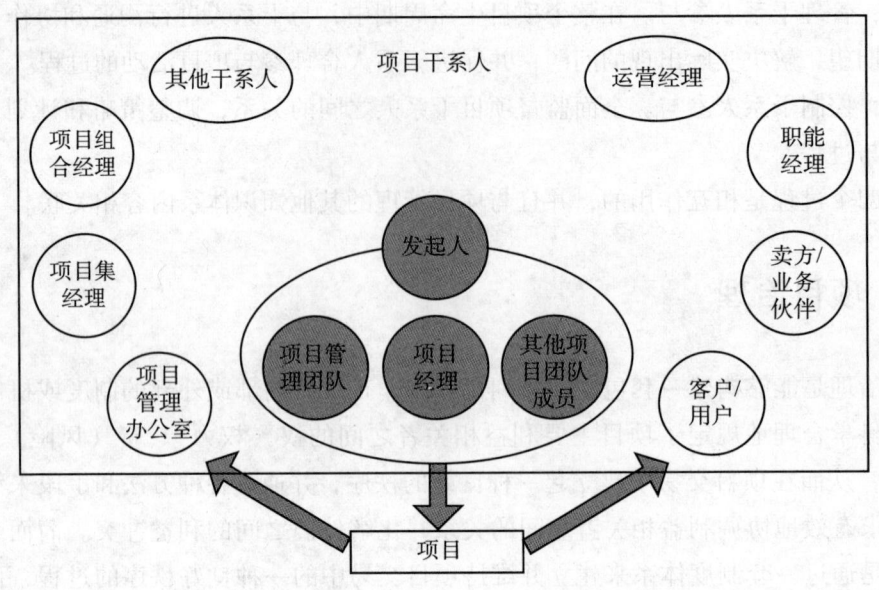

图 13-1 项目干系人与项目的关系

资料来源：孙新波，朱珠，等. 项目管理［M］. 北京：机械工业出版社，2016.

项目干系人界定是在项目启动阶段发生的，在项目启动阶段、规划阶段、执行阶段、监控阶段、收尾阶段等项目全生命周期过程中，都需要识别项目干系人，以确定他们对项目的影响。对项目干系人识别时，需要广泛地收集干系人的各种信息，包括项目中的影响力、参与能力及其与项目间存在的相互依赖强度。

识别干系人的依据包括项目规划、项目采购计划书、当地文化以及类似项目的经验等资料。这些资料可以帮助项目经理快速高效地划清项目干系人的范围，从而进一步识别干系人，并与其建立沟通渠道。由于项目干系人较多，各个干系人的需求、利益各不相同，并且干系人之间也会存在矛盾与冲突，这就需要项目管理者对干系人的信息进行划分，以明确在干系人管理过程中哪些干系人的需求应当成为主要管理依据。

通常情况下，项目干系人识别的方法有以下几种。

1. 头脑风暴法

头脑风暴法是干系人识别中最常用的方法之一。正如本书前面章节所阐述的内容，头脑风暴法是选择一个主题，通过运用各种各样的方法和技术，让参与的专家提出尽可能多的建议的过程。头脑风暴法分为两个步骤：首先是产生尽可能多的想法和观点。即让所有参与头脑风暴的专家尽可能多地提出想法和意见，不用考虑想法和意见的对错或者是影响力。在这一阶段，所有参与成员都应该把自身的思想充分扩展，不需要顾及这种想法产生的概率。这一阶段也不需要批评和质问，而是需要大家的发散性思维尽可能地发现多种观点。其次是分析评价。在这一阶段，需要把上一阶段产生的想法和观点进行充分讨论，并进行评价。需要将所有提出的想法观点进行分类或分组，进行充分的提问，然后再进行归类。这一阶段需要注意的是不要过于挑剔，因为这些所列出的想法存在着能够在给定情况下真正起作用的意见。需要注意的是，选择头脑风暴专家的成员应该是高级管理人员、组织内部其他部门的人员、已识别的关键干系人、具有项目经验的项目经理、相关业务领域内的专家、行业团体或顾问、技术协会、立法机构和非政府组织的人员等。实际运用中，通过头脑风暴法来识别项目干系人是比较有效的办法，可以帮助识别出绝大多数的项目干系人，是一种快速、高效的识别工具。

2. 检查表法

检查表法是运用一系列文字、统计单或图形，帮助我们完成计划评审或对过程、系统进行观测的方法。在项目干系人管理中，检查表法可以有效帮助项目管理者识别项目干系人的范围，防止我们遗漏某些方面的项目干系人的识别，对实际的项目干系人识别工作起着重要的提示作用。

实际应用中，项目干系人的识别常常采取的方式是将检查表法和头脑风暴法相结合，当项目管理经验积累到一定程度的时候，项目干系人的识别会相对变得比较简单。

（二）确定干系人范围

通过相应的干系人识别方法，所确定的项目干系人一般包括以下范围内的干系人。

（1）项目发起人。项目发起人是在项目启动阶段，能够给项目提供顺利启动资源和支持的条件，并在其中发挥着积极作用的个体或团体。

（2）客户和用户。客户是批准或管理项目产品、成果或者提供服务的个体或组织；用户即那些因项目产品、成果或者项目提供的服务而受益的个人或组织。

（3）卖方。项目管理中的卖方，指的是那些能够按照项目合同或者签署的协议为项目的实施提供一定服务的外部公司。一般情况下，项目管理中的卖方有被称为供应商，或者是项目承包方。

（4）项目伙伴。项目伙伴是与项目实施或存在保有一种特定关系的外部组织，该关系的建立可能是由个人认证环节中所保有的，且在项目实施过程中能够提供一些专业的技术或能够完成对项目某些环节中不足的补充。

（5）项目团队。项目实施启动之前项目团队必须是已经完成了组建，它由项目经理、项目管理人员和部分能够参与执行项目工作但并未参与项目管理的个体组成。

（6）项目组织内部团体。项目组织内部团体是在一定程度上完全受到项目活动影响的项目内部干系人，一般情况下，包括项目市场部的营销人员、项目法务部的法律人员、项目人力部的管理人员以及项目运营部、客服部等业务部门的人员。

（7）项目职能经理。项目职能经理是为项目实施提供专业技术服务或者与其相关的服务人员，一般具有项目管理中行政或职能领域的特殊权力。

（8）项目其他干系人。其他干系人指的是在项目实施过程中可能存在利益关系，或者可能为项目提供一定的建议或对项目感兴趣的干系人，如金融机构、主题专家或者政府部门等。

二、干系人重要程度

在识别出干系人的基础上,需要对项目干系人进一步判断分析,以识别出干系人的重要程度。干系人重要程度的分析方法有四种。

(1) 依据项目干系人对项目产生影响的重要程度进行分类,可以将项目干系人分为关键项目干系人、普通项目干系人。关键项目干系人是那些对项目的成功起着重要影响的人,他们对项目的态度会影响到项目的成败;普通项目干系人是那些不会对项目成功完成产生重要影响的人。

(2) 按照项目干系人在项目执行过程中扮演的角色来分类,可以将项目干系人分为主动型项目干系人、被动型项目干系人。主动型项目干系人在项目中担负的是主动的角色,他们要为项目提供决策并对项目产生影响,被动型项目干系人对项目没有决策的权力,他们是受到项目过程或结果影响的人。

(3) 按照对项目采取的不同态度来分类,可以将项目干系人分为积极项目干系人、消极项目干系人。积极项目干系人是那些期望项目成功,能够通过项目的成果获得利益的人,这类干系人对项目具有积极推动作用;消极项目干系人是那些不能从项目中得到利益,主观上没有对项目积极推动的项目干系人。

(4) 按照部门进行分类,可以按照部门隶属关系对项目干系人进行分类,因为一个项目往往会影响多个业务部门,同一业务部门的干系人常常会有相同的利益和诉求,所以按业务部门来归类并且制订计划常常是效率较高的一种方式。

上面四种项目干系人的分类方法,都可以用来判断项目干系人的重要程度。一般情况下,常用到的是按照项目干系人的"重要性"和"影响性"来进行分类,以此来判断项目干系人的重要程度。

在实际的(工程)项目干系人管理中,按照干系人对项目具有的影响力强弱或在项目实施过程中占有的重要程度可以分为关键干系人、次要干系人和一般干系人。关键干系人主要包括业主、政府、金融机构以及设计单位。业主指的是项目干系人识别中的项目发起人,对项目的实施具有十分重要的作用;政府作为关键干系人,其作用体现在项目实施的全过程中,从项目审批、进度控制、成本利益等都起关键作用;金融机构虽然属于项目管理中的项目干系人的识别中的其他干系人,但他们对项目的融资过程中的成功与否具有重要的影响;设计单位是项目中的关键干系人,因为他们能够决定项目实施的成本。次要干系人主要包括项目监理和卖方。项目监理的重要作用表现在,项目最终目标的实现在一定条件下依赖项目监理的有效监督工作;卖方也被称为供应商,或者是项目承包方,他们是对项目提供一定服务的外部公司,在项目实施过程中,其服务质量的好坏会直接影响到项目的进度。一般干系人主要包括媒体、项目附近商家、管线权属单位和事故当事人家属。媒体是项目在公众面前的影响力所依赖的组织;项目附近商家可能会成为消极干系人,因为项目的长期实施会给附近商家带来负面的影响；项目施工是在复杂环境下进行的，会碰到各种埋藏的管道、线路，管线权属单位自然成为项目干系人；工程项目施工过程中难免会有事故发生，事故当事人家属也成为项目干系人。

三、干系人支持程度

干系人界定的主要内容即是干系人分析，在分析项目干系人的需求、利益关系等方面时，能够有效地将干系人与项目紧密结合起来，进而明确项目与干系人、干系人之间的作用关系，在此基础上，项目管理者通过建设项目合作联盟作为促进项目实施的方式。

干系人分析主要包括干系人支持程度分析，干系人支持程度依赖于与项目的利益关系、在项目中的权利、与项目间其他干系人的相互作用关系。同时，考虑到项目管理是动态变化的过程，干系人的支持程度分析也应该是变化的，项目管理者在识别干系人的支持程度时也应该以一种动态的视角进行分析，在不同的时间阶段关注不同干系人的支持程度。干系人的支持程度会受到其自身的身份信息、对项目的需求、关注阶段等因素的影响，同时组织内部、外部干系人对项目的支持程度也是不同的。对干系人支持程度的分析，应该是一个动态分析过程，不可能是一成不变的，在项目生命周期的不同阶段，需要对干系人的支持程度不断检查和重新界定。

四、项目干系人分析

传统的项目干系人分析只关注了项目干系人对项目的"影响程度"这个单一维度，而不考虑项目干系人对项目的"支持程度"。分析的方法过于简单、单调，不能全面系统、动态地对项目干系人实施管理。

目前项目管理中普遍流行的项目干系人分析方法是"四象限法"，从项目干系人对项目的"影响程度"和"支持程度"两个维度的正面和负面进行分析。这种方法摒弃了传统管理方法的缺点和不足，是一种思路清晰、动态变化的管理方法。"四象限法"将项目干系人进行分类，如图13-2所示。第一象限是强支持、强影响程度的干系人，项目管理中需要重点维护这类干系人，主动和他们加强沟通，获得持续支持。第二象限是强支持、弱影响程度的干系人。第三象限是强反对、弱影响程度的干系人，项目管理中需要动态管控这两个象限的干系人，加强沟通，采取合理策略争取他们的支持。第四象限是强反对、强影响程度的干系人，项目管理中需要换位思考、求同存异，努力转变以获得他们的支持，实现共赢。"四象限法"的关键是第一象限和第四象限的干系人，但同时也不能忽略第二、第三象限干系人的作用。

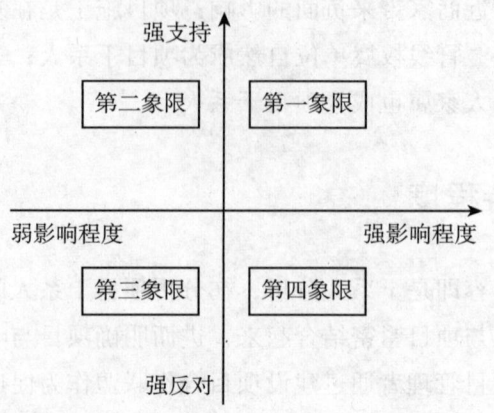

图 13-2 项目干系人"四象限法"

第三节 规划项目干系人管理

一、规划项目干系人管理的重要性

在项目干系人界定和识别的基础上，需要开展干系人管理的下一项工作，即规划项目干系人管理，这也是《项目管理知识体系指南（PMBOK）》对这一过程的定义。对项目干系人的管理不是一个现阶段的临时性工作，需要统筹安排，要有一定的规划性。项目经理需要针对已识别出来的干系人制定相应的干系人管理规划，以作为后期干系人管理工作的依据。干系人管理规划要充分考虑各个干系人自身特点以及项目与干系人的双向需求等问题，只有有效的管理规划才能使干系人在后续管理工作中能够充分地参与，并在参与中得到合理的管理与控制，进而促进项目目标的实现。

早期的干系人研究把干系人管理列入沟通管理的范畴之内，但二者是不可能混为一谈的。干系人的管理工作不仅仅是项目团队内部的沟通，它还是管理者为实现项目目标在项目团队以及项目相关干系人间所建立的一种关系，动态的项目运行过程导致项目干系人间的关系在深入及相关关系方面产生变化，因此在干系人管理规划制定时要认清其不是一次性工作，而是一个循环往复的过程，管理者在项目周期内要对规划进行修改和检查，保障规划指导管理工作的有效性。

项目经理对干系人管理进行清晰且可执行的规划，是为了确保干系人对项目提供足够的支持。项目经理需要制定有效的方法和计划，调动干系人的参与和管理干系人的期望，最终实现项目的目标。干系人管理不仅仅是改善沟通，而是在项目团队和干系人之间建立并维护良好的关系，以期在项目目标范围内满足干系人的各种期望和要求。随着项目的进展,干系人及其参与项目的深度可能发生变化。因此规划干系人管理是一个循环的过程,需要项目经理定期检查并修正管理规划内容,才能够确保项目目标实现。

二、规划项目干系人管理的内容

(1)干系人参与度现状与期望值的分析。干系人的参与度可分为五种:不了解、抵触、中立、支持、积极参与。分析的目的是让项目经理了解现实与期望的差距,以制订可行计划达到期望值。

(2)项目改变对干系人影响的分析。项目的改变可能会对干系人的利益产生负面影响,导致干系人阻碍项目进度执行。预先分析可以让项目经理制定相应的应对方案和具体措施。

(3)识别干系人的内在利益关系。干系人间的利益关系可能相互交织,有一致性也有矛盾。理清它们的利益和关系可以帮助项目经理建立联盟,发挥他们的积极作用,消除潜在的阻挠因素。

(4)计划现阶段干系人的沟通。不同阶段有不同的关键干系人,它们有各自的沟通需求。项目经理需要分析它们的沟通需求,以制订对应的计划。

(5)与干系人共享的信息。共享信息包括信息的语言、格式、内容、时间和频率等。信息共享是沟通的一个重要内容,项目经理需要预先与干系人确认共享信息的格式内容,防止沟通时的信息丢失或失真。

(6)发布共享信息的原因及对干系人参与度的影响。项目经理需要控制共享信息的范围,确认没有遗漏关键信息或泄露敏感资料。同时需要预计干系人获得信息后的影响及反应,以做好应对准备。

(7)干系人管理计划在项目生命周期的更新计划。干系人和他们的期望可能随项目的进程而发生变化,所以管理计划也要定期检查更新。干系人管理计划包含项目经理对干系人方方面面的分析,这些评价不管是正面还是负面,都需要认真保管并确认恰当的发布范围。

三、规划项目干系人管理的过程

(一)规划干系人管理的依据

规划干系人管理的依据包括项目管理计划、干系人登记册、事业环境因素、组织过程资产等。项目管理计划中能够用于规划干系人管理的信息包括:项目所选用的生命周期及各阶段拟采用的过程;对如何执行项目以实现项目目标的描述;对如何满足人力资源需求、如何认定和安排项目角色与职责、报告关系和人员配备管理的描述;以及变更管理计划、干系人之间的沟通情况等。干系人登记册中的信息也有助于对项目干系人的参与方式进行规划。事业环境因素全部都是干系人管理规划的依据，因为干系人的惯例应该与项目环境相适应。所有的组织过程资产都是规划干系人管理的依据，因为经验教训数据库、历史信息等都可以帮助了解以往干系人管理规划的内容及其有效性。

（二）规划干系人管理的工具与技术

首先是专家判断法。项目经理可使用专家判断法来确定每位干系人在项目不同阶段的参与程度。为了创建干系人管理计划，应当向受过专门培训、具有专业知识或深入了解组织内部关系的小组或个人寻求专家判断和专业意见。这些专家可以是高级管理人员、项目团队成员、组织内部其他部门的人员、已识别的关键干系人、具有项目经验的项目经理、相关业务领域内的专家、行业团体或顾问、技术协会、立法机构和非政府组织的人员等。

其次是会议。通过与相关专家及项目团队举行会议的方式，以确定项目干系人的参与程度，作为干系人管理规划的信息库。

最后是分析技术。应该比较所有干系人的当前参与程度和计划参与程度。如前所述，干系人的参与程度可以分为不了解、抵触、中立、支持、积极参与五类。不了解指对项目和潜在影响不知晓；抵触指知晓项目和潜在影响，抑制变更；中立指知晓项目，既不支持，也不反对；支持指知晓项目和潜在影响，支持变更；积极参与指知晓项目和潜在影响，积极致力于保证项目成功。

（三）规划干系人管理的成果

首先是干系人管理计划。干系人管理计划是项目管理计划的组成部分，为有效地调动干系人参与而规定所需的管理策略。根据项目需要，干系人管理计划可以是正式的、非正式的，也可以是非常详细或高度概括。干系人管理计划除了包含干系人登记册中的资料之外，还包括关键干系人的当前参与程度与所需参与程度、干系人变更的范围和影响、干系人之间的相互关系和交叉关系、项目阶段的干系人沟通需求、需要分发给干系人的信息及分发理由、更新和优化干系人管理的方法。

其次是各种项目文件的更新，例如项目进度计划、干系人登记册的变更等。

四、规划项目干系人管理的策略

在规划项目干系人管理的过程中，需要重点关注几个问题，以制定合理的干系人管理策略。

第一是关注干系人的需求。关键干系人、次要干系人和一般干系人在项目运营过程中存在差异性需求，不同干系人的工作有所不同。首先要将关键干系人作为管理重点，满足其对成本、质量、进度等方面的需求，预先制定管理规划，并且将其与其他多种干系人做好协调。其次是考虑次要干系人的需求，次要干系人的需求一般表现为收益需求。最后要考虑一般干系人的需求，如周边居民要求的合理性补偿等。各个干系人的共同需求即获取利润，项目执行也是以追求利润为目标，这就要求各个干系人要做好协调合作，共享项目相关信息。

第二是重视干系人的沟通。干系人管理最初也是列入沟通管理的知识体系的，沟通是有效管理的关键因素。通过组织沟通渠道进行沟通，可以准确地发现各相关干系人的工作需求、工作范围及进度等，在沟通中及时发现问题、解决问题，进而避免不必要的管理问题。所以，在制定项目干系人管理策略时，需要定期与干系人进行语言沟通（口头沟通和电话沟通）和书面沟通，或者是通过信息化平台实现信息共享，保证干系人管理工作正常进行。当电话沟通和信息平台沟通无法满足实际需求时，可视实际情况采取更合适的沟通方式。

第三是实现干系人间信息共享。由于各个干系人的参与阶段、权责范围存在差异，为了降低项目运营过程中的信息缺失、信息共享不完全等问题，在干系人管理工作中要建立信息共享平台。信息平台是重要的沟通渠道，各个干系人可以将项目信息置于其中，当项目发生变更时将变更信息公布于信息共享平台上，使信息平台全面地显示出与项目相关的全部信息，并且使每一位项目干系人在信息获取方面是平衡的，不但保障了项目干系人在获取信息、处理信息方面的公平性，也为干系人沟通提供了又一高效途径。在干系人管理工作中，很多时候干系人管理问题是由于干系人在信息传递和获取方面失真所导致的，错误的信息导致无效的沟通发生，进而形成了无效的干系人管理工作产生。所以，构建项目干系人管理工作平台对干系人管理至关重要。

第四是实现项目责任制管理。项目干系人的多样化与复杂化导致管理工作存在责任模糊性，干系人管理工作的难度也随之增加。干系人管理也应该向专业化程度转变，利用专业人员进行干系人管理。目前所处的信息化、知识型时代，使得管理人才越来越专业化，所以要充分利用专业化人才实现干系人管理的科学合理化。干系人管理的复杂多样性，要求管理工作要落实到位，管理工作责任到个人，不但能提升干系人管理效果和效率，更能够提升干系人管理工作的专业性与科学性。

第四节　管理项目干系人参与

管理项目干系人参与具有重要意义，可以使干系人清晰地理解项目目的、目标、收益和风险，提高项目成功的概率。管理项目干系人参与也可以使干系人成为项目的积极支持者，以协助指导项目活动和项目决策。

一、管理项目干系人参与的内涵

管理项目干系人的参与需要项目经理积极与干系人沟通和协调，以满足它们的需求和期望。项目管理者还需要及时解决项目中出现的干系人问题，并促进它们合理参与项目决策和建设活动。管理项目干系人参与的主要作用是帮助项目经理提升干系人的支持，并把干系人的抵制降到最低，从而显著地提高项目成功的机会。

管理项目干系人参与的含义是：在整个项目生命周期中，与干系人进行沟通和协作，以满足其需要与期望，解决实际出现的问题，促进干系人合理参与项目活动的过程。可以看出，管理项目干系人参与贯穿整个项目的生命周期，它包括以下活动内容：

（1）调动干系人适时参与项目，以获取或确认他们对项目的持续支持。

（2）通过协商和沟通，管理干系人的期望，确保项目目标的实现。

（3）处理尚未成为干系人关注的问题点，预测干系人在未来可能提出的问题。尽早识别和讨论这些关注点，以便评估相关的项目风险。

（4）澄清和解决已识别的问题。

二、管理项目干系人参与的影响因素

干系人对项目的影响能力通常在项目启动阶段最大，而后随着项目的进展逐渐降低。项目经理负责调动各干系人参与项目，并对他们进行管理，必要时可以寻求项目发起人的帮助。项目经理主动管理干系人参与，可以降低项目不能实现其目标的风险。

从上面管理项目干系人参与的内涵可以看出，许多因素可能会影响管理项目干系人参与的程度，这些因素包括利益冲突、沟通渠道完善度、领导支持程度、项目范围与目标解读、共享系统。

（一）利益冲突

任何一个项目的干系人都具有多样性的特征，不同类型的干系人的利益需求是不同的，干系人相互之间既存在共同的利益需求点，也存在的利益冲突与矛盾。例如工程项目中，关键干系人对项目的成本、质量、进度等要求较高，期望得到低成本基础上的高收益；但是一般干系人如附近居民却对补偿额度要求较高，期望得到合理化基础上的最大补偿。为了能使自身的利益最大化实现，各种类型干系人会利用其对项目的支持态度向项目团队施加压力，项目经理必须均衡各种利益需求关系，让他们适当地参与项目，使得项目保持良好的发展方向。

（二）沟通渠道完善度

首先，管理干系人参与需要项目经理具备良好的沟通技能。良好的沟通能力可以保证向干系人清晰及时地说明项目的目标和进展情况，获得干系人的正确反馈。同时项目经理的沟通能力还表现在如何协同干系人一起完成项目的目标，具体包括鼓励干系人对项目的支持、与干系人谈判以达到一致的目标、让干系人接受项目结果等。其次，干系人参与管理需要项目管理者与干系人之间的正向沟通和协调，当项目实施过程中出现与干系人相关的问题时，需要及时地沟通解决，使干系人和谐地参与到项目中去。管理干系人参与贯穿项目全生命周期，每个阶段都需要以恰当的方式与干系人沟通，调动干系人参与项目并推进项目。管理干系人参与，需要建立与多方干系人协调的沟通渠道，包括正式沟通和非正式沟通渠道，也可以是语言沟通、书面沟通等形式，保证从干系人那里得到各种真实信息反馈，科学合理地解决各种问题。

（三）领导支持程度

管理干系人参与也需要领导的大力支持，项目经理仅是整个项目运营的直接负责人，职责和权力有限。但是，项目干系人中的外部干系人或者称一般干系人，也就是与项目实施过程中可能存在利益关系或对项目感兴趣的干系人，比如金融机构、主题专家或者政府部门等，管理这些类型的干系人参与，就需要项目集经理、项目组合经理、高级经理人等领导的支持和帮助。领导对项目的支持程度，间接决定了干系人参与管理的范围和程度，如果领导大力支持项目，将会主动与相关的干系人沟通协调，保证这部分人的项目参与度，使得项目顺利执行；如果领导对项目不太关心，就不会考虑与一般干系人沟通协调，也就无法保证这部分人合理地参与项目，给项目实施带来困难。

（四）项目范围与目标解读

项目范围和目标较为清晰时，干系人可以较好地理解项目的目的、目标、成果和风险，干系人就会较高程度地关注项目，积极地参与项目，保证项目的顺利推进。甚至在某些情况下，为了满足项目的战略业务目标，干系人还可能对项目团队施加压力，使得项目朝正确的方面发展。所以，项目范围和目标较为明确时，意味着工作分解结构较为明确，干系人可以深入地了解项目的运行过程、项目子目标等，为了达成这些目标集，干系人对项目的支持力度加大，促进项目管理者做出正确决策、选择合理的管理模式。

（五）共享系统

共享系统的建立是管理干系人参与的有效途径，信息共享、知识共享、技术共享等可以增加干系人参与的概率和可能性。项目的共享系统越完善，越有利于提升干系人的参与度，共享系统正是项目干系人参与项目的媒介，可以促进内部、外部干系人之间的沟通协调，也可以促进关键干系人、次要干系人、一般干系人之间的沟通联系，促成更大范围内、更广泛的参与状态。

三、管理项目干系人参与的内容

（一）管理干系人参与的依据

管理干系人参与的依据包括干系人管理计划、沟通管理计划、变更日志和组织过程资产。干系人管理计划为调动干系人最有效地参与项目提供了指导，计划中还涉及了与干系人沟通的方法和技术，以及确定了各类干系人之间的互动程度，这将为管理干系人参与提供相关策略建议。沟通管理计划为管理干系人期望提供相关信息，如干系人的沟通需求、需要沟通的信息规范、发布信息的原因、将要接收信息的个人或群体、升级流程等。变更日志记录了项目过程中出现的变更，应当与适当的干系人就这些变更对项目时间、成本和风险带来的影响进行沟通。组织过程资产是指能够影响管理干系人参与的资产，包括组织对沟通的需求、问题管理程序、变更控制程序、以往的项目信息等。

（二）管理干系人参与的工具和技术

管理干系人参与的工具和技术包括沟通方式、人际关系技能、管理技能。沟通方式的选择要谨慎，需要针对不同的干系人及其沟通需求选择不同的沟通方法。项目经理的人际关系技能可用于管理干系人的期望，如建立信任关系、解决冲突、积极倾听、克服变更阻力等。项目经理的管理技能可以用以协调各干系人以实现项目目标，这些技能包括引导干系人对项目目标达成共识、争取干系人的支持、通过谈判达成共识、调整组织行为以接受项目成果等。

（三）管理干系人参与的成果

管理干系人参与的成果包括问题日志、变更请求、项目管理计划更新、项目文件更新、组织过程资产更新等。在管理干系人参与过程中可以编制问题日志。管理干系人参与过程中，针对与项目干系人的互动，提出项目的纠正或预防措施的变更请求。当识别出新的干系人或需要对干系人需求进行修改时，就需要更新项目管理计划，并更新干系人登记册。管理干系人参与过程中可能需要更新的组织过程资产包括给干系人的通知、项目报告、项目演示资料、项目记录、干系人的反馈意见、经验教训等文档。

第五节 控制项目干系人参与

一、控制项目干系人参与的内涵

干系人参与管理是一个长期持续性的过程，在项目进程中，面对其内部条件和外部环境等方面的变化，为保障项目正常进行，并且不影响其管理效率，在干系人参与管理中必须结合适当的控制。在管理这一动态过程中，要持续地对其进行监控与管理控制，面对不合理之处要及时做出纠偏措施，这一对干系人参与管理进行监控纠正的过程即为干系人参与管理的控制过程。所以，控制干系人参与的定义是：全面监督项目干系人之间的关系，调整策略和计划,以调动干系人参与的过程。控制干系人参与的主要作用是,随着项目进展和环境的变化,维持并提升干系人参与活动的效率和效果。

在控制干系人参与时,主要针对以下相关工作:在干系人参与控制阶段要将项目的管理绩效以及干系人间相互作用关系作为核心关注点,充分发挥管理者作用,在控制中调节干系人参与的积极性,提升干系人对项目的支持程度;控制即是对改变的一种及时调整,管理过程是一个不断对比的过程,通过干系人在过程中的反馈和问题提出等内容,对比、研讨现实情况与项目预期间的差异,明确项目干系人的参与度,在此基础上纠正上阶段的干系人管理规划等内容,以便于项目干系人适当合理地参与到项目各个阶段当中。

随着项目的进展和环境的变化,项目经理需要维持和提升干系人参与项目的效率和效果。同时,因为干系人参与的活动贯穿项目的整个生命周期,所以需要有一个过程对干系人管理进行监控。控制干系人的参与是一个全面监督项目绩效与干系人的关系,及时调整干系人管理策略和计划,以调动干系人积极参与项目的过程。

控制干系人参与主要体现在干系人关系和参与度的评价,以及对这些评价可能的改进方面。干系人关系和参与度的评价可以通过对项目进度与绩效、干系人管理计划、干系人反馈、干系人问题记录等数据分析得出。通过与预期目标的比较、会议讨论、专家评判等方法,项目经理可以得出现阶段的干系人参与状态,及时更新干系人登记册和管理计划,最终达到干系人恰当地参与项目决策和建设的目标。

二、控制项目干系人参与的影响因素

通常情况下,控制项目干系人参与会受到干系人变更、干系人管理绩效、与干系人的互动关系的影响。

(1)干系人变更的影响。干系人参与贯穿项目的整个生命周期,项目执行的每一个阶段都会涉及干系人参与,但不同阶段的干系人会存在动态差异,这也意味着随时会有新的干系人被识别出来,干系人登记册出现变更。干系人变更对控制干系人参与有直接影响,干系人变更的直接作用是干系人之间的互动关系发生变化,这会影响他们参与项目的态度和效果,而控制干系人参与正是对干系人管理进行监控,以提升他们参与项目效率和效果的过程。

(2)干系人管理绩效的影响。评估干系人管理的绩效文件也会影响对干系人参与的控制。干系人管理绩效表现为与干系人沟通协作的效果、是否满足干系人的需求与期望、是否解决实际中出现的问题,这三个方面都会影响到干系人参与的控制工作。如果与干系人沟通协作不到位,存在信息不对称的情况,那么就会影响干系人对项目的预期,进而影响其参与程度,不得不对这种状况进行调整和纠偏。同样地,如果干系人的需求得不到满足、实际出现的问题得不到解决,都会影响他们对项目的态度和支持程度,导致他们对项目的参与程度降低,也需要对这种情况进行调整。

(3)与干系人互动关系的影响。与干系人的互动关系即是与干系人的沟通效果,如果项目的全生命周期内，项目经理与干系人的互动关系较好，有合理的沟通渠道，并且有合适的沟通方式，那么这种互动关系会正向地影响干系人对项目的重视程度和支持程度，他们会更积极地参与项目中去，使得项目向更好的方向运行，达到干系人参与项目的效率和效果。反之，干系人会被动地接受项目信息，不会有任何反馈意见，对项目的关心程度和参与程度也将降低，不利于项目推进和项目目标的实现。所以，与干系人的互动情况会影响对项目干系人参与的控制工作。

三、控制项目干系人参与的内容

（一）控制项目干系人参与的依据

控制项目干系人参与的依据包括项目管理计划、问题日志、工作绩效数据、项目文件。项目管理计划中可用于控制干系人参与的信息包括项目所选用的生命周期及各阶段采用的过程、对如何执行项目以实现项目目标的描述、人力资源管理计划、变更管理计划、干系人之间的沟通等。工作绩效数据中的工作完成百分比、技术绩效测量结果、进度活动的期限等，都可以用来控制干系人参与。项目文件中的项目进度计划、干系人登记册等也是控制干系人参与的依据。

（二）控制项目干系人参与的工具与技术

控制项目干系人参与的工具与技术包括专家判断法、信息管理系统、会议等。其中专家判断法是最主要的方法，控制干系人参与应该向具有专业知识的小组或个人寻求依据，如高级管理人员、组织中的其他部门或个人、已识别的关键干系人、具有项目经验的项目经理、相关业务领域或项目领域内的专家、行业团体和顾问、专业和技术协会、立法机构和非政府组织等。信息管理系统主要是为控制干系人提供相关系统报告信息，如报表、电子表格、演示资料等，这些报告信息都是项目经理向干系人发布的信息内容。

（三）控制项目干系人参与的成果

由于控制干系人参与是对干系人参与管理工作的纠错和监督，所以会形成较多的变更信息、文件更新信息。所以，控制干系人参与的成果包括工作绩效信息、变更请求、项目管理计划更新、项目文件更新、组织过程资产更新等。

[章后案例]

A 公司的 CRM 售楼管理系统开发项目的干系人管理[①]

A 公司在 1996 年 10 月正式注册成立，是某国营单位的控股子公司，经过十多年的不

---

① 潘小华. CRM 售楼系统的项目干系人管理 [D]. 华南理工大学工程硕士学位论文，2017.

断拓宽发展，现已成为一家涵盖房地产开发、物业经营、物业管理的综合性、多业态的高端地产商业集团，并在 2008 年获得国家一级房地产开发资质。

公司在房屋销售系统建设方面，经历了表格管理阶段、房屋销售系统（单机版）、CRM 售楼管理系统（集团版）三个阶段，目前正迈向 CRM 售楼管理系统（集团版）升级阶段。公司的 CRM 售楼管理系统项目受到干系人的影响较多，因为软件系统项目建设周期长、参与部门和人员多、投入费用较多，同时还要考虑软件系统的设置目标是面向全公司统一使用。为了在 CRM 售楼管理系统开发过程中，较好地处理好与干系人的关系，提升干系人的参与互动，公司进行了以往项目干系人管理的经验和教训分析。

以往项目在干系人管理方面存在大量的、多方位的人际沟通问题，有时候系统管理的主要责任部门或项目经理会根据经验，粗略地统计出需要参与系统建设的部门或人员，常常会遗漏或忽略某些干系人。根据以往的项目开发经验，类似软件系统从项目启动至项目验收的时间一般在 180 天，但是相关业务流程存在以下几点问题：一是对项目干系人的概念不清楚；二是未能正确识别出所有干系人，特别是项目的关键干系人；三是未对项目干系人进行影响力分析；四是未有完善的项目沟通计划；五是未建立项目知识库。除此之外，以往项目中的主要责任部门或项目经理很少会根据不同的干系人做出不同的沟通计划，临时性计划多于目标性计划，导致沟通效率低，减少了沟通带来的正效益，而这恰恰是项目实际过程中最为关键的一环。要做好各要素沟通，实现对人的管理，就应站在这些"项目干系人"的角度上，从他们的需要及利益出发，最大限度地通过项目实现他们的价值。

请思考，如果你是 CRM 售楼管理系统开发项目的项目经理，应该如何对项目干系人进行识别、管理和控制，以保证项目的顺利实施？

本章小结

干系人管理是项目管理的重要内容体系之一，本章先是介绍了项目干系人的内涵、项目干系人管理及项目治理的概述，然后系统地阐述了识别干系人的方法和流程，在项目启动阶段，干系人识别是重要的工作内容，通过干系人识别将干系人进行分类管理，通过干系人重要程度和支持程度分析，建立干系人"四象限法"管理矩阵。在识别干系人的基础上，需要规划项目干系人管理。对干系人参与进行管理和控制也是干系人管理的重要内容，要充分考虑干系人参与管理与控制的影响因素，并依据一定的项目计划管理等资料，采取相应的方法对干系人参与进行管理和控制，最终形成干系人管理与控制的文档成果。

复习思考题

一、单项选择题

1. 能够管理干系人的期望，并平衡干系人利益的是（　　）。

A. 项目经理　　　　　　　　　　　　B. 项目总监
C. 业务伙伴　　　　　　　　　　　　D. 项目发起人
2. 下列识别干系人的依据不包括（　　）。
A. 项目章程　　　　　　　　　　　　B. 采购文件
C. 事业环境因素　　　　　　　　　　D. 干系人管理规划
3. 识别干系人过程的主要成果是（　　）。
A. 基本信息　　　　　　　　　　　　B. 评估信息
C. 干系人分类　　　　　　　　　　　D. 干系人登记册
4. 下列控制干系人参与的主要依据不包括（　　）。
A. 项目管理计划　　　　　　　　　　B. 问题日志
C. 项目文件　　　　　　　　　　　　D. 专家判断

二、多项选择题

1. 识别干系人的依据包括（　　）。
A. 项目章程　　　　　　　　　　　　B. 采购文件
C. 事业环境因素　　　　　　　　　　D. 组织过程资产
2. 用于记录识别干系人的所有详细信息包括（　　）。
A. 基本信息　　　　　　　　　　　　B. 评估信息
C. 干系人分类　　　　　　　　　　　D. 干系人分析
3. 项目干系人管理的过程包括（　　）。
A. 识别干系人　　　　　　　　　　　B. 规划干系人管理
C. 管理干系人参与　　　　　　　　　D. 控制干系人参与
4. 能够影响识别干系人过程的组织资产包括（　　）。
A. 干系人登记册模板　　　　　　　　B. 以往项目或阶段的经验教训
C. 以往项目干系人登记册　　　　　　D. 组织文化和结构

三、简答题

1. 项目干系人的含义是什么？一般情况下，项目干系人包括哪些人或组织？
2. 如何识别项目干系人？识别干系人的依据是什么？
3. 如何对项目干系人进行分类？
4. 规划项目干系人管理的依据是什么？
5. 管理项目干系人的过程是如何的？其依据、工具与方法、成果是什么？
6. 控制项目干系人的依据是什么？

第十四章 项目整合管理

项目整合管理是一项系统性、整合性、综合性和全局性的项目管理工作，它是根据项目全过程各项管理活动如范围管理、成本管理、进度管理、质量管理等以及项目干系人的要求而进行资源配置的一项集成性管理工作。项目经理需要根据项目过程活动、项目干系人之间的关联，对项目进行充分的整合管理，进行全面的协调和控制，以保证项目目标的实现。本章内容将在介绍项目整合管理的内涵的基础上，阐述项目整合管理的应用与方法，并系统地展开介绍项目起始阶段的整合管理、项目整合计划的实施、项目结束的整合管理等内容。

[学习目标]

- 理解和掌握项目整合管理的概念、特征和作用
- 理解和掌握项目整合管理的应用与方法
- 理解项目起始阶段的整合管理内容
- 掌握项目章程的制定
- 理解项目整合计划的实施
- 了解项目结束的整合管理

[案例导入]

项目经理的困惑[①]

A集团下属信息技术有限公司新接到一个有关电子政务公文流转系统的软件研发项目，王工作为公司派出的项目经理，带领项目组开始进行项目的研发工作。

王工以前是一名老技术人员，从事Java开发多年，是个细心而又技术扎实的老工程师。在项目初期，王工制订了非常详细的项目计划，项目组人员的工作都被排得满满的，为加快项目的进度，王工制订项目计划后即分发到项目组成员手中开始实施。然而，随着项目的进展，由于项目需求不断变更，项目组人员也有所更换，项目组已经没有再按照计划来进行工作，大家都是在当天早上才知道当天的工作事项，王工每天都被工作安排搞得

---

① 孙新波，朱珠，等. 项目管理 [M]. 北京：机械工业出版社，2016.

焦头烂额，项目开始出现混乱的局面，项目组中的一名技术人员甚至在拿到项目计划的第一天就说："计划没有变化快，要计划有什么用。"然后只顾埋头编写自己手头的程序。一边是客户在催着快点将项目完工，要尽快将系统投入生产；另一边是分公司管电子政务项目的张总在批评王工开发任务没有落实好。

面对目前如此艰难的处境，王工和他的团队认真分析了他们在项目整合管理中所做的工作，发现了项目中存在的问题，即初期项目计划力度小，没有把握好项目计划的层次性，制订项目计划时没有和客户、公司领导和项目组人员进行及时沟通，且制订的项目计划不切实等，在此基础上，王工重新制订了一份切实可行的整体项目计划，由项目组人员根据整体项目计划来制订个人的项目工作计划，将项目工作计划与项目组人员、公司领导、客户进行沟通，并及时修正，必要时开会讨论，在项目组中建立变更控制系统等。项目整合管理后，王工希望项目能够快速回归到项目目标主题，使每位成员工作内容明确、具体，项目成员及干系之间沟通顺畅，提高项目工作效率，顺利完成项目目标。

第一节 项目整合管理的概论

一、项目整合管理的概念

项目整合管理是项目管理知识域的新发展，在《项目管理知识体系指南（PMBOK）》英文版中表述为"project integration management"，中文翻译为"项目整合管理"。《项目管理知识体系指南（PMBOK）》第六版将项目管理的十大知识领域确定为范围管理、人力资源管理、进度管理、成本管理、质量管理、采购管理、沟通管理、风险管理、干系人管理、整合管理。其中整合管理是唯一一个贯穿于所有过程阶段的知识领域，在项目管理的十大知识领域中处于至关重要的位置。

根据《项目管理知识体系指南（PMBOK）》第六版中的定义，项目整合管理是指包括为识别、定义、组合、统一与协调项目管理过程组的各过程及项目管理活动而进行的各种过程和活动。可以看出，项目整合管理中的"整合"涵盖了兼具统一、合并、沟通和集成等方面的含义，整合管理对于项目的成功实施来说是至关重要的，而且对满足项目干系人的需要和管理他们的期望方面也是很重要的。

从内涵上来理解，项目整合管理是一种基于具体项目各项活动，各专项管理和全体利益主体要求的科学配置关系所开展的一种全面性的项目管理工作，项目整合管理强调其核心工作在于先分析和找出这种科学配置关系。在特定环境下的具体项目管理实践中，分析并找出这种配置关系是重要而基础性的工作，尤其是大规模的工程项目。项目整合管理对于项目启动阶段、项目执行实施阶段、项目收尾阶段都具有重要意义，尤其对项目启动阶段意义重大。因为，认识或确认项目各项活动、管理各要素、相关干系人之间的内在关联关系正是整合管理的起点。开展项目整合管理的根本目的就是按照项目的配置关系整合管理项目各项活动、各个专项、各个要素和各个方面的要求，项目整合管理的核心内容就是分析和找出项目各方面的配置关系，然后根据这种配置关系做好项目各方面的合成、统一、关联和协调等管理工作，从而保证项目的成功实施和项目利益最大化，并使得项目的利益分配合理化。显然，与项目管理的其他知识域相比较而言，项目整合管理具有"跨域性""全程性""动态性"的特点，它对项目管理是具有全局性影响的管理工作，有效凝聚、纳入、处理整合性管理问题是成功的项目管理的重要标志之一。

关于项目整合管理的界定，国内项目管理学界也有一定的认识。如戚安邦编著的《项目管理学》一书中对项目整合管理表述为"项目集成管理"。宋伟编著的《项目管理概论》中指出，项目整合管理是运用系统方法，在项目的全生命周期内对项目计划进行整合和控制，对项目单个资金、进度、质量等目标进行有机协调的过程。项目整合管理需要从全局出发，充分考虑内部资源和外部资源的状况，在相互冲突的目标或可选择的目标中权衡得失，选择最优方案，以满足项目业主方和利益相关者的期望和需求。聂增民等（2019）认为项目整合管理是包括为识别、定义、组合、统一和协调各专项项目管理过程而展开的过程和活动。

二、项目整合管理的特征及作用

（一）项目整合管理的特征

项目整合管理涉及项目各项活动、项目各专项管理以及全体干系人的要求和期望等方面的合成、统一、协调整合。并且，项目整合管理与其他单项管理相比必须系统性的考虑进度、费用、质量、风险等问题，它是对项目整体进行计划和控制，这使得项目整合管理具有以下特征：

（1）配置性。项目整合管理就是基于项目特定配置关系的系统性和全局性的项目管理工作，所谓的"配置关系"就是指每个具体项目自身独特的项目目标与要求、项目产出物与工作、项目资源与价值等各方面的相互匹配关系，这是一种客观存在的匹配关系，只有按照这种配置关系去展开项目管理工作，才能更好地实现项目目标和满足项目干系人的要求和期望。

（2）综合性。为了实现项目的整体目标，其管理过程最大的特征就是综合协调和权衡不同单项管理的目标、过程和任务对整体项目的影响和其重要程度，需要全局考虑和整体协调并控制项目执行的各方面工作。在项目的启动阶段，就需要有全局性综合思维，避免单项管理工作、单项目标的局限性和片面性，将人、财、物、技术、信息等资源综合统筹安排，全范围进行管理。

（3）系统性。项目整合管理是一项系统性工作，需要处理和控制好内外部之间的关联关系。项目整合管理的要素不仅包含项目内部的各种元素，还包括项目外部的各种元素，以及内外部元素之间的关联性。项目的内部元素资源和外部元素资源相互关联，并且联系紧密，需要全面协调和控制内部因素与外部因素的内在关系。在管理项目内部元素时，需要同时管理和控制许多来自项目外部的元素的影响。

（4）协同性。项目整合管理的目标就是将项目的各种资源、要素进行协同，共同努力完成项目的整体目标。项目整合管理工作需要实现这些资源、要素之间的聚合效应，将各种互补性、异质性资源进行协同，如将项目管理中的各项活动、专项管理活动的项目资源进行共享，实现价值创造。这就要求管理的各要素之间必须按照一定的逻辑关系整合一致、相互协作，完成共同目标以达到共同发展的双赢效果。

（5）多样性。项目整合管理是唯一一个贯穿于所有过程阶段的知识领域，涉及的管理要素较多。从项目启动阶段一直到项目收尾阶段，中间环节的各种管理子目标、管理活动、管理要素、管理资源、管理方式都存在较大差异，这使得整合管理呈现多样性的特征。同时，项目管理的其他体系内容如成本管理、质量管理、进度管理、采购管理等工作也都存在一定差异，也需要整合管理去全面统一协调，这也使得整合管理表现出多样性特征。

（二）项目整合管理的作用

项目整合管理对于项目的成功起着至关重要的意义和作用。为了确保项目的成功，整合管理使项目所有组成要素在认可的时间、利用合适的方法、在确定的地点有机地结合在一起，共同去完成工作任务。项目整合管理的作用表现在以下几个方面。

（1）项目整合管理可以清晰地界定项目整体范围，将要达到的目标逐一分解成可一一实施的各项工作。针对任何一项具体项目，整合管理是最先行的工作，需要全局安排和协调各个阶段、各专项管理的工作，它全面贯穿于所有过程阶段的管理工作。

（2）合理地配置有限的资源。项目整合管理的本质即是资源配置关系，需要全面协调不同资源的相互作用和相互依存，并将各种资源恰当配置到各个子项目中去。同时还需要合理配置各专项管理中的人、财、物、技术、信息等资源，使得每个专项管理的资源配置最优化。

（3）减少项目实施过程中的矛盾和冲突。正是由于整合管理贯穿于所有过程阶段，它可以全面协调各个过程阶段的资源冲突和矛盾，并合理地处理各个过程阶段中不同干系人之间的冲突和矛盾，全面统筹，系统地进行协调控制。整合管理的重要手段就是沟通，有效沟通是解决冲突和矛盾的科学合理方式。

三、项目整合管理的内容

项目整合管理是贯穿于项目所有过程阶段的管理工作，包含的内容非常多。国内学者房卫东（2012）认为项目管理的主要内容就是协调各种资源，使范围管理、进度管理、质量管理等达到有机平衡，从而最终完成项目的任务指标。也有学者如刘维宝等（2015）将项目整合管理分为项目实现过程的整合管理、项目干系人的整合管理两个部分。但是，通常情况下，项目整合管理包括从制定项目章程开始到项目结束阶段的六项工作：

（1）制定项目章程。就是编制一份正式批准项目的文件。

（2）制订项目整合管理计划。在项目启动后，为整个项目制订一份综合项目管理计划的过程，其作用是最终形成一份作为所有项目工作依据的核心文件。

（3）指导与管理项目工作。当项目进入执行阶段后，计划中所确定的工作任务只有不折不扣地被执行实施和规范性的变更实施才能正确地实现项目目标。

（4）监控项目工作。监控项目即对项目全过程的监督与控制。监控项目工作的任务是定期检查项目的执行情况，随时发现实施过程中与既定计划之间的偏差。当项目实施阶段性呈现的结果偏离原项目计划时，要采取有效的应对措施进行调整和纠正。

（5）实施整体变更控制。任何一个复杂的项目或工作从开始到结束不可能不出现变化和调整。实施整体变更控制就是面对出现的变化时如何进行流程规范和应对，怎样审查所有变更请求和批准变更，并按照一定原则对变更进行管理，确保变更有序进行。

（6）项目结束阶段。该阶段是项目管理的最后一个过程，整合管理包括项目管理的结束工作、项目合同的结束工作、组织过程资产的更新工作。该过程与项目启动同样重要。

如果从项目管理的起始阶段、实施阶段、结束阶段来区分，项目整合管理在这三个阶段的具体内容是：项目起始阶段包括项目章程的编制、初步范围说明书编制、项目整合计划编制；项目实施阶段包括整合计划实施的指导、项目整合计划的监控、项目变更的总体控制；项目结束阶段包括项目管理的结束、项目合同的结束、组织过程资产的更新（见表14-1）。

表14-1　　　　　　　　　　项目整合管理的具体内容

项目管理阶段	项目整合管理内容		
起始阶段	项目章程的编制	初步范围说明书编制	项目整合计划编制
实施阶段	整合计划实施的指导	项目整合计划的监控	项目变更的总体控制
结束阶段	项目管理的结束	项目合同的结束	组织过程资产的更新

除此之外，国内学者图玉强等（2019）将项目管理各阶段的整合管理内容进行了分类，把项目管理分为五个阶段，每个阶段的整合管理内容都有所不同，如表14-2所示。

表 14-2　项目管理各阶段的整合管理内容

项目管理各阶段	各阶段整合管理内容
启动阶段	制定项目章程
规划阶段	编制项目管理计划
执行阶段	指导与管理项目工作；管理项目知识
监控阶段	监控项目工作；整体变更控制
收尾阶段	结束项目

资料来源：图玉强．浅析复杂工程项目的整合管理［J］．项目管理技术，2019，17（6）：115-118．

可以看出，所有的项目管理过程在某种程度上都可以看成是一个整体，并且整合管理中所描述的这些过程都是最基本的管理知识。通常情况下，无论什么性质的项目，都可以将项目整合管理的内容细化为项目任务书、制定项目章程；制订项目实施计划；指导与管理项目执行；监控项目执行与整体变更控制；项目的收尾与验收。在项目的不同阶段，项目整合管理工作的内容侧重点会有所不同，工作量也会不同。所有项目，只要想使项目获得成功，必须从整合的角度，以全局的观点开展整合管理，不能只强调各项具体的专项管理工作。

第二节　项目整合管理的应用与方法

由于项目的性质不同，项目整合管理的核心要素也不同，项目整合管理的应用通常可以分为项目两要素整合管理、项目三要素整合管理、项目四要素整合管理、项目全要素整合管理以及项目干系人整合管理。

一、项目两要素整合管理的应用与方法

（一）项目两要素整合管理的应用

项目两要素整合管理的思路是，对项目各要素（也称项目各专项管理）按照两两之间既定的配置关系努力实现两要素之间的整合管理。实际项目管理中，具体应用分为两个方面。

一是项目时间和成本的整合管理。这种整合管理方法是美国国防部 20 世纪 60 年代提出的项目成本和工期控制系统规范发展而成的项目挣值管理方法。项目时间和成本是必须统一考虑的整合管理与控制的两个要素，所以现有最成功的项目整合管理技术就是时间与成本的整合管理。任何项目时间的提前或拖后都会引起项目成本的上升或下降，而任何项目成本的增减也会造成项目时间的变化。项目时间和成本相互影响且紧密相关，项目经理

可以根据挣值管理方法对这两个要素进行整合管理与控制。

二是其他项目两要素的整合管理。如项目时间和质量也可以按照两要素整合管理的方法进行，因为项目质量和时间这两要素之间也是相互关联和相互影响的。项目时间的缩短或延长会对项目质量产生影响，反过来，项目质量的变更也会影响到项目时间的变更。所以项目时间和质量的整合管理也是两要素整合管理的应用。此外，项目成本和项目质量、项目成本和项目范围、项目范围和项目质量等都可以应用两要素整合管理。因为，这些项目要素两两之间都存在关联和相互影响的配置关系。

（二）项目两要素整合管理的方法

项目整合管理技术方法中最成熟的方法就是项目成本和时间的两要素整合管理方法。这种方法最初被称为"项目成本与时间控制系统规范"，后来被称为"项目挣值管理方法"。这种方法的具体介绍在第八章"项目成本管理"中已经阐述过，这里不再赘述。

二、项目三要素整合管理的应用与方法

（一）项目三要素整合管理的应用

项目三要素整合管理是较两要素整合管理更高一个层次的管理，涉及项目多要素（专项管理）中的三要素整合管理，其中最主要的三要素整合管理是时间、成本和质量三要素的整合管理。

一是项目时间、成本和质量的三要素整合管理。实际项目中，这三个要素之间的关系是最为紧密的，并且相互之间的影响作用较大，所以这三要素的整合管理是最主要的。项目时间、项目成本、项目质量三要素中的任何一个项目要素变动，都会引起其他两要素的联动，如项目时间的变动会引起成本和质量的变动，项目成本的变动也会影响质量和时间的变动，所以必须处理好这三要素之间的配置关系。

二是项目时间、成本和范围三要素的整合管理。项目范围是根据项目产出物的要求（项目质量）进行分解得到的，所以项目时间、成本和质量之间的三要素整合管理可以演变为项目时间、成本和范围的三要素整合管理，这种三要素整合管理的应用也较为普遍。逻辑上来讲，项目范围的变更也会影响到项目时间和成本的变动，任何项目都存在这种配置关系。

除此之外，项目时间、成本和资源供应的三要素整合管理，项目目标、项目产出物、项目工作的三要素整合管理都属于项目三要素整合管理范畴。

（二）项目三要素整合管理的方法

项目三要素整合管理的方法，是使用项目三角形法进行项目三要素的整合管理计划和

控制的一种系统优化方法。本书主要以项目时间、成本和质量的三要素整合管理为例，进行项目三角形法的介绍，如图 14 -1 所示。这种方法可以用以对项目时间、成本和质量进行有效的集成计划与控制。图中的项目三角形是由项目时间、成本和质量三个要素构成的三角形，图 14 -1（a）是设定项目质量为第一重要并要求确保的项目要素（所以方案 1 和方案 2 都一样），然后变动其他两个要素并找出它们三者之间应有的配置关系，最终确定项目质量、时间和成本的集成结果。实际上大多数项目都是以预先规定的项目质量为前提，然后再做出有关项目时间和成本的匹配计划，因为项目质量是第一重要或者首先确定的因素。图 14 -1（b）给出的是先确定项目时间，然后根据配置关系找出项目成本和质量要素的方法，此时项目时间（也称工期）是核心性要素。在项目终点已经确定时，开展项目三要素整合管理必须使用这种方法，它通过调整项目三角形的另两条边（成本和质量）而得到项目整合计划安排的结果。

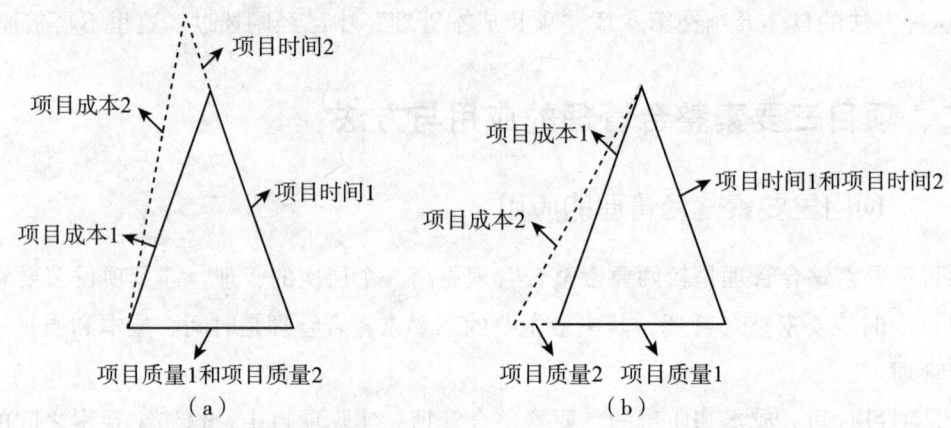

图 14 -1　项目时间、质量和成本三要素的整合管理方法

注：图中 1、2 指的是方案 1、方案 2。

资料来源：孙新波，朱珠，等. 项目管理 [M]. 北京：机械工业出版社，2016.

三、项目四要素整合管理的应用与方法

（一）项目四要素整合管理的应用

项目四要素整合管理是比三要素整合管理更高一个层次的整合管理，因为项目范围、时间、质量、成本等要素在多数情况下是直接关联和相互影响作用的。所以，这四个项目要素的整合管理是项目四要素整合管理最常见的应用。实际的项目管理中也正是如此，这四个要素中的任何一个发生变动，都会引起其他三要素的互动，因此项目经理需要对这四个专项管理进行全面的整合管理。除此之外，项目质量、时间、成本和资源的四要素整合管理，项目目标、产出物、工作和资源的四要素整合管理等也都属于项目四要素整合管理

的范畴。

(二) 项目四要素整合管理的方法

项目四要素集成的技术方法不是一种工程性的科学管理方法，更多地属于权变或叫艺术的方法，这种方法使用项目三角形及其内切圆所构成的模型去表示和配置项目的范围、时间、成本、质量等要素中的四个要素之间的相互关联和影响关系，并以此对它们进行有效的集成计划与管理控制。在这种方法中，项目三角形的各条边分别表示三个项目整合管理和控制的要素，而使用其内切圆表示项目所需确保的核心要素，具体示意图如图14－2所示。该模型中，项目时间、成本、质量和范围四要素中的"项目范围"最为重要，所以由内切圆来表示，而其他三要素由项目三角形的各边来表示。很显然，当项目范围发生变动时（由实线变成虚线时），项目的其他三要素也会发生关联变化。

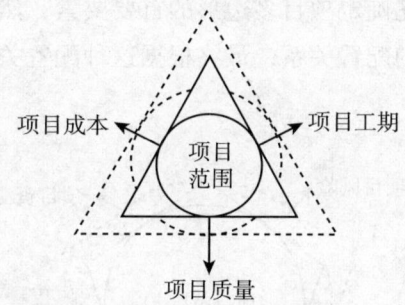

图14－2　项目范围、时间、成本、质量四要素的整合管理模型

资料来源：孙新波，朱珠，等. 项目管理［M］. 北京：机械工业出版社，2016.

在使用四要素整合管理方法进行项目集成计划和控制时，首先需要明确地给出项目的核心要素，并将其放在内切圆的位置，然后分步集成去找到项目四个要素的配置关系，并据此开展项目四要素的集成计划与控制。

四、项目全要素整合管理的应用与方法

(一) 项目全要素整合管理的应用

项目整合管理的最高应用水平是努力实现项目范围、时间、成本、质量、资源、风险等各个项目专项管理的全面整合管理和控制，因为任何项目的全要素都是相互关联和作用的。项目全部要素中的任何一个发生变更都会引起其他要素的变动，所以有必要进行全要素的整合管理。例如，项目时间变动会造成项目资源、成本、质量、范围等各个要素的变动，甚至这些变动还会使项目的不确定性和风险性大大增加，进而影响项目的成败，所以项目整合管理中最好能够进行全要素的整合管理。

(二) 项目全要素整合管理的方法

实际的不同行业不同领域内的项目管理中，项目要素非常多，需要项目经理运用全要素整合管理的方法，先确定项目的首要要素，然后依据项目其他要素同首要要素的配置关系，找出项目全要素的管理方法，最终按这种方法开展项目的全要素整合管理。

这种全要素的集成方法不是一种工程性的技术方法，因为它并不是基于数学或科学函数关系之上的项目整合管理方法。实际上，也很难找到一种具体项目全要素之间的严格的科学函数关系，但是仍然可以使用类似三要素和四要素整合管理方法，通过使用项目多边形的做法辅助开展多要素的整合管理，如图14-3所示。只要构成项目多边形中的任何一条边做出调整，另外的边及内切圆都会受到影响，人们可以使用项目多边形作为辅助进行项目整合计划和项目变更方案的优化分析与整合管理。项目多边形法的整合管理实际上是一种分步集成的方法，即首先确定项目多边形的首要要素，然后通过逐步改变其他要素去分析和找出其他项目各要素的配置关系，最终根据这种配置关系去集成计划、管理和控制项目全要素。

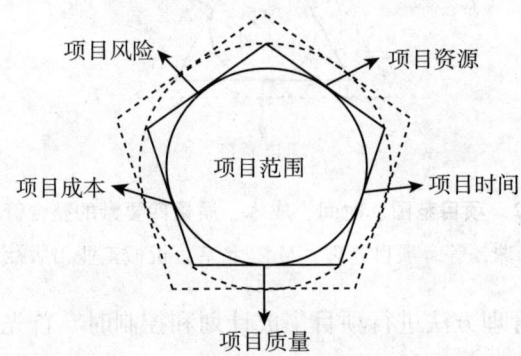

图14-3 项目范围、时间、质量、成本、资源和风险等要素的整合模型

资料来源：孙新波，朱珠，等．项目管理 [M]．北京：机械工业出版社，2016．

五、项目干系人整合管理的应用与方法

(一) 项目干系人整合管理的应用

任何一个项目都会涉及许多不同利益要求和期望的干系人，由于特定的利益关系关联，他们构成了项目的全团队，必须使用整合管理的方法对不同干系人的要求和期望进行全面的整合管理。例如，建设项目的设计、土建、安装和装修工作可能会由不同的项目组织完成，它们的要求和期望必须按照整合管理的方法进行统一协调和管理，否则就无法使项目的最终成果满足其利益要求和期望，甚至干系人之间的利益冲突会使项目失败或造成严重的损失，所以这种整合管理也是项目整合管理的实际应用。

（二）项目干系人整合管理的方法

项目干系人整合管理的方法，可以使用分步整合的技术。分步整合管理的思路是按照项目要素的重要程度进行分步整合管理，也可以应用于项目干系人的整合管理，首先确定项目关键干系人的需求和期望，然后依次确定其他干系人的需求和期望，依次类推，最终实现对所有干系人的需求和期望的满足。关于干系人分类的方法，可以参考第十三章内容，这里不再赘述。

第三节　项目起始阶段的整合管理

项目起始阶段是项目的开始，它是项目计划和实施的前提，没有启动就没有项目，它是项目运行的第一阶段。而项目规划过程则是需要列出项目要做的主要工作和任务清单，要解决"项目做什么、怎么做"的问题。项目整合管理在项目起始阶段的内容主要是制定项目章程、编制项目整合计划以及制定初步项目范围说明书。

一、制定项目章程

（一）项目章程的意义

项目启动阶段整合管理的主要工作是制定项目章程。项目章程中主要包括项目目标、总体需求、风险、进度、资金、相关方、项目成功和退出的标准，以及委派项目经理的要求及项目经理的职责等，项目章程是项目中最基本也是最重要的文件之一，项目章程应由项目发起人签字生效。项目缺乏项目章程就会导致很多问题，如项目经理没有足够的权威，项目组成员对项目的总体情况不清楚等。要解决这些问题，需要公司的高层领导或者项目发起人加强项目管理知识体系的学习，认识项目章程的重要性，根据相关依据制定项目章程，其中项目经理是最重要的项目章程制定人。

项目章程需要明确项目的组织资源条件、组织能力、项目要求和经济效益，依据这些条件来制定项目章程。组织资源条件是指组织是否具备开展项目所需的物质资源、过程资源和技术等；组织能力是指组织是否组织好人、财、物、技术等资源满足项目开发需要；项目要求是指项目开发与实施所必需的各种指标和要求；经济效益是开展一个项目能够给组织带来的收益。

（二）项目章程的内容

项目章程就是有关项目要求和项目实施者的责权的规定。项目章程中应该包括以下几个方面的基本内容。

第一，组织需要或项目干系人的要求和期望。这是确定项目质量以及项目各种计划方案和计划指标的根本依据。

第二，项目产出物的要求说明和规定。这是根据项目客观情况和干系人的要求而提出的对项目最终交付成果的基本要求和规定。

第三，开展项目的理由或目的。这是对项目要求和项目产出物的进一步说明，是对项目要求和项目产出物要求的依据和目的的进一步解释。

第四，其他方面的规定和说明。包括项目里程碑和进度的概述要求、大致的项目预算规定、干系人的需求和影响、项目经理及其权限、项目实施组织、项目组织环境和外部条件的约束情况和假设情况、项目的投资分析结果说明等。

项目章程的内容确定下来后，随着项目的推进也可以进行适当调整和更新。

（三）制定章程的方法

在项目启动阶段，项目经理等在制定项目章程时对项目的认识深度、广度还十分有限，需要结合以下方法进行章程的制定。

一是战略选择方法。根据组织的总体战略发展规划来确定是否开发一个项目，然后根据组织战略来制定项目章程，按照"组织使命—组织愿景—组织目标—组织战略—战略目标—战略指标—战略项目—具体项目"的思路进行项目章程的制定。

二是项目选择法。项目选择法是从组织的多个项目备选方案中选出最优或最满意方案的方法。因为项目方案的制订，恰好包含了项目初始规定和要求、项目产出物初步说明书等内容，正是项目章程的核心内容。

三是专家法。专家法就是根据专家经验制定项目章程的方法，这种方法主要是依靠专家的经验和判断选择项目方案，并制定项目章程。

四是其他方法。制定项目章程的其他方法包括项目管理的方法、项目管理信息系统建设和使用方法等。

二、编制项目整合计划

（一）项目整合计划的概念

通俗地理解，项目整合计划是根据项目章程和初步项目范围说明书以及项目范围、时间、成本、质量、资源和风险等各限制因素的情况，做出的综合计划和安排，所以它是项目质量、时间、成本和资源等项目专项计划的出发点和主要依据。

项目整合计划的定义：项目整合计划是人们根据项目各种限制因素与假设条件、各项目干系人要求以及项目各专项计划的限制编制而成的项目管理计划，它是整个项目实施和管理的总体计划和安排，是用于指导项目实施和管理控制的集成性、综合性、全局性的计划文件。

（二）项目整合计划的编制和更新

项目整合计划编制工作涉及信息和依据的收集、项目整合计划编制工作和项目整合计划的更新工作三个方面。

第一，信息和依据的收集工作。收集的资料包括项目章程、初步项目范围说明书、项目管理过程和方法的要求、事业环境和组织过程资产等。

第二，项目整合计划编制工作。根据项目干系人有关项目各方面的要求和目标，就可以进行项目整合计划的编制工作。项目整合计划编制的工作内容有四个方面：项目各方面配置关系的分析，如对项目时间、质量、成本等优先序列与相互关系的分析；项目整合计划初步方案的编制，通常会有多个备选方案的编制；项目整合计划的优化与选优；项目整合计划的审批。

第三，项目整合计划的更新工作。项目整合计划需要根据项目实施的具体条件进行不断的更新和修订，包括两种情况：一是项目整合计划的即时更新，二是项目整合计划的阶段性修订。

（三）项目整合计划的成果

项目整合计划的成果主要是给出项目整合计划文件、项目配置管理系统、项目变更控制系统。

三、制定初步项目范围说明书

项目的范围包括项目产出物的范围和项目工作的范围两个方面，制定初步项目范围说明书的目的是对项目范围进行初步说明。初步项目范围说明书是根据项目章程，按照项目目标导向的方法制定出来的一份项目管理文件，它给出了项目边界的描述和项目范围的初步界定。

初步项目范围说明书属于说明性文件，描述了项目及其产出物的特征、边界、验收标准与控制方法等内容。制定初步项目范围说明书的依据是项目章程、事业环境因素、组织过程资产，可采用模板法、分解法及其他方法等工具进行制定，最终呈现的成果就是项目初步范围说明书文件。

第四节 项目整合计划的实施

项目整合计划实施中的整合管理工作主要包括项目整合计划实施的指导和管理（简称

项目工作指导和管理)、项目整合计划的监控(简称项目工作监控)、项目变更的总体控制。

一、项目整合计划实施的指导和管理

概括地说,项目工作指导与管理就是根据项目管理计划、项目文件和批准的变更请求,通过专家判断、项目管理信息系统、会议等方式来指导和管理项目工作。需要注意的是,在指导与管理项目工作时,应通过建立工作授权制度来控制项目"镀金",即要求项目团队成员不要主动去做额外的事情,如擅自增加产品的功能等,这种行为既浪费了人力、财力,也可能增加项目失败的可能性。在指导与管理项目工作时,通过测量和观察已完成工作的情况,形成工作绩效数据,为项目的监控过程提供基础。

(一)项目整合计划实施指导与管理工作的内容

第一,指导和管理好项目资源的配备工作。这方面的指导和管理工作包括:项目团队成员的配备、培训和管理,指导建立项目团队的沟通渠道和沟通工作;指导和管理好项目的招投标工作,以获得和配备项目所需劳务和服务;指导和管理好项目采购,以获得和配备好项目所需的商品资源;指导和管理好自有资金和借贷资金的配备,为项目提供所需的财力。

第二,指导和管理好项目的全面实施工作。这方面的指导和管理工作包括:指导和管理好各方面的项目风险管理并适时开展项目风险应对活动;指导和管理项目变更的提出和申请工作;指导和管理好按照自己批准的项目变更更新项目的各项计划和实施工作;指导和管理好收集项目数据的工作并积极预测项目计划的实施前景和项目环境的发展变化;指导和管理好收集与记载项目应吸取经验教训的工作;指导和管理好批准和实施已获准的项目方法的改进工作。

第三,指导和管理好项目的预防与纠偏工作。这方面的指导和管理工作包括:指导和管理好已获准的项目纠偏行动,以使项目实施结果能够更好地符合项目要求;指导和管理好已获准的项目预防行动,从而消减项目潜在的不利后果;指导和管理好已获准的缺陷补救行动,以便全面恢复项目质量或努力消除项目工作和产出物的质量缺陷。

项目经理和项目管理团队必须做好项目计划实施的指导和管理工作,并管理好项目内外部各种各样的资源、信息、技术与组织接口,使得项目顺利实施并实现最终产出物目标。

(二)项目整合计划实施指导与管理工作的依据和成果

项目整合计划实施指导与管理工作的依据包括项目文件、项目信息、项目变更。项目文件指的是项目的各种计划,最主要的有项目章程、项目整合计划、项目各个专项计划、项目规范和标准等，这些文件必须在项目整合计划实施前都已经生成并正在使用。项目信息包括项目的事业环境、组织过程资产、项目绩效报告、项目风险识别与度量结果等，这些信息也必须是时效信息。项目变更包括项目预防活动的方案和批准书、项目纠偏活动的方案和批准书、项目变更的方案和批准书、项目补救活动的方案和批准书等。

项目整合计划实施指导与管理工作的成果主要是保证项目按时、按质、按预算和价值最大化的原则完成项目整合计划实施。同时其他指导和管理工作的成果还包括项目实施所生成的可交付成果或项目产出物、项目实施中的各种变更及其最终结果、项目实施中所采取的纠偏行动、预防行动、缺陷补救行动等，以及项目整合计划实施工作信息、吸取的知识和已更新的组织过程资产等。

二、项目整合计划的监控

项目整合计划的监控工作是指对项目整合计划实施阶段的业务工作、指导和管理工作的全面监督和控制。

项目整合计划的监控工作应贯穿于整个项目管理中，主要工作是把各监控过程产生的工作绩效信息与项目管理计划中的基准进行比较分析，以便预测项目发展趋势，采取纠正或预防措施。监控项目工作时，需要编制工作绩效报告，并将其发送给相关方，以引起相关方的关注并制定对策。项目监控工作需关注的重点是工作绩效，为了对项目的整合管理进行总体把控，将工作绩效的相关知识梳理如下：项目启动后，在项目各执行过程中，会产生工作绩效数据，项目组人员需要收集这些数据，并在控制过程中通过整合分析，形成工作绩效信息。项目工作绩效信息的相关文件很多，不便直接拿来向相关方汇报。因此，必须在监控项目工作时，把工作绩效信息与项目管理计划中的基准进行比较，并经过分析整合，形成工作绩效报告；然后将工作绩效报告发送给相关方，以便他们据此制定决策等，如进行项目变更控制、更新项目管理计划、进行项目沟通等。

（一）项目整合计划监控的内容

项目整合计划监控简称项目工作监控，它不但包括对项目实施业务工作自始至终的监控，而且还包括对项目管理过程组中所有涉及"起始、计划、执行、结束"子过程的监控，项目工作监控是贯穿于项目整合计划实施全过程的一种项目管理工作。

第一，项目工作监控的基本内容。这方面的监控主要有度量、收集、加工和发布项目整合计划实施的信息，对照监控标准评价和度量项目整合计划实施结果，分析和发现项目整合计划实施情况的发展趋势以及实施过程中需要改进的地方，分析和发现项目整合计划实施中各种可能发生的问题，据此采取各种必需的纠偏、预防、补救行动以控制项目实施的效果。

第二，项目工作监控的具体内容。这方面监控的内容包括对照项目整合计划和项目目标制定监控标准，根据监控标准度量项目整合计划实施的实际绩效，分析和评价项目整合计划实施的差距和问题，分析项目整合计划实施的问题所需要采取的预防、纠偏、补救行动，提出并采取行动从而使项目整合计划的实施能够继续进行。同时，项目工作监控还包括分析、跟踪并监视项目的风险情况以确保项目团队能够及时识别和度量项目的潜在风险，以便能够及时采取项目风险应对方案措施。

（二）项目工作监控的成果

项目工作监控的最终成果包括项目整合计划实施中监督工作所产生的各种信息和文件，项目整合计划实施中控制工作所产生的纠偏行动和预防、补救行动和结果，项目整合计划实施中监控工作所产生的各种项目变更和结果，项目整合计划实施监控中所产生的各种分析预测和风险识别与度量信息，项目整合计划监控实施中所产生的各种估算和计划修订信息与文件等。

三、项目变更的总体控制

项目变更的总体控制是贯穿于项目整合计划实施全过程的工作之一，一旦项目发生某个要素的变更，就必须开展项目变更总体控制。实施整体变更控制包括受理、审查、批准变更等，应贯穿于整个项目管理过程之中。在进行项目管理时，常存在变更控制不规范等现象，如随意进行变更、没有书面记录、过分顺从业主、没有建立变更控制流程等。面对以上问题，应建立一套行之有效的变更控制程序，并取得业主的审批，当遇到变更时，可以根据程序有理有据地说服业主。

（一）项目变更总体控制的内容

项目变更总体控制涉及的内容包括分析和找出客观的项目变更和主观的项目变更请求，分析这些项目变更的影响因素以及它们之间的配置关系，整合计划和安排各种项目变更的优化方案，整合管理已经发生和正在发生的各种项目变更，在项目变更发生后及时维护和修订项目绩效度量基线等。

项目变更总体控制的内容：

（1）项目变更总体控制的主要内容。包括集成开展项目各个要素的变更控制、项目变更的风险控制、项目变更的合同修订等方面的综合控制，这是比项目各专项变更控制更高一层次的全局性和系统性的项目变更控制。并且，根据项目不断的发展变化情况而及时提出、审查与批准项目团队所采取的纠偏、预防、补救等行动和措施也属于项目变更的范畴，所以也需要按照项目变更总体控制的方法去进行管理，只是它们不需要履行正式的项目变更审批程序，而只需要按照项目各要素配置关系做好总体控制。

（2）项目变更总体控制中的配置管理。在整个项目整合管理中都需要按照项目各方面配置关系和使用项目配置管理系统开展项目变更总体控制。这方面的工作包括：项目各方面配置关系的识别，如项目目标、项目产出物和项目工作之间的配置关系，项目干系人之间要求和期望的配置关系等；项目各方面配置状态的确定，即收集信息和评价项目目标、产出物、工作、资源的配置状况和项目干系人要求的配置状态等；项目各方面配置关系与情况的审计，即将项目各方面配置关系进一步查明和审核并编制配置关系文件等。其中，项目各方面的配置关系和配置管理应由项目管理负责人认可和批准，然后才能按照配置关系开展项目变更的总体控制。项目变更总体控制中的配置管理如图14-4所示。

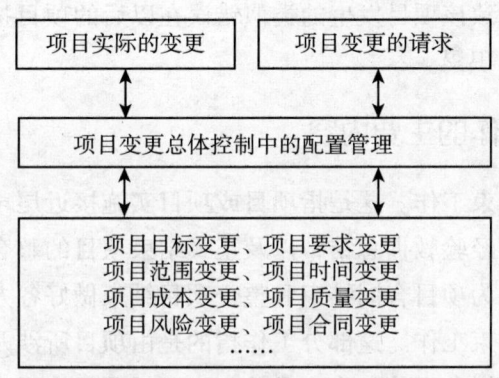

图 14-4　项目变更总体控制中的配置管理

资料来源：孙新波，朱珠，等. 项目管理［M］. 北京：机械工业出版社，2016.

（二）项目变更总体控制的作用

项目变更总体控制的作用体现在以下几个方面：努力保持原有项目绩效度量基线的完整性；保证项目产出物的变更与项目计划变更的一致性；统一和协调好各项目干系人提出的变更请求等。因为项目变更是一种应变性的临时措施，而项目绩效度量基准是已成体系和经过验证的，并且需要在项目的后续实施中继续使用的，所以项目变更总体控制要保证项目绩效度量基准的完整性。项目需要变更时，人们必须同时变更项目产出物和项目工作及其计划，项目总体控制必须保证项目产出物的变更与项目计划变更的一致性。另外，任何项目干系人提出的项目变更请求都会影响项目其他干系人的利益，所以他们提出的变更请求要进行全面的协调和统一控制，这也是项目变更总体控制作用的体现。

项目变更控制应注意以下几点：在项目管理计划批准之前，不需要进行变更控制，项目管理计划批准之后，则必须受控于变更控制过程；每项变更请求，都必须有书面记录；如果业主在最终成果移交之后，请求变更，建议业主作为一个新项目来执行；变更发生后，一定要通知相关方。

第五节　项目结束的整合管理

项目结束的整合管理的主要工作就是结束项目。项目经理应该明确以下概念：项目结束工作应该由项目团队来完成；项目文件的归档是项目结束完成的标志；项目结束的最后一项工作是开庆功会、解散团队。在项目结束过程中，常会遇到的问题是，项目没有形成有效的组织过程资产，导致该项目发生的类似错误在以后的项目执行中仍然发生，项目经理应重视组织过程资产的积累。

（一）项目结束工作的主要内容

首先是项目管理的结束工作。这是指项目或项目实施接近尾声时，项目团队对项目所有实施和管理工作所做的经验教训总结，以及正式结束项目的整合管理工作。整个项目的管理结束时，项目团队要为项目合同结束和整个项目结束做好各方面的准备工作。

其次是项目合同的结束工作。这部分工作指的是由项目所涉及的合同各方共同完成的项目合同的结束和相关手续办理等工作。具体内容包括项目合同中止、终止或结束，以及项目产出物的完工交付等方面的内容，这是项目整合管理工作中的干系人要求与期望的协调统一管理的重要内容。同时这部分工作还包括项目产出物和项目文档的整合管理，以及项目合同所形成的法律关系与法律纠纷方面的整合管理。

最后是组织过程资产等的更新。这部分工作包括项目中所发生的各种经验、教训、知识和信息对组织过程资产进行全面的更新，以便为项目后续工作或未来相关的项目提供相关的项目管理参考。任何具体的项目管理工作，都需要开展这种组织过程资产的更新工作以及其他方面的信息更新，这是项目结束工作的重要内容。

除此之外，由于项目结束工作就是项目生命周期中的项目"完工与交付"阶段的全部工作，所以项目结束工作还包括最后结束所有项目业务和管理的工作。

（二）项目结束工作的主要依据

首先是项目合同文件。项目的各种合同文件是进行项目结束工作的根本依据。任何项目的业务工作都是按照合同规定展开的，项目开始阶段、实施阶段和结束阶段都必须依据项目合同进行。项目合同文件包括正式的项目合同、项目合同的变更文件和其他附加文件等，都是项目结束工作的主要依据。

其次是项目计划文件。项目的计划文件也是开展项目结束工作的主要依据。任何项目的业务工作也都是按照项目计划推进的，项目结束工作也需要参照项目计划文件。项目计划文件包括项目整体计划、管理计划、各专项计划、业务计划，以及计划变更文件和计划附加文件等，都是项目结束工作的重要依据。

最后是项目完成情况和成果。判断项目是否可以结束最直观的方法就是依据项目完成情况和成果来衡量，项目实际完成情况和成果是项目的客观实际，只有将这些客观实际与项目合同、项目计划进行对比，才能真正地完成项目结束工作。项目完成情况和成果包括项目产出物检验单、项目工作检验清单、项目变更等。

除此之外，项目结束工作的依据还包括组织过程资产、项目的事业环境等，其中事业环境涉及的是项目所在地区的政治、法律、社会环境等。

（三）项目结束工作的主要方法

首先是项目管理结束的方法。项目管理结束的方法包括确定和分配所有项目参与人和干系人的任务与角色的方法、制定产出物和项目成果移交程序的方法、项目团队成员开展项目实施成果的自我检查和验收方法、编制各种说明文件的方法、分析和记录经验教训的方法等。同时，项目管理的其他方法如一般管理方法和项目专业领域内的管理方法，都可以是项目管理结束的方法。

其次是项目合同结束的方法。项目合同结束的方法包括为项目合同结束提供如何处理的合同条款和条件的方法、合同结束的法律手续方法、确定项目参与人和干系人任务责任和角色的方法、正式验收和移交项目合同规定的最终成果的方法等。同样地，项目管理的其他方法如一般管理方法和项目专业领域内的管理方法，都可以是项目合同结束的方法。

最后是组织过程资产更新的方法。由于项目本身具有一次性和独特性的特征，项目结束时的组织过程资产更新非常重要，可以为项目后续和未来其他项目提供信息参考。组织过程资产更新的方法包括编制项目正式验收文件和项目档案的方法，以及编制项目的历史信息的方法和更新现有组织过程资产的方法。

[章后案例]

凉山州州庆演出项目的整合管理[①]

四川凉山彝族自治州地处祖国西南边陲，是我国最大的彝族聚居区，是中国工农红军长征时期刘伯承与小叶丹"歃血结盟"的红色革命老区。1952年4月30日，中央人民政府政务院批准划设凉山彝族自治州，按照《凉山彝族自治州自治条例（修订）》规定每年国庆节延长1日假期作为州庆放假。随着改革开放的深入、凉山各族人民物质生活水平不断提高，人民的精神文化生活日益丰富，自2012年凉山州建州60周年以来，在州庆放假前将举办各类不同规模的庆祝演出活动，满足全州各族人民对文化繁荣的精神需求，与全国人民共同分享全州各族人民翻天覆地变化的喜悦心情。

州庆演出项目由地方党委政府、宣传文化部门、地方文化事业单位和国有文化企业共

---

① 蒋浩．凉山州州庆演出项目整合管理研究［D］．成都：电子科技大学，2018.

同建立项目部，进行活动的策划执行，通过前期深入的采访、当地观众的需求了解、当地的民间文艺情况及戏曲发展摸底等，采取外请艺术团与当地的优秀节目和演员一起演出，把凉山当地的地域文化和精神文明建设成就一并展现给电视观众，表达共产党好、社会主义好、改革开放好、伟大祖国好、各族人民好的时代主旋律，热情讴歌社会主义新凉山近年来发生的巨大变迁和取得的辉煌成就，精彩展示凉山人民艰苦创业、砥砺奋进、创新开拓的精神风貌。

按照项目整合管理的体系，项目团队整体设计了凉山州州庆演出活动项目的整合管理方案，在启动、规划、执行、监督、收尾五大过程中制订了详细的管理计划，以确保文化演出活动按既定的目标要求保质保量地完成。项目实施过程中，整理分析了相关项目资料的表格和数据，通过对项目需求识别、项目范围计划制订、项目工作分解结构等工作，使演出活动变得明确、清晰、透明、具体，使计划过程有理有据、有条不紊。同时，通过网络图计划制订、关键路径分析、风险计划制订以及项目监控和收尾过程分析等，确定了演出结束时间的一次性项目在倒排时间工期控制管理中需要解决的具体问题，使得管理活动显得更加精确化，对项目执行过程中的重要资源实施了有效管理，并控制项目风险和进度，保障了项目顺利完成。

可见，项目整合管理是可以有效地运用于文化演出活动的管理方式，运用项目管理全面统筹和总体规划，很好地实现了凉山州州庆演出的项目目标，为凉山州州庆演出项目的圆满完成提供了科学指导，项目整合管理方法是可以应用于大型文化演出活动甚至其他服务类项目的有效方式。

本章小结

本章系统地介绍了项目整合管理的知识体系，在明确项目整合管理的概念、特征及作用、内容的基础上，阐述了项目整合管理的应用与方法，包括项目两要素整合管理的应用与方法、项目三要素整合管理的应用与方法、项目四要素整合管理的应用与方法、项目全要素整合管理的应用与方法以及项目干系人整合管理的应用与方法。项目整合管理按照项目的实施过程可以分为项目起始阶段的整合管理，包括制定项目章程、编制项目整合计划、制定初步项目范围说明书；项目实施阶段的整合管理，包括整合计划实施的指导和管理、项目整合计划的监控、项目变更的总体控制；项目结束阶段的整合管理，包括项目结束工作的主要内容、项目结束工作的主要依据、项目结束工作的主要方法。

复习思考题

一、单项选择题

1. 项目整合管理的责任者是（　　）。

A. 高级管理者　　　　B. 项目经理　　　　C. 项目团队成员　　　　D. 项目管理顾问

2. 项目整合计划是由（　　）来制定的。
A. 高级管理者　　　　B. 职能经理　　　　C. 项目经理　　　　D. 项目团队
3. 下列表述正确的是（　　）。
A. 项目成本随着进度的缩短而增加
B. 项目成本随着进度的拖延而减少
C. 项目质量标准的提高会增加项目的成本
D. 在对项目进度、成本和质量进行整合管理时，仅仅只要注意这三个方面的相互协调和综合管理
4. 在（　　）项目上需要书面的变更通知单。
A. 大项目　　　　　　　　　　　　　　B. 小项目
C. 进度不可以调整的项目　　　　　　　D. 无论大小所有的项目

二、多项选择题

1. 项目整合管理和其他的项目专项管理相比，具有（　　）。
A. 综合性　　　　B. 全局性　　　　C. 总体性　　　　D. 系统性
2. 项目整合计划执行所需要的依据有（　　）。
A. 各种计划性文件　　　　　　　　　B. 项目组织的政策和规定
C. 纠偏行动信息　　　　　　　　　　D. 收集计划的修订信息
3. 在项目变更的整合控制时，应该（　　）。
A. 改变项目业绩衡量的指标体系
B. 确保项目的工作结果与项目的计划相一致
C. 遵循成本效益原则
D. 注重协调项目各个方面的变化
4. 项目整合管理的主要过程包括（　　）。
A. 项目整合计划编制　　　　　　　　B. 项目整合计划执行
C. 项目整合变更控制　　　　　　　　D. 项目整合计划控制

三、简答题

1. 项目整合管理的概念和内容有哪些？
2. 项目整合管理的应用与方法有哪些？
3. 制定项目章程的方法有哪些？
4. 项目整合计划监控的内容有哪些？

参考文献

[1] 毕星，翟丽．项目管理［M］．上海：复旦大学出版社，2000．

[2] 毕星．项目管理［M］．北京：清华大学出版社，2011．

[3] 常雪．W公司某国际工程项目干系人管理策略研究［D］．石家庄：河北经贸大学，2018．

[4] 陈池波，崔元锋．项目管理［M］．武汉：武汉大学出版社，2006．

[5] 陈远，寇继虹，代君．项目管理［M］．武汉：武汉大学出版社，2002．

[6] 程铁信，付聪．项目管理［M］．北京：中国铁道出版社，2011．

[7] 程威．通信工程项目干系人管理的关键影响因素研究［J］．现代经济信息，2017（4）：133．

[8] 池仁勇等．项目管理［M］．北京：清华大学出版社，2009．

[9] 邓富民．项目质量管理［M］．北京：经济管理出版社，2018．

[10] 段世霞，马歆．项目管理［M］．上海：立信会计出版社，2008．

[11] 房卫东．面向科研院所的科研项目整合管理体系研究［J］．科研管理，2012，33（5）：95－100．

[12] 付杰．项目管理中的项目干系人管理问题研究［J］．经贸实践，2018（7）：228－229．

[13] 哈罗德·科兹纳．项目管理——计划、进度和控制的系统方法［M］．10版．杨爱华等译．北京：电子工业出版社，2012．

[14] 哈罗德·科兹纳．项目管理案例集［M］．5版．陈丽兰，刘淑敏，王丽珍，译．北京：电子工业出版社，2018．

[15] 胡鹏，郭庆军．工程项目管理［M］．北京：北京理工大学出版社，2017．

[16] 蒋浩．凉山州州庆演出项目整合管理研究［D］．成都：电子科技大学，2018．

[17] 蒋景，楠陆雷，火方华．项目管理理论与实务［M］．上海：华东理工大学出版社，2012．

[18] 蒋景楠．项目管理［M］．上海：华东理工大学出版社，2006．

[19] 瞿焱．项目质量管理［M］．杭州：浙江大学出版社，2004．

[20] 赖一飞．项目管理概论［M］．北京：清华大学出版社，2011．

[21] 李韬．JY公司IT项目的项目干系人研究［D］．济南：山东大学，2013．

[22] 理查德·B.蔡思，尼古拉斯·J.阿奎拉诺，F.罗伯特·雅各布斯．生产与运作管理——制造与服务［M］．宋国防译．北京：机械工业出版社，1999．

[23] 林师健．项目成本管理［M］．北京：对外经济贸易大学出版社，2007．

[24] 刘欢．矿山土地复垦项目中项目干系人管理［D］．哈尔滨：东北农业大学，2012．

[25] 刘珂，韩庆林．管理学［M］．上海：上海交通大学出版社，2018．

[26] 刘荔娟，王蔷．现代项目管理［M］．4版．上海：上海财经大学出版社，2016．

[27] 刘维宝等．基于神光－Ⅲ激光装置的大科学工程项目整合管理研究［J］．项目管理技术，

2015，13（6）：70-75.

[28] 刘欣．项目管理基础［M］．上海：上海社会科学院出版社，2015.

[29] 美国项目管理协会．项目管理知识体系指南（PMBOK® guide）［M］．6 版．北京：电子工业出版社，2018.

[30] 牟文，徐玖平．项目成本管理［M］．北京：经济管理出版社，2008.

[31] 聂增民等．工程项目整合管理系统研究［J］．西安石油大学学报（社会科学版），2019，28（2）：51-56.

[32] 潘小华．CRM 售楼系统的项目干系人管理［D］．广州：华南理工大学，2017.

[33] 戚安邦．项目管理学［M］．北京：科学出版社，2014.

[34] 宋金波，朱方伟，戴大双．项目管理案例［M］．北京：清华大学出版社，2013.

[35] 孙新波，朱珠，等．项目管理［M］．北京：机械工业出版社，2016.

[36] 唐诗淇．A 公路建设项目干系人管理研究［D］．昆明：云南大学，2017.

[37] 田立．基于系统动力学的安全项目干系人管理策略［D］．上海：上海交通大学，2017.

[38] 图玉强．浅析复杂工程项目的整合管理［J］．项目管理技术，2019，17（6）：115-118.

[39] 屠梅曾．项目管理［M］．上海：上海人民出版社，2008.

[40] 杨晓明．地方铁路 EPC 项目干系人管理研究［J］．山西建筑，2017（1）：250-252.

[41] 殷焕武，周中华．项目管理［M］．北京：机械工业出版社，2010.

[42] 殷焕武．项目管理导论［M］．北京：机械工业出版社，2008.

[43] 于广浩．整车工程研发中的项目整合管理应用研究［D］．天津：天津大学，2016.

[44] 曾赛星．项目管理［M］．北京：北京师范大学出版社，2007.

[45] 赵涛，潘欣鹏．项目范围管理［M］．北京：中国纺织出版社，2004.

[46] 中国（双法）项目管理研究委员会．中国项目管理知识体系（C-PMBOK 2006）［M］．修订版．北京：电子工业出版社，2008.

[47] 朱方伟，宋金波．项目管理［M］．北京：清华大学出版社，2012.

[48] 祝浩清．某通信工程项目干系人管理的关键影响因素研究［D］．广州：华南理工大学，2015.

复习思考题选择题答案

第二章

一、单项选择题

1. A 2. A 3. A 4. B

二、多项选择题

1. ABC 2. ABC 3. ABC 4. BCD

第三章

一、选择题

1. D 2. C 3. A

第四章

一、单项选择题

1. C 2. A 3. D 4. B

二、多项选择题

1. ABC 2. ABD 3. ABCD 4. ABC

第五章

一、选择题

1. B 2. A 3. D 4. A 5. A 6. B

第六章

一、选择题

1. D 2. ABCD 3. A 4. B 5. C

第七章

一、选择题

1. A 2. C 3. C 4. B

第八章

一、单项选择题
1. B 2. A 3. C 4. B

二、多项选择题
1. ABCD 2. ABC 3. AB 4. ABC

第九章

一、单项选择题
1. A 2. B 3. A 4. C

二、多项选择题
1. ABC 2. ABCD 3. ABC

第十章

一、单项选择题
1. C 2. A 3. B 4. A

二、多项选择题
1. ABC 2. ABCD 3. ABC 4. ABCD

第十一章

一、单项选择题
1. C 2. C 3. C 4. D

二、多项选择题
1. AC 2. ABCD 3. BCD 4. ABCD

第十二章

一、单项选择题
1. D 2. D 3. A 4. C

二、多项选择题
1. ABCD 2. ABD 3. ACD 4. ABC

第十三章

一、单项选择题
1. A 2. D 3. D 4. D

二、多项选择题
1. ABCD   2. ABC   3. ABCD   4. ABCD

第十四章

一、单项选择题
1. B   2. D   3. C   4. D

二、多项选择题
1. ABD   2. ABC   3. BD   4. ABD